〖マトリクスで読む〗

20世紀の空間デザイン

矢代眞己＋田所辰之助＋濱嵜良実＝著

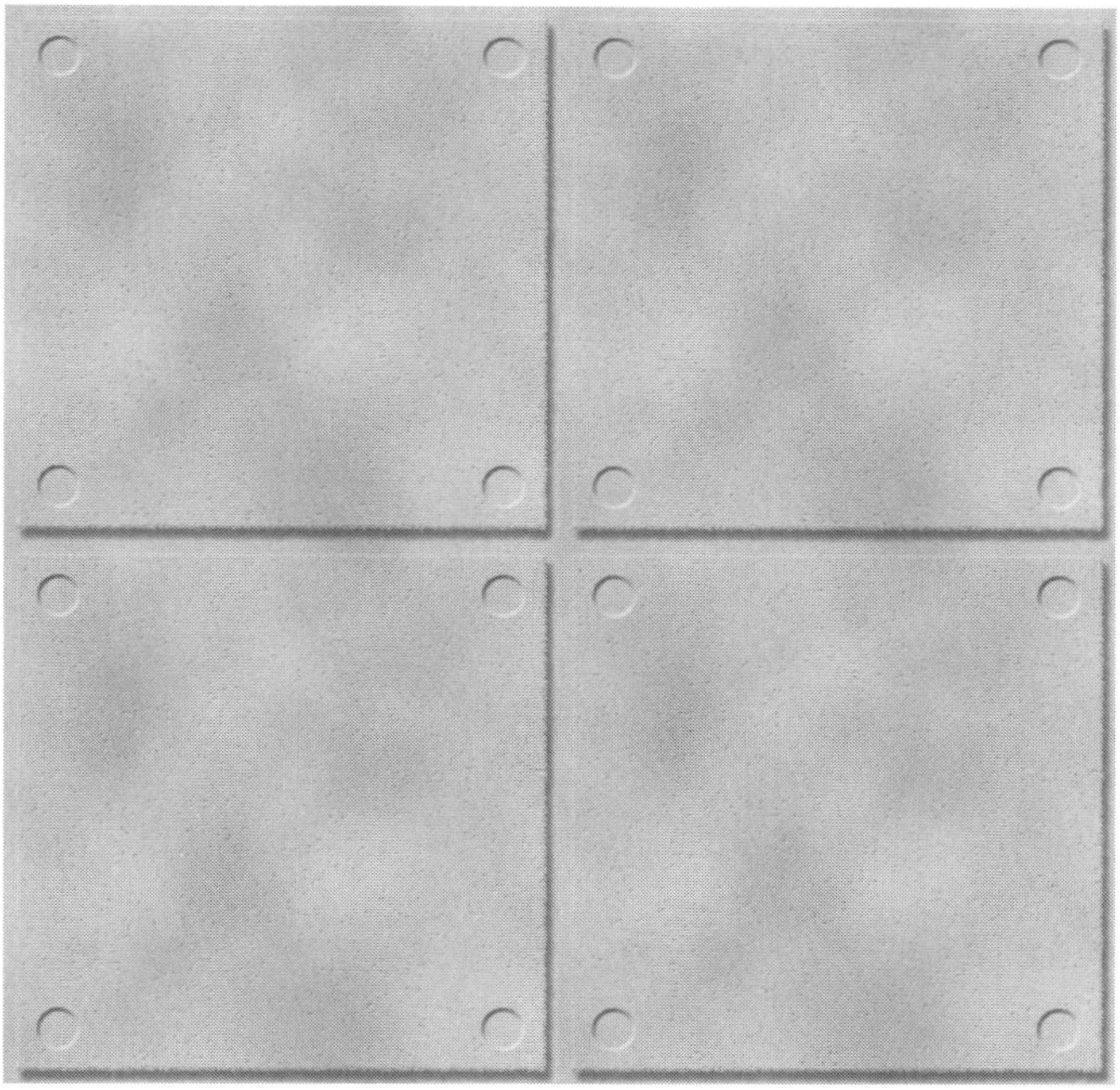

彰国社

空間デザイン熟読吟味

＋この本の読み方

今日、私たちを取り巻いている生活環境は、二〇世紀における空間デザインに対するさまざまな取り組みの成果としてかたちづくられたものである。それは当たり前のものと思われているかもしれないが、いったいどのような経緯のもとに成り立ってきたのであろう。また、これからどのような方向にむかおうとしているのであろうか。

この本は、そういった疑問に答えるべく、最低限必要となる一〇八個のキーワードを選び、それらの事柄について書いたものである。

キーワードの選択は、主に二〇世紀における空間デザインの軌跡、理想となる生活環境の実現を目標として繰り広げられてきた取り組みのプロセスを見渡して行ったが、より理解を深めるために、一部、二〇世紀以前のトピックスも含んでいる。これについては、二〇世紀において空間デザインのあり方が追求されていくに際して、その土台や羅針盤となったものと考えていただきたい。

インテリアデザイン、建築、都市、そしてランドスケープなど、生活環境にかかわるジャンルに興味をもつ方に関心を抱いていただけるように、また、これらについて勉強している人たちのお役にも立てるように、書いたつもりである。専門家の方々にも、多少、参考になる点もあろう。

一〇八個からなる項目は、それぞれ見開きごとに、完全に独立しているので、目次（＝マトリクス表）を見て、面白そうなところから、あるいは面白そうなところだけ、読んでいただいてもよい。もちろん、必要の際に用語集のひとつとして用いていただくのもよい。

ただし、包括的・多角的な理解を促すための助けとなるべく、全体を通していくつかの工夫をしてある。目次（＝マトリクス表）にも示されているが、以下のような仕掛けをすることで、「マトリクス」を成り立たせている。

まず、一〇八項目のキーワードを、それぞれ「時系列」「性格」ごとに分類している。「時系列」については、「一九〇〇年代」「一九一〇年代」……といったように、一〇年ごとに分けている。これは、ある項目の事柄が、その頂点にあった時を示すものである。「性格」については、「思潮・構想」「原型・手法」「技術・構法」「生活・美意識」という四つの枠組みに分けている。本来は、この四つの性格が総合化されることで、ひとつのトピックが生まれ出ることになろうが、ここでは、そのなかでとくに力点がおかれた部分を強調したものと捉えていただきたい。

これらについては、紙面上では「タブ（右ページ右端に時系列のタブ、左ページ下端に性格のタブ）」で示されている。

次に、相互にかかわりをもつ内容を含むキーワードについては、文中にリンクが張られている。リンクは、たとえば［→100］というかたちで表記されており、示された番号の項目の見開きページを開けば、リンク元のページとリンク先のページとの関係を知ることができる。「リンク」を探す場合は、左ページ左上端にあるキーワード番号表示を活用していただきたい。

また、特定のキーワードに興味をもたれ、より深い知識を得たいと思われる方のために、左ページ端にその項目にかかわる代表的な参考文献のリストを掲げてある。基本的に日本語の文献を示しているが、場合によって欧米の文献についても掲げている。そして巻末にも、二〇世紀の空間デザインについて総合的な視点から著した参考文献を掲げてある。

さらに巻末には、空間デザインの模索と追求のプロセスが、どのようなかたちで社会的な事象と結び付いてきたのか、そのかかわりを透かし見る手助けとして、生活環境の変化や発展に影響を与えた社会の動向をまとめた年表がつけてある。ここでも、本文の場合と同じく、「時系列」「性格」に基づき、分類、整理してある。

以上のような「マトリクス」の仕掛けから、冒頭から順に読み進めていくこと、時系列順に年代ごとに読み進めていくこと、項目の性格別に読み進めていくこと、リンクをたどりながら読み進めていくこと、といった多様な読み方ができるようになっている。

どのような読み方をされるにせよ、空間や生活環境について考えることの面白さと、空間と生活環境をめぐる事柄の広さや深さを、多少なりとも伝えることができたとすれば、筆者たちの喜びである。

キーワード末尾のⓎⓉⒽはそれぞれ執筆者のイニシャルを表す。Ⓨ=矢代、Ⓣ=田所、Ⓗ=濱嵜

CONTENTS

装丁／早瀬芳文
本文デザイン／鈴木陽子

20世紀の空間デザイン・キーワード108

001

合理主義

Rationalism

「様式」というルールに代わる、科学的・技術的理性の発露

一七五五年にイエズス会の修道士マルク・アントワーヌ・ロジエが出版した『建築試論』（第二版）には、一枚の象徴的な扉絵が掲載されていた。崩れ落ちたオーダーに腰かけた女性が、ある方向を指さしている。その方角には、木の枝に丸太の梁が架け渡され、切妻屋根を示す斜め梁が棟木を支えている。女性の傍らには、頭上に火を灯した天使が舞い降りてきて、ものごとの「始原」を暗示する。

ロジエが示したこの「プリミティヴ・ハット（原始的な小屋）」の図は、柱と梁によって支持される構造体、つまり建築の構造的な原理を示す図版としてよく知られている。女性がコーニス（軒蛇腹）の破片を肘かけにしていることに示されているように、オーダーや様式上の整合性などの点は不問に付されている。オーダーとは、一定の比例関係のもとに構成された円柱のことで、古典主義様式を象徴する存在だった。観念的で、イメージを示すにすぎない図版だが、建築の成立根拠を特定の様式にとらわれることなく見せ、建築の構造的な合理性への着眼を促した。

ロジエが示した考えは、ジャック・スフロが設計したパリの聖ジュヌヴィエーヴ教会（現パンテオン、一七五六）などによって建築に応用されていった。等間隔に配置された柱が身廊の屋根荷重を支え、空間のヒエラルキー（階層性）を強調するバロック的な構成は避けられ、柱が連続する均質な場がつくり出されている。実際には、技術上の理由から周壁が設けられ、当初の意図は完全には実現しなかったが、オーダーを用いながらもその役割は荷重を担う文字どおりの「柱」である。ロジエはこの建物を、「完全なる建築の最初の例」と賞揚した。

またこの建物は、物理学者フーコーが、「フーコーの振り子」の実験を行って地球の自転を証明したことでも知られる。自然科学が発達し、啓蒙思想の普及とともに合理的な思考法が確立されていった時代、建築もまた科学的分析の対象として把握し直されていったのである。

建築の構造的な合理性への関心は、ゴシック建築の修復作業のなかからその技術上の性質を研究・解明したユジェヌ＝エマニュエル・ヴィオレ＝ル＝デュクの思想のなかにも見い出される。石造による建物を、同じ耐力を担いながら、圧倒的に小さな断面寸法で建設を可能とする鉄骨造［→010］に置換するシステムを提案し、構造システムの技術的把握のなかに合理性を見い出す考え方を拡張した。さらにヴィオレ＝ル＝デュクの影響を受けて、オーギュスト・ショワジーは『建築史』（一八九九）を著し、アクソノメトリック図による図解という方法で、建物の成り立ちを荷

M.A.ロジエ『建築試論』（第2版、1755）のなかの扉絵[1]

重の支持機構として可視化していった。

一方、建築の形態やその扱い方のなかに、従来とは異なる発想をみせる建築家たちが現れた。クロード＝ニコラ・ルドゥーのショーの製塩工場（一七八五）やエティエンヌ＝ルイ・ブレーのニュートン記念堂計画（一七八五年ごろ）には、立方体、球、円筒などの幾何学的な純粋形態が導入されている。フランス革命後の混乱のなかで、実作の機会に恵まれなかった彼らヴィジオネール（幻視者）の建築家たちは、ドローイングという手段を用いて、幾何学的形態［→018］のなかに見い出される合理性を定着させていった。それは、インターナショナル・スタイル［→049］など、一九二〇年代から三〇年代にかけて汎用されるようになる建築形態と類縁性をもつイメージでもあった。

また、エコール・ポリテクニク（国立土木工学校）でブレーに教えを受けたジャン＝ニコラ＝ルイ・デュランは、『建築講義要録』（一八〇二〜〇九）などの著作で、様式的形態をパーツに分け、均等グリッド（格子）の上で再構成する折衷主義的な設計手法を提示した。様式的なルールは無効化され、グリッドを介して、異なる様式であっても結合させることが可能となる。同時に、多様な建築形態は均質なグリッドに適合可能なように標準化［→021］され、さらに近代社会が要請する機能性や経済性などの指標に従って組み立てることができるようになった。

このように、構造や形態をめぐるシステム的思考のなかに建築の合理性や普遍性が求められていく過程で、様式に立脚した建築観［→005］が次第に瓦解していった。科学的・技術的理性に基づいて建築は再編成され、テクノロジー［→029］や機能［→032］などの価値を新たに迎え入れていく。これらの近代的な規範をいかに形象化・空間化していくかという課題が、二〇世紀の建築のさまざまな実験を方向づけていくことになる。Ⓣ

■参考文献　鈴木博之「合理主義の理念」、『新建築学体系5　近代・現代建築史』彰国社、1993年／土居義岳『言葉と建築』建築技術、1997年／エミール・カウフマン、白井秀和訳『ルドゥーからコルビュジエまで—自律的建築の起源と展開』中央公論美術出版、1992年

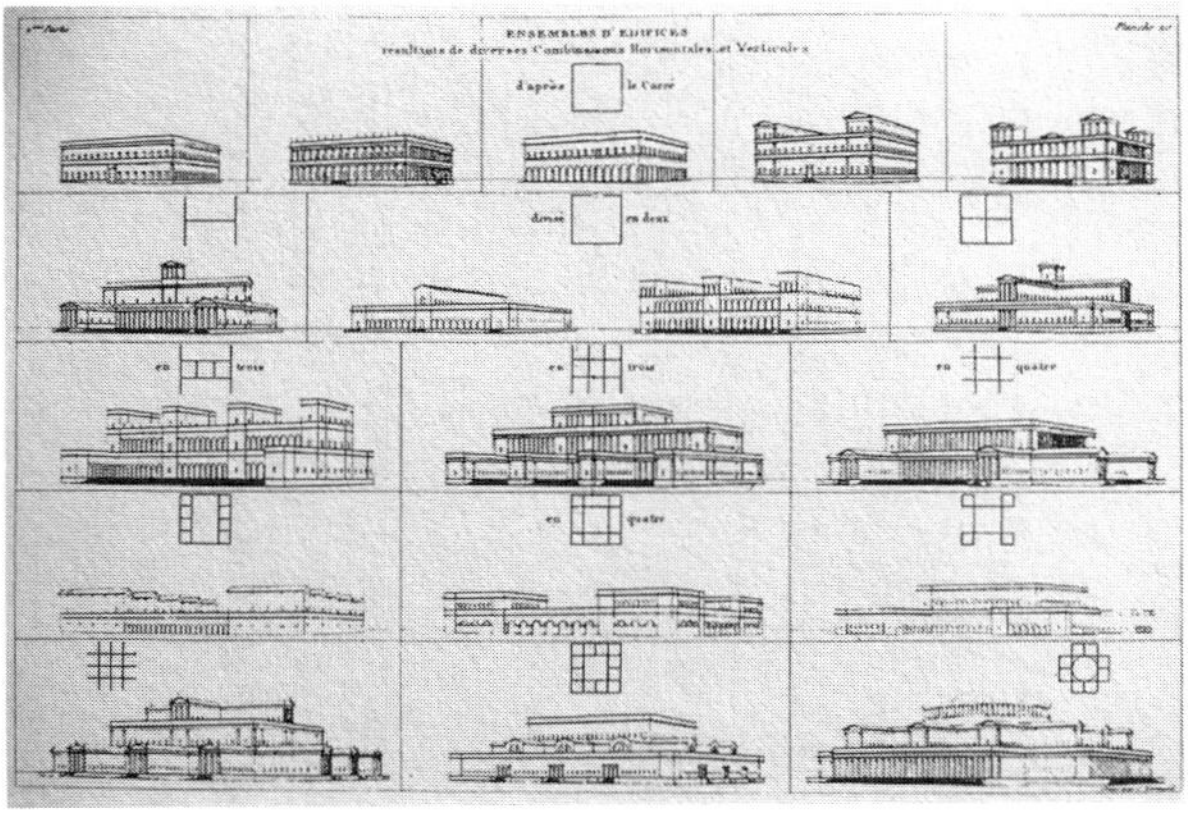

J-N-L.デュラン『建築講義要録』（1802-09）第2部の「建築要素の統合」[2]

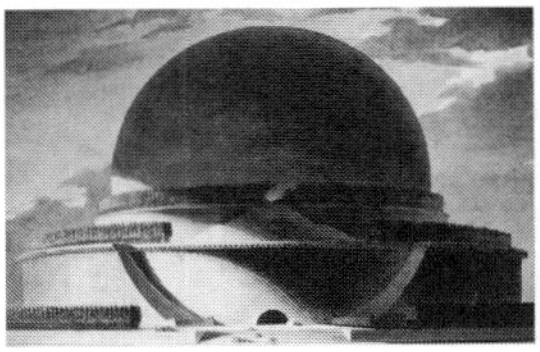

ニュートン記念堂計画／E-L.ブレー、1785年ごろ[3]

002 アール・ヌーヴォー

Art Nouveau

ブルジョワジーの都市文化の表象

近代社会は、フランス革命のスローガンともされた「自由・平等・同胞愛」という開かれた精神を拠り所としながらも、「国民国家」という民族ごとに区分される、いわば閉じた社会制度を成立させるという構図のもとで、徐々に具体的な姿を現していった。それゆえ、その遺伝子情報には、普遍的・外向的な運動性と、地域的・内向的な運動性という、根本的な矛盾をはらんだ二つの性格が刻み込まれた。そのせめぎ合いから生じた亀裂は、二〇世紀に入ると二度の世界大戦の勃発をはじめとして、さまざまなかたちで広がっていく。そして空間にかかわる領域で、この二面性をもつ遺伝子情報が手はじめに生み出したのが、普遍性を求める「アール・ヌーヴォー」と、地域性を求める「ナショナル・ロマンティシズム」［→027］という、いわば一卵性双生児であった。

　一九世紀末から二〇世紀初頭にかけてのヨーロッパは、パリを中心として華やかでコスモポリタンな都市文化の花開いた、豊かなる一時期を享受していた。のちにベル・エポック（古きよき時代）と、愛惜を込めて呼ばれることともなる、この繁栄の状況を彩った芸術・建築の様式が、一般にアール・ヌーヴォー（新しい芸術）という名称でくくられるものである。その呼称は、もともとは美術商サミュエル・ビングが、一八九五年にパリに開店した画廊の名前に由来する。ビングの画廊で取り扱われた新しい傾向をもつ芸術作品が、まさにアール・ヌーヴォーという潮流の特徴を代弁していたからである。

　ベル・エポックの進行する最中、建築の分野では、歴史主義［→005］の造形からの脱却を図り、近代社会の生活に見合った新たな建築像を模索する試みが顕著となっていった。この際、歴史主義の造形を克服するための源泉として範例とされたのが、ジャポニスム（日本趣味）をはじめとする非西欧の芸術や、植物といった自然の形象だった。また、偽りのない造形を求めたアーツ・アンド・クラフツ運動［→015］からの影響も色濃く受けていた。さらに、新しい材料である鉄材［→010］などを、審美的な側面も兼ね備えつつ、いかに使いこなしていくのかということも課題となっていた。そして、このような背景のもとで、建築の分野におけるアール・ヌーヴォーという動向は、コスモポリタンな都市文化を体現し、享受する主体となっていた、ブルジョワジー（中流階級）のライスタイルの受け皿、つまり住宅様式を模索する試みを中心として、展開されていったのである。

　アール・ヌーヴォー建築の発祥の地といわれるのが、ベルギーである。その出発点を記したのは、ヴィクトール・オルタによるタッセル邸（一八九三）だった。ここで

タッセル邸／V. オルタ、1893 [1]

は鉄という材料が、構造体として剥き出しのままであるが、造形や装飾として積極的に取り込まれている。とくにインテリアでは、植物をモチーフとした装飾が取り込まれることで、空間の流動性や幻想性が醸し出されている。オルタは自邸（一九〇〇）においても、同様な造形を行った。ここでは、階段室に用いられた鏡のトリックによる効果が、空間の幻想的な性格を一段と強めている。

　フランスでは、エクトール・ギマールがカステル・ベランジェ集合住宅（一八九八）で、オルタと同じく、まるで植物のような曲線を用いることで、鉄という材料に審美性を与えた。オルタもギマールも、鉄という新しい材料を、自然をモチーフとして、それまでにない新しい表現をもって造形化していくことで、無国籍性や流動性といった、近代社会、とりわけ都市生活のもつ特徴を表出させたのである。

　これらの傾向と軌を一にして、歴史主義から脱け出ようと試みた動向を、オーストリアでは「ゼツェッション（分離派）」、ドイツでは「ユーゲントシュティル（青春様式）」と呼んでいた。これらの国では、自然の形象を直接的に参照・引用するのではなく、より抽象化させて、表面的な形態の背後に潜む幾何学的なプロポーション（＝構成原理）［→018］を抽出し、それを造形へと昇華させていく試みが行われていた。それは、スコットランドにおけるチャールズ・レイニー・マッキントッシュを中心とする「グラスゴー派」からの影響などに起因していた。ゼツェッションを代表する住宅が、ヨーゼフ・ホフマンがブリュッセルに建設したストックレー邸（一九一一）であり、ユーゲントシュティルを代表する住宅が、ペーター・ベーレンスがダルムシュタットの芸術家村に建設した自邸（一九〇一）である。また、グラスゴー派の代表作が、マッキントッシュのヒル・ハウス（一九〇六）である。Ⓨ

■参考文献　S.T.マドセン、高階秀爾・千足伸行訳『アール・ヌーヴォー』美術公論社、1983年／海野弘『世紀末のスタイル―アール・ヌーヴォーの時代と都市』美術公論社、1993年／フランク・ラッセル編『アール・ヌーヴォーの建築』A.D.A.EDITA Tokyo、1982年

ストックレー邸／J. ホフマン、1911 [4]

カステル・ベランジェ集合住宅／H. ギマール、1898 [3]

オルタ自邸／V. オルタ、1900 [2]

ヒル・ハウス／C.R. マッキントッシュ、1906 [5]

003

ゼツェッション

Sezession

時代精神と近代建築の幕開け

多民族国家の帝都、皇帝居住の都市＝ウィーン。かの地にあって、混在する不均一な要素すべてを覆い隠すヴェールのごとき機能を担わされた芸術。それゆえ、美術・工芸・建築の分野にはさまざまな因習や伝統が幅を利かせ、支配的でもあった。

キュンストラーハウス（ウィーン美術家連盟、一八六一年設立）内の状況とて同様だった。因襲的で歴史主義的な傾向［→005］が強かった。旧態依然たるその体制に反旗が翻されたのは一八九七年の四月のことである。同組織を脱退した一九名が、新組織「オーストリア造形芸術家連盟ゼツェッション（分離派）」を結成したのである。初代会長は画家のグスタフ・クリムトだった。コロマン・モーザー、ヨーゼフ・マリア・オルブリッヒらの創設メンバーに、オットー・ヴァーグナー、ヨーゼフ・ホフマンらがのちに加わった。

ゼツェッションは、大衆と積極的に交わった。そしてウィーンの芸術活動の国際化を目標に掲げ、古き慣例の囲いに風穴をあけ、さらにそれを取り払うべく、芸術界の活性化を図った。その拠点こそ、「ゼツェッション館」であった。クリムトの構想により、オルブリッヒが設計し、一八九八年の一一月に開館している。正面玄関の上部には、劇作家ヘルマン・バールの銘句が刻まれた。「時代には時代の芸術を。芸術には芸術の自由を」と。

ゼツェッション館は、それ以前には皆無だった同時代の諸外国の新しい芸術を紹介する場として機能した。また一般大衆の芸術への関心を高める場として重要な役割を担ったのである。展示は、新時代の展覧会にふさわしく、建築、美術、工芸を統一したいわゆる「総合芸術」［→034］の精神で行われた。展覧会ごとに会場構成をひとりの芸術家に任せ、またその内容も単独の作家の作品に絞ったことは新しい試みだった。

また、メディアも有効に活用された。機関誌『ヴェル・サクルム』（「聖なる春」、一八九八〜一九〇三）は、それ自体が美術的価値の高い書籍芸術だが、ゼツェッションの芸術を知らしめる、強力な広報媒体となった。わが国との関連でいえば、ゼツェッションのこうした動向は、日本近代建築運動の嚆矢「分離派建築会」創設（一九二〇＝大正九年）に大いなる知的刺激を与えたとされる。

ウィーンにおける建築の分野での歴史主義からの脱却は、ヴァーグナーにはじまる。ヴァーグナーは、一八八〇年代半ばから平滑な面の表現で、近代建築への可能性を模索しつつ、当初は「ある程度自由なルネサンス様式」のみを「正しいもの」としていた。しかし、一八九〇年を境に「未来主義」としての「ヌッツ・シュティル（実用様式）」を唱えはじめる。ルネサンス建築の形式に倣うのではなく、全知全能の万能人たるその精神を継承し、近代という時代性を注入した、近代の社会と人間性に適した建築芸術の創造をめざしたのである。そして主著『近代建築』（一八九六）において、「近代芸術は近代を、われわれの力を、行動を、われわれがつくり出した形式によって表現しなければならない」と述べ、過去の形式からの分離を宣言する。目的の正確な把握、材料の適切な選択、単純で経済的な構造、以上により自動的に生ずる形式、というその主張には、新時代の新建築の確立を図る「時代精神」が刻印されている。

アール・ヌーヴォー［→002］的な造形のカールスプラッツ駅舎（一八九九）、グラフィカルな表情のマヨリカハウス（一八九九）を経て、ウィーンの郵便貯金局（一九〇六）に至る道がここに開かれた。郵便貯金局の外装板を固定する必要から生まれたアルミ釘は、近代の技術を象徴／表現する新しい装飾ともなり、ここでは実用形式が芸術形式へと高められている。構造とは無関係に表面を飾り立てる歴史主義の衣装は、ついに脱ぎ捨てられた。表層の単なる視覚効果といった脚色から脱し、構造的にも動機づけられた、装飾という「時代精神」の表現を建築家は獲得したのである。

そうしてみると、ヴァーグナーの弟子でウィーン・ゼツェッションの作家だったオルブリッヒやホフマン以上に、実際、ヴァーグナーの考えを十分に理解し、よき後継者となったのは誰か。「ヴァーグナーの天才にはかなわない」といってはばからず、のちにラウムプラン［→019］を構想したアドルフ・ロースであったということになるのだろう。

Ⓗ

ゼツエッション館／J.M.オルブリッヒ、1898[1)]

マヨリカハウス／O.ヴァーグナー、1899[2)]

ウィーン郵便貯金局／O.ヴァーグナー、1906[3)]

アム・シュタインホーフ教会／O.ヴァグナー、1907[4)]

■参考文献　H.ゲルツェッガー＋M.パイントナー、伊藤哲夫・衛藤信一訳『オットー・ワーグナー――ウィーン世紀末から近代へ』（SD選書）鹿島出版会、1984年／川向正人『アドルフ・ロース』住まいの図書館出版局、1987年／伊藤哲夫『アドルフ・ロース』（SD選書）鹿島出版会、1984年／カタログ『ウィーン世紀末――クリムト、シーレとその時代』セゾン美術館、1989年

004

コロニアル・スタイル

Colonial Style

非西欧と遭遇した西欧文化の形象

「コロニアル・スタイル」とは、イギリス、スペイン、オランダなど、西ヨーロッパの列強諸国が支配した植民地各地で形成されていった、独自の建築様式の総称である。宗主国の建築様式を基本としながら、現地での母国とは異なる諸々の条件に従って、アレンジが行われた結果、生み出されていった。植民地へと移住した人々が、祖国の建築的伝統や住宅様式を土台として、それを借用しながらも、移住先の気候風土、建築材料や建築技術の制限、コストなどを勘案して、快適で健康な生活が営めるように創意工夫を重ねていったのである。そのためコロニアル・スタイルは、植民者の故国の造形様式にならいつつも、さまざまなかたちで形成されていくこととなった。

多様なプロセスを経て成立していったコロニアル・スタイルだが、なかでもその代表的な形式として指摘できるのが、バンガロー・スタイルを取り込んで形成・確立された造形様式である。「バンガロー」とは、もともとはインドのベンガル地方における土着のもので、建物の周囲にベランダをめぐらし、その上部に庇を架けた開放的な住宅形式を指していた。そこでは、高温多湿な気候のもとで培われてきた、日照を防ぎつつ通風を確保するための建築的な工夫として、内部と外部の緩衝領域となる半外部空間、つまり「ベランダ」が、周囲に確保されていたのである。

そして、ヨーロッパからの移住者は、祖国とは性格を異にする気候条件のもとで、暑さや湿気との闘いを繰り広げながら、地域に見合った快適な生活を送るために、土着の住宅様式がもっている利点を自らの建築的伝統に吸収し、溶解させていったのである。その帰結として、いわゆる「ベランダ・コロニアル・スタイル」が成立することになる。一八世紀半ば以降までには、この形式は植民地各地に広く見られるようになったという。

一方で、比較的西ヨーロッパに近い気候条件をもつアメリカ東部のニューイングランド地方では主に、イギリスにおける下見板張りを外装に用いた、ルネサンス様式をモデルとした「ジョージアン」様式などが取り入れられていった。こうした下見板張りを用いた住宅建設は、やがてシングル葺きに姿を変えることで、のちに建築史家ヴィンセント・スカーリーが「シングル・スタイル」と呼ぶこととなる、アメリカ固有の建築様式を生み出す原点ともなった。シングル・スタイルを意図的に造形に取り入れた初期の事例としては、ヘンリー・ホブソン・リチャードソンによるストートン邸（一八八三）や、マッキム・ミード&ホワイトによるロウ邸（一八八七）がある。

コロニアル・スタイルは、幕末から明治初期にかけてわが国へも移入されてくる。

その移入のプロセスは、造形上の特徴から、中国や東南アジアの居留地から長崎経由で伝わった「ベランダ・コロニアル・スタイル」、アメリカから横浜経由で伝わった「木骨石造コロニアル・スタイル」、同じく北海道経由で伝わった「下見板コロニアル・スタイル」という三つの流れがあったといわれる。やがて、こうした流れが融合し、これらを組み合わせた「下見板ベランダ・コロニアル・スタイル」というものも生まれたという。

ベランダ・コロニアル・スタイルの代表例が長崎のグラバー邸（設計原案：トーマス・ブレイク・グラバー、一八六三＝文久三年）であり、木骨石造コロニアル・スタイルの代表例が新橋停車場（R・P・ブリッジェンス、一八七一＝明治四年）である。また、下見板コロニアル・スタイルの代表例が札幌の時計台（旧・札幌農学校演武場、設計：ウィリアム・ホイーラー、一八七八年＝明治一一年）であり、下見板ベランダ・コロニアル・スタイルの代表例が、神戸のハッサム邸（アレグザンダー・ネルソン・ハンセル、一九〇二＝明治三五年）である。Ⓨ

ルイジアナ州セント・チャールズ・スパニッシュの農園住宅／1801年ごろ、ベランダ・コロニアル・スタイル[1)]

ストートン邸／H.H. リチャードソン、1883[2)]

ハッサム邸／A.N.ハンセル、1902[5)]

グラバー邸／1863[3)]

新橋停車場／R.P.ブリッジェンス、1871[4)]

■**参考文献**　藤森照信『日本の近代建築（上）』（岩波新書）岩波書店、1993年／V.スカーリー、香山壽夫訳『アメリカの建築とアーバニズム（上）』（SD選書）鹿島出版会、1973年／八木幸二・田中厚子『アメリカ木造住宅の旅』（建築探訪）丸善、1992年

005

歴史主義

Historicism

「様式」の解体を招いた、近代社会に対する建築家の対応の所産

一九世紀にヨーロッパを席巻していく「近代社会」という様態は、イギリスを先駆とする産業革命、新大陸におけるアメリカ合衆国の独立やフランスでの市民革命がもたらした、一八世紀後半でのかつてない社会構造の変化を出発点として育まれた。そうしたなかで、市民社会を骨子とする国民国家という枠組み、資本主義という制度、科学の進歩や工業の発展に基づいた科学技術を土台とした文明が確立されていく。つまり、近代社会の存立に不可欠となる、政治的・経済的・生産的基盤の骨格が、一九世紀を通じて次第に整えられていったのである。

こうした社会の変動は「進歩」の兆しと受け止められた。そこで、人間の来し方と行く末を問う思考回路が育まれ、歴史学・考古学という学問が著しく発達することとなった。その帰結としてヨーロッパの軌跡（＝歴史）が、精密なかたちで明らかにされていくことになる。建築史というジャンルでいえば、過去の諸々の建築様式が時代ごとに分類・定義され、それぞれの造形的特徴が明確にされていき、その結果、いわば建築様式のカタログが完成した。そして、こうした過去の諸様式を習得することこそが、建築家にとって必須の教養ともなったのである。

社会構造の転換と学問の発達は、必然的に「建築」にも変革を求めた。未知の機能や材料に対応することが要求されていったのである。まず、鉄道駅舎、議事堂、美術館、図書館など、それまでは必要とされることのなかったさまざまな用途をもつ公共施設の建設が、新たに求められ出した。また、鉄［→010］や鉄筋コンクリート［→028］など、新しい建築材料の導入と、それに伴った造形的な対応も望まれはじめた。そして新しい技術の誕生は、建築物の建設にかかわる職能として、建築家のライバルとなる「エンジニア（技術者）」［→010］という職能の台頭も予告するものであった。

これらの課題に応じるための建築家の反応は、過去の建築様式に典拠を求め、その近代性を問うことへとむけられた。つまり、歴史から学ぶこと、すなわち「歴史主義」こそが造形の秘訣とされたのである。裏返せば、沸騰する社会のニーズに十分に対応するための造形的語彙が枯渇していた、といってもよい。こうして過去のさまざまな建築様式を借用した造形をもつ建築が、次々と建設されていくことになった。

一八世紀中ごろから生じた歴史主義の動向は、古代ギリシア時代の建築様式にならおうとする、新古典主義［→006］の動きにはじまった。それは素朴ではあるが、民主主義を体現した古代ギリシアへの憧憬に基づくものであった。次に、中世ヨーロッ

イギリス国会議事堂／C.ベイリー＋A.W.N.ピュージン、1840-88、ネオゴシック様式[1)]

パに生まれた建築様式であるゴシック建築の復興が図られた。これはヨーロッパの固有性の確認と、ロマン主義的な過去への郷愁に根ざしていた。さらに過去の建築様式を、変幻自在に組み合わせていくという状況となる、様式折衷主義にまで事態は及んだ。ここにおいて、特定の時代の特質を映し出す鏡、つまり時代精神の所産として立ち現れる「様式」という伝統は、骨抜きにされてしまったのである。いわば、作為的な造形のツールと化したのであった。

　鉄やコンクリートという新しい、つまり未知の建築材料への対応についても、歴史主義を信奉する建築家の姿勢は問題をはらんでいた。石造技術に基づいて形成されてきた歴史的な形式（＝様式）を範例とする方法では、対処の仕方は限られていたからである。それゆえ、建築家のかかわり方は、たとえば鉄骨を用いて建てられた構造物に、外形的な審美性をもたらすために表面的な「衣装」、つまりファサード（立面）の意匠を考える、という役割に限定されていく。そのため、美・用・強、つまり芸術性、機能性、技術の三要素が、矛盾することなく巧みに総合化された成果としての「様式」の伝統も、にわかに崩壊していったのである。

　こうして歴史主義の登場に伴って、二重の観点から「様式」の存在意義は解体された。そしてこのような状況を経て、一九世紀後半からは、近代社会を体現するに相応しい、近代社会の内実に見合ったかたちで美・用・強の三要素を満たす新しい造形のあり方、いわば「様式」の回復を模索する試みが、アール・ヌーヴォー［→002］を嚆矢として、徐々に動き出していくのである。そしてデ・ステイル［→025］やバウハウス［→034］をはじめ、さまざまな近代建築運動にも継承されていく。Ⓨ

パリ・オペラ座／C.ガルニエ、1871-74、ネオバロック様式[2)]

ブリュッセル裁判所／J.プーラールト、1866 - 83、諸様式の混在[3)]

■参考文献　ロビン・ミドルトン＋デイヴィッド・ワトキン、土居義岳訳『新古典主義・19世紀建築（1）、（2）』本の友社、1998年、2002年／鈴木博之『建築の世紀末』晶文社、1977年

006

モニュメンタリティ

Monumentality

社会の変動期に呼び覚まされる、共同体の文化的アイデンティティ

「はじめにナポレオンありき」と歴史家ハンス・カール・ニッパーダイが書いたように、ドイツの近代化はナポレオンによる領邦体制の解体・再編を契機としていた。哲学者ヨハン・フィヒテの演説「ドイツ国民に告ぐ」（一八〇七〜〇八）は、ナポレオンの支配に対して国民の奮起を促し、国家統一を希求する民族ナショナリズムの意識を生み出した。普仏戦争に勝利し、それまで小国乱立の状態にあった地域がドイツ帝国として統合されたのは、ずいぶん経った一八七一年のことである。

国民国家体制へと移行する一九世紀のプロセスのなかで、建築は民族、そして国家の文化的アイデンティティを体現し、象徴する役割を強く担うようになる。その際に参照されたのが、古代ギリシアの建築を復古的に再現し、「モニュメンタリティ（記念碑性）」の効果を発揮した新古典主義［→005］の建築だった。

フリードリッヒ・ギリーのフリードリッヒ大王記念物の計画案（一七九七）は、プロイセン王の功績を称えて、首都ベルリンの中心部に、高い基壇を備えた、ギリシア・ドリス式の神殿を構築しようとする計画だった。また、設立されたばかりの建築アカデミーでギリーの教えを受けたカール・フリードリッヒ・シンケルは、プロイセン宮廷の建築家としてベルリンの公共建築の設計を手がけた。シンケルの建築は、新衛兵詰所（一八一六）、アルテス・ムゼウム（一八三〇）など、都市の広場や幹線道路に隣接して配置されることが多い。古典主義を装った建築が、近代国家の顔となるべき首都の、都市空間の秩序を象徴するための装置として使用されていったのである。

またミュンヘンでは、レオ・フォン・クレンツェがバイエルン公国王ルートヴィヒI世の庇護を受け、グリプトテーク（彫刻館、一八三〇）、ピナコテーク（絵画館、一八三六）など、バイエルン公国の政治体制を象徴する、ギリシア様式に基づく都市づくりを行っている。クレンツェはほかに、レーゲンスブルク近郊のドナウ河に面した高台に偉人廟としてのヴァルハラ（一八四二）を、またケルハイムにはフランスとの解放戦争の勝利を記念するベフライウングスハレ（解放堂、一八六三）を建設した。ヴァルハラは、アテネのパルテノンを忠実にコピーした、文字どおりギリシア神殿の再現としての建築である。

これらの作品に見られるように、新古典主義は、近代化を進める国家、その政治体制、また新たに整備されていく都市を表象し、その文化的源泉を連想させるために、モニュメンタル（記念碑的）な性格をとくに強調したかたちで使用されていった。その背景には、オスマン・トルコ帝国

領内に長いあいだ編入され、ほとんど存在を知られていなかったギリシア遺跡群の科学的・考古学的調査の成果があった。ル・ロワの『ギリシアの美しい遺跡について』（一七五八）や、ジェームズ・スチュアートとニコラス・レヴェットによる『アテネの古代遺物』（一七六二）など、一八世紀後半には多くの実測図集が出版されている。美学者ヨハン・ヴィンケルマンが『ギリシア芸術模倣論』（一七五五）で示しているように、ルネサンス以降、直接の参照の対象として汎用されたローマ建築ではなく、もうひとつの建築の起源であるギリシア建築への眼差しが生まれていったのである。

また、エドムント・バークが『崇高と美の起源』（一七五七）で記したように、苦や危険という感情から生まれる「崇高」の概念が、それまで美によってのみ規定されていた芸術の考え方をより幅広いものに変化させていった。苦痛や生命の危険にさらされることで人間の感情は高揚し、生への充実を生み出す。この観念が芸術と結び付き、芸術は美だけではなく、「崇高」を含む、より包括的な概念に拡張されていった。

このように、建築においてモニュメンタリティという価値が一九世紀に注目されていった背景には、ローマに対するギリシア、美に対する崇高、というように、旧来の建築観が次第に相対化され、多様な性格をもつものに変化していくという事態があった。社会を秩序づける文化的な価値規範が流動化していくとき、永遠性を目標とした「モニュメンタリティ」という超越的な観念が呼び起こされ、形象化されていくのである。

二〇世紀になると、モニュメンタリティは、貴族的かつ階級的な価値として排斥され、攻撃の対象ともされ、バウエン［→035］などの新しい考え方を生み出していった。しかし、一九七〇年代になって「建築の解体」［→079］が叫ばれるようになると、ポストモダン［→087］という大きな流れのなかで、建築はモニュメンタリティの装いをあらためてまといはじめる。こうした現象のなかにも、社会の変動期に文化的アイデンティティの希求と結び付くという、モニュメンタリティがもつ性格の一面が特徴的に映し出されている。Ⓣ

フリードリッヒ大王記念物の計画案（部分）／F.ギリー、1797[1)]

アルテス・ムゼウム／K.F.シンケル、1830[2)]

J.スチュアート＋N.レヴェット『アテネの古代遺物』（1762）のなかのパルテノンの図版[3)]

■**参考文献**　杉本俊多『ドイツ新古典主義建築』中央公論美術出版、1996年／杉本俊多『建築夢の系譜－ドイツ精神の19世紀』鹿島出版会、1991年／ロビン・ミドルトン＋デイヴィッド・ワトキン、土居義岳訳『図説世界建築史13　新古典主義・19世紀建築』本の友社、1998年

007

シカゴ派

Chicago School

「形態は機能に従う」という認識も育んだ スカイスクレーパーの計画・造形手法

「雲を掻き落とす人」という意味をもつ、「スカイスクレーパー」という異名をもって迎えられることともなる「高層ビル」というビルディングタイプは、一九世紀末のアメリカに生まれた。その誕生に際して重要な役割を果たしたのが、アメリカ中西部の都市シカゴであった。そして、未知の存在であった高層ビルのあり方を追求していった、シカゴの建築家の挑戦的な活動の軌跡は、「シカゴ派」とくくられて歴史にその名を刻むことになったのである。

一九世紀後半のアメリカは、一八六五年の南北戦争の終結により国内事情が安定するとともに、工業化が急速に進展していった。また、一八六八年の大陸横断鉄道の開通に後押しされ、西部開拓事業の勢いも増していった。こうした背景を受けて、東部と西部を連絡する中継基地として、地の利を生かして飛躍的な発展を遂げた都市が、シカゴだった。シカゴは一八五〇年からの二〇年間で約一〇倍の人口増加を記録し、七〇年には人口約三〇〇万人を抱える大都市となった。また、地価も一八八〇年から九〇年の一〇年間で七倍になるなど、いわば一種のバブルの様相を呈していた。こうした状況のなかで、土地の高度利用といった観点から、建築物の高層化に対する機運が熟していったのである。

具体的に、高層ビルの建設という新展開への契機をもたらしたのは、一八七一年のシカゴ大火という不幸であった。この市街を焼き尽くした惨事は、逆説的にはゼロから新市街を建設する好機を提供することともなった。そして、これを契機としてシカゴには、次々と高層ビルが建設され、市街の表情を一新させていった。

しかし高層ビルの誕生に際しては、その建設をリーズナブルなものとしてバックアップする、実際的な技術的裏づけが必要であった。そして、その具体的な解決策を提供したのが、鉄材が鋳鉄から鋼鉄へと進化したこと、その結果、鉄骨による骨組み構造が採用可能とされたこと、火災に弱い鉄骨の骨組みを石材やレンガで被覆する耐火の方法が考案されたこと、垂直の動線、つまり階段の昇降の不便を一変させるものとしてエレベーターが発明されたこと、さらには建物内外に生じる気圧差を制御するために、気密性を保てる回転ドアが開発されたこと、といった事柄だった。

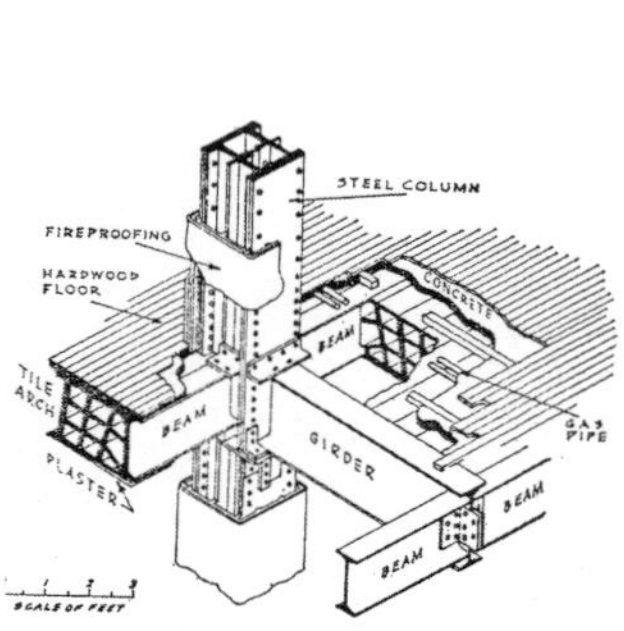

フェアビルの鉄骨骨組み構造／W.ル・バロン・ジェンニー、1889[1)]

一方で、高層ビルという未知の形式に取り組むにあたって、造形面や平面計画面での模索・追求も必要とされた。屹立するファサード（立面）にほどこす意匠は、過去に類例をみないものであったし、「事務所」という執務空間も同様のものであった。意匠面については、高層化することで下層階では不利となる日照を補うため、骨組み構造のリズムを生かしながら最大限の開口部を設けることを基本とし、当初は伝統的な三層構成の造形形式を縦に間延びさせたかたちで援用していた。三層構成とは、ファサードを三つの部分に分けて考えることで、全体として調和のとれた意匠をもたらそうとするものである。しかし、徐々に意匠に対する考え方は変化していった。シカゴ派の段階では不完全なかたちにとどまったとはいえ、時を経るごとに、次第に一様で画一的な表現、均質な箱形の造形へと収斂していったのである。また、平面計画面では「基準階方式」が採用されていくことになる。標準となる階の平面を決定し、それを縦に積み上げていくという方法である。これはさまざまなテナントのニーズに応えるためのものでもあった。

このような意匠と平面計画の発展の軌跡は、コインの裏表となってもたらされたものであった。基本的に、基準階を積み上げたものとして高層化が果たされるならば、その外形的な意匠も、ひとつの意匠の反復として現すべきだと考えられたからである。こうした考え方を、シカゴ派の巨匠ルイス・ヘンリー・サリヴァンは「形態は機能に従う」と提起した。ここにおいて、理念というよりも、むしろ実利の観点からであろうが、ヨーロッパの近代建築運動に先駆けて「機能主義」［→032］という考え方が生まれたのである。

そして、このようなシカゴ派の活動によって、二〇世紀を通してその可能性が追求されていくこととなる、スカイスクレーパー［→059,060］というビルディングタイプのあり方の基本も示されたのである。Ⓨ

ホーム・インシュアランスビル／W.ル・バロン・ジェンニー、1885 [2]

リライアンスビル／バーナム&ルート、1890 [3]

ギャランティビル／アドラー＆サリヴァン、1894-95 [4]

カーソンピリスコット百貨店／L. H. サリヴァン、1899-1904 [5]

■参考文献　高山正実『シカゴ：超高層建築の時代』、『PROCESS architecture102』プロセスアーキテクチュア、1992年／レオナルド・ベネヴォロ、武藤章訳『近代建築の歴史（上）』鹿島出版会、1978年／S.ギーディオン、太田實訳『空間・時間・建築（1）』丸善、1969年／V.スカーリー、香山壽夫訳『アメリカの建築とアーバニズム（上・下）』（SD選書）鹿島出版会、1973年

008

擬洋風

Quasi-Western Style

絶対的なるものの相対化、伝統の自覚への原点

一八五九（安政六）年、日本はおよそ二二〇年にも及ぶ鎖国を解いた。そして幕末から明治初期に軍事工場などの建設に際し、外国から技術者が招かれた。西洋の建築技術や建築様式がもたらされたのである。近代日本が初めて接した西洋建築文明である。ここでは主に先進技術の学習・習得に力が注がれた。これがやがて、日本人技術者の育成、造家学会（現・日本建築学会、一八八六＝明治一九年設立）の設立、また工部大学校（現・東京大学）などの高等教育機関の設置へとつながり、今日の日本建築界の基礎をかたちづくっていった。

　一方、横浜、神戸や長崎などの開港地には、外国人居留地が設けられ、グラバー邸（一八六三＝文久三年）のようなコロニアル・スタイル［→**004**］の洋館が建てられていった。明治に入ると、日本人の手になる木造漆喰仕上げの洋風建築も登場するが、高等教育を受けた建築家はまだいない。洋館や洋風建築の目新しい造形に素直に反応し、積極的に自らの作業に取り込んでいったのは、大工の棟梁をはじめとする職人たちであった。

　江戸初期からの木割り法や規矩術（伝統的な寸法体系や比例を重視する設計法）に拘束されつつ、伝統的な技術を継承してきた棟梁たちにとって、自由な発想が許された仕事は楽しかっただろう。むろん西洋の建築にも様式の典型・規範があった。だが、そんなことはおかまいなしである。開港地などで見かけた新鮮な「洋」の造形を、拘りの「和」の造形とともに大胆に併存させながら、棟梁たちは手なれた伝統技術で料理した。それは独特のバイタリティと不思議な魅力を放つものとなった。こうして、幕末から明治前期にかけて、洋館とは異なる、また洋風建築とも似て非なる、和と洋の造形を自由に混淆させた建築が現れた。これを「擬洋風」と呼ぶ。

　アメリカの建築家R・P・ブリッジェンスの設計で、二代目清水喜助が施工を請け負い、意匠も手がけたとされる築地ホテル館（一八六八＝明治元年）をはじめ、東京では早くから擬洋風の建築が建ち現れた。市民には好評だったという。時に義務教育の学制（一八七二＝明治五年）が発布され、学校建築の建設が各地ではじまった時期でもある。地方の棟梁が東京や居留地に出かけて学んだ洋風建築のテイストを加え、存分に腕を振るったのだろう。擬洋風の校舎が多く建てられ、これがやがて日本各地に広がる。

　しかし、大工棟梁が任される仕事には限りがあった。実際、擬洋風の建築は学校建築のほか、社寺建築、小さな役場や普請道楽の裕福な個人邸宅などに限られていた。現存する著名な事例には、松本市の立石清重の手になる開智学校（一八七六＝明治九

年）などがある。

一八七〇年代の終わりごろから、ジョサイア・コンドルのような明治政府の御雇い建築家を通じて、ついに直輸入の様式建築が日本にもたらされる。そして、それまで比較の対象をもたなかった伝統の日本建築がいよいよ本格的に相対化されはじめる。洋式／洋風に対する「和風」という概念、「和」への意識の芽生えである。つまり、西洋文化の受容に伴い、あらためて自らの伝統について考えざるを得ない場面に行き当たったのである。明治の欧化政策のもと、公的な空間では所作や生活も欧化され、同一敷地内に和館と洋館を並べる「和洋併置式」と呼ばれる、明治政府を支えた財閥たちの邸宅が登場していた。

かくして、擬洋風と同様に和洋を混在させるかたちではじまった「近代和風」の建築が産声をあげる。一八八〇年代になると、欧化政策の反動、条約改正や日清戦争を背景とするナショナリズムの高揚もあって、西洋の様式建築を学び、活動を開始した日本人建築家たちは次第に西洋に匹敵する日本独自の様式の考案に着手するようになる。床座と椅子座の問題に代表されるように、建築のなかでの生活として実際に相応しい起居様式の模索がはじまる。こうした流れのひとつは、たとえば大正末期の、椅子座への統一を目標とした居間中心型という間取りの提案［→031］や、昭和初期の起居様式の総合化をテーマとする藤井厚二の聴竹居（一九二八＝昭和三年）へとつながっていく。

ともかく、擬洋風の誕生というひとつのエピソードとともに、日本の近代建築の歴史ははじまる。だがしかし、その姿をあらためて眺めてみるとき、背後には日本の二〇世紀建築で幾度も繰り返されることとなる、伝統［→057］をめぐる問題がすでに浮かび上がっていたことに気づかされるのである。

Ⓗ

築地ホテル館／R.P.ブリッジェンス、1868 [1]

済生館病院／設計者不詳、1879 [3]

開智学校／立石清重、1876 [2]

■参考文献　近藤豊『明治初期の擬洋風建築の研究』理工学社、1999年／村松貞次郎『日本近代建築の歴史』（NHKブックス）日本放送出版協会、1977年／藤森照信『日本の近代建築（上）』（岩波新書）岩波書店、1993年／大川三雄ほか『近代和風建築』建築知識、1992年

009 バルーンフレーム

Balloon Frame

開拓者精神を支えたフレーム

「バルーンフレーム」は、いわゆる2×4（ツーバイフォー）工法の元祖となった、一八三〇年代のアメリカで考案された木造建築の工法である。シカゴ最初の材木商で、よろず請け負い業兼金融業者にして建設請負業者でもあったという技師ジョージ・ワシントン・スノウの発明とされる。木材の工業的生産と製材機械の改良、そして安価な鋼製釘の機械生産技術の開発など、つまり規格化と工業化なしには、このアイデアは生まれなかった。

一七世紀以来の伝統的な初期アメリカ移住民たちのコロニアル・スタイル［→004］と呼ばれる農家は、比較的薄く、幅も狭い間柱の軸組みで、それらと下見板張りの外装材とを緊結する構造だった。スノウはこれを新しい近代の生産方式と結び付けた。それは単純かつ巧妙であった。単一断面の規格材を用い（柱や主梁はそれを重ね合わせて使用）、各部材を「ほぞ差し継ぎ」でなく、釘打ちで架構しようと考えた。狭い間隔で立てられた間柱には、壁材となる薄い下見板が釘で打ち付けられて一体化される。さらに斜め材によって強度が確保された。これは当初、「シカゴ構造」と呼ばれたが（一八七〇年代まで）、昔気質の熟練大工には「やっつけ仕事」と見えたのだろう。嘲笑的・侮蔑的な意味を込めて、軽くて弱々しいゆえ、「バルーン（風船）」と揶揄された。これが命名の由来である。

しかし実際、「バルーン」は構造的に強く、耐久性もあり、ともかく画期的発明であった。単に工期短縮、経費節減（価格低減）を実現しただけではない。アメリカの西部開拓時代のことである。パイオニアたちがフロンティアを切り開き、農耕可能地を拡大し、定住をめざす自営農民たちは、西へ西へと農村地帯を形成していった。その際、「断面が小さい」、すなわち「軽い」部材を使った工法で、専門的技術のいらない、誰でも容易に施工できる「バルーン」は、開拓にとって不可欠なシステムだった。資材の運搬と熟練技術者不足の問題を同時に解消したのである。軽い規格材は運搬の労を軽減し、高度な技術をもたぬ労働者にも施工でき、セルフビルドも可能である。また「バルーン」という、あまり開口部のない閉鎖的な住宅は、草原地帯の厳しい気候条件にもきわめて有効であった。それゆ

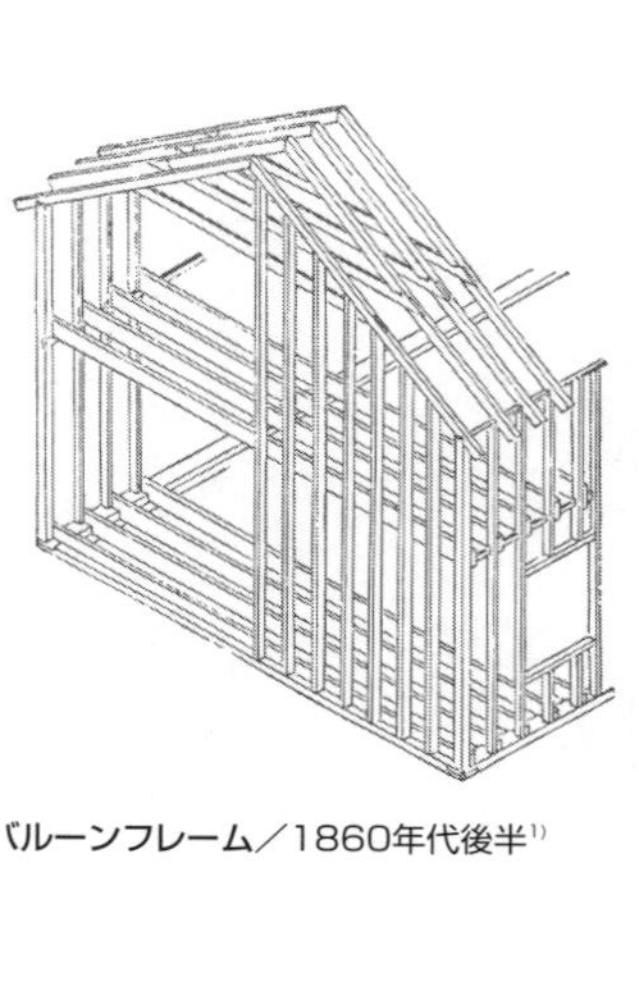

バルーンフレーム／1860年代後半[1)]

ピュー邸／F.L.ライト、1938、ユーソニアン・ハウスの事例[3)]

セントメアリー教会／設計者不詳、1833[2)]

え、シカゴから西海岸へと至る人々の西部開拓を実現させた、「開拓者精神」を宿す人々の身体を守る「箱」として定着し、「バルーン」はアメリカ全土へと飛んでいった。

ベンジャミン・フランクリンが発明した「鋳鉄ストーブ」（一七四四）の恩恵に預かることのできた者、また温暖な地域に住む者には「暑苦しい暗い箱」ともなった「バルーン」を開放したのは、巨匠フランク・ロイド・ライトである。低く大地に根ざした開放的な「ユーソニアン・ハウス」は、レンガや板材などを壁面に、2×4材を小屋組みに使った廉価版住宅追求の成果である。また、のちの一九三〇年代にカリフォルニアで、ライトの直弟子リヒャルト・ノイトラは「バルーン」の構造的合理性や、工業生産性を継承しつつ、戦後のカルフォルニア・スタイル［→056］へとつながる、開放的でモダンな住宅を数多く残した。

明治期に「バルーン」は太平洋を渡り、わが国にも飛来した。アメリカを手本とした北海道開拓の際に、木造の技術も同時にもたらされたのである。「下見板コロニアル・スタイル」［→004］の時計台（旧・札幌農学校演武場、一八七八＝明治一一年）がその代表的事例である。

のちの一九七〇年代中盤に、日本では、木材の海外依存度が高まった。製材輸入ゆえ、規格材でのプレファブ住宅の供給を余儀なくされた。そして一九七四年、枠組み壁工法である2×4工法が大臣特別認定を要さぬ一般工法となって以来、コストパフォーマンスの高い工法として認知され、有力な選択肢のひとつとなり、定着していった。「バルーン」の発想は、今なお積極的に利用されている。

だがその反面で、熟練を要さぬ工法の普及によって、職人の技術低下という日々深刻化する弊害も招いている。 Ⓗ

時計台(旧・札幌農学校演武場)／W.ホイーラー、1878[4)]

■参考文献 S.ギーディオン「V.アメリカの発展」、『空間・時間・建築』丸善、1969年／John Zukowsky Edit. "Chicago Architecture 1872-1922" Prestel-Verlag, Munich, 1987／藤森照信『日本の近代建築（上）』（岩波新書）岩波書店、1995年／香山寿夫監修『荒野と開拓者—フロンティアとアメリカ建築』丸善、1988年

010

鉄骨造

Steel Structure

ビルディング（建物）とアーキテクチュア（建築）の分水嶺

一八世紀の半ば以降、産業革命によって、鉄やガラス［→011］の大量供給が可能となり、建設材料としての本格的な使用の道筋が切り開かれていった。また、工場労働者が都市［→016］に大量に流入し、都市の基幹的施設の性格が大きく変化していった。工場、倉庫、駅舎、橋梁、温室、パサージュ［→069］、百貨店、次々に開催される展覧会や博覧会用のパヴィリオンなど、以前には存在しなかった種類の建物が一八～一九世紀にかけて続々と建設されていく。これらの建物の建設には、「鉄骨造」が積極的に導入されていったが、当初、その設計に携わっていたのは建築家ではなく、主に技術者［→029］たちだった。

第一回万国博覧会の会場となったクリスタルパレス（一八五一）が、温室建設の技術者ジョセフ・パクストンと鉄道技師チャールズ・フォックスによって設計されたことは象徴的である。温室は、当時の鉄材加工のテクノロジーが先端的に表れる建物だった。温室の開発者であるジョン・クラウディウス・ルードンはもともと造園家だったが、リップ溝型鋼（Cチャンネル）を桟として用いる構法を開発し、温室設計の体系化を成し遂げている。デシミス・バートンと技術者リチャード・ターナーによるロンドン郊外のキューガーデン・パームハウス（一八四八）は、当時流行した温室の代表的な例である。

また鉄道は、文字どおり産業革命の象徴的存在だった。温室建設と鉄道レール敷設の技術が、それまでとはまったく異なる、新しい建築空間を生み出していった。「世界」を一望に見渡すための施設、新しい時代の幕開けを象徴する鉄骨造のクリスタルパレスは、あたかも大気をガラスで切り取ったかのような、軽やかで、透明な空気に満ちた空間を同時に世界に対して示していったのである。

一方、当時の建築家たちには、鉄骨造を造形の対象として取り扱うことができなかった。石やレンガに比べて、鉄ははるかに小さな断面で同等の構造耐力を発揮する。こうした細い部材を用いて、歴史的な「様式」のルールに則った形態を生み出すことは不可能だった。また建築家たちには、室内外の境界が消え去っていくような、単なる皮膜にすぎない透明なガラス壁と、それを支持する、露出した鉄材に対して忌避感があった。重量感のある石やレンガを用いて建物に量塊性を与え、外壁を様式的装飾によって意味づけしていくことこそが、文化の体現者としての、当時の建築家の使命だった。

たとえば、技術者ギュスターヴ・アレクサンドル・エッフェルによるエッフェル塔（一八八九）は、建設時には激しく非難され、塔全体に石を被せて剥き出しの鉄骨を覆い隠してしまおうとする奇怪なカウンター・プロジェクトなども真剣に議論された。これなどは、鉄骨造とそれによる新たな形態や空間を拒絶する感性を、端的に物語るエピソードといえる。

クリスタルパレス／J.パクストン＋C.フォックス、1851[1)]

キューガーデン・パームハウス／D.バートン＋R.ターナー、1848[2)]

当時は、技術者がつくる「ビルディング（建物）」と、建築家が設計する「アーキテクチュア（建築）」のあいだには明確な区分があった。前者は「実用」を主とする文字どおりの建物、後者は西欧の歴史や文化を一身に引き受ける「芸術」だった。しかし、「ビルディング」にこそ次なる時代を切り開く新しい空間性が胚胎し、「アーキテクチュア」は歴史主義［→005］の法則に縛られて時代の要請に応えることができない、という逆転した状況が訪れていた。両者のあいだに横たわる溝をいかに克服していくか、この問題が二〇世紀の建築と空間を切り開く大きな課題になっていった。

石造に代わり、鉄骨造に基づいた新しい造形原理を打ちたてようとする試みは、一九世紀にユジェヌ＝エマニュエル・ヴィオレ＝ル＝デュクがゴシック教会堂の修復を通じて提示していた。建物の構造的な成り立ちを鉄材によって目に見えるかたちに置き換えることは、建築を部分と全体との関係として示すことになり、近代建築の主要な理念のひとつである合理主義［→001］の考え方を生むきっかけとなった。また二〇世紀を迎えると、ヘンドリク・ペートルス・ベルラーへのアムステルダム証券取引所（一九〇三）やペーター・ベーレンスのAEGタービン工場（一九〇九）のように、鉄骨造を従来の様式的造形と組み合わせ、造形表現の素材として処理していく方法が、建築家の作品のなかに見られるようになる。さらにアメリカでは、シカゴ派［→007］の建築に代表されるように、鉄骨材の柱・梁構造によるスカイスクレーパー（摩天楼）［→060］の建設がすでに実現化していた。

鉄骨造の造形的処理をめぐる問題は、一九二〇〜三〇年代に近代建築が前衛的な芸術運動と連携し、歴史的な様式に代わる、幾何学的な形態［→018］に基づく造形規範を取り入れたときに新たな局面を迎えることになる。Ⓣ

E.-E.ヴィオレ＝ル＝デュク『建築講話』(1864)のなかの図版「石工術」[3)]

■参考文献　松村昌家『水晶宮物語－ロンドン万国博覧会1851』リブロポート、1986年／フレデリック・サイツ、松本栄寿・小浜清子訳『エッフェル塔物語』玉川大学出版部、2002年／S・コッペルカム、堀内正昭訳『人工楽園－19世紀の温室とウィンターガーデン』鹿島出版会、1991年

011

ガラス

Glass

建築家のイマジネーションを刺激した素材

鉄、コンクリートとともに近代という時代を象徴する素材とされる「ガラス」。とくに建築家たちのイマジネーションを繰り返し、またさまざまなかたちで掻き立て、そして今なお強く刺激しつづけている素材はガラスをおいてほかにはないだろう。

ガラスは化学的に安定である。その物性から、古代より貯蔵器などの素材に利用されてきた。また、その色彩の美しさゆえ、宝飾品や装身具などの素材としても珍重されてきた。とても高価で貴重なものだった。

窓ガラスの誕生はローマ時代である。四世紀ころ、透明ガラスも登場し、ガラスは一般庶民にも比較的馴染みの深い素材となっていった。中世には教会建築の闇を幻想的な光で彩ったステンドグラスの窓もあった。しかし一八世紀まで、ガラスの主な製法は、現在もガラス生産の場で基礎とされている「吹きガラス技法」だった。つまり、製作可能な一枚のガラスの面積に限界があったのである。それゆえ、一定の縁取りに収まるような小さなガラスの組み合わせとして、窓はつくられていた。ある程度大きな面をなす大判ガラス、いわゆる板ガラス窓が登場するのは「手吹き円筒法」の発明を待たねばならない。

一九世紀以降、この新製法の普及などに伴い、さらに良質な板ガラスの生産も可能となるにつれ、主に工芸的領域にとどまっていたガラスの可能性が建築の分野でも一気に花開いていった。

一九世紀はこうして幕を開ける。パリでは、エコール・デ・ボザール［→012］出身の建築家ピエール・アレクサンドル・ヴィニョンのマドレーヌ寺院（一八四二）をはじめ、多くの公共建築に光が降り注ぐガラスの大屋根として、天窓が採用された。アンリ・ラブルーストのパリ国立図書館（一八六九）もそのひとつである。両面に店舗が並ぶ通りにガラス屋根を架けた格調高きギャルリー・ヴィヴィエンヌ（一八二六）は、のちにヨーロッパで流行するパサージュ（ギャルリー）［→069］と呼ばれるアーケード的な空間の手本となった。パリ植物園（一八三六）やロンドン郊外のキューガーデン・パームハウス（一八四八）、駅舎の屋根など、ガラスの大胆な使用法が次々と現れた。ジョゼフ・パクストンのクリスタルパレス（一八五一）［→010］はこうした動きの延長線上にある。

一八五七年、ドイツのジーメンス兄弟の発明「蓄熱式加熱法」などでガラスの溶解技術も飛躍的に進歩し、ガラス工業は専門分化され、板ガラス工業が独立する。ガラスの消費量が増大し、価格も下がった。一八八九年のパリ万博や、アール・ヌーヴォー建築［→002］の流行を経て、いよいよガラスは建築に欠かせぬ存在となっていく。そして、ついに革命的な大量生産を可

ファグス靴型工場／W.グロピウス＋A.マイヤー、1911[1)]

デッサウのバウハウス校舎／W.グロピウス、1926[2)]

能とする「ラバーズ式機械吹き円筒法」が、新興国アメリカで考案されたのが一九〇二年であった。

二〇世紀初頭の建築において、ガラスが果たした役割は、組積造から鉄骨のスケルトン（骨組み）構造［→010］や、鉄筋コンクリート［→028］のラーメン（柱・梁）構造へという、構造形式の新たな転換なしには語れない。新しい構造形式とガラスという素材が組み合わされ、AEGタービン工場（一九〇九）や、ファグス靴型工場（一九一一）、またデッサウのバウハウス校舎（一九二六）［→034］の大ガラス面も可能となった。

ここで、かつて厚い壁に穿たれていた小さな開口は、無限に拡大されはじめた。外部環境から身を守りつつ、内部で光を存分に享受し、また内外空間を連続させることもできる。自らはまるで存在しないかの如き虚の壁面（透明な壁）への道が開かれたのである。それは、ル・コルビュジエにドミノ・システム（一九一四）、近代建築の五原則（一九二六）［→038］を、ルートヴィヒ・ミース・ファン・デル・ローエに透明な建築＝ガラスのスカイスクレーパー（一九二一）［→059,060］を、そしてフランク・ロイド・ライトには「有機的建築」［→026］を構想せしめる源泉のひとつとなっていく。またその一方で、たとえばブルーノ・タウトら一九一〇年代のドイツ表現主義［→023］の建築家たちが熱狂した、クリスタルのイメージを具現化する素材としてもガラスは注目された。

プリズムガラスのような色彩に包まれた中世的で幻想的な空間への夢を、二〇世紀の建築家たちに再び抱かせたのである。透明な建築への回路とは別の、それとは対照的な、ガラスに包まれるような内部空間をもまた、建築家たちに夢想させていくこともなったのである。

Ⓗ

ドイツ工作連盟（ケルン）展パヴィリオン・グラスハウス／B.タウト、1914[3)]

■参考文献　「特集：ガラス・デザイン事典」『建築知識』、1997年9月号、建築知識／「特集：GLASSガラスの可能性―透明素材の系譜と未来」、『GA素材空間2』A.D.A EDITA Tokyo、2001年／『SPACE MODULATOR 65（特集：ヨーロッパのガラス建築）』日本板硝子、1985年／レオナルド・ベネヴォロ、武藤章訳「第4章　19世紀後半における技術と建築」、『近代建築の歴史』鹿島出版会、1978年

012

ボザール

École des Beaux-Arts

古典主義、歴史主義を奉じたアカデミズムの牙城

「エコール・デ・ボザール」は、一八一九年、フランス学士院（一七九五年創設）の美術部会、アカデミー・デ・ボザールのもとに創設された。絵画・彫刻・建築の三部門（のちに版画を加え、四部門）を包括する高等教育機関で、世界でもっとも有名な美術学校のひとつである。建築の世界で「ボザール」というと、エコール・デ・ボザールの建築部門を指す。

一九六八年、世界に飛び火した学生運動、パリ五月革命で解体に追い込まれるまでの約一五〇年間、改革を繰り返しつつも、基本的にはアカデミー・デ・ボザールを後見とする独自の体制を保ち、ほぼ不変の教育システムを貫いた。近代建築運動の勃興以降、次第にその影響力は弱まり、徐々にその存在感は薄らいでいったが、フランス国内だけでなく、世界中から学生が集まり、二〇世紀初頭に至るまで、絶大なる権威を誇った。

建築の専門的な知識と技能を授け、建築家という資格をもつプロフェッション（職能人）の育成に主眼をおくのが、近代の建築高等教育機関の特徴だろう。一方でボザール創設に先立ち、一七九四年に開校していたエコール・ポリテクニク（国立土木工学校）［→001］のような工学技術者を育てる機関もあった。だが、ボザールでは終始、芸術家としての建築家教育が行われた。

ボザール教育のひとつのゴールは、ローマ大賞をかけての設計競技の勝者となることだった。その受賞者は、ローマのフランス・アカデミー（一六六六年創立）への留学、つまり数年に渡るローマでの古代遺跡や古典建築の調査研究の権利が与えられ、建築家としての将来も約束された。ボザールでは中世の徒弟制を思わせるが、あくまでも学生主体のアトリエ制が敷かれていた。学生は学校で主に理論を習得し、アトリエで建築家の指導のもと、ローマ大賞をめざして実習に励んだのである。

ローマ大賞の審査はアカデミー・デ・ボザール会員が執り行った。会員はわずか八名で、しかも終身制であった。そのため、よくいえば、ルネサンス以来の伝統的な古典主義（とくに古代ローマ様式）が重んじられ、守られた。反面、古臭い建築観や趣味を学生に押し付け、進歩的な若い芽を摘む傾向もあった。つまり、アカデミー独裁支配のもとにエコールはおかれていた。いわゆるアカデミズムである。アカデミー支配に対するエコールの葛藤は長く続き、エコール内部から、アカデミズムという体質の改善の声が繰り返し上がった。古代ギリシア建築の自由な解釈をめざす若きアンリ・ラブルーストのネオ・グレコを奉じる姿勢、古典主義に敵意さえ抱いた中世主義者ユジェヌ＝エマニュエル・ヴィオレ＝ル＝デュクの合理主義的な態度も、古代ローマ

建築にのみ高い価値を認めるアカデミーの旧習への異議申し立てであった。

一九世紀後半、歴史主義［→005］の方法が浸透し、ようやくエコールの憂鬱は解消される。アカデミー会員の古典概念も大きく拡張された。鉄骨造などの新構造技術の発展、近代都市で要請されるようになった新たなビルディングタイプ（建築類型）への対応から、ローマだけでなく、古典となる、価値あるすべての歴史的様式をまったく等価に選択の対象とする様式折衷主義の方法を受け入れざるを得ない状況が形成されていったのである。

ボザールの建築教育システムが実際、国際的な影響力をもちえたのは、あらゆる様式を選択できる折衷主義という表現の自由とその方法論が、いわゆるシステマティックな造形教育にきわめて有効であったからだといわれている。しかし、それぞれの様式を生み出した社会的背景や意味はここで完全に失われ、自由な表現と方法論のみが普及していくこととなる。たとえば、一八九〇年代のアメリカである。第三代アメリカ合衆国大統領にして建築家だったトーマス・ジェファーソンの作品と、ボザール出身の、のちにアメリカン・ボザールと呼ばれるマッキム・ミード&ホワイトやルイス・ヘンリー・サリヴァンらの作品とを比較すればそれがよくわかる。前者では、民主主義の象徴たる新古典主義によって国家的建築を建設しようとする意志が貫かれているのに対し、後者では課題に応じて実に自由で個性的な表現がなされている。

しかし翻ってみれば、ボザールというアカデミズムが表現の自由や、社会的背景などをもたぬ個人的な芸術表現を謳歌しはじめたがゆえに、その限界を見据えた合理主義［→001］や機能主義［→020,032］などが一九世紀の後半に台頭をはじめ、二〇世紀の前衛的な近代建築運動へとつながっていく土壌を準備することともなった。

二〇世紀に入り、様式の折衷的傾向も徐々に下火となったが、たとえば国際連盟本部のコンペ（一九二七）でポル＝アンリ・ヌノ案、つまり様式折衷主義の案を強引に一等としてしまった顛末に象徴されるように、アカデミズムは近代建築運動を推進する建築家たちに対峙し、なおもその権威を誇示していたのである。

ボザールがその最後の牙城であった。Ⓗ

■参考文献　三宅理一編「特集：ボザール―その栄光と歴史の全貌」『SD』1978年11月号、鹿島出版会／土居義岳「ボザール」、鈴木博之監修『建築知識別冊ハンディ版　キーワード50創刊号：建築思潮の脈絡をたどる用語』建知出版、1982年／ルイ・ピエール・バルタール、白井秀和訳『ボザール建築理論講義』中央公論美術出版、1992年／アニー・ジャック、三宅理一訳『ボザール建築図集』求龍堂、1987年

パリの国立図書館／H.ラブルースト、1854-75[2]

ノートルダム・ド・ロレット教会／L-H.ルバ、1822-36[1]

013

社会主義ユートピア

Utopian Socialism

新たなコミュニティのかたちの模索

近代社会の形成と足並みをそろえた工業化の進展と、その帰結としての都市部への人口集中により、大多数の工場労働者は、スラムを形成する劣悪な住環境に住むことを余儀なくされた。しかし、そうした状況のなかで、良質な住環境をつくり上げようとする努力が、一九世紀初頭から行われはじめた。

その起点は、空想社会主義思想の立場からもたらされたもので、協同組合的な組織をもって、すべての住民に平等となる生活をもたらす、理想的なコミュニティ、つまりユートピアを確立することが試みられていった。それが「社会主義ユートピア」である。この観点からコミュニティを構想した人物として、シャルル・フーリエやロバート・オーエンがあげられる。そして、彼らの思想や行動が契機となって、理想追求のために社会の先頭に立って闘う先兵として、伝統や慣習にとらわれずに解決策を模索・追求する、前衛（アヴァンギャルド）運動も各国で芽ばえていったのである。

フランスの著作家フーリエは、一八〇八年に、コミュニティを営むに足る最小単位を一六二〇人、共同生活を営むために必要な土地面積を二五〇haと設定したうえで、農業を基盤とする自立した共同生活の場となる施設「ファランステール」を提案した。この構想は多くの反響を得て、ファランステールを下敷きとした施設が、一九世紀前半のうちにフランスやロシア、アルジェリアなどにおいて、五〇棟ほど建設されていった。フーリエが提唱したコミュニティの単位は、ル・コルビュジエによる集合住宅ユニテ・ダビタシオン（一九四五～五二）の規模にもこだましている。

一九世紀後半においても、フランスの産業家ジャン・バプティスト・アンドレ・ゴダンが「ファミリステール」（ギーズ、一八五九～七〇）という名のもとで、類似した施設を建設している。しかしこの場合、後述する資本家の博愛事業としての住宅建設の色合いを濃くしていた。

綿業王として名をなしたイギリスの産業家オーエンは、一八一七年に、五〇〇haの農地に一二〇〇人が住まう自立したコミュニティ計画案を作成した。しかしこの案は、イギリスでは受け入れられなかったため、一八二五年に約一〇〇〇人の支持者とともにアメリカに渡った。そして移住地インディアナ州において、ニューハーモニー村の建設に取り組んだが、ここアメリカにおいても、かんばしい成果は得られず、その試みは不調に終わった。

そうした一方で、一九世紀後半からは、啓蒙的な産業資本家による博愛事業としての住宅建設事業である「カンパニータウン」の建設も活発となっていった。資本家が所有する工場に隣接させるかたちで、いわゆる社宅を整備していこうとする取り組みである。こうした試みを刺激する一因となり、具体的な労働者用住宅の雛形ともなった存在として、一八五一年のロンドン万国博覧会で展示された労働者用住宅のモデルハウス建設の試みが指摘できる。

カンパニータウンとしての住宅建設事業は、非営利目的の家族主義的博愛事業という位置づけのもとで行われた。そのため、家族主義的コミュニティの形成と確立が目標として強調されていたが、実際は出勤率の上昇や生産性向上などを目的とした工場労働者に対する生活管理も目論まれていた。しかし、当時のほかの工場労働者が住む典型的な住環境と比較した場合、比べ物にならないほど良質な住環境がもたらされていたことも、紛れのない事実だった。

フランスのミュルーズで、一八五三年に地元の産業家一二名により設立された労働者都市協会によって建設されたシテ・ウヴリエール（一八五四）、ドイツの鉄鋼王アルフレット・クルップがエッセン近郊に建設した四カ所の労働者団地群（一八六三〜七五）、アメリカの鉄道王ジョージ・プルマンがシカゴ近郊に建設したプルマン・シティ（一八八〇）、オランダの酵母・酒工場主ヤーコブ・コルネリス・ファン・マルケンがデルフトに建設したアフネータ・パルク（一八八四）、イギリスの石鹸王ウィリアム・レーヴァーがリヴァプール近郊に建設したポート・サンライト（一八八八）、そして、わが国の日本語平仮名タイプライターの開発で知られる黒澤貞次郎が東京・蒲田に建設した黒澤村（一九一八＝大正七年）などが、そうした事例としてあげられる。

そして、一九世紀において、社会主義ユートピアの実践活動に端を発し、また、カンパニータウンの建設作業においても示された、労働者のための住環境改善にむけての努力は、二〇世紀を迎えると「ソーシャルハウジング」［→030］の建設へと、引き継がれていくのである。Ⓨ

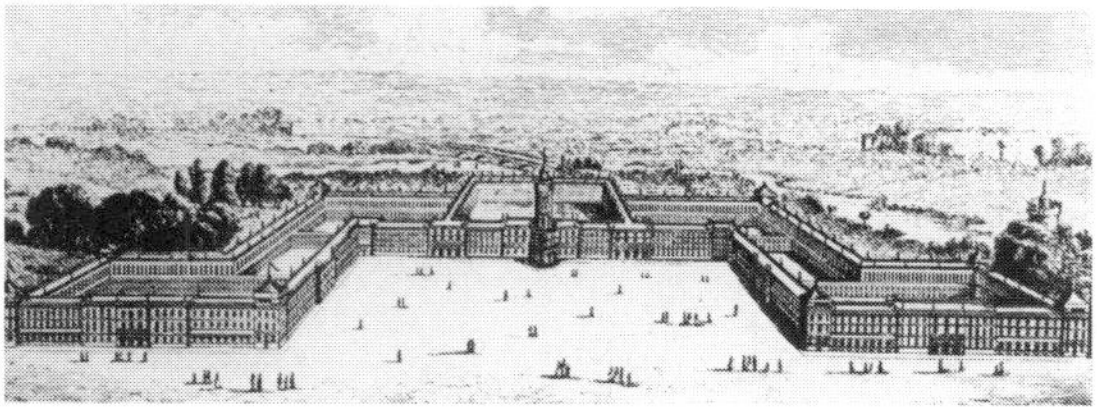

ファランステールのイメージ図／住居、食堂、学校、集会所などが複合されたΩ型の「大きな家」[1)]

ファミリステール／居住者の社会生活の場となる中庭 [2)]

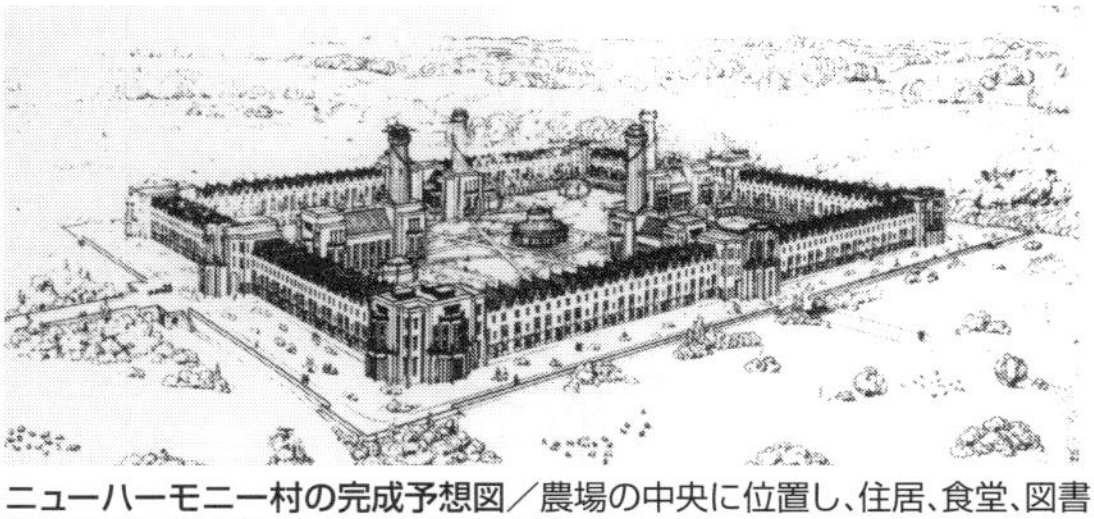

ニューハーモニー村の完成予想図／農場の中央に位置し、住居、食堂、図書館、工場などが設けられた中核施設 [3)]

■参考文献 坂本慶一編『世界の名著42 オウエン サン・シモン フーリエ』中央公論新社、1980年／L.ベネヴォロ、横山正訳『近代都市計画の起源』(SD選書) 鹿島出版会、1976年／フランソワーズ・ショエ、彦坂裕訳『近代都市—19世紀のプランニング』井上書院、1983年

014

専用住宅

Dwelling House

私生活の館の誕生

産業革命の動向や市民革命の衝撃に伴ってかたちづくられていった近代社会は、生活の様相にも大きな変化をもたらした。それまでの職住の一致したライフスタイルが一変することとなったのである。工場やオフィスといった就労環境が準備され、賃金労働に基づく労働形式、要するに「給与による生活」が確立されていくことで、働く場所と住む場所とが明確に分離されることになる。ここに生産の場としての職場、消費の場としての家庭という構図が導かれた。その結果、私生活のみを営む場としての「専用住宅」という存在が、求められることになったのである。

そうした一方で、工場で働く労働者階級と、資本家である上流階級という基本的な社会階層の区分が確立された。またさらに、この両者の中間に位置する、中流階級という新たな社会階層も生み出された。「ジェントルマン」と呼ばれる階層である。そして労働者階級に属する人々は、都市内に形成された劣悪な住環境での生活を余儀なくされるなかで、中流階級以上に属する人々は、よりよい住環境を求めて、都市と田舎との中間に位置する「郊外」に生活の場を求めていった。公共交通手段である鉄道の発達が、郊外居住を可能としたのだった。

こうした変化を先取りしたのは、産業革命の発祥地として、近代社会の先駆者となったイギリスだった。そして一九世紀半ばから、中流階級のための郊外立地の住宅、「専用住宅」のあり方が、「アーツ・アンド・クラフツ運動」[→015]や「ドメスティック・リヴァイヴァル(住宅復興)」といった動向を通じて模索されていった。

ウィリアム・モリスを中心として展開されたアーツ・アンド・クラフツ運動は、もともとは近代社会の生活のなかで失われてしまった、日常生活の美の再生を試みる工芸運動としてはじまった。機械生産された日用品が、中世に製作された手仕事による同等品よりも見劣りするのは、近代社会では芸術と技術とが分離してしまった結果にあると考え、その再統合がめざされたのである。その実践活動は、一八六一年に設立されたモリス・マーシャル・フォークナー商会(一八七五年にモリス商会に改組)を通じて行われた。

同様の姿勢に基づいて、専用住宅のあり方についても模索された。モリスは、各地方で固有のかたちをとりながらも、いずれも生活と造形美とが一体となって偽りのない姿を表出している、民家の復興を唱えたのである。彼の端的な姿勢は、フィリップ・ウエッブの設計により、ロンドン郊外に建設された「赤い家」(一八六〇)と呼ばれるモリス自身の自邸で提示された。赤い家は、赤色のレンガを用いた構造がありのままに外観に表されていること、ゴシック様式の残滓も示してはいるが、基本的には様式的な装飾は用いられていないこと、内部の機能に従って合理的な間取りが行われていること、などを特徴としていた。そして、こうした性格を含んでいることから、のちに赤い家は、近代住宅のパイオニアとして位置づけられることともなる。

また一方で、郊外立地の住宅需要の増大という実際的な現象に伴い、リチャード・ノーマン・ショウやエドウィン・ラッチェンスらにより、そうした需要に応えるかたちで模索・実践されていった住宅建設の試みが、ドメスティック・リヴァイヴァルである。ここでは、英国固有の住宅（民家）のもつヴァナキュラー［→076］な造形要素を再編成していくことで、「オールド・イングリッシュ様式」という絵画性に富んだピクチャレスクな造形がもたらされた。また、ここでも機能性や日照などに基づいた間取りの考え方が取り込まれていった。

そして、私生活を営む背景としての郊外立地の独立住宅＝専用住宅という住宅形式、つまりビルディングタイプは、二〇世紀を通じて、階級の差を超えた理想のかたちとして追求されていくことになる。Ⓨ

■参考文献　鈴木博之『ジェントルマンの文化』日本経済新聞社、1983年／片木篤『イギリスのカントリーハウス』（建築巡礼）丸善、1988年／片木篤『イギリスの郊外住宅』住まいの図書館出版局、1987年／藤田治彦『ウィリアム・モリス』（SD選書）鹿島出版会、1996年

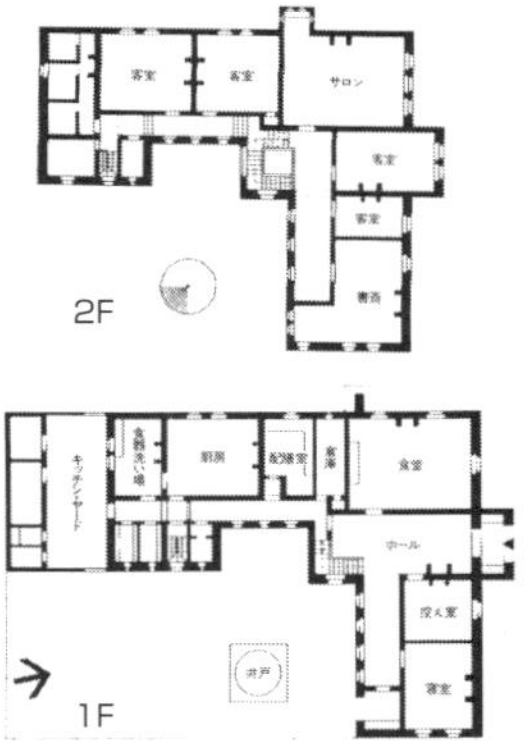

赤い家平面図[2)]

赤い家／P.ウエッブ、1860[1)]

赤い家内のインテリア[3)]

クラグサイド館／R.N.ショウ、1869-85、オールド・イングリッシュ様式によるドメスティック・リヴァイバル[4)]

015

アーツ・アンド・クラフツ運動

Arts & Crafts Movement

生活する楽しみを再構築すべく発信された日常性の美学

アーツ・アンド・クラフツ運動とは、民衆の生活の芸術化を主要な目標に据えて、一九世紀後半のイギリスで工芸品を主役として展開された造形運動の総称である。その呼称は一八八八年に設立された「アーツ・アンド・クラフツ展示協会」の名称に由来する。だが、ひとつの運動体として認められ、その活動の広がりを導くために、先駆的で、中核的な役割を果たしたのはウィリアム・モリスであった。

産業革命の発祥地として、手づくりから機械生産へと、ものづくりの体系の全面的な転換のプロセスに先鞭をつけたイギリスは、一九世紀には「世界の工場」とも称され、繁栄の極みに達した。しかしその反面、社会の産業化に伴って生まれてくる問題点にも真っ先に直面した。機械生産による大量生産が進むにつれ、利益が優先され、美的にも質的にも問題を抱えた俗悪で粗悪な製品が市場に氾濫しはじめていたのである。また生産の現場でも、創意や工夫が要求される熟練労働は崩壊の危機に瀕し、画一的な作業となる単純労働に支配された退屈な労働環境が導かれていった。こうして、つくる側と使う側という生産と消費の双方の立場、つまり生活のあらゆる側面で、人間疎外のよそよそしさがもたらされてしまったのである。

そうした事態にいち早く警鐘を鳴らしたのが、社会思想家ジョン・ラスキンである。ラスキンは、解決の処方箋として手づくりの芸術的な意義とその精神的な重要性を再認識する必要性を説いた。その根底には、歴史的な範例と想定された中世（の共同体）への憧憬と、将来的に進むべき方向と目された社会主義への視線が横たわっていた。そして、手仕事による高い品質と民衆の生活の品位を保つ手段として、中世的なギルド（同職組合）の再興を唱え、美的であり、なおかつ質も確保できる土台として、自然の姿に見い出せる「真・美・知」という性格を満たした「偽りのない造形」の確立を求めたのであった。こうしてラスキンは、手仕事の再生から生まれる民衆のための芸術像と、その規範を提供したのである。

以上のようなラスキンの思想を下敷きにして、「小芸術（レッサーアート）」というそれまでにない芸術の領域を設けることで、生活の芸術化という目標のもとに具体的な実践活動の道を切り開いていったのが、ウィリアム・モリスだった。小芸術という発想によりモリスは、絵画や彫刻のみを芸術と認める従来の価値観を批判する一方で、工芸品など日常生活を彩る身近な日用品に求められる美学の必要性を説いていった。そして自然がもつ「真・美・知」へと通じる、実用性と芸術性とが統合された偽りのない造形をもつ日用品、つまり小芸術に囲まれて過ごす生活の実現を目標とした。その結果、工芸という領域は、包括的に生活を彩るための芸術として、その価値が認められていくこととなったのである。

モリスの実践活動の発端となったのは、一八六〇年の自邸「赤い家」［→014］の建設作業だった。この際に行われた設計や室内装飾での共同作業の成果を通じてモリスは、ものをつくり出す喜びと、ものを使う喜びとが一体となった、生活の芸術化への具体的な道筋を発見したのである。そして翌六一年に、赤い家で作業をともにしたフィリップ・ウエッブ、ラファエロ前派の画家エドワード・バーン＝ジョーンズ、ダンテ・ゲイブリエル・ロセッティらとともに、芸術職人集団を旗印としたギルド的組織、モリス・マーシャル・フォークナー商会（一八七五年にモリス商会に改組）を設立した。

商会では、家具や壁紙、壁面装飾や織物、金工製品やステンドガラス、タイルや刺繍といった小物など、生活に必要とされる調度品や工芸品を、機械による大量生産品としてではなく、中世の職人の手仕事の伝統に則って製造・販売することが目的とされた。そして、その製品を購入して使用することで、民衆が生活する楽しみを再構築することを目論んだのである。しかしながら、手づくりによる商会の製品は見事な出来映えではあったが、結果的には高価で、そのため対象とされた民衆には手が届かないというパラドックスが生じてしまった。

しかし、モリスらの活動で重要な点はむしろ、その意識のあり方にあった。偽りのない造形をもつ日用品を小芸術と捉えて、生活の芸術化を図ろうとすることで、生活環境の全体を美しく、しかも使いやすく彩るという発想がもたらされ、やがて「総合芸術」「トータルデザイン」といった思考へも到達することになるのである。そして、それゆえアーツ・アンド・クラフツ運動は、機械の否定という性格を内包させつつも、アール・ヌーヴォー［→002］やドイツ工作連盟［→022］といった動向のみならず、バウハウス［→034］をはじめとする機械＝テクノロジーを全面的に肯定した両大戦間期の近代建築運動にまで、大きな影響を与えていく。Ⓨ

グリーン・ダイニングルームの内装／P.ウェッブ＋W.モリス、1866-67[1]

モリス・マーシャル・フォークナー商会の諸製品によるインテリア[2]

モリス・マーシャル・フォークナー商会の製品を代表するサセックスシリーズの肘掛け椅子[3]

■参考文献　ジョン・ラスキン、杉山真紀子訳『建築の七燈』鹿島出版会、1997年／藤田治彦『ウィリアム・モリス』（SD選書）鹿島出版会、1996年／ニコラス・ペヴズナー、白石博三訳『モダン・デザインの展開』みすず書房、1957年

016

田園都市

Garden City

二〇世紀的都市イメージあるいは郊外生活の源像

「田園都市」は、一八九八年にイギリスの社会改良家エベニーザー・ハワードが、著書『真の改革へむけての平和な道程』で示した、新しい住環境＝コミュニティ像の提案にはじまる。一九〇二年に同書が『明日の田園都市』と改題されて再版されたことで、その構想は田園都市（ガーデン・シティ）の名のもとに一般化され、普及していった。

ハワードの提案は、たとえば第二次大戦後は「ニュータウン」［→061］の建設などに性格を変えるなど徐々に変形されながらも、二〇世紀を通して新しい町づくりに不可欠なイメージとして、その基調をなしていく。文明評論家ルイス・マンフォードは、飛行機と並ぶ今世紀最大の発明と、田園都市を讃えている。

田園都市は、既存の都市に置き換わる存在となるべく、都市生活の利便性と、田園の自然に満ちた健康さという、双方の長所を兼ね備えた生活を提供するものとして提案された。公有あるいは居住者の共有となる二四〇〇haの土地を準備し、そのうち中心部四〇〇haの地域に最大人口三万二〇〇〇人の社会生活を満足させる居住地区を建設し、周囲の二〇〇〇haの地域に生活基盤としての工業と農業を共存させることで、都市的な賑わいも満たしながら自然環境にも恵まれた健康的で、職・住という生活の全体がコミュニティ内で完結できる、自立した生活環境を実現させることが、田園都市構想の骨子とされていた。

このハワードによる田園都市の提案は、多くの賛同者を得て、はやくも一八九九年には第一田園都市協会が設立された。そして一九〇三年には、レイモンド・アンウィンとベイリー・パーカーの計画に基づき、最初の田園都市がレッチワースで建設されはじめた。また一九一九年には、ウェルウィンに二つめとなる田園都市の建設が開始された。一方で、一九〇六年には「田園郊外（ガーデン・サバーブ）」と呼ばれるハムステッドの建設も行われはじめた。田園郊外とは、田園都市の理念から「職」の部分を省いたもので、そこではコミュニティとしての自立性は失われていた。

そして田園都市という構想は、イギリスのみならずヨーロッパ各国でも広く受け入れられていった。しかし一般に、大陸諸国で田園都市が建設されていく際、ハワードの提案に含まれていた、職・住を満足させる自立した都市という性格は薄められていった。ひたすらに、田園＝自然に溢れた専用住宅地という性格が強調されていった。つまり大陸諸国では、ハムステッドの場合のように、良質な郊外住宅地の建設方法の範例として、田園都市は解釈されていたのである。

ドイツでは、一九〇二年に田園都市協会

が設立され、一九〇六年にリヒャルト・リーマーシュミットの計画により、初の田園都市ヘレラウの建設がはじまった。またオランダでは、大都市の周縁部分に郊外住宅地として、ヘンドリク・ペートルス・ベルラーへの基本計画によるフレエヴェイク（ロッテルダム郊外、一九一六）や、ベレント・トビア・ボエイインハの計画によるオーストザーン（アムステルダム郊外、一九二二）など、田園郊外の小型版である「田園村落（ガーデン・ヴィレッジ）」が多数、建設されていった。フランスやロシアなどでも、田園都市をモデルとした郊外住宅地の建設が行われた。

　田園都市という新しい住環境建設の動向については、明治四〇（一九〇七）年に井上友一ら内務省地方局有志の編纂によって、イギリスや大陸諸国での田園都市の潮流を分析・紹介し、わが国への応用についても提案した啓蒙書『田園都市』（博文館）が出版されたことで、わが国でも知られるようになった。また、これを契機として、良質な郊外住宅地の建設の手法として定着していったのである。田園都市の理念を下敷きとした郊外住宅地の開発としては、日本経済の父ともいわれる実業家・渋沢栄一が大正七（一九一八）年に設立した、田園都市株式会社による田園調布（一九二三＝大正一二年）や、理想的な郊外住宅地の実現をめざして、東武鉄道が、内務省と都市計画東京地方委員会の協力を仰いで計画し、開発した常盤台住宅地（一九三六＝昭和一一年）などがある。Ⓨ

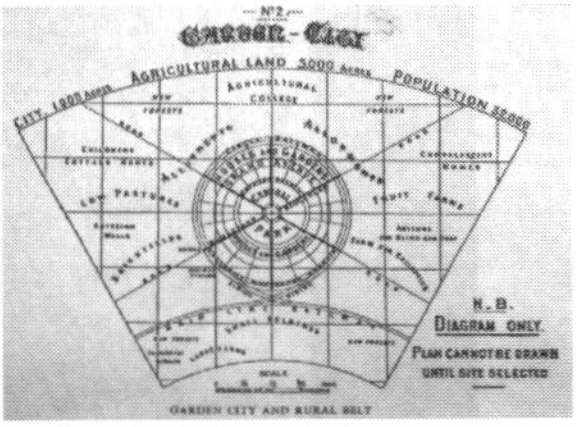

ハワードによる「田園都市」のスキーム[1)]

初の田園都市レッチワース[2)]

ドイツの田園都市ヘレラウ[4)]

オランダの田園村落フレエヴェイク[5)]

田園郊外ハムステッド[3)]

■参考文献　E.ハワード、長素連訳『明日の田園都市』鹿島出版会、1968年／東秀紀・橘裕子・風見正三・村上暁信『「明日の田園都市」への誘い—ハワードの構想に発したその歴史と未来』彰国社、2001年／内務省地方局『田園都市と日本人』（講談社学術文庫）講談社、1980年（文中『田園都市』を改題しての再版）／山口廣編『郊外住宅地の系譜—東京の田園ユートピア』鹿島出版会、1987年／片木篤『イギリスの郊外住宅』住まいの図書館出版局、1987年

017

未来派
Futurism

テクノロジーの美学をうたい上げた詩人たち、ブルジョア文化のラディカルな否定

一九世紀が幕を閉じ、二〇世紀が産声をあげようとしていたころ、自動車はどのくらいのスピードで大地を疾駆するようになっていたのだろうか。パリを起点とする一八九四年のラリーでは平均時速がわずか二一km、これが一九〇三年には一〇五kmに達する。最高時速も、一八九九年に技術者カミーユ・ジェナッツィのジャメ・コンタント号が一〇〇kmの壁を破り、一九〇九年には二〇三kmに記録が及んでいる。世紀の転換期を迎え、時代はいよいよ、「スピード狂」を生み出そうとしていたのである。自動車ばかりではない。高架鉄道が都市を蹂躙し、空を仰げば飛行機が飛び交う。巨大な外洋汽船の就航が、人々の目を圧倒した。都市に溢れるテクノロジー［→029］の形象が、都市そのものの成り立ちを大きく変えようとしていた。

そして、こうしたテクノロジーに潜む新たな美の存在に、鋭敏に反応した一群の詩人、芸術家たちがいた。「爆発音をとどろかせるレーシングカーは、サモトラケのニケ像よりも美しい」と宣言し、一九〇九年、「未来派」がイタリア、ミラノで創設されるのである。

「未来派創立宣言」は、「われわれは危険への愛、活力と無謀さの習慣をうたうことを欲する」という一節によってはじめられる。未来派の指導的人物、詩人フィリッポ・トマーゾ・マリネッティは、哲学者ジョルジュ・ソレルの『暴力論』や哲学者アンリ・ベルグソンの「生の哲学」から影響を受け、無政府主義的な思想を胚胎させて、闘争的なアジテーション活動を展開させていく。

セラータ（夕べ）と呼ばれる、詩の朗読などによるパフォーマンスや、一九〇五年に創刊した雑誌『ポエージア』の誌面を通じて、都市にその姿を現した、新たな知覚や感覚の様態が描出されていった。まばゆいばかりの電灯の光、電話、無線、写真、映画などの新たなメディア、工場や造船所で煤煙を吐き出しながら駆動する巨大なマシンとその轟音への偏愛が語られ、歴史主義［→005］に彩られた一九世紀の美の規範が脱臼させられていく。「ザン・トゥム・トゥム」などの、意味伝達を前提としない擬声語による詩オノマトペや、また音楽の分野ではイントナルモーリ（騒音楽器）を用いたルイジ・ルッソロの「騒音芸術」（一九一三）など、ブルジョア芸術の表現形式そのものへの造反行為も同時に仕掛けられていったのである。

また、絵画、彫刻、建築の造形芸術一般に、その活動は拡張されていった。印象主義、キュビスム（立体派）、シュプレマティズム（至高主義）などと併走しながら、事物の形態を溶融させるかのような

「ダイナミズム」の表現が追求され、アヴァンギャルド運動の一翼を担った。

アントニオ・サンテリアが描くドローイング「チッタ・ヌオーヴァ（新都市）」（一九一四）には、地下や空中を走る高速鉄道や立体街路による、垂直的・重層的な都市空間が描かれ、第一次大戦後に建築家たちがこぞって描出しはじめた近代都市［→053］のイメージの源泉ともなった。何よりも、ダムや橋梁、発電所などの土木構築物の形姿を「建築」の美としてうたい上げたところに、サンテリアのドローイングの衝撃力が秘められていたのである。

未来派が対象とした事物は、さらに多様な圏域に及んだ。文学や美術などの芸術形式を超えて、「政治宣言」「ファッション宣言」、一九三〇年代には「料理宣言」「陶器宣言」など、無数の宣言〈マニュフェスト〉によって未来派は、日常の生活世界の改革をも標榜するようになる。それは、二〇世紀初頭の西欧に残存し、市民生活を取り囲んでいた、耐え難いブルジョア文化に対するラディカルな否定のポーズにほかならない。このときテクノロジーは、近代社会の進歩と発展を約束するツールではなく、爛熟したブルジョア社会をドラスティックに転覆させる起爆剤としての機能を担うようになった。この意味において、未来派はダダ［→024］など、第一次大戦後に花開く多様なアヴァンギャルド運動の、まさに尖兵としての役割を誇っているのである。Ⓣ

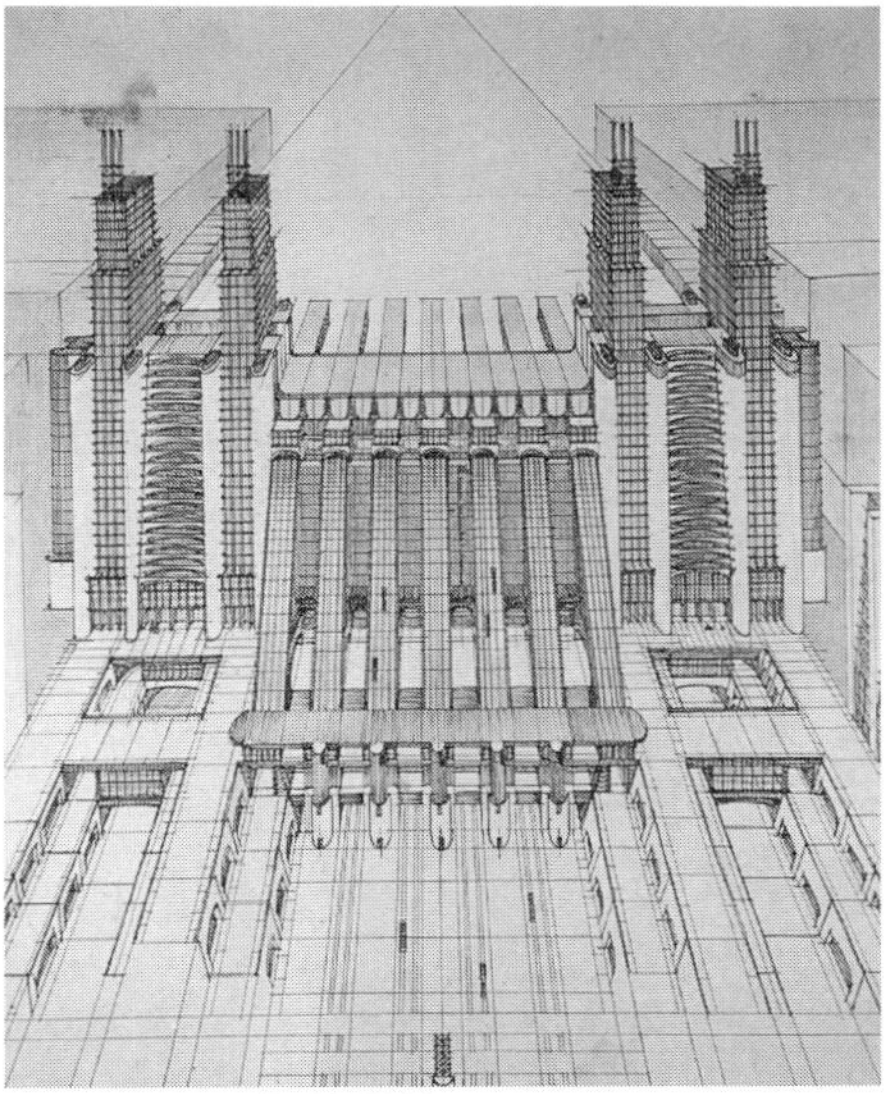

チッタ・ヌオーヴァ（新都市）／A.サンテリア、1914、ケーブルとエレベーターを備えた、三層にわたる道路上の空港および鉄道駅[1)]

イントナルモーリ（雑音楽器）／L.ルッソロ、1913[3)]

空間の中のひとつの連続するかたち／U.ボッチョーニ、1913[2)]

水上飛行機基地とアパート／V.マルキ、1925-26[4)]

■参考文献　塚原史『言葉のアヴァンギャルド―ダダと未来派の20世紀』講談社、1994年／田野倉稔『イタリアのアヴァンギャルド―未来派からピランデルロへ』白水社、1981年（2001年再刊）／キャロライン・ティズダル＋アンジェロ・ボッツォーラ、松田嘉子訳『未来派』PARCO出版、1992年

018

幾何学

Geometory

模倣から創造へ、その原点となる基礎

「幾何学（geometory）」とは、そもそも「大地（geo）の計測／測定術（metry）」であった。古代エジプトでは、毎年のように氾濫するナイル河の水が、農地などの敷地の輪郭（境界線）を消した。そのため水が引いたのち、再びこれを設定し直さねばならなかった。この仕事を「幾何学」と呼んだ。地上に秩序を再生する作業である。やがてこうした作業は、天体の観測など、次第に自然法則にかかわる基本原理と考えられるようになっていった。円、正方形、三角形などの原初的形態に、エジプト人は物理的、社会的、また形而上学的な意味をも与えた。これを継承したのがギリシア人であった。プラトンは、数とともに幾何学を、もっとも縮約された本質、ゆえに理想的な哲学の言語とみなした。ここに全宇宙の調和を球と正多面体で象徴する世界観、すなわちプラトニズムの伝統がはじまる。

ギリシア神殿以来、西欧の建築は、幾何学を基礎に、つまり創造の原理として、また体系的に利用することで、建築の秩序と美を構築していった。しかし、一八世紀半ばの古代ギリシア建築を範とする新古典主義にはじまる歴史主義［→005］の時代を通じて、創造の原理だった幾何学は、いつの間にか、過去の時代の様式カタログをもとに、さまざまな意図で選択された形態や形式を整える道具と化していった。

再び幾何学を創造の基礎に据え、時代と社会に相応しい様式の希求がはじまるのは、一九世紀半ばのことである。それは工芸の領域ではじまった。イギリスのアーツ・アンド・クラフツ運動［→015］である。ウィリアム・モリスの師であるウォルター・クレインらが、過去の装飾様式や自然形態から、かたちを借用・模写するのではなく、幾何学を使って、ゼロから手本なしに、多様な装飾の造形を生み出す方法を模索していったのである。たとえば、オーエン・ジョーンズの『装飾の文法』（一八五六）はその集大成ともいえよう。

こうしたイギリスの動きは、一九世紀後半、そして二〇世紀への世紀転換期を通じて、オランダやドイツなどに伝播し、工芸家のみならず、建築家たちにも多大な影響を及ぼしていった。そして歴史主義や、さらに自然の造形などを借用したアール・ヌーヴォー［→002］から脱却し、自らの時代と社会の新しい建築の実現をめざして、その原理に幾何学を据えようとする建築家たちが現れた。

壁紙のデザイン／O.ジョーンズ、1860年ごろ[1]

オランダでは、アムステルダム証券取引所（一九〇三）に相前後して、ヘンドリク・ペートルス・ベルラーヘが幾何学を建築の創造原理として、歴史主義からの脱却、つまり模倣から創造への転換を図る試みに着手した。これを期にオランダの建築界では、幾何学を創造の原理、秩序の法則の基礎と定めた設計手法が探求され、また実際大いに流行した。のちに、表現主義的造形［→023］で知られることとなるアムステルダム派［→030］や、幾何学と色彩を普遍的造形言語としたデ・ステイル［→025］の根は、ともにこうしたベルラーヘへの作業のなかにある。

ドイツではペーター・ベーレンスが、ダルムシュタットでのユーゲントシュティル（ドイツ版アール・ヌーヴォー）期から脱却し、デュッセルドルフやベルリンを拠点に活動を展開していた時代に、同様の作業に着手している。たとえば、クンストハレ（一九〇五）、電機会社ＡＥＧの芸術顧問としての仕事のなかにそうした傾向を見て取れる。ベーレンスの作業は、工業化の理念と結び付き、やがて日用品の大量生産、つまり産業デザインの方向へ、また住宅の工業化などといった、標準化や規格化［→021］へと展開されてもいく。

一方、ウィーンでも、一九世紀末から、新時代の新しい建築像が模索されていた。ゼツェッション［→003］である。とくにオットー・ヴァーグナー［→020］やヨーゼフ・ホフマンらの仕事に、幾何学を創造の原理とする傾向が顕著である。

一九〇〇年代の初頭に、同時多発的に、幾何学を、あらためて新しい時代と社会の建築をつくる原理とする動きがヨーロッパ各地で散見される。ここに過去の様式や自然形態の借用・模倣から新様式の創造へとむかう二〇世紀の建築の歴史がはじまる。

しかし、幾何学はあくまでも創造の原理となる基礎であり、必要条件にすぎない。すなわち、様式創造の十分条件ではない。このことを二〇世紀の建築はその後の展開のなかで、われわれに強く認知させるとともに、証明していくこととなる。Ⓗ

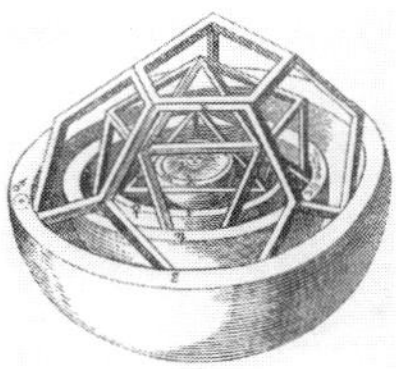

J.ケプラー後の宇宙を構成する5つのプラトン立体図[2)]

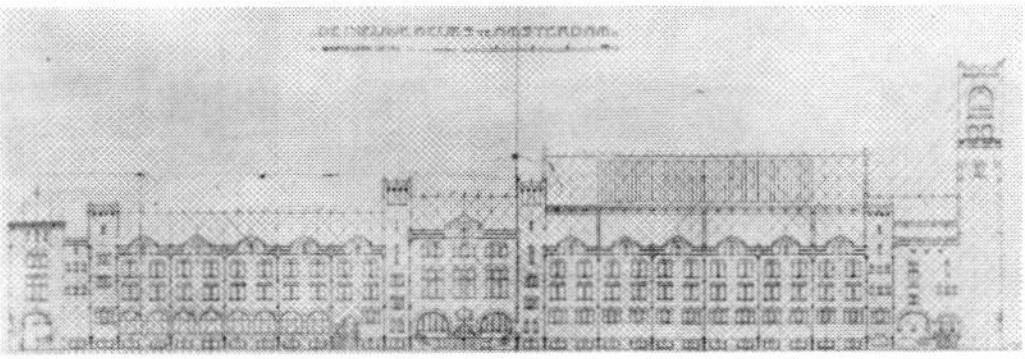

アムステルダム証券取引所立面図／H.P.ベルラーヘ、1903[3)]

クンストハレ／P.ベーレンス、1905[4)]

■参考文献　濱嵜良実「庭師の幾何学」、『建築文化』2000年7月号、彰国社／ロバート・ロウラー、三浦伸夫訳『イメージの博物誌24　神聖幾何学』平凡社、1992年／井上充夫『建築美論の歩み』鹿島出版会、1991年

019 ラウムプラン

Raumplan

形式から空間へ

著書『近代建築』（一八九六）や郵便貯金局（一九〇六）などの作品で、ウィーンにおける近代建築の開拓者となったオットー・ヴァーグナーの直弟子は、ゼツェッション［→003］の建築家ヨーゼフ・マリア・オルブリッヒ、ヨーゼフ・ホフマンらである。ヴァーグナー・シューレ（派）などという。彼らは師のデザインの華麗な造形に気をとられ、その表層的な部分を主に継承し、アール・ヌーヴォー的［→002］な表現に心奪われて、師の教えのもっとも重要な革新の所在を十分に認識することはなかったかに見える。ヴァーグナーの革新は歴史主義［→005］から脱却して、諸外国の新潮流の造形に身をゆだねることではなく、時代精神としての様式、新時代に相応しい新建築を志向する思想のなかにこそあった。その革新性、すなわち「実用様式」の精神を継承したのは、直弟子たちではなく、彼らと真っ向から対立した建築家アドルフ・ロースであった。

ロースは、「装飾は犯罪である」（『装飾と犯罪』、一九〇八）と言い放った。過激な風刺的表現を武器に、ウィーンの社会生活に横たわる偽善を暴露しつづけた著述家カール・クラウス顔負けの辛辣な語り口によって、ゼツェッションの建築家たち、つまりヴァーグナー・シューレの建築家たちを名指しで攻撃した。だが、単なるニヒリスティックな煽動家であったわけでも、また装飾そのものを否定したわけでもない。文化としての生活との有機的連関を欠いた、表面的な装飾の無意味さを繰り返し糾弾したのである。美と実用とを峻別し、無装飾でプレーンなファサード［→049］の先駆的事例となったシュタイナー邸（一九一〇）、ウィーンの富裕階級とゼツェッションを挑発したミヒャエラー広場にある建築、通称「ロースハウス」（一九一一）などの実作を通じて、ロースは実生活から遊離した美的虚飾を痛烈に批判した。こうした態度は、渡米（一八九三～九六）の際に身につけた実利主義の精神に支えられていた。のちに、それはひとつの空間思考へと結実していく。建築を形式としてではなく、三次元の空間として捉え、所要室に割り当てられるべき必要（実用）に応じたヴォリュームを確保していく方法である。すなわち「ラウムプラン」である。その具体的な概念をロース自身は三次元のチェスのゲームになぞらえて説明してはいるが、さらに詳細な記述は残していない。私塾的存在だったロースの建築学校の出身者、長年にわたってロースの協力者だったハインリッヒ・クルカの解説に頼るほかない。

クルカによれば、ラウムプランの最初の実例はシュトラッサー邸（一九一九）とルーファー邸（一九二二）である。とくに前者が既存邸宅の改築であったことは注目に値する。つまり、ラウムプランは「はじめにヴォリュームありき」という状態で、初めて実効的に機能する。平面に「間取り」という考え方があるが、三次元のヴォリューム、つまり空間を必要に応じて確保していく、いわば「空間取り」なのだ。外観はシンプルなキューブそのものであり、いわば「空間取り」の建築的枠組みとなっている。そして、その建築の外観は無愛想な古典主義ともいえる様相を呈し、それとは裏腹に内部空間は実用という必然から生じた床の高低差により分節され、同時にダイナミックに連続しつつ目まぐるしい変化を見せる。犯罪ギリギリの、つまりは実用（または機能）の官能的なまでの表現（＝装飾が施され、饒舌でさえあるといった、分裂症的な印象さえ与えるのである。

　ラウムプランは、ダダイズム［→024］を標榜した詩人トリスタン・ツァラのパリの自邸（一九二六）、ウィーンのモラー邸（一九二八）を経て、プラハのミュラー邸（一九三〇）で頂点に達するが、その独創性はほかに追随を許さぬものがある。

　あえていうなら、土浦亀城の自邸（一九三五＝昭和一〇年）の空間がこれに近い。タリアセンのフランク・ロイド・ライトのもとでともに働いた同僚たちとの情報交換の成果かもしれない。つまり、ロース私塾の出身者リヒャルト・ノイトラ、ルドルフ・シンドラー経由とも考えられよう。Ⓗ

ロースハウス／A.ロース、1911[1)]

モラー邸／A.ロース、1928[2)]

ミュラー邸／A.ロース、1930[3)]

ミュラー邸のメインホールより階段室を見る[4)]

■参考文献　O.ヴァーグナー、樋口清・佐久間博訳『近代建築』中央公論美術出版、1985年／A.ロース、伊藤哲夫訳『装飾と罪悪－建築・文化論集』中央公論美術出版、1987年／伊藤哲夫『アドルフ・ロース』（SD選書）鹿島出版会、1980年／S.トゥールミン＋A.ジャニク、藤村龍雄訳『ヴィトゲンシュタインのウィーン』（平凡社ライブラリー）平凡社、2001年

020

被覆

Skin

機能主義へのパラダイム転換を招き寄せた、ゴットフリート・ゼンパーの建築理論

『建築の四要素』（一八五一）のなかでゴットフリート・ゼンパーは、炉、床、屋根、そして「被覆（壁）」の各部位を、建築をかたちづくる基本要素として規定した。第一の要素として「炉」があげられているのは、火を中心に人間が集まり、家族や共同体をつくり出していくことを意味しているからである。しかし、ゼンパーはさらに、冶金や窯業などの火を用いた加工技術との連関を、炉という象徴的な存在のなかに見い出していた。そして同様に、床には石工、屋根には木工、被覆には織物というかたちで、それぞれの要素に技術上のカテゴリーを対応させている。ゼンパーは、建物を構成する部位と、素材の加工法を照応させて、建築の成り立ちを説明しようとしたのである。

こうしたゼンパーの考え方には、旧来の建築観に変更を迫り、そのあり方を拡張させていくような、大きなパラダイム（枠組み）転換の契機が潜んでいた。古典主義の建築は、オーダーによって世界に秩序をもたらすことで、ある神話的な原理を体現していた。建築とは長いあいだ、人間という存在に先立って、まず世界の成り立ちを指し示すものだった。しかしゼンパーは、建物を構成する材料と、その材料を加工する人間の技術的営みのなかに建築の存立根拠をおいた。建築のなかにア・プリオリ（先験的）な法則や原理を想定するのではなく、建築に働きかける人間、その技術的なかかわり方のうちに建築をあらためて定義づけて、建築理論の大きな転回を図ったのである。

「被覆論」としても知られるこうしたゼンパーの理論は、Y＝F（x,y,z）として提示された有名な方程式によって、その特色がさらに鮮明なものとなっている。x,y,zの変数の部分には、①素材と技術、②地域的・民族的要素、③個人、の三つの範疇に分類された個別の条件が代入される。技術上の制約条件、気候風土などの自然環境、宗教や政治などの社会的枠組み、そして建築家や施主の趣味や思想、これらの各変数が機能（F）という関数を介して建築（Y）という実体を生み出す。ここには、建築は時代や社会などの文化的・文明的要因によって変化し、規定されるという、相対主義的な建築観が反映されている。そして、機能を建築の形成因として位置づけたところに、近代建築の中核的な概念として定着していく機能主義［→032］への発露が見い出されるのである。

ゼンパーの影響は、『近代建築』（一八九五）を著し、「近代建築の父」ともいわれるオットー・ヴァーグナー［→003］の理論のなかにもみられる。目的の正確な把握、材料の適切な選択、経済的な構造、

そのうえで自然に成立する形態、という主張によって、個別的な条件が集積していき、形態が自動的に決定されるという考え方が建築に導入された。またアドルフ・ロース［→019］が、建築を衣服に見立てて説明したことのなかにも、被覆として建築を理解するあり方が端的に示されている。文化的・社会的な効力を喪失した「様式」という規範を脱し、空間を被う存在として即物的に建築を捉え直して、身体を包み込む衣服と同相のもとに論じたのである。

「被覆」とは、実体的には、建物の内部空間を被い包むこと、そのための建築の構成要素のことである。ヴァーグナーはカールスプラッツ駅舎（一八九九）で、鉄骨造の架構に大理石パネルを被覆材として用い、ウィーンの郵便貯金局（一九〇六）では、大理石板の留め金のアルミニウム［→073］の金具をそのまま露出させて、外壁がパネル材によって被覆されていることを視覚化した。

被覆としての外壁の表現は、組積造から柱・梁構造への構造形式の転換を受けて、カーテンウォール［→059］の壁体が一般化することで、二〇世紀の空間の性格を大きく特徴づけていくこととなった。ル・コルビュジエが「自由な立面」［→038］と言い表したように、荷重を支持するという構造的制約から解き放たれて、造形の対象としての壁体の可能性は飛躍的に増大した。ガラス［→011,050］の皮膜として、都市のなかに立ち現れるスカイスクレーパー［→060］のカーテンウォールの造形などは、まさにその典型的な例である。Ⓣ

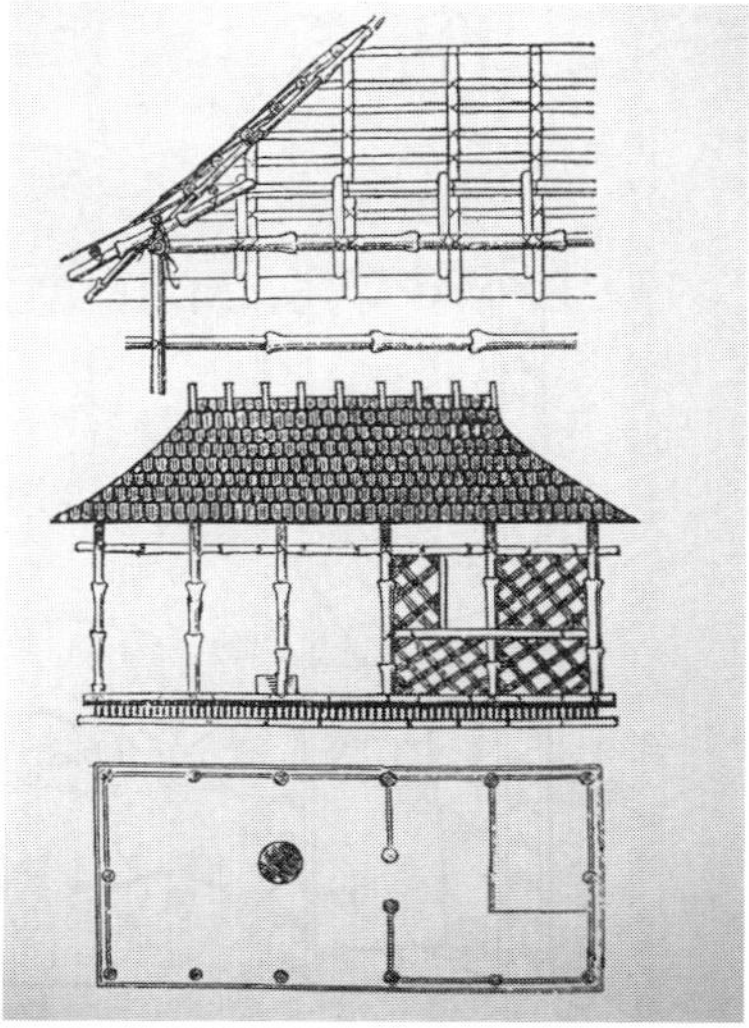

G.ゼンパー『様式論』（1860-63）のなかの「カリブ人の小屋」の図版[1)]

カールスプラッツ駅舎／O.ヴァーグナー、1899[2)]

ウィーン郵便貯金局／O.ヴァーグナー、1906[3)]

■参考文献　大倉三郎『ゴットフリート・ゼムパーの建築論的研究－近世におけるその位置と前後の影響について』中央公論美術出版、1992年／土居義岳「《様式》の誕生と合理主義」、『言葉と建築』建築技術、1997年／ケネス・フランプトン、松畑強・山本想太郎訳『テクトニック・カルチャー　19-20世紀建築の構法の詩学』TOTO出版、2002年

021

標準化

Standardization

近代的な生産システムと「デザイン」の接点

ペーター・ベーレンスは一九〇七年に、ベルリンに本部をおく電機会社ＡＥＧの芸術顧問に就任した。その際、「標準化（規格化）」の考え方を導入して、同社が製造する製品の造形と、そのイメージを一新した。

ベーレンスが扱った製品はきわめて多岐にわたっている。有名なタービン組み立てホールなどの一連の工場建築のほかに、アークランプや電気ポット、電気扇風機などの工業製品、またポスター、カレンダー、切手などのグラフィックデザインまで幅広く手がけている。今日でいうインダストリアルデザインの先駆けともいえるが、その特色はベーレンスがこれらの製品を造形する際に用いた方法に端的に表れている。

なかでも、ベーレンスがＡＥＧに登用されるきっかけとなった、アークランプの造形手法はその典型である。アークランプは光源部と反射鏡部の主に二つの部位から構成されるが、ベーレンスは、さまざまな形状をもつ反射鏡を、同一の光源部に装着させることができるように設計した。用途や使用場所に応じてランプシェードを可変させ、さまざまなバリエーションを生み出すことが可能な、いわばコンポーネントシステムとしての造形を考案したのである。生産量が飛躍的に増大し、大量生産方式への移行が不可避となっていた状況のなかで、部位の標準化という方法によって生産効率の向上がめざされていった。ＡＥＧの技術者がいみじくも言っているように、「ある日ひとつのスイッチの台座が大量に必要になり、その翌日には別の台座がもっと必要になる」というような状況に対応しうる造形をベーレンスは提示したのである。

この過程で、製品の形態も単純化・簡素化され、従来の装飾的要素は排除されていった。みずからの個性や感性を表出させる芸術家としてではなく、近代的な生産システムの特徴を生かしながら、大量生産品の原型や定型を造形する、デザイナーという職業の萌芽をここに見い出すことができる。またベーレンスをインハウス（企業内）デザイナーと考えた場合、ＡＥＧという会社の新しいトータルイメージをつくり出していったという点で、ＣＩ（コーポレイト・アイデンティティ）の先駆とみなすこともできる。

ベーレンスは、「ミスター工作連盟」と呼ばれることもあるように、産業と芸術の統一を目標としたドイツ工作連盟［→022］の思想が、ベーレンスの試みのなかに端的に表れている。幾何学的形態［→018］をベースにした造形が、ＡＥＧの製品を通じて各家庭へと普及し、室内空間や人々の生活空間の近代化を促していくことが期待されたのである。

しかし、ＡＥＧにおける大量生産方式は、

最終的な組み立て段階では個々の職工たちの手作業に頼らざるを得ない初歩的な段階にとどまっていた。ベルトコンベアーを用いた、流れ作業による組み立て方式が一般的になるのは第一次大戦後のことである。アメリカで、企業家ヘンリー・フォードがT型フォード自動車の生産方式をライン生産に転換したのが一九一四年のことだ。自動車をフレーム、エンジン、トランスミッションなどの部位に分け、それぞれを標準化したことで流れ作業と分業による組み立てが可能となった。その結果、熟練労働者を必要とせず、生産効率の飛躍的向上を実現させて、低価格の自動車の大量供給を果たし、大衆消費社会の招来に大きく寄与した。また、機械技師フレデリック・ウィンズロウ・テイラーの「科学的管理法」にならい、八時間労働と一日五ドルの最低賃金制の導入、労働者の生活改善など、労働環境の刷新を実践した。これらの試みは産業合理化運動として、第一次大戦後のヨーロッパの戦後復興のなかで、社会各部門の再編成と再構築に応用されていった。

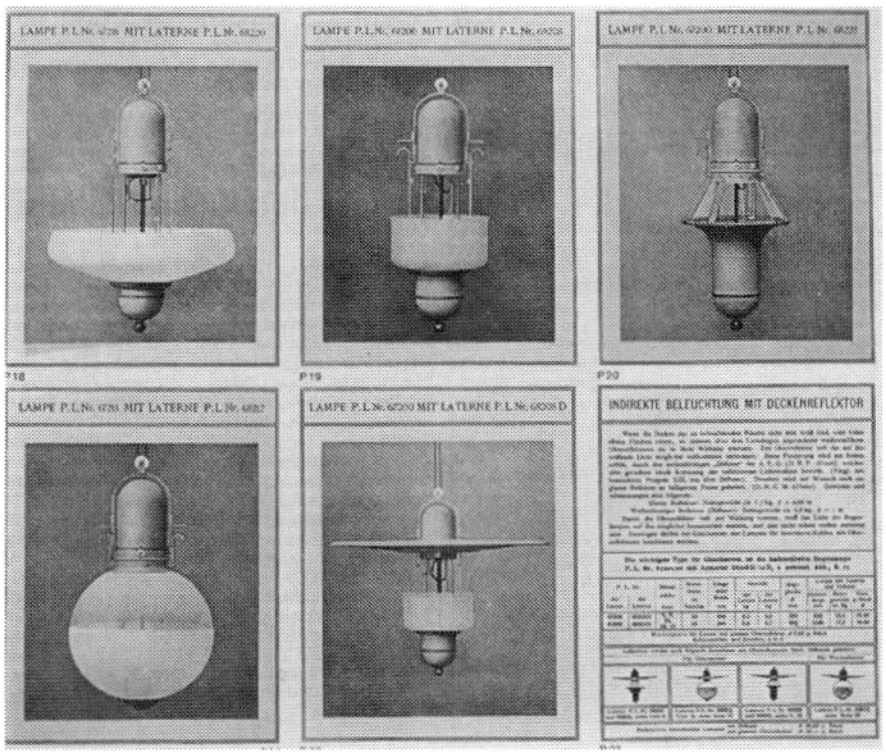
AEGの間接光用アークランプ／P.ベーレンス、1907[1]

建築においても、一九二〇年代後半のジードルンク建設において、エルンスト・マイ［→037］らが、工業生産で規格化されたサイズのプレキャストコンクリートを用いたプレファブ工法を導入した。また、ヴァルター・グロピウス［→034］は、規格化されたプレファブ部材の移動式クレーンによる組み立て工法やトロッケン・バウ（乾式構法）［→040］を試行している。フランクフルト・キッチン［→043］などに見られる室内設備の標準化や、工業製品を用いた家具や調度類などの大量生産化も進められ、生活様式の改革、その近代化に標準化の考え方が大きな役割を果たした。
日本においても、産業合理化運動は一九三〇年代に商工省工芸指導所などのデザイン研究機関によって推進され、日用品の改善や戦時下には代用品［→054］の製作などで実践されていった。第二次大戦後の日本の住まいのあり方を方向づけた、日本住宅公団（現・都市再生機構）による2DK［→062］の標準型平面なども、こうした標準化の思想が鮮明に映し出された一例である。Ⓣ

ジードルンク（設計：E.マイ）の建設現場／プレファブ部材の組み立て風景[2]

■参考文献　アドリアン・フォーティ、高島平吾訳『欲望のオブジェ―デザインと社会　1750-1980』鹿島出版会、1992年／柏木博『デザインの20世紀』日本放送出版協会、1992年／ジョン・ヘスケット、榮久庵祥二＋GK研究所訳『インダストリアル・デザインの歴史』晶文社、1985年

022

ドイツ工作連盟

Deutscher Werkbund

「デザイン」と近代社会の関係を問いかけた、領域横断的な運動体

一九〇七年一〇月、ミュンヘン市内のホテルで「ドイツ工作連盟」は設立総会を開催した。ここに参集したのは、テオドール・フィッシャー（初代会長）やペーター・ベーレンス、ブルーノ・パウルらの芸術家や建築家をはじめとして、銀行家や企業経営者、評論家や政治家、そして工房と呼ばれる作業場で工芸製品の製造に携わる職工や親方など、多様で広範な分野にまたがる人たちだった。

それぞれの職業的立場を超えて、このような領域横断的な組織が結成された背景には、低品質の粗悪品しか生み出し得ていなかった、当時の手工業界の保守的な体質に対する反発があった。工芸製品のデザインは、様式的装飾の雛型集（デザインカタログ）に基づいて各工房の親方が勝手に決め、また機械化の普及は職工の技術の低下を招く結果となり、時代の新たな要請に応えることができなくなっていた。

ドレスデン工房を主宰するカール・シュミットは状況の打開を目論んで、芸術家に製品のデザインを依頼し、そのデザインに基づいて工房で製作を行う、新しい製造システムを導入した。ドレスデン工芸展（一九〇六）は、こうしたドイツ工芸界の新しい実験の成果として広く耳目を集め、またシュミットがリヒャルト・リーマーシュミットを登用して製作した「機械製家具」などはその代表例でもあった。

しかし当時の製造業界はこうした動きを歓迎せず、反対キャンペーンを繰り広げる。そして、ドレスデン工房やミュンヘン工房など、先取的な工房集団は反動的な業界団体を脱退して、芸術家と手を取り合って新しい組織の設立をめざした。ドイツ工作連盟とは、こうした業界再編の大きなうねりのなかで生まれた構想でもある。設立に際してうたわれた「芸術、工業、そして手工業の共同」という理念は、たがいに交流もなく硬直化していた各分野を横断的に結び付け、デザインの刷新と品質の向上を同時に達成することを意図したものであった。

工作連盟の設立に深く関与した建築家ヘルマン・ムテジウスは、商務省地方産業局に所属する官僚としての顔をもち、ドイツの工芸学校の教育改革を推進していた。工芸品の製造など、輸出産業の振興は国家的課題でもあり、ムテジウスは一八九六年から七年間にわたりロンドンのドイツ大使館付き技官として、アーツ・アンド・クラフ

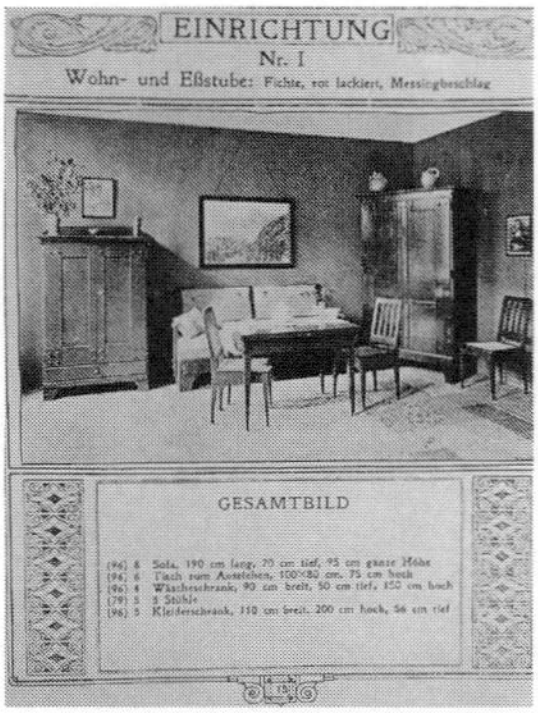

R.リーマーシュミットによる機械製家具／『ドレスデン製家具・価格カタログ』(1906)より[1)]

ツ運動［→015］など、イギリスにおける工芸、建築の改革運動の最新動向を調査している。一九〇四年に出版した著作『英国の住宅』はその集大成であり、ドイツの建築界に大きな影響を与えた。

一方で、工作連盟のイデオローグとして知られる政治家フリードリッヒ・ナウマンは、対応が急がれていた国内の労働運動の解決を、ドイツの対外拡張政策のなかに見い出していた。一九一六年に出版された『中欧論』は、東欧の穀倉地帯を取り込み、ドイツを中心に中欧に広域経済圏を打ち立てることを主張したもので、貿易産業の活性化は重要な課題のひとつであった。工作連盟の構想には、こうした国際政治上の戦略拠点という性格もあった。

一九一四年にケルンで開催された工作連盟展は、ヴァルター・グロピウスのモデル工場［→029］やブルーノ・タウトのグラスハウス［→011］などの建築で知られるが、同時にドイツの最新のデザインを全ヨーロッパにむけて発信していく場でもあった。このケルン展に合わせて開催された総会でムテジウスは、「各製品の定型（プロトタイプ）の創出こそ芸術家は担うべきである」と演説し、これに対してアンリ・ヴァン・ド・ヴェルドは、「芸術家の創作活動はあくまでもその個性の表現を目的とする」と反論した。のちに規格化論争［→021］として知られることになるこの議論は、芸術が社会の経済システムを前提としてその機構に奉仕する存在であるのか、あるいは社会とは切断された芸術家の個人的営みであるのか、という、近代社会における芸術の位置づけを浮き彫りにした。技術者や実務家と芸術家のあいだの溝を埋めようとしながらも、両者の懸隔が逆に露呈してしまったといえる。こうした論争を通じて工作連盟は、バウハウス［→034］がのちに「技術と芸術の統一」として表明した、「デザイン」という近代的な営為の意義を問いかけ、現在においても根本的には変わることのないモダンデザインの基本的な枠組みを顕在化させていったのである。

工作連盟の理念は国境を越えて広がり、オーストリア工作連盟（一九一二）やスイス工作連盟（一九一三）が設立され、日本でも活動形態は異なるものの、日本工作文化連盟（一九三六＝昭和一一年）などにその思想の一端を見ることができる。Ⓣ

■参考文献　池田祐子編『クッションから都市計画まで―ヘルマン・ムテジウスとドイツ工作連盟：ドイツ近代デザインの諸相』京都国立近代美術館、2002年／藪亨『近代デザイン史―ヴィクトリア朝初期からバウハウスまで』丸善、2002年／マーティン・ゴーガン「ドイツのモダニズム・インテリアの文化政治学」、ポール・グリーンハルジュ編、中山修一・吉村健一・梅宮弘光・速水豊訳『デザインのモダニズム』鹿島出版会、1997年

ドイツ工作連盟（ケルン）展パヴィリオン・モデル工場／W.グロピウス、1914 [2)]

ドイツ工作連盟（ケルン）展パヴィリオン・グラスハウス／B.タウト、1914 [3)]

023

表現主義

Expressionism

目的と機能を配慮した合目的性の追及

建築における「表現主義」という言葉は、ドイツの美術批評家アドルフ・ベーネによって一九一二／一九一三年に『パン』誌上で掲げられた「表現主義建築」という概念に由来する。ベーネは表現主義を印象主義の対峙概念として提唱した。

　印象主義の建築とは、たとえば歴史主義［→005］の様式建築、すなわち「非本質的な使命の観念や理念といったものを基底として、単に芸術的創造へ従属」する建築を指す。それに対して、表現主義の建築は、「特定の秩序や特定の形態化の観念」を捨て、「まったく内部から創造」し、そのフォルムは「唯一無二」の「有機的な所産」と定義されている。ここでいう「有機的」とは、「特定の目的や機能を背景にし、生き生きとした作用を考慮した合目的性」を指すとベーネは敷衍している。つまり、ベーネの定義に素直に従えば、表現主義の建築とは、ある特定の芸術的形式へと収斂させつつ、そこに目的と機能を嵌め込むものではなく、それとは逆に建築の目的や機能を十分に配慮し、合目的性を追求した結果、必然的に導き出される唯一無二の形式、ということになる。

　ベーネには、ブルーノ・タウトの作品が念頭にあったともいわれているが、ベーネの定義にもっとも忠実な作品としては、時代は下るが、いわゆる有機的建築［→026］、すなわちフーゴー・ヘーリンクのガルカウ農場施設群（一九二二〜二六）、ハンス・シャロウンのベルリン・フィルハーモニー・ホール（一九六三）があげられる。

　だが、それにしても表現主義の定義のみを読むと、機能主義［→032］のそれと見まちがう。それはなぜか。その原因は提唱者ベーネにある。

　ベーネは主著『近代の合目的建築』（一九二六）で、定義の内容をそのままに、「表現主義」という冠を「機能主義」とすげ替えたのである。ちなみに、この改名劇の背景には、芸術運動としての、いわゆる表現主義という運動自体が衰退しつつあったという時代の情勢をすばやく見て取った、ベーネのいかにも批評家的な身振り・戦略があったとの指摘もある。

　ともかくベーネは、表現主義あらため機能主義を、合理主義［→001］と対置させた。機能主義の建築家は、漠然とベルリンの建築家グループと規定された。ヴァルター・グロピウス、ヘーリンク、タウトなど、おそらく「一一月グループ」などで活動していた面々だと考えてよい。ル・コルビュジエが合理主義の代表的建築家である。合理主義者には建築を、「フォルムの遊び」と捉える傾向があり、建築を視覚的な美のカテゴリーと考える認識に立つといった。だが、それでは結果的に、再び建築は形式の問題へと回収されてしまう。

のちに「機能」という概念の解釈をめぐって、ヘーリンクvsル・コルビュジエという対立関係が生まれる。「表現主義」と「合理主義」の対立、あるいは「有機的建築」と「合理主義の建築」の対立ともいわれるが、これは機能主義と合理主義の、機能と形態をめぐる議論にほかならない。その構図はすでにここに準備されていた。

今日、一般に表現主義と分類される建築家には、タウト、ヘーリンク、シャロウンのほか、アインシュタイン塔（一九二四）のエーリッヒ・メンデルゾーン、チリハウス（一九二四）のフリッツ・ヘーガー、ベルリン大劇場（一九一九）のハンス・ペルツィッヒ、建築的ファンタジー（一九一九）などのドローイングを残したヘルマン・フィンステルリンらドイツ勢が名を連ねる。ダルムシュタットの自邸（一九〇一）など、ペーター・ベーレンスの初期作品を含めて表現主義と見る立場もあり、さらにミシェル・デ・クレルク、ヘンドリクス・テオドルス・ヴェイデフェルトなど、オランダのアムステルダム派の建築家たちや、またスイスのドルナッハにゲーテアヌム（一九二五）を建設したルドルフ・シュタイナー［→104］が列記されることもある。

日本の近代建築運動に目を転ずれば、山田守、堀口捨己ら「分離派建築会」（一九二〇＝大正九年創設）メンバーの初期の作品がこれにあたるとされる。つまり、建築の造形表現、形態によって表現主義か否かが判定されているようなところがある。だが本来、形式主義を否定することを目的に提唱された表現主義を、形式によって分類・解釈することにはいささか問題があることは記憶にとどめておいてよい。Ⓗ

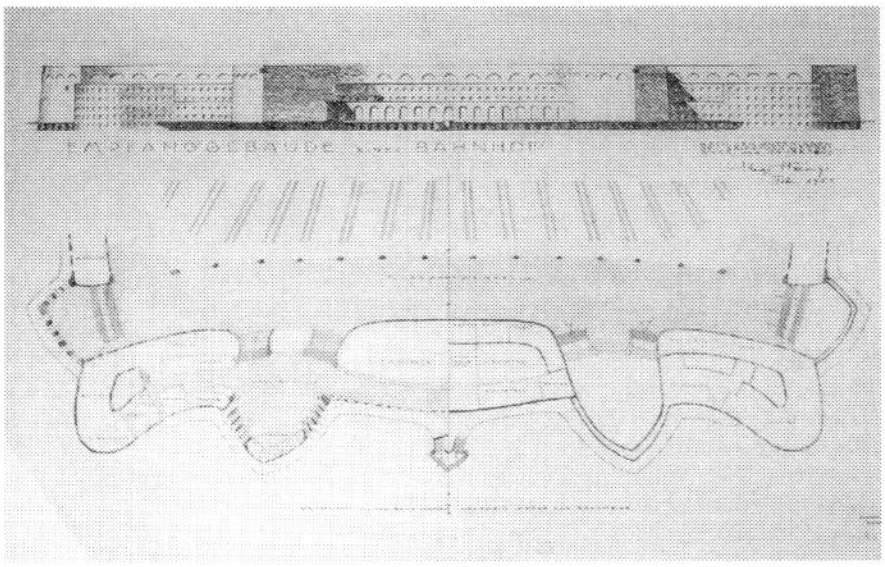

ライプツィヒ駅設計競技案／H.ヘーリンク、1921[1)]

音楽ホール計画案／H.シャロウン、1923[2)]

アインシュタイン塔／E.メンデルゾーン、1924[3)]

ガラスの夢想／H.フィンステルリン、1924[4)]

■参考文献　W.ペーント、長谷川章訳『ドイツ表現主義の建築（上・下）』（SD選書）鹿島出版会、1988年／山口廣『ドイツ表現派の建築』井上書院、1972年／「特集：ドイツ表現主義の建築」『SD』1987年8月号、鹿島出版会／濱嵜良実「摩り替えられた『機能主義』という切り札」『建築文化』2001年10月号、彰国社

024

ダダイズム

Dadaism

既成の価値と秩序の転倒を図った国際的運動

第一次大戦中、中立国スイスのチューリッヒは、亡命知識人の格好の受け皿だった。ヨーロッパ中から集まった自称貴族や革命家、芸術家など、ボヘミアンたちの温床となっていた。そこには一八世紀以降の啓蒙主義に基づく理性万能主義に裏打ちされた近代社会への絶望感、個人の不安が渦巻いていた。一九一六年、ドイツ表現主義の詩人フーゴー・バルは文芸カフェ「キャバレー・ヴォルテール（近代文明を批判した啓蒙思想家ヴォルテール!!）」を開き、各国から集まった芸術家たちのクラブ、劇場、そして実験室のような「すてきなこと」をする国際的な場の創設を目論んだ。ここでダダが産声を上げた。開店当日のホールにはルーマニアから来た詩人トリスタン・ツァラ、画家マルセル・ヤンコ、パリから避難してきた芸術家ハンス・ジャン・アルプらがいた。

ダダという名称の由来は定かでない。ツァラがペーパーナイフを辞書に突き刺し、偶然、幼児語の「お馬パカパカ」という意のDADAを見つけたとか、スラブ系の言語の「そうそう」という肯定の相槌から来たともいわれるが真相は永遠の謎である。

ともかく、ダダ誕生後まもなく、キャバレー・ヴォルテールでは過激なパフォーマンスが繰り広げられた。鞭を振り回しながら鼻孔を震わせ、眉を吊り上げて大太鼓を叩きつつ、怒鳴り声、口笛、嘲笑をまじえた詩が朗読された。また大太鼓、口笛、そして未来派［→017］のオノマトペのような「ルルルルル」という無意味な擬声語を挿入しつつ、仏・独・英語で三人が同時に詩を読む同時進行詩などで、場内は混乱の渦に巻き込まれた。現実逃避の乱痴気騒ぎではない。狙いは、理性で硬直した既成の価値と秩序を破棄し、文学・芸術を再びゼロからはじめること、そして新たな可能性を模索することにあった。パフォーマンスは、過去を、そしてすべての意味をいったん断ち切る悪魔祓いの儀式のようであったといわれる。

これが「ダダイズム」をしてアヴァンギャルド運動（前衛芸術運動）と呼ぶゆえんである。

とはいえ、ダダのすべてがまったくの革新であったわけではない。前述のように未来派を参照し、表現主義の絵画や構成主義［→033］、そしてパブロ・ピカソらのキュビスム（立体派）など、先行する芸術運動の手法も大いに活用した。ダダイズムの独創性は、初めてそれらを全体的なものへと束ね、ひとつの総合的な表現として確立させようとしたことにある。そして、たとえば表現主義の絵画は、フィンセント・ファン・ゴッホらの技法の上に成熟し、中世ゴシックという過去にその正統性を求めたが、そうした歴史の弁明は断ち切られ、無

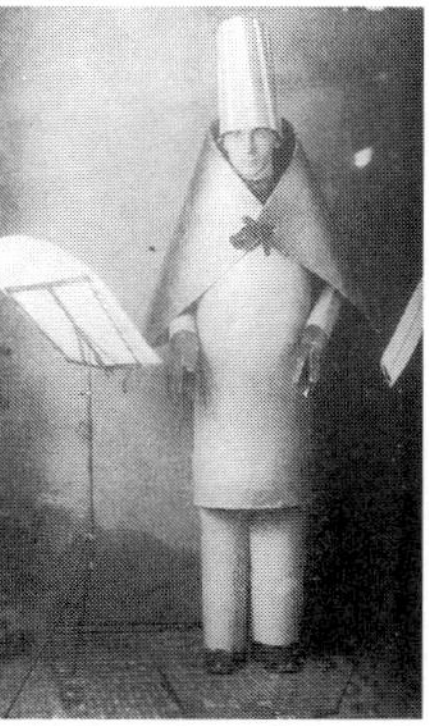

音声詩「カラヴァネ(隊商)」を朗読するH.バル／1916[1]

効化されたという点にある。

ダダはもとより、国際的な性格を有していたが、ニューヨーク、パリ、バルセロナ、ベルリン、ハノーファー、ケルンへと瞬く間に飛び火し、第一次大戦終戦後、一九二〇年代前半まで、まさにインターナショナルな展開を見せた。日本でも大正の末期、関東大震災の前後にダダの旋風が巻き起こった。

一九二三（大正一二）年、ベルリン帰りの村山知義［→042］を中心にマヴォが結成された。村山は、表現主義［→023］から構成主義まで、当時のヨーロッパの新傾向を集約させたダダ的活動を展開させた。また、同年に結成された今和次郎らの「バラック装飾社」［→042］の活動にみる現実の社会状況への対応、のちの考現学でみせた今の庶民の生活への視線に、既成の価値観、その根源を問うダダ的潮流を読むこともできる。

建築の領域についていえば、別名でひそかにダダイストの顔ももち、その活動に親近感を抱いていたデ・ステイル［→025］運動の主導者、テオ・ファン・ドゥースブルフや構成主義者たち［→033］とのつながりも無視できない。とくに興味深いダダイズムの建築的実験として、ハノーファーのクルト・シュヴィッタースによるメルツバウ（一九二〇～三三）がある。それは彫塑的形態と色彩による室内構築の継続的な作業で、たとえばベルリン・ダダのハンス・リヒターの頭髪など、交流のあった建築家や芸術家のゆかりの品を埋め込みつつ増殖していく、過去の装飾形式とはまったく異なる抽象的な造形を志向した構成的作品である。

ダダイズムはすべての事物と思想、その意味を一度、転倒させ、嘲笑し、それらを破棄した。そして理性だけでなく、無意識や偶然なども含めた人間の生活表現すべてを肯定した。そのうえで新たな活路を見い出そうとする芸術の実験だったという意味で、伝説ではなく、それはひとつの事件だった。ブルジョア市民社会を支えた既成の価値観や秩序を徹底して問い直し、現状と限界を白日のもとに晒そうとする姿勢、あるいは破壊的創造行為だったといえよう。

ダダイズムはその事件性にもかかわらず、その後、しばし忘れ去られていた。だが、一九五〇年代になって再評価の気運が高まる。アメリカでネオ・ダダが登場し、今度は大衆消費社会［→077］の価値と秩序が問い直されたのである。六〇年代のポップアート、映画、演劇、詩の世界の運動にその隔世遺伝を見い出せる。

そして、ダダイズムという事件は歴史となった。Ⓗ

メルツバウ／K.シュヴィッタース、1924年の様子[2]

■参考文献　フーゴー・バル、土井美夫訳『時代からの逃避』みすず書房、1975年／ハンス・リヒター、針生一郎訳『ダダ—芸術と反芸術』美術出版社、1977年／平井正『ダダ・ナチ』せりか書房、1993年／トリスタン・ツァラ、小海永二・鈴木和成訳『七つのダダ宣言とその周辺』土曜美術社、1994年／塚原史『言葉のアヴァンギャルド』（講談社現代新書）講談社、1994年／リヒャルト・ヒュルゼンベック編著、鈴木芳子訳『ダダ大全』未知谷、2002年

025

デ・ステイル

De Stijl

幾何学的・抽象的表現に託された人間と自然との調和のかたち

「デ・ステイル」とは、第一次大戦中の一九一七年に中立国オランダで、テオ・ファン・ドゥースブルフを中心として創刊された前衛芸術雑誌の名称である。同時に、近代社会の成長とともに乖離していった生活と芸術の再総合を命題に、新しい造形表現の追求という共通の目標のもと、同誌を発信源として繰り広げられた画家や建築家の国際的な活動、運動体の総称でもある。

来るべき時代に相応しく、また誰にでも理解されうる客観的な造形の確立を目論むというデ・ステイル運動の壮大な展望は、オランダ語で「様式」を意味する語「ステイル」に、定冠詞「デ」を付して用いられた名称そのものに端的に示されている。そしてその企ては、世界大戦という悲劇を招かざるを得なかった近代社会、言い換えればブルジョワジーが育んだ社会の宿痾を批判し、その治療、つまり相対化を試みようとする眼差しに支えられていた。

近代社会の病巣の根源を、過剰なる個人主義に見い出したデ・ステイルは、その超克を図るために普遍性という旗印を掲げ、主観的な嗜好に左右される装飾性を排除する一方で、客観的な造形言語として幾何学的・抽象的な表現を提示した。そして、その姿勢は一九二〇年代に繰り広げられていく動向を、先取りする役割も担った。

こうした造形表現を導入するための核心を提供したのは画家ピート・モンドリアンで、彼の唱える絵画理論「新造形主義」がデ・ステイル運動の理念的基盤となった。新造形主義は、個人主義の入り込む余地のない絶対的、それゆえ普遍的ともなる人間と自然との調和をかたちにすることを目的としていた。そして、自然の摂理の象徴となる「水平」、人間だけがもつ理性の可能性の象徴である「垂直」の組み合わせによる幾何学的造形要素と、赤・青・黄のプライマリーな三原色と無彩色の色彩要素によってのみ構成される絶対抽象的な造形により、その思想を表象させたのである。これがデ・ステイルの造形の原点となったのである。

その運動体としての発展の原動力となったのは、ドゥースブルフだった。ドゥースブルフは新造形主義を出発点として、それを建築や環境にまで拡張する方法論を追求していた。そして一九二〇年代に至ると、積極的にダダイズム［→024］やロシア構成主義［→033］、バウハウス［→034］など、異なる運動体との連携や連合も図った。そうして国際的な広がりを示しはじめた近代建築運動という磁場の主役を担うかたちで、デ・ステイル運動が躍動する場面、つまり国際デ・ステイル運動という局面を切り開いていった。こうして一九二〇年代前半にデ・ステイル運動は最高潮を迎えた。わが国でも山越邦彦をはじめ、多くの建築

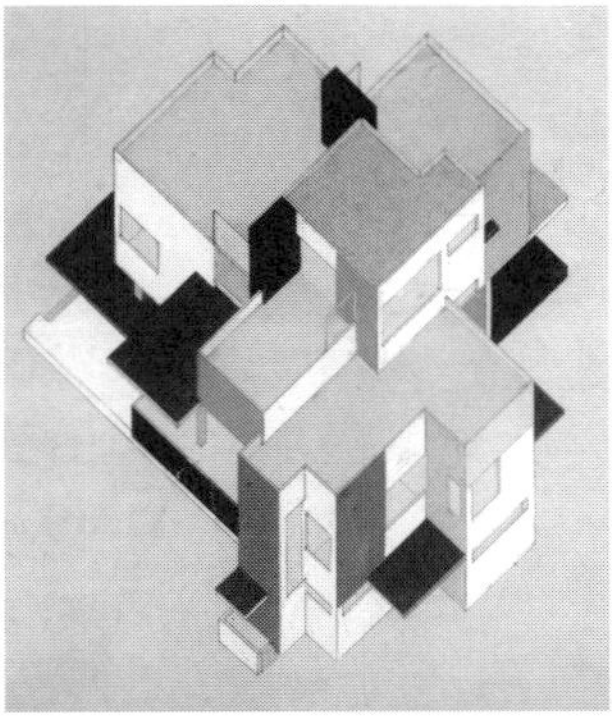

パリ・モデル／Th. v. ドゥースブルフ＋C. v. エーステレン、1923 [1)]

家が、『デ・ステイル』誌を購読することとなる。

デ・ステイルの建築像の雛型となったのは、ドゥースブルフがコルネリス・ファン・エーステレンと共同で作成した三つの住宅計画案からなる「パリ・モデル」（一九二三）だった。新造形主義の規範を踏襲した抽象的・幾何学的形態に目が奪われるかもしれないが、初めに様式ありきの伝統的な造形の考え方を捨てて、機能性などのプログラムに則り、必要に応じて空間の分節を図り、さらに立体的に組み合わせることで造形化が図られたことが鍵となる。つまり、前提条件としての様式性や装飾性を否定し、機能性などの作為を排除するタガを嵌めたうえで、結果として造形が立ち現れるまでのプロセスを「様式＝デ・ステイル」として顕現させたことが、それまでとは一線を画す特筆すべき点となった。この思考回路を実作として結実させたのが、ヘリット・トーマス・リートフェルトのシュレーダー邸（一九二四）だった。

だが、ほかの近代建築運動や前衛芸術運動との交流を重ねたドゥースブルフは、そこにとどまることなく、やがて、一九二五年には「エレメンタリズム」を唱えはじめる。そこにはカフェ・オーベット（一九二七）に見られるように「対角線」という要素が、新たに導入されていた。これはアインシュタインによる相対性理論など、二〇世紀に至るまでは思いも寄らなかった世界解釈の枠組み（＝秘められていた秩序）がもつダイナミズムを取り込んで、新造形主義という基盤をバージョンアップさせたものであった。

デ・ステイル運動の掉尾を飾るのは、ドゥースブルフの遺作であり、未完に終わった自邸（一九三一）である。「具象芸術」というテーマへと、さらに歩を進めようとしていた帰結だろうか、ここでドゥースブルフはまたもや異質な造形を登場させている。一見すると、インターナショナル・スタイル［→049］に近似した造形がなされているが、同時に機能に基づき分節・再構成された空間の扱いなど、デ・ステイルが先駆けとなった特徴も刻印されている。

一九三一年のドゥースブルフの死とともに、デ・ステイル運動そのものは終焉を迎えたが、さまざまな運動体へと接ぎ木されていったデ・ステイルの遺伝子は、更なる組み換えが図られながら、引き継がれていったのである。Ⓨ

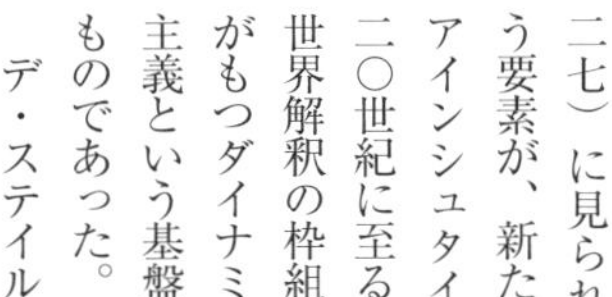

シュレーダー邸／G. Th. リートフェルト、1924 [2)]

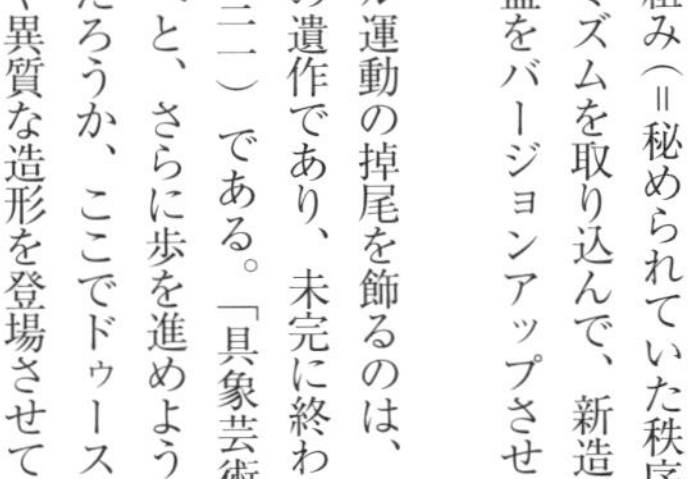

カフェ・オーベット／Th. v. ドゥースブルフ、1927 [3)]

■参考文献　「特集：ダッチ・モダニズム」『建築文化』2001年8月号、彰国社／山縣洋『オランダの近代建築』（建築巡礼）丸善、1999年／カタログ『デ・ステイル 1917-1932　オランダ新造形主義の実像』セゾン美術館、1997年／矢代眞己「転倒された"様式"という規範」『建築文化』2000年11月号、彰国社／テオ・ファン・ドゥースブルフ、宮島久雄訳『新しい造形芸術の基礎概念』中央公論美術出版社、1993年

026

有機的建築

Organic Architecture

機械モデル／理性偏重へのアンチテーゼ

「有機的建築」というキーワードは、専門家のあいだでもかなりルーズに使われることが多い。オルガニック（organic）という言葉を「有機的」と訳したことがそもそもの過ちのはじまりである、ともいわれる。だが、「有機的」という言葉を、先入観をもたず、字義どおりに素直にそのまま受け取れば、妙な誤解や曲解は避けられよう。

ここでいう「有機的」とは、すなわち「有機体のように多くの部分が強く結び付いて全体をかたちづくり、部分と全体とが必然的関係をなしている様子」である。たとえば、人体のように、それぞれが特定の役割（機能）を果たす部分（生命体ではこれを器官（organ）という）によって形成された組織体（organization）のごとき様をいう。そのような組織体としての建築を、とくに有機的建築と呼ぶ。有機体（＝生き物）の形姿、つまり曲線・曲面を多用した、動植物のごとき形姿を有した建築を指す言葉ではない。それだけでは、有機体のような形姿の建築、あるいは有機体のごとき造形の建築であるにすぎない。つまり、有機的建築とは、いわゆる建築の形態的特徴を定義した言葉ではないのである。むしろ「組織的建築」「器官で組織された建築」などと呼ぶほうが正確である。有機的建築と呼べるか否かは、その造形ではなく、「機能」によって規定される。

したがって、有機的建築と呼ばれる建築が機能的［→032］ではないとか、合理的［→001］ではないとか、誤解されることは多いが、そう考えるのはそもそもお門違いということになる。逆に、機能的でない、あるいは反合理の有機的建築など存在しない。有機的／幾何学的という形式的な二項対立の構図で有機的建築を解釈するに至っては、愚の骨頂といわざるを得まい。やや乱暴なこと（あるいは理想）をいえば、建築たるものすべて「有機的」でなければならない、はずである。ギリシア神殿から事情は変わってはいない。

それならあえて「有機的」などと唱えることもなさそうに思えてくる。しかし、ちゃんと理由はある。

工業化／産業化が急激に進んだ二〇世紀初頭、近代建築運動の展開は、一気に合理化、規格化、効率重視の方向へと傾いた。機械をモデルとした、いわゆる機械のアナロジーに準拠した建築理念が優勢になりつつあった。対自然（環境・人間）という思考を棚に上げた理念は、いわば理性のみに偏りすぎる傾向さえ見せはじめていた。硬直した理性の到達点は、有効な理念の単なる形象化（視覚化）にとどまり、机上の空論を通り越し、形骸化したドグマ（教義）を生むことにもなる。

結局、機能主義は、実は機能表現主義へ、一方、合理主義は合理表現主義へと地滑り

ガルカウ農場施設群アクソメ[2)]

ガルカウ農場施設群／H.ヘーリンク、1922-26[1)]

した、と皮肉ることも不可能ではない。その加速度は経済性という力が支えたといえる。機能・効率という理念に囚われた理性（狂気？）の建築へのアンチテーゼとして、有機的建築が叫ばれる必要はあった。機能に即した形態を抽象的な幾何学に還元していく作業は、果たしてほんとうに機能主義者の態度なのか。
「有機的建築」はこうした文脈において解釈され、またそのようなものとして理解されるべきであろう。
有機的建築をはじめに標榜したと目されるのは、「形態は機能に従う」との近代建築の格言を残したアメリカ・シカゴの建築家ルイス・ヘンリー・サリヴァンである。その弟子にあたるフランク・ロイド・ライトは、自然と建築の融和を追求することで生涯、師の教え＝「有機的建築」を実践した建築家である。
またドイツのフーゴー・ヘーリンクは、表現主義［→023］の建築家ともいわれるが、独自の機能主義理論を発展させ、「有機的建築」の理想像を模索し、理論家としても積極的に活動をした建築家である。ヘーリンクの理論の実践の成果こそ、ガルカウ農場施設群（一九二二〜二六）にほかならない。そして、ヘーリンクの仕事を継承したといわれる建築家が、のちにベルリン・フィルハーモニー・ホール（一九六三）を手がけたハンス・シャロウンである。北欧フィンランドの巨匠アルヴァ・アアルトも有機的建築の偉大なる実践者のひとりといえる。Ⓗ

ベルリン・フィルハーモニー・ホール／H.シャロウン、1963[3)]

■参考文献　フランク・ロイド・ライト＋エドガー・カウフマン編、谷川正己訳『ライトの建築論』彰国社、1970年／S.Kremer, "HUGO HÄRING (1882-1958)−Wonungsbau:Theorie und Praxis", Karl Kramer Verlag, Stuttgart, 1985／Hugo Häring, Peter Blundell Jones, Menges, Stuttgart／London, 1999

027

ナショナル・ロマンティシズム

National Romanticism

伝統と革新という振幅

スカンジナビアと呼ばれるヨーロッパ北辺の地域が国際政治的な動乱の時代を終え、経済・社会上の変化、つまりいよいよ発展の期を迎えたのは一九世紀後半に入ってからのことである。そこでは、たとえばフィンランドのエリアス・リョンロットの民族叙事詩『カレワラ』完本出版（一八四九）に端を発する民族主義的感情や、意識の高揚が見られ、一八八〇年代の民族復興運動の大きなうねりへとつながっていった。一八九〇年代になり、ようやくイギリスのアーツ・アンド・クラフツ運動［→015］、また当時ヨーロッパを席巻する勢いで広まりつつあったアール・ヌーヴォー［→002］の波が押し寄せることになる。

　こうした状況下で、北欧の建築は歴史主義［→005］からの脱却期を迎えた。そのため、外国からの借り物となる様式、つまり前掲の新潮流の造形をそのまま導入することには懐疑的なところがあった。民族復興の象徴となる自国様式の確立が第一に求められ、先進の諸外国の動きとは一定の距離を保ちつつ、「ナショナル・ロマンティシズム」と呼ばれる建築が生み出された。それは、古きよき時代への憧憬と独自の文化としての建築様式の成立、一方では強い近代化への意志との狭間でこそ可能となった。これは伝統と革新という振幅のなかでの、いわば巧妙なるバランス感覚のなせる業、とも称される。

　近代建築を、鉄とガラスとコンクリートという近代の素材によって、最新の技術に支えられた前衛的な一般解を希求する普遍主義へとつながる傾向と記述できるとすれば、スカンジナビアに見るこの潮流は、あくまでも地域主義的で、伝統的な素材を使用しながら、その建築が立つ土地の気候・風土、また地域の民族の生活から導き出された個別的な特殊解、つまり自国文化の表現の追求の成果といえる。

　ナショナル・ロマンティシズムの建築はその多くが、一八九〇年代から一九一〇年代にかけて計画・建設されている。その代表的な事例として、マルティン・ニーロップのコペンハーゲン市庁舎（一九〇五、デンマーク）、ラーシュ・ソンクのタンペレ大聖堂（一九〇七、フィンランド）、エリエル・サーリネンのヘルシンキ中央駅（一九一四、フィンランド）、そしてラグナール・エストベリのストックホルム市庁舎（一九二三、スウェーデン）があげられる。

　いずれの作品も素材（とくに彼らの民族性の象徴としての花崗岩、丸太材が好んで使用された）、そして手仕事への強いこだわりを見せる。それゆえ中世主義的で、前近代的なイメージもつきまとうが、その土地にあって、きわめて説得力のある独特の存在感を醸し出している。また、レリーフや絵画といった装飾を建築に張り付けるのではなく、建築と装飾が一体となった不可分の要素として全体が造形されている。そうした意味で、「建築と諸芸術の統合」という理念が実現されているという共通の特徴を指摘できる。

ナショナル・ロマンティシズムの建築に見られるこうした理念やその特徴は、一方ではエリック・グンナール・アスプルンドのロマンティック・クラシシズムを生み、のちの巨匠アルヴァ・アアルト、レイマ・ピエティラらの作品、また現代の北欧建築にも連綿と受け継がれている。また、一九八〇年代に「批判的地域主義」[→088]の議論のなかでその存在が再浮上し、再評価されて注目も浴びた。

ナショナル・ロマンティシズムという考え方はまた、北欧と地域を限定せずに、近代建築黎明期の同時代の建築的動向を包括的に捉える際、有効な概念だともいわれる。たとえば、アール・ヌーヴォーの建築家として列挙されることも多い、スペインのアントニオ・ガウディ、ハンガリーのレヒネル・エデン、スコットランドのチャールズ・レイニー・マッキントッシュらの作品や活動も、ナショナル・ロマンティシズムという概念によって十分に説明がつく。日本・東洋建築史の研究者で、東洋趣味を志向した「築地本願寺」（一九三四）の設計者として知られる伊東忠太の作品もまたこの系列にあたろう。Ⓗ

コペンハーゲン市庁舎／M.ニーロップ、1905[1]

ストックホルム市庁舎／R.エストベリ、1923[4]

タンペレ大聖堂／L.ソンク、1907[2]

ヘルシンキ中央駅／E.サーリネン、1914[3]

■参考文献　エリアス・コーネル、宗幸彦訳『ラグナール・エストベリ』相模書房、1984年／『PROCESS architecture68 現代スエーデン建築』プロセスアーキテクチャー、1986年／A.ハディック、伊藤大介ほか『レヒネル・エデン』INAX出版、1990年／K.フライグ編、武藤章訳『アルヴァ・アアルト』ADA.EDITA Tokyo、1975年／N.ペヴスナー、小林文次ほか訳『新版ヨーロッパ建築序説』彰国社、1989年

028

鉄筋コンクリート

Reinforced Concrete Rigid Frame Structure

「近代建築」の造形原理をインスパイアした建築材料

鉄、ガラスと並んで、二〇世紀における建築材料の主役となったのが、コンクリートである。天然セメントを用いたコンクリートは、紀元前二世紀ごろからパンテオン神殿などの古代ローマ建築においても一部の建築物では用いられていたが、建築材料として幅広く用いられるようになったのは、「ポルトランドセメント」（一八二四年製造特許）に代表される、人工セメントの生産が普及しはじめた、一九世紀後半以降のことであった。

その際に、鉄材（鉄筋）と組み合わせて一体的に用いることで、圧縮力に強く耐火性も高いが、引張力には弱いという「コンクリート」の長短所と、耐火性は低いが引張力に強いという「鉄材」の長短所とが補い合わされ、その相乗効果として、長所のみが生かされた「鉄筋コンクリート」の技術が開発されたのである。これにより、コンクリートの、建築材料としてのさらなる可能性が開かれていった。また一方で、自由な造形を可能とする可塑性、構造体全体として継手のいらない一体性、組積造などの伝統的な面（壁）による構造から解放された線（柱・梁）による構造の実現の可能性といった、それまでの建築材料には見られないユニークな性格も、コンクリートへの関心に拍車をかけたのである。

鉄筋コンクリートの建築材料としての、活用を追求する中心地のひとつとなったのが、フランスだった。その開拓者の役割を果たしたのは技術者ジョゼフ・モニエで、一八六七年に、針金の網を埋めたセメントで、シュロの木を植える植木鉢をつくり、のちには橋梁の建設などに応用されていく、鉄筋コンクリート板の特許を取得している。だが、工業化・システム化も視野に入れながら、鉄筋コンクリートという材料を積極的に建築物に用いる道を切り開いたのは、石工から建設業者へと転身した技術者フランソワ・アンヌビクだった。「アンヌビク工法」として、一八九二年にラーメン構造（柱・梁構造）の構法を体系化させたアンヌビクは、活動の最盛期には年間一五〇〇〇棟もの鉄筋コンクリート造建築物の工事に携わったともいわれている。

そしてさらに美学的な可能性も含め、鉄筋コンクリートという材料に、固有のポテンシャルを生かした造形の方法が追求されはじめたのは、二〇世紀を迎えてからのことである。鉄筋コンクリートならではのかたちで、萌芽的に美・用・強の三要素が統合されたものとして、その「あるべき姿」を先駆的に示すことになったのは、オーギュスト・ペレのフランクリン街のアパート（一九〇三）だった。そして、シャンゼリゼ劇場（一九一三）などを経て、ル・ランシーのノートルダム教会（一九二三）へと到達することとなる。

フランクリン街のアパートで実現されたのは、一定の柱割りで組まれた構造体（ラーメン構造の躯体＝スケルトン）と非構造体（パネル外壁および開口部）とを分けて考え、そのことを意匠的にも明快に表現することだった。つまり、スケルトンとなる部分以外は、いわば皮膜として構造体のフレームに嵌め込まれているのである。この方法は、のちにル・コルビュジエが唱える「近代建築の五原則」［→038］にもこだましていく。こうして伝統的な組積造による強固な壁体に規定されるマッスは、鉄筋コンクリートのジャングルジムのようなスケルトンにより、必要に応じて外部と内部とを仕切るための壁面や窓面で覆われることになるヴォリュームへと、その姿を変えていくことになるのである。

またバルコニーの造形も、鉄筋コンクリートを用いて「キャンティレヴァー（片持ち形式）」［→039］とされている。そして、この鉄筋コンクリートという材料（鉄骨の場合も同様だが）が初めて可能とした、いわば重力からの解放ともいえるキャンティレヴァーという構造＝表現の可能性を追求することが、空間デザインの分野におけるモダンデザインの核心ともなっていく。いわばペレの示した造形手法は、あたかもカーテンのように外壁をスケルトンに吊り、構造体としての役割を必要としない外装となる、「カーテンウォール」［→059］への飛躍の可能性も秘めていたのである。

アンヌビク工法に代表される鉄筋コンクリート構造は、一九世紀末に、わが国にも導入されており、とりわけ地震国という背景からも耐震性・耐火性に優れた材料・構法として注目されていった。その主導者となったのは佐野利器であった。Ⓨ

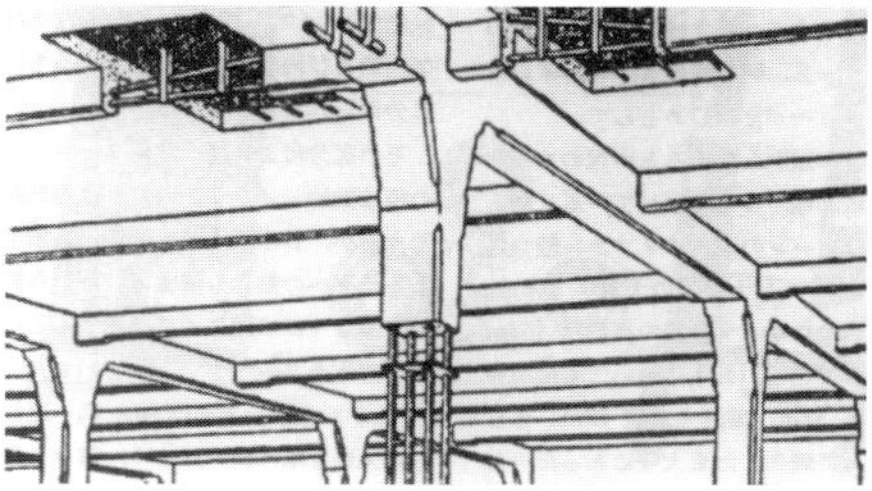

F.アンヌビクによる1892年特許の鉄筋コンクリート・ラーメン構造の概念図 1)

フランクリン街のアパート／A.ペレ、1903 2)

ル・ランシーのノートルダム教会／A.ペレ、1923 3)

シャンゼリゼ劇場／A.ペレによる鉄筋コンクリート・ラーメン構造の模式図、1913 4)

■参考文献　吉田鋼市『オーギュスト・ペレ』（ＳＤ選書）鹿島出版会、1993年／R.E. Shaeffer, "Reinforced Concrete: Preliminary Design for Architects and Builders", McGraw-Hill, 1992／藤本盛久編『構造物の技術史―構造物の資料集成・事典』市ヶ谷出版社、2001年／H.シュトラウブ、藤本一郎訳『建設技術史―工学的建造技術への発達』鹿島出版会、1976年

029

機械（テクノロジー）の美学

Machine Aesthetics

歴史的伝統から切り離された、未知なる形態の可能性

第一次大戦は、一般市民からも数多くの犠牲者を出した史上初の総力戦だった。人々が住まう都市が戦闘の舞台となり、戦車や飛行機、潜水艦などの新兵器が投入されて、「機械（テクノロジー）」のもつ破壊力や技術力が人々の目に直接ふれるようになった。芸術に対する意識も大きな変容を迫られ、未来派［→017］は機械や速度の美をうたい上げて、「ダイナミズム」の表現を追求した。ドイツ工作連盟［→022］は『ドイツ工作連盟年鑑』（一九一四、「交通」）のなかで、新たなテクノロジーの姿を取り上げ、技術的な形態のなかに「ザッハリッヒカイト（即物性）」という新しい感性を見い出していった。

一方、エコール・デ・ボザール［→012］からローマ賞を得てイタリア留学にむかったトニー・ガルニエは、様式的造形を堅守してきた美術学校の意向に反し、製鉄所や倉庫、工場、ダムなどの形姿を「工業都市」（一九〇一～〇四、出版は一九一七）のドローイングに描出して、工業の発展によってもたらされた機械的形態を造形化した。モニュメンタリティ［→006］の作用によって歴史的・文化的なアイデンティティ（固有性）を生成させてきた歴史主義［→005］の建築に代わり、近代社会の駆動力として普及しはじめたテクノロジーが、「機械」という新たな形象のなかに象徴的な図像と連想性を生み出していったのである。

新大陸アメリカ［→044］では、鉄筋コンクリート造の穀物サイロや工場、鉄骨造による高層ビル［→007,060］が次々と建設され、これらの巨大な建造物が写真メディアを介してヨーロッパへと伝えられていった。ファグス靴型工場（一九一一）やドイツ工作連盟展モデル工場（一九一四）など、工場建築の設計をみずから手がけたヴァルター・グロピウス［→034］は、「記念碑的芸術と工業建築」（一九一一）と題した講演を行い、また論文「近代の工業建築の発展」を工作連盟年鑑（一九一三、「工業と商業における芸術」）に寄せている。そのなかでグロピウスは、アメリカで姿を現した、「古代エジプトの建築物と比肩しえる」建築形態の、「圧倒的な記念碑性」へ熱い賞賛を贈るのである。一九二〇年代に入ると、エーリッヒ・メンデルゾーン［→023］の『アメリカ』（一九二六）やブルーノ・タウト［→011,050］による『ヨーロッパとアメリカにおける新しい建設術』（一九二九）など、ヨーロッパの建築的伝統から解き放たれた、未知なる建築形態の可能性に建築家たちの目が注がれていった。

ル・コルビュジエ［→038］は、こうした工業的・技術的な建築形態が具備する力を「高貴なる野蛮」と称し、近代という

時代の新たな神話、「機械」によって表象される時代精神のあり方を盛んに喧伝していった。彼は『建築をめざして』（一九二三）のなかで、サイロや工場に見られる「工学技師の美学」を賞揚し、またドゥランジュ社製のスポーツカーとパルテノン神殿を同じページに並置してみせる。近代の規範的形姿として紹介される自動車、そして「驚くべき機械」（『東方への旅』）と、コルビュジエが形容するパルテノン神殿との同一性が、きわめてレトリカルなかたちで表明されている。

このような、建築と機械のアナロジーは、機械がある特定の機能を合目的的に遂行するという点で、機能主義［→032］の考え方のモデルともなった。アテネ憲章［→053］において示された近代都市像でもまた、労働、住居、余暇の各ゾーンとして、あたかも機械の部品のように機能分化させられた都市が、機械のイメージを反復・再生産している。

工業的形態への着眼は、一九六〇年代になってニュー・ブルータリズム［→064］の潮流のなかで再び取り上げられていく。ジェームズ・スターリングのレスター大学工学部棟（一九六三）では、鋸状のガラス屋根面の構成に、工場や温室を連想させる形態が用いられている。建築史家ジェームズ・マウデ・リチャーズがまとめた『初期工業建築における機能主義的伝統』（一九五八）は、イギリスの産業革命時の倉庫、造船所、紡績工場、醸造所などを写真で紹介し、装飾を排したヴァナキュラー［→076］な形態の魅力を伝えた。テクノロジーの形象のなかに美意識を見い出す感性は、ハイテック［→090］の建築にも典型的に見られ、一九八〇年代以降の建築デザインの大きな潮流を形成していく。（T）

工業都市／T.ガルニエ、1901-04[1)]

南米の穀物サイロ／W.グロピウスの講演「記念碑的芸術と工業建築」（1911）より[2)]

大型巡洋艦ゲーベン／ブローム&フォス社、「交通」（ドイツ工作連盟年鑑、1914年版）より[3)]

■参考文献　J. M. リチャーズ、桐敷真次郎訳『近代建築とは何か』彰国社、1952年／ル・コルビュジエ、吉阪隆正訳『建築をめざして』鹿島出版会、1967年／八束はじめ『テクノロジカルなシーン』（INAX叢書）INAX出版、1991年／片木篤『テクノスケープ－都市基盤の技術とデザイン』鹿島出版会、1995年

030

ソーシャルハウジング

Social Housing

労働者の生活環境を先導・底上げした原動力

イギリス、ドイツ、フランスに挟まれたヨーロッパの小国オランダは、二〇世紀に入ると、新建築の先進国として世界的な注目を集めることになった。とりわけ一九一〇年代におきた第一次大戦時に、中立の立場を保てたことで、戦争によって中断されなかった建設活動の継続による成果が、戦後、他国に先駆けて姿を現すことによって、高い評価を得ることとなった。

一般にその評価は、当時では先鋭的であった意匠面での試みに対するものが多い。つまり、エーリッヒ・メンデルゾーンが「炎のアムステルダム」と「氷のロッテルダム」とも称したように、ミシェル・デ・クレルクを中心とする「アムステルダム派」と呼ばれる表現主義［→023］的な造形を展開させていたアムステルダムでの作業と、ヤーコブス・ヨハネス・ピーター・アウトを中心とする「ロッテルダム派」と呼ばれる合理主義［→001］的な造形を基本としたロッテルダムでの作業という、意匠的には対極的な二つの方向性に分かれて追求されていた新建築像への評価である。

実はしかし、ここで重要なのは、いずれの動向の場合も建設作業の中心となっていたのは、労働者用集合住宅の建設、つまり労働者にとって良質な住環境を形成しようとする作業であったことと、そうした作業の背景には「国家」の意志が働いていた、ということである。つまり一九世紀の段階では、労働者の住環境の改善作業は、一部の資本家や博愛主義的慈善事業など、主に個人的な努力［→013］が中心となっていた。しかしそこに、積極的に行政がかかわりはじめたことで、「ソーシャルハウジング（公的機関が関与する非営利目的の賃貸住宅）」というかたちでの住宅建設が行われることになったのである。

オランダの場合、その動向を支える基盤となったのは、一九〇一年に制定され、翌〇二年に施行された「住宅法」だった。住宅法は、産業革命以降、無秩序に形成されはじめた都市部における、窒息しそうな劣悪な居住環境の改善を図るため、そしてその計画的な発展を導くために、最低限ではあるが、包括的な規定を含んでいた。その骨格をなす中心的な規定となったのは次の四点であった。

①各自治体への建築条例作成の義務づけ（＝住宅の最小規模や性能などの指定）
②国家による住宅建設向け財政援助の枠組みとその認定基準の確立（＝営利を目的としない建設代行者としての住宅建設組合などの認知）
③人口一万人以上あるいは過去五年間に二〇％以上の人口増加をみた自治体に対する都市拡張計画の作成とその一〇年ごとの見直しの義務づけ（＝乱開発の制限）
④自治体による劣悪な住宅に対する改善勧

告と強制的是正の義務づけ（＝既存住宅の性能の向上）
これら一連の規定により、国民の大多数を占める労働者の住環境改善にむけて、国家としての明確な意思と理念とが示されたのである。それと同時に、一定の水準を満たした住環境の保証、良質な住宅建設を促す方法と、そのための資金援助の規則の確立、無秩序あるいは投機的な開発の制限など、制度としての道標も打ち立てられた。また、それまでは建築家という職能が、一般に設計対象とは考えていなかった「労働者用集合住宅」の設計に、積極的にかかわっていくための触媒ともなった。
その結果として一九一〇年代以降のオランダは、先進的なソーシャルハウジング、つまり労働者の住環境を先導・底上げするための原動力となる建設作業を通じて、世界中から注視される建築的成果を目に見えるものとしていったのである。そして二〇年代を迎えると、ソーシャルハウジングのあるべき姿［→**037,045,051**］は、ヨーロッパ各国で追求されていくこととなる。
わが国との関係を考えれば、ソーシャルハウジングという試みへの意識はそれほど高かった［→**031**］とはいえないが、一九二〇年代前半から今井兼次を先駆けとして、堀口捨己や村野藤吾など、日本の近代建築運動の発展を支えることになる多数の建築家が、新建築の動向を視察・学習すべく次々とヨーロッパ行脚を行うなかで、オランダは必須の巡礼場所となっていった。また、堀口捨己『現代オランダ建築』（一九二四、岩波書店）、『和蘭の近代建築（上・下）』（一九二五、洪洋社）、川喜多煉七郎編『新興のオランダ建築』（一九三〇、洪洋社）、山脇巌『オランダ新建築』（一九三四、洪洋社）など、オランダの新建築の動向についての書物が、短期間のうちに多数、出版されていることが、その関心の高さを物語っている。Ⓨ

デ・ダヘラート集合住宅／M.デ・クレルク＋P.L.クラーマー、1919-22 1)

スパンゲン集合住宅／J.J.P.アウト、1918-20 2)

住宅法制定以前に建設された、密集した生活環境の一例3)

住宅法の規定に則り1917年に作成されたアムステルダム新南部地区都市拡張計画案に基づき建設された市街／H.P.ベルラーヘ 4)

■**参考文献**　ドナルド・I・グリンバーグ、矢代眞己訳『オランダの都市と集住』住まいの図書館出版局、1990年／八木幸二＋矢代眞己＋ハンス・ファン・デイク編『オランダの集合住宅』『PROCESS ARCHITECTURE112』プロセスアーキテクチュア、1993年／P.パヌレほか、佐藤方俊訳『住環境の都市形態』(SD選書) 鹿島出版会、1993年

031

居間中心型

大正デモクラシーが投影された住宅改良という動向の諸相

Trials for The Unification of Dual Life

明治維新以降、近代化の手本たる西欧文明が流れ込んでくるに従って、和と洋、つまり伝統と新たに学ぶべき規範との性格の相違がせめぎ合いをはじめた。まずそれは、擬洋風建築［→008］などで、意匠上の課題として現れた。しかしやがて、上流階級の邸宅での和洋併置式や近代和風の試みなどを起点として、床に直に座る床座と、椅子を置いて腰かける椅子座の暮らしが並立するという、起居形式のうえでの二重生活の解消の方策も模索され出した。

そして大正期に入ると、さらに家族関係のあり方など生活様式上の課題も追求されはじめたのである。そのため、生活文化の全体にかかわる問題として、住宅の近代化、住宅改良の気運が高まった。そしてその対象も上流階級のみならず、中流階級や下層階級の住宅にまで広がった。

これは、都市部におけるサラリーマン層、つまり高等教育を受けたホワイトカラーの増加といった社会構造の変化や、大正デモクラシーという風潮のもとでの民本主義、労働運動や婦人解放運動などの台頭、そして、こうした動静も受けての西洋型の合理主義・個人主義の考え方の高まりなどを起因としていた。一方でこうした様相は、都市内のスラムに暮らす下層階級への救済の意識をも育んだ。その結果、中流階級の住宅では、生活改善、文化生活、一家団欒といったかけ声のもと、「中廊下型」「居間中心型」という新しい間取りの形式がもたらされたのである。そして下層階級の住宅については、自治体レベルでの公営住宅の建設がはじめられ、さらに、国家レベルでの住宅供給機関となる同潤会が設立されるに至ったのである。

起居様式での二重生活の解消を目標とした中流階級向けの住宅改良の具体的な啓蒙活動は、国民新聞社の企画による家庭博覧会（一九一五＝大正四年）や、文部省の主催による家事科学展覧会（一九一八＝大正七年）、生活改善展覧会（一九一九〜二〇＝大正八〜九年）といった展覧会の開催や、婦人雑誌『婦人之友』や住宅専門誌『住宅』などの出版活動を通じて行われた。また、住宅改良会、生活改善同盟といった啓蒙団体も設立された。

アメリカの商品住宅を輸入販売する会社、あめりか屋の店主・橋口信助と女子教育家・三角錫子を中心に、大正五（一九一六）年に設立された住宅改良会は、前述の『住宅』（一九一六〜四三）誌の刊行と住宅設計競技の開催を、その活動の中心としていた。また、文部省の後援を受け、佐野利器、田辺淳吉、今和次郎などの建築家や女子教育者らを中心に大正九（一九二〇）年に設立された生活改善同盟は、生活全般にかかわる複数の調査委員会を組織し、それぞれに改善指針をまとめていった。そして住宅改良の具体的な目標として、①椅子座の生活、②家族本位の間取り、③実用的な設備、④実用的な庭、⑤実用的な家具、⑥共同住宅や田園都市の奨励という六点を掲げた。

これらの活動の帰結として、中央に廊下、その南側に茶の間を中心とした居室、北側に台所や浴室などを設け、各室に一定のプライバシーを提供する中廊下型の間取りが導かれたのである。そして昭和にむけて、都市部での中流住宅の主流となっていく。さらには、椅子座への積極的な対応を図り、椅子式の居間を中心として、その他の室を周囲に配置する居間中心型の間取りも考案された。だがしかし、この形式の普及は、第二次大戦後を待たねばならない。

一方で、近代化の進展に伴い、社会問題や都市問題として深刻化しつつあった下層階級の住宅改良の動きも緒についた。大正六（一九一七）年に、内務省の少壮官僚・池田宏を中心に都市研究会が結成された。ここでも佐野が参画している。そしてその活動は、大正八（一九一九）年の建築物の質の確保や都市の無秩序な拡大を制御するための法制となる「都市計画法」と「市街地建築物法」の公布に結実した。その後、大正九（一九二〇）年には、内務省に下層階級の授産や福祉を担当する社会局が設置された。また、大阪や横浜では大正八（一九一九）年から、東京では大正九年から、それぞれに小規模ながらも公営住宅の建設事業［→030］が開始されている。大正一三（一九二四）年には、社会局の外郭団体として、政府がかかわる初めての住宅供給機関、財団法人同潤会が設立された。

同潤会の活動には、佐野をはじめ、建築部長として内田祥三、スタッフとして川本良一、柘植芳男らが加わった。そして、深川の猿江裏町共同住宅（第一期：一九二七＝昭和二年、第二期：一九三〇＝昭和五年）など、下町に点在していたスラムのクリアランス事業を実施した。また山の手では、青山アパート（一九二七＝昭和二年）や代官山アパート（一九二七年）などの中流下層向けや、江戸川アパート（一九三四＝昭和九年）という中流上層向けの都市型住宅の建設事業も行った。そして、同潤会にはじまる国家レベルでの住宅供給の動きは、のちの住宅営団（一九四一＝昭和一六年設立）、第二次大戦後の日本住宅公団［→062］へと継承されていく。Ⓨ

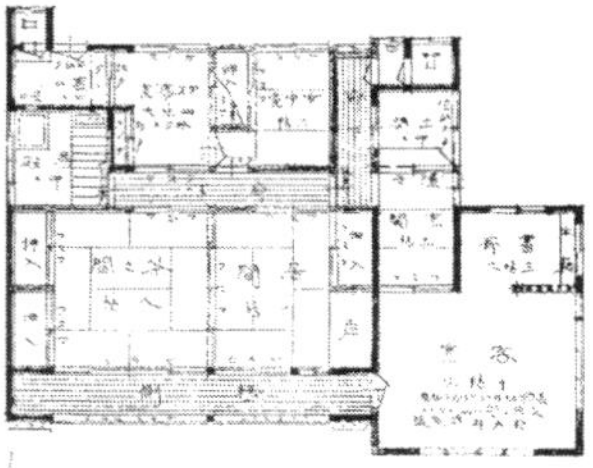

中廊下型の平面による改良中流住宅コンペ一等当選案／剣持初次郎、1917[1]

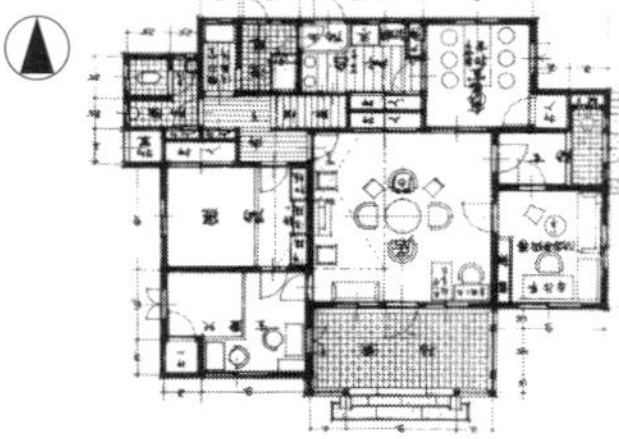

東京平和博覧会住宅展示会に出品された居間中心型の小住宅・平面図／小澤慎太郎、1922[2]

同潤会・江戸川アパート／1934[3]

■**参考文献**　内田青蔵『日本の近代住宅』鹿島出版会、1992年／太田博太郎『住宅近代史』雄山閣、1979年／マルク・ブルディエ『同潤会アパート原景』住まいの図書館出版局、1992年／佐藤滋『同潤会のアパートメントとその時代』鹿島出版会、1998年／藤森照信『日本の近代建築（下）』（岩波新書）岩波書店、1993年／内田青蔵『あめりか屋商品住宅』住まいの図書館出版局、1987年

032

機能主義

Functionalism

「機能」というイデオロギーをめぐる建築家たちの闘争の舞台

一九世紀の歴史主義［→005］の建物には、外観と用途のあいだに、過去の記憶や歴史的な連想を介した対応関係があった。たとえば、教会には中世のゴシック様式、市庁舎には古代ギリシアに範を得た新古典主義様式が使用されていた。しかし、建物の外形と用途を表象形式によって取り結ぶこの方法は、近代建築を模索する動向とともに無効化されていき、その意義を喪失していった。「様式」というツールを放棄した建築家たちは、形態と用途のあいだに新たな関係を築く必要に直面し、両者をつなぐ回路を「機能」を媒介にして定立し、建築像の転換を図っていった。

「機能」に対する着眼は、社会の文化的諸条件の関数として建築を規定したゴットフリート・ゼンパー［→020］の『様式論』（一八六〇〜六三）、また、「目的」の自律的把握を説いたオットー・ヴァーグナー［→003］の『近代建築』（一八九五）などに萌芽的に現れている。世紀の転換期には、ルイス・ヘンリー・サリヴァン［→007］によって伝えられた言葉、「形態は機能に従う」を通して、「機能」を建築の形成因とする認識が次第に一般化していった。

一九二〇年代を迎えると、個別的な機能を収容する空間を、身体寸法を基準に編成する手法が時代の前面に踊り出る。効率や経済性という指標が重視され、「合目的性」の価値規範のもとに、機能と空間との対応関係が新たに構築されていった。さらに、キュビスム（立体派）、デ・ステイル［→025］、構成主義［→033］などの前衛的な芸術運動とも融合し、幾何学的形態［→018］の導入を図ることで、「機能」を鍵となるものと捉えて、新たな建築像＝近代建築を模索する「機能主義」、言い換えれば「モダニズム」という潮流が発動されていったのである。

しかし建築家たちは、「機能」を核となる概念と考えながらも、実際にはそれぞれが異なる建築像を打ち立て、時には対立的な立場さえ主張して多義的な「機能」の解釈を示した。

「住宅は住むための機械である」と述べたル・コルビュジエは、近代社会における建築の働きや役割を「機械」との相同性のなかに見い出した。「機械」は、特定の目的をもち、効率を第一義として、部分と全体が有機的に連関しながら作動するテクノロジーの形象である。建築における「機能主義」は、「機械」に端的に見い出される、このような合理性・合目的性をモデルにしている。

しかし、コルビュジエの代表作サヴォア邸（一九三一）［→038］は白い箱型の形態を身にまとっている。つまり、コルビュジエの建築はその外形において、幾何学的な純粋形態に還元される性質をもっていた。コルビュジエが示した「機械の美学」［→029］とは、実際には抽象的形態の美意識へ横滑りしていく、形態的なレトリックを内包させていた。

この点を痛烈に批判したのが、フーゴー・ヘーリンクである。ヘーリンクは、建築を有機的組織体（生物体）［→026］とのアナロジーに見い出し、コルビュジエが用いる純粋幾何形態の形式性を否定した。「機能」の捉え方を徹底化し、機能を満たすのに必要十分な形態、部分と全体の関係性をそのまま外形に表示する建築のあり方をヘーリンクは提起した。これは、内部機能と直接には関係をもたない形態が建築に入り込むプロセスを排除しようとする考え方である。

一九二八年にまた、ヴァルター・グロピウスの後任としてバウハウス［→034］の校長に就任したハンネス・マイヤーも、建築形態が自律的に備えてしまう審美性や芸術性を批判した建築家である。マイヤーは、機能×経済＝バウエン［→035］という即物的な公式によって新しい建築像を表示し、左翼的な思想を背景に建築を社会的枠組みのなかで規定した。

さらに、「機能」を建築の形成因とする考え方は、建築だけでなく都市にも応用されていった。CIAM（近代建築国際会議）［→046］の第四回会議（一九三三）では、のちにアテネ憲章［→053］として定式化される、機能主義の考え方に基づく近代都市像が模索されていく。しかし、CIAMが提起した都市イメージはやがて、三〇〇万人のための現代都市（一九二二）や輝く都市（一九三五）などの、コルビュジエの都市計画案との類縁性のなかで語られていくようになる。

そして、コルビュジエによって示された、「機能」に基づく新しい建築像は、建築や都市という分野を大胆に横断する、明快な理論的ポーズによって、あたかも近代建築の代名詞として、一九六〇年代に至るまで世界を席巻していく。「機能」をめぐって二〇年代に提起された、建築家たちの多様な構想、さまざまなその可能性さえも封印してしまうかのように、建築における「モダニズム」の象徴的存在として広く流布していったのである。Ⓣ

■参考文献　S. ギーディオン、太田實訳『空間・時間・建築』丸善、1969年／レイナー・バンハム、石原達二・増成隆士訳『第一機械時代の理論とデザイン』鹿島出版会、1976年／八束はじめ『近代建築のアポリア』PARCO出版局、1986年

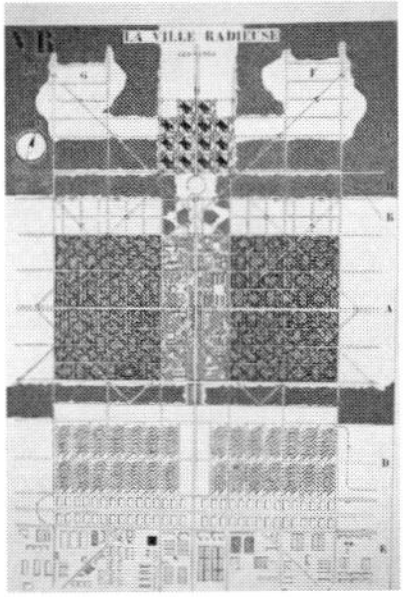

輝く都市／ル・コルビュジエ、1935 [3]

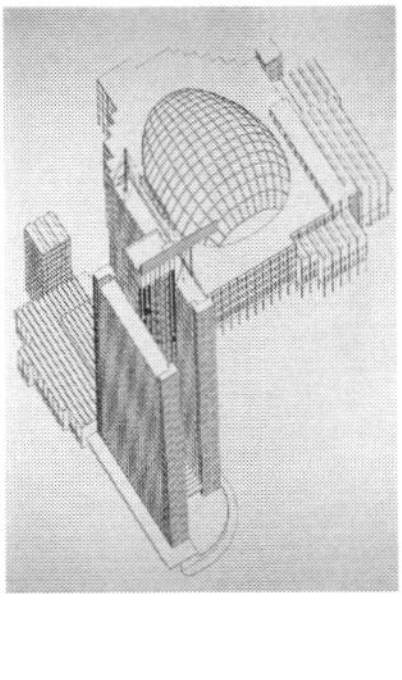

国際連盟本部ビル設計競技応募案／H.マイヤー、1926-27 [2]

ガルカウ農場牛舎／H.ヘーリンク、1925 [1]

033

構成主義

Constructivism

革命の熱狂を帯びて疾走した「希望」という名の磁場

「構成主義（コンストラクティヴィズム）」という概念は、まだ帝政ロシア時代の一九一三年に、ウラジミール・タートリンが自らのレリーフ作品に「コンストラクション」と命名したことが出発点となる。だがしかし、世界的な影響を及ぼす潮流へと脱皮するためには、一九一七年のロシア革命の勃発という未曾有の出来事による洗礼が必要とされた。そして、その結果として構成主義は、すべての人々が平等の立場のもとで、各々に社会参画するという、未知であり希望にも満ちた社会主義社会の誕生という熱狂を触媒に成立し、来たるべき社会の生活や芸術のあり方を具現化する力、新たな価値観を提供する手段として位置づけられたことで、たしかな思潮として確立されたのである。

　構成主義の躍進の原動力となり、具体的な造形方法や理論的な足がかりを提供したのは、インフク（芸術文化研究所）やヴフテマス（国立高等芸術技術工房）など、革命後に再編された芸術教育機関での活動であった。そして、タートリンの第三インターナショナル記念塔（一九一九）により造形的核心が、アレクセイ・ガンの著者『構成主義』（一九二二）により理論的基盤が示されたのである。

　すべての人々のための芸術や生活像の確立をめざす構成主義は、装飾性・非実用性などの主観的な嗜好に左右される、つまり非合理的な性格を含んだ伝統的な造形と、それを首肯する生活像を拒絶した。そして、機能性・合目的性など、客観的に評価できる尺度からのみ導き出される、あらゆる部分が無駄なく有機的に関係づけられた造形と、それを背景とした新たな生活のあり方を提起していった。

　こうした眼差しは、やがてコンスタンティン・メーリニコフによるルサコフ労働者クラブ（一九二七）に代表される「労働者クラブ」という新しいビルディングタイプをもたらし、モイセイ・ギンスブルクによる経済人民委員会のドーム・コムナ（一九三〇）に代表される「コレクティヴ・ハウジング（集団生活型集合住宅）」[→051]という形式の生活の器を準備したのである。そして、エルンスト・マイらの基本計画（一九三〇）による鉄鋼都市マグニトゴルスクなど、新都市の建設へも適用されていった。

　社会主義を背骨とした新しい社会の状況と目標を示す宣伝手段として、構成主義は、一九二〇年代初頭から西欧世界に対して、その発信もはじめた。そして第一次大戦を結節点と捉えた、ブルジョワ社会の終焉という意識と大衆社会の到来という希望に支えられて、旺盛な活動をはじめていたデ・ステイル[→025]やダダイズム[→024]など、西欧の前衛芸術運動と遭遇すること

第3インターナショナル記念塔／V.タートリン、1919[1]

『構成主義』表紙／A.ガン、1922[2]

で共振し、拡張された磁場をも形成しはじめたのである。その際、主役となったのは、ソ連側のエル・リシツキーと、西欧側のテオ・ファン・ドゥースブルフで、リシツキーからみれば国際構成主義、ドゥースブルフからみれば国際デ・スティル運動といえる状況がもたらされ、看過できない勢力として結集されるまでに至った。

さらに一九二四年には、西欧における構成主義の嫡子ともいえるABCグループも結成され、リシツキー、マルト・スタム、ハンネス・マイヤーらがこれに参画した。ここで構成主義は、「バウエン」［→035］という考え方と接続されることとなる。また、たとえば第一次大戦後に生まれた新興国家チェコスロヴァキアでは、ソ連と西欧の双方からの情報を咀嚼しながら、新しい国家のかたちの羅針盤として構成主義を選択することで展開されていった、独自の建築運動の軌跡もみられた。そのイデオローグとなったのは、カレル・タイゲだった。そしてスタム、マイヤー、タイゲらは、CIAM［→046］やバウハウス［→035］など、近代建築運動の神話となる組織においても、その方向性を左右する重要な役割を担うこととなったのである。

構成主義を軸としたソ連の動向は、山口文象らによる大正一二（一九二三）年の創宇社建築会の設立を嚆矢として、山越邦彦や石原憲治らを中心とした昭和五（一九三〇）年の新興建築家連盟の結成に至るまで、わが国にも少なからぬ影響を与えた。

こうして一九二〇年代半ばから、構成主義という名の磁力は、世界的な広がりをみせながら近代建築運動の一翼を担う磁場を形成していった。しかし一九三〇年代半ばからの社会の右傾化［→047］、つまりイタリアでのファシズム、ドイツでのナチズム、ソ連でのスターリニズム、わが国でのナショナリズムの台頭を受けて、構成主義は一転して、西欧においても、本家ソ連においても、またわが国においても、急速にその磁力を失っていったのである。Ⓨ

ルサコフ労働者クラブ／K.メーリニコフ、1927[3]

■参考文献　八束はじめ『希望の空間』住まいの図書館出版局、1988年／八束はじめ『ロシア・アヴァンギャルド建築』INAX出版、1993年／エル・リシツキー、阿部公正訳『革命と建築』彰国社、1983年／矢代眞己「エル・リシツキー」、『作家たちのモダニズム』学芸出版社、2003年／矢代眞己「カレル・タイゲ」、『建築文化』1999年5月号、彰国社／矢代眞己「石原憲治」「山越邦彦」、『建築文化』2000年1月号、彰国社

034

バウハウス

Bauhaus

技術と芸術の相克—アヴァンギャルド運動と連帯したモダンデザインの中継地点

「技術と芸術—新たなる統一」というスローガンは、一九二三年に「バウハウス」がヴァイマールで初めて開催した展覧会のテーマだった。「技術」と「芸術」の統合のなかに、「デザイン」という営為の実体が見い出されていく。この標語は、モダンデザインの成立や発展におけるバウハウスの貢献を象徴的に示すものだった。

バウハウスは一九一九年に、ヴァイマール工芸学校と同地の造形芸術大学が合併されて、「ヴァイマール国立バウハウス」として誕生した。ドイツの工芸学校では二〇世紀の初頭から、商務省地方産業局で指揮をとるヘルマン・ムテジウスの号令下、工芸教育の改革が進行していた。この政策の根幹は、「ヴェルクシュタット(工房)」と呼ばれる製品製作の場を学校教育に組み込み、機械の扱いなどの技術的・実技的トレーニングを実践すること、そして過去の装飾の模倣という慣例から脱皮して、デッサンを基本とする造形手法を導入することだった。

校長としてバウハウスの組織づくりを牽引したヴァルター・グロピウスは、こうした工芸学校改革の流れを受け、予備課程から工房教育を経て、最後に諸芸術の中心となるべき建築を学ぶ、という教育カリキュラムを考案し、それを同心円状の図像として表現した。この円環図はいわば、ムテジウスによってドイツへもたらされた、ウィリアム・モリスらを中心としたアーツ・アンド・クラフツ運動[→015]の理念を、またドイツ工作連盟[→022]が「芸術、工業、手工業の協同」というかたちで提示したデザインの枠組みを、工芸教育の教育理念として視覚化して見せたものといえる。予備課程では、ヨハネス・イッテンらによる、造形や色彩についての基礎教育クラスが設置された。工房教育では、陶器、織物、金属、家具、壁画、版画、舞台などの各工房が設けられ、マイスター(親方)と呼ばれる熟達した職工が講師として招かれて技術指導にあたる。現在でもなお広範な影響が見られる、デザイン教育機関の原型としてのバウハウスの特色が、カリキュラム構成に反映された「技術」と「芸術」の相克のなかから読み取れる。

しかし、バウハウスはやがて、一九二〇年代にヨーロッパで興隆した前衛的な芸術運動と歩調を合わせ、芸術と建築の改革を推進、支援する機関としてその性格を変容させていく。グロピウスの『バウハウス宣言』が、中世のカテドラルを描いたリオネル・ファイニンガーの版画によって装丁されたように、設立当初のバウハウスは、革命後の熱狂のなかで表現主義[→023]の影響を色濃く漂わせていた。しかし、一九二〇年代を迎えるころから、エル・リシツキーやテオ・ファン・ドゥースブルフらの訪独を契機として、ロシア構成主義［→033］、またデ・ステイル［→025］などの、抽象芸術運動の新たな動向が流入するようになる。一九二二年にはヴァイマールで構成主義者会議が開催され、構成主義の理念と方法も国際的な広がりを見せはじめるが、この際バウハウスは、ヨーロッパの東西で誕生したアヴァンギャルド運動をつなぐ、いわば中継地点としての役割を果たした。

　この時期、イッテンに代わり、ハンガリー出身のラースロー・モホイ=ナジや、ロシア出身のヴァシリー・カンディンスキーが予備課程の教育を担当するようになり、バウハウスの造形教育も構成主義の影響を反映させるようになった。また、一九二五年にはデッサウに校地を移し、市立造形学校として再スタートする。その際にグロピウスが設計した新校舎は、のちにインターナショナル・スタイル［→049］として定式化される新しい造形的性格を備え、近代建築の視覚的イメージを決定づけた。幾何学的形態［→018］を基本形として採用し、ドアの把手、照明器具から室内空間、建築に至るまでの造形的な統一が図られていく。ここには、人々の生活世界の改革によってこそ新たな社会と文化の存立の根拠が提示されうるという、ユートピア的［→013］な意識が見え隠れしている。ウィリアム・モリスの理念が「総合芸術」の考え方を導き、生活環境全般が芸術のターゲットとされていったことの、遠い反響が見られるのである。

　グロピウスは一九二八年に校長職を辞し、後任にはハンネス・マイヤーが着任して、バウハウスはさらに新たな方向性を打ち出すようになる。マイヤーは建築を「機能×経済」と定義し、美学的見地に立つことを否定して、科学的・社会的分析に基づくバウエン［→035］としての建築像を提示した。

　しかし、左翼的な立場を鮮明にしていたマイヤーは政治的な理由から一九三〇年に解任され、ルートヴィヒ・ミース・ファン・デル・ローエ［→041］が校長を引き継ぐ。ミースは学校組織の再編を進め、盟友ルートヴィヒ・ヒルベースアイマーの協力により住宅・都市建築のゼミナールを新設するなど、この時期のバウハウスは建築学校としての性格を強めていった。しかし、台頭するナチス［→047］の圧力により一九三二年に閉校、ベルリンに移転して私立学校として再開するが、翌三三年その活動を完全に停止させる。日本からも、一九二七〜二八（昭和二〜三）年に水谷武彦が、一九三〇〜三二（昭和五〜七）年に山脇巌・道子夫妻がバウハウスに学生として留学した。

Ⓣ

デッサウのバウハウス校舎／W.グロピウス、1926 [1)]

■**参考文献**　ギリアン・ネイラー、利光功訳『バウハウス－近代デザイン運動の軌跡』PARCO出版、1977年／杉本俊多『バウハウス－その建築造形理念』鹿島出版会、1979年／マグダレーナ・ドロステ『バウハウス　1919-1933』TASCHEN、1992年／セゾン美術館編『バウハウス　1919-1933』セゾン美術館、1995年

035

バウエン

Bauen

反芸術の顕現としての「たんぽぽ」の美学

「バウエン」とは、ドイツ語でもともとは「建てること」を意味するが、一九二〇年代半ばにこの言葉を、意図的に「近代建築」を総称する用語として使うことを試みた一群の建築家が現れた。一般に彼らは、政治的に左派を志向していた。それゆえ、資本主義を骨格として育まれてきた近代社会の底辺で喘ぐ労働者(＝大衆)を救済すべく、その生活の器となる建築像の刷新を目論んだ。そして建築を、万人が均しく恩恵を受けえるものとすべく、いま一度「建てること」の意味を根本から問い直す作業を行ったのである。

その際に最大の課題とされたのが、近代社会の発展の原動力となる一方で、第一次大戦という悲惨な出来事の起因にもなったと理解されていた、個人主義や主観性を排除することだった。そのため、歴史主義建築[→005]に代表される表面的な装飾や様式性に寄りかかって、芸術性とモニュメンタリティ[→006]を具現化させる営み、言い換えれば個人的な作為に基づいて作品性を追求する姿勢が槍玉にあげられた。そして、伝統的に「建築」を意味する表現として用いられてきた「アーキテクチュア」という表現に内包される「審美性・芸術性」という意味合いを取り払うことを出発点として、反芸術としての建築像を提出したのである。そこでは、美の具現を目標とした伝統的な建築像とは異なる「近代建築」の特質を明示するために、「バウエン」という語彙が導入された。つまり、あらゆる面で、客観的・合目的的なものとすることが目標とされたのである。

近代建築の特徴は、機能主義[→032]という言葉で説明される場合が多いが、「モダニズム」という精神は、すべてを計量化・数値化しようとする、客観性を求める意志として集約できよう。バウエンという考え方の根底には、その精神が躍動していた。つまり、客観化できない美しさの実現を求めて造形するのではなく、機能や構造、そして造形を合目的的に組織することで、建築という営みの全体性の回復を図ることが企てられた。そして、そのようにして導かれた造形を「形成(ゲシュタルトゥンク)」と呼び、形成が達成された姿を「バウエン」と呼んだ。そのため、バウエンという考え方のもとで計画され、建設された建築は、新即物主義(ノイエ・ザッハリッヒカイト)または超機能主義と呼ばれる場合もある。

バウエンは、何にもまして競争原理に基づく資本主義社会の厳しい現実への適合、つまり生存競争に生き残るための手段として提示された。そして、生存競争という進化のプロセスを経てつくり出された、いかなる無駄もない造形をもち、なおかつ美しさも備え、さらなる進化(＝変化)の可能性

鉄筋コンクリートのオフィスビル計画案／L.ミース・ファン・デル・ローエ、1920 [1]

雲の鐙／E.リシツキー、1924 [3]

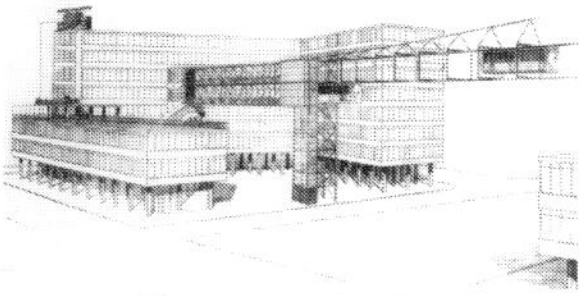
ローキン地区再開発計画案／M.スタム、1926 [2]

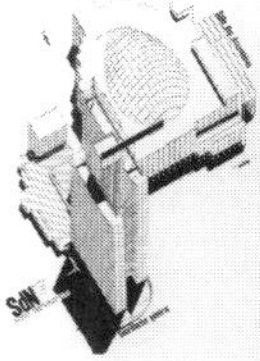
国際連盟設計競技案／H.マイヤー、1927 [4]

性も秘めている「たんぽぽ」といった、自然（＝野生）の形象を範例としていた。それも外形的な模倣ではなく、その生態的な原理となる野生の美学を、「形成」の具現化のための手本としていたのである。それゆえバウエンという考え方は、未知なる将来的な変化への対応も視野に収めていたのである。これは脱近代建築の先駆となるGEAM（可動建築研究グループ）やメタボリズム［→066］が喧伝した特質に先鞭をつけたものといえる。

やがて、バウエンとして結晶化されることとなる視座を、萌芽的に浮上させたのは、ルートヴィヒ・ミース・ファン・デル・ローエで、一九二〇年のことであった。まだバウエンという言葉を用いるまでには至らないが、ミースは事務所ビルという新しいビルディングタイプの造形を、新たなものであるがゆえに、装飾性などの美学的思弁に根ざした建築の伝統から離脱させ、合目的性に支配された「形成」へと移行することを求めたのである。

このような発想は、革命ロシアから西欧へと流れ込んできた構成主義［→033］の理念と共鳴し、拡大していく。そして一九二四年に、エル・リシツキー、マルト・スタム、ハンス・シュミット、ハンネス・マイヤーらを中核に、「バウエン」を提唱するABCグループが、スイスで結成された。バウエンの特徴について、スタムは「もっとも広い意味で、機能的であること」を説き、シュミットは「バウエン×重量＝モニュメンタリティ」「バウエン÷重量＝技術」と指摘することで、虚飾のない新しい建築の特徴を「軽さ」で表明した。また、マイヤーは端的に、「機能×経済＝バウエン」という方程式を示している。

わが国では、一九三〇（昭和五）年に、山越邦彦が、軍隊の用語で「建てること」を意味する「構築」という構想を掲げて、バウエンと類似した近代建築像を提案している。

バウエンを提唱した建築家たちは、CIAM（近代建築国際会議）［→046］やバウハウス［→034］、そしてヴァイセンホーフジードルンク住宅展［→049］といった、のちに近代建築運動の神話となる組織やイベントでも、重要な役割を果たした。しかし、その政治的な立脚点ゆえに、一九三〇年代以降の世界の動勢に翻弄され、歴史の舞台からの退場を余儀なくされた。Ⓨ

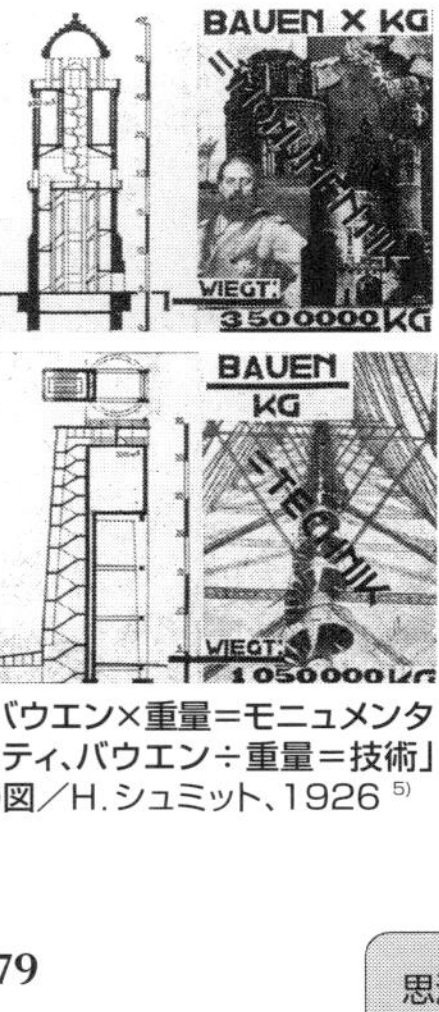

「バウエン×重量＝モニュメンタリティ、バウエン÷重量＝技術」の図／H.シュミット、1926 [5]

■参考文献　矢代眞己「"近代建築（モデルネス・バウエン）"という叙事詩」『建築文化』2001年8月号、彰国社／シーマ・イングバーグマン、大島哲蔵・宮島照久訳『ABC：国際構成主義の建築 1922-1939』大龍堂書店、2000年／K.マイケル・ヘイズ、松畑強訳『ポストヒューマニズムの建築』鹿島出版会、1997年／矢代眞己「マルト・スタム」『建築文化』1999年5月号、彰国社／矢代眞己「"バウエン" IN NIPPON」『SD』2000年9月号、鹿島出版会

036

アール・デコ

Art Déco

都市大衆文化に捧げられた平易な記号

「アール・デコ様式」などというが、ゴシックなどの「様式」とは異なり、そこに定まった造形的統一性はない。アール・ヌーヴォー［→002］の流麗な曲線と対照をなす直線のジグザグ文様、エジプトやアステカ文明などの非西欧的な造形の引用、またストリームラインと呼ばれる流線形など、実に多様な形態に溢れる。その他に、クロームメッキなどを多用するメタルマニアックな嗜好、また漆塗りや石貼りの高級感漂う仕上げを好む傾向もある。だが、これも特定の原理原則の現れではない。

　したがって「アール・デコ」は、主に一九二〇年代から三〇年代にかけて、世界的規模で流行した装飾様式の名称で、一九二五年にパリで開催された「近代装飾・工業芸術国際博覧会」（通称アール・デコ展）にちなんで、のちにそう呼ばれるようになった、というだけでは少し言葉が足りない。「アール・デコ」とは、第一次大戦後の都市に花開いた大衆文化が生み出した現象であり、装飾様式であるというよりも、むしろひとつの文化現象であったと見るほうがよりその実像に近い。

　第一次大戦の戦勝国フランスの都市、パリを跋扈したのは大衆だった。人類史上初めて、社会の主役としての大衆が世に躍り出た。そこでは不特定多数の一般庶民に親しみやすい形態やイメージを喚起した造形が受け入れられた。ラジオの商業放送がはじまったのは一九二〇年ごろである。新時代=電波のイメージ=ジグザグ模様は誰にでもわかりやすい。交通や情報網の発達がこれに拍車をかけた。高邁な理論や難解さもなく、単純な幾何学的表現、もしくは平易な記号はまたたく間に世界に広がった。ポスターや商業雑誌など、まさに大衆的領域にアール・デコのグラフィックが踊ったのもゆえなきことではない。芸術家たちも積極的にそうした状況下で大衆のなかへと入っていった。ル・コルビュジエやロベール・マレ=ステヴァン、アイリーン・グレイなどの作品に見るキュビスム（立体派）的、またメタルマニアックな傾向も、その一方で同時に現れたのである。それらは、時代のエッセンスを加味しつつ、なお洗練された知的表現として流行した。こうした文化の狂乱は一九二九年の世界恐慌までに世界中に伝播した。

　日本でも一九二〇年代後半にアール・デコ現象が巻き起こった。大正から昭和初期にかけてのグラフィックなど、幅広い分野にその影響を見て取れる。そうした美学の結晶が朝香宮邸（現・庭園美術館、一九三三=昭和八年）である。

　そして一九三〇年代以降、アール・デコ現象は主な舞台をアメリカへと移す。まずは一九二〇年代のニューヨークのスカイスクレーパーにふれねばなるまい。二〇年代末まで、アメリカでアール・デコといえば、ジグラット（壇状ピラミッド）型のスカイスクレーパー［→060］の造形だった。「ゾーニング法」（一九一六）に端を発する現象、また西欧からの借り物でないアメリカ独自の表現の模索から導かれたともいわれている。だが、何よりもそれには大衆に強くアピールできる強いメッセージ性があった。また、林立する高層ビルの相違を際立たせる造形であったことから、大いに普及し、そして消費されていったのである。

　しかし恐慌後、新たなスカイスクレーパー計画も立ち消えとなる。そして、一九二〇年代の繁栄の象徴であるジグラット型はストリームラインに取って代わられる。とくに建築の領域では、ニューヨーク近代美術館での「インターナショナル・スタイル展」（一九三二）［→049］で、イデオロギーを脱色された視覚表現としての近代建築様式の受容を背景に、曲線や水平線が強調された形態が流行し、盛んに消費されていく。ロサンジェルスやマイアミに多く建てられたストリームラインを用いた建築が、その最たる事例である。また、とくに工業デザインの分野でストリームラインがもてはやされた。レーモンド・ローウィの著作『口紅から機関車まで』（一九五一）のタイトルそのままに、カメラや冷蔵庫や乗用車など、大量生産される大衆の日用品が親しみやすい表現、つまり平易なかたちで包まれていったのである。

　アール・デコとは、大衆の眼差しを意識せざるを得ない状況こそが生み出した現象である。それは、抽象表現へとむかい、意味と象徴を捨象した近代（建築）への最初のリアクションでもあった。それゆえ、のちの一九六〇年代にポップカルチャー［→077］、また八〇年代にはポストモダン［→087］という時流のなかでアール・デコの回顧がなされ、再びその参照が繰り返されていくのである。Ⓗ

パリ万博近代装飾・工業芸術博覧会ボンマルシェ館／L.H.ボアロー、1925[1]

マグロウヒルビル／R.M.フッド、1930-31[3]

クライスラービル／W.ヴァン・アレン、1930[2]

■参考文献　小林克弘『アール・デコの摩天楼』（SDライブラリー）鹿島出版会、1990年／増田彰久・藤森照信『アールデコの館－旧朝香宮邸』（ちくま文庫）筑摩書房、1993年／渡辺淳『パリ1920年代－シュルレアリスムからアールデコまで』（丸善ライブラリー）丸善、1997年／レーモンド・ローウィ、藤山愛一郎訳『口紅から機関車まで』鹿島出版会、1981年／「特集：ART DECO NEY YORK」、『SD』1983年1月号、鹿島出版会

037

平行配置

Open Block

「最大多数の最大幸福」を体現すべく描き出された生活環境

第一次大戦の戦禍に巻き込まれたヨーロッパ諸国では一九二〇年代、それ以前にもまして住宅難が現実のものとなり、迅速かつ大量の住宅供給が求められていた。それゆえ、その解決策として行政がかかわって建設するソーシャルハウジング［→030］の果たす役割の重要性が、それまで以上にクローズアップされることとなった。

しかし、ソーシャルハウジングというビルディングタイプは、建築家に、従来とは異なる対処の仕方、つまり設計方法の確立を要請した。そこでは、特定の施主の具体的な要望に応じて設計を行うという伝統的な構図は消え去り、建築家に、将来的な住民となる不特定多数の第三者たちの未知のニーズに応える必要を求めたのである。その結果、客観的合理性に基づいた科学的な設計方法論がかたちづくられていくこととなった。「最大多数の最大幸福」「最小限の費用で最大限の効果」「平等な生活環境の具現」といった前提のもと、人体寸法を尺度とした規模算定、動線に根ざした平面計画、日照時間に依拠した住棟配置計画など、計量化や一般化が図られた集合住宅の計画学が築かれていく。

そして、こうした新たな設計回路を象徴するのが、科学の立場から、中庭をロの字型に囲む「中庭型（クローズドブロック）」という伝統的な住棟構成形式を否定することで考案された、一定の隣棟間隔のもとで平行に住棟を配置していく「平行配置型（オープンブロック）」の住棟構成形式であった。

平行配置型に代表される新たな設計方法論を積極的に導入しながら、総合的な視点をもってソーシャルハウジングの建設に果敢にチャレンジした自治体のひとつに、ドイツのフランクフルトがある。社会民主党出自のラントマン市長（在任一九二四〜三三）の行政下、一九二〇年代後半のフランクフルトは、西南ドイツの経済的・文化的中心都市となるべく再編を図る作業、つまり「新しいフランクフルト」を建設する作業に邁進していた。その中心的課題のひとつに、労働者向けジードルンク（集合住宅団地）の計画的な建設・整備事業が位置づけられていた。その総指揮をとったのが、同市の都市計画と住宅建設に関して包括的な権限をもつ部局の、都市建設局長を勤めていたエルンスト・マイだった。

その結果、一九二五年から三〇年にかけて、「プラウンハイム」「レーマーシュタット」「ヴェストハウゼン」「ヘラーホフ」など、三六のジードルンクが建設され、総計約一万二〇〇〇戸のソーシャルハウジングが供給されたのである。

その主な特徴は、①新しい都市像の導入（公共交通手段で都心と結ばれた郊外に位置する、緑・光・空間に溢れた住宅地とし

ヘラーホフジードルンク／M.スタム、1928-30[1)]

ての衛星都市の建設）、②建設工程の工業化（パネル式壁構法を用いたフランクフルト式プレファブ構法の導入）、③住宅設備機器の開発（収納壁、格納式寝台、浴槽、フランクフルト・キッチン［→043］）とその整備（フランクフルト規格品、フランクフルト推奨品の認定）、④住戸平面計画の合理化（類型化および最小限の床面積の追求）、⑤住棟配置計画の刷新（平行配置型の導入）、という五点に集約できる。

このように大量の住宅供給と平等な生活環境の実現にむけて、合理的で斬新なアイデアが積極的・総合的に導入されていった。そして、その活動の全体を通じて、新しいフランクフルトのイメージをも体現する二〇世紀的な生活像と住環境を目に見えるものとしていったのである。また、こうしたチャレンジは、一九二九年に「最小限住宅」［→045］を主題とするＣＩＡＭ（近代建築国際会議）［→046］第二回会議の開催地となる原動力を与えたように、フランクフルトをベルリンと並ぶドイツ近代建築運動のメッカへとも押し上げた。

その包括的な理念や具体的な作業の内容と成果は、逐次『ダス・ノイエ・フランクフルト』誌（一九二六〜三一）の誌面を通じて報告され、世界的に伝播・共有されていった。その海外での購読者数は、日本がずば抜けて多かったといわれている。フランクフルトにおけるジードルンク建設の実際については、当時、現地を訪れた蔵田周忠や山田守らを通じて、わが国にも精力的に紹介されていった。Ⓨ

■参考文献　P.ロウほか、佐藤方俊訳『住環境の都市形態』（SD選書）鹿島出版会、1993年／Perter G. Rowe, "Modernity and Housing", The MIT Press, 1993

『ダス・ノイエ・フランクフルト』誌1930年7月号表紙[5)]

フランクフルト推奨品の壁面収納式ベッドを装備した室内[4)]

フランクフルト推奨品のシャワー室兼用浴槽[2)]

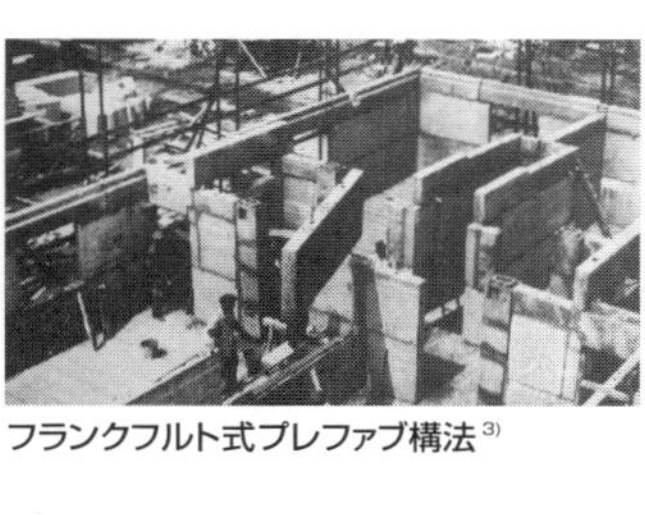

フランクフルト式プレファブ構法[3)]

038

近代建築の五原則

Five Principles of Modern Architecture

結晶化された二〇世紀建築の造形文法

「近代建築の五原則」は、一九二六年にル・コルビュジエによって提唱されたものである。「鉄筋コンクリート」［→**028**］という新しい技術の体系が内に秘めていた建築的な可能性のパラダイム（考え方の枠組み）を、合理的な視座のもとで、包括的かつ明快に示した提案として、近代建築の造形原理を成立させる重要な契機をもたらすこととなった。

そこでは、鉄筋コンクリートという新たな建築材料を、ラーメン構造（柱・梁構造）という構法を用いて採用することを前提として、①ピロティ、②屋上テラス、③自由な平面、④水平連続窓、⑤自由なファサードという、いずれも造形的な特質（＝語彙）を示す五点が提示されていた。

要するに、それまでの組積造を主体とする技術体系では実現不可能であったが、鉄筋コンクリートのラーメン構造を用いることで初めて可能となることを、端的に示したのである。しかも、その造形的、構造的、そして機能的なポテンシャルを、有機的な総合化を図りながらも要約するかたちで、具体的かつ普遍的な形態言語に置き換えて指摘したのであった。

その原型は、一九一四年の「ドミノ・システム」の提案にまでさかのぼることができる。そして、近代建築の五原則へと集約されていく造形的な特徴は、ラ・ロッシュ＝ジャンヌレ邸（一九二三）で萌芽的に用いられはじめた。その後、クック邸（一九二六）やシュタイン邸（一九二七）、ヴァイセンホーフジードルンク住宅展の二戸建て住宅（一九二七）で次第に体系的な姿が示され、サヴォア邸（一九二九）で究極のかたちが提示されることとなった。

こうして近代建築の五原則という提案は、理念的な側面にとどまることなく、具体的な作例を通じてその可能性が示されていったのである。つまり、理念と実践とが架橋されていったのである。それゆえ近代建築の五原則は、衝撃をもって迎えられることとなった。そして、近代建築の五原則で示された造形の文法は、学ぶべき教科書的な体系、従うべき支配的な規範［→**059,067**］とされていったのである。ル・コルビュジエが二〇世紀最大の建築家と評価される要因ともなった所以である。

近代建築の五原則へと結晶化されていくル・コルビュジエの「近代建築」に対する姿勢を、背後で支えていた代表的な考え方として、住宅を「住むための機械」［→**029,032**］と捉えた過激な言説を指摘できる。産業革命の進展がもたらした自動車や汽船といった、ある意味では居住空間を提供する存在としての機械は、要求されるプログラムに則って、それを完全に満足させるかたちで合理的・論理的に設計されたものでありながら、結果として新しい美の表現、機能美をも示していた。しかし住宅の分野では合理性よりも伝統性や慣習が重視され、旧態依然の状況にとどまっていた。そこでル・コルビュジエは、「住むための機械」という刺激的な表現を用いてこのような状況に疑義を唱え、自動車などの生産と同様な姿勢に基づき、新しい材料の利用や工業生産、つまり量産化の可能性などもふまえて、住宅のあり方と美の表現を捉え直そうとする視点を示したのである。

　その姿勢を、「ドミノ・システム」と並ぶもうひとつの具体的な原型として示したのが、フランスの大衆車シトロアンをなぞらえた名称をもつ一連の「シトロアン住宅」（一九二〇〜二二）の構想だった。鉄筋コンクリートという材料を、壁構造で用いた場合の可能性を追求したもので、集合住宅の住戸の基本単位としても考慮されていた。そして、シトロアン住宅の構想は、ペサックの集合住宅（一九二五）やヴァイセンホーフジードルンク住宅展の独立住宅（一九二七）、あるいは集合住宅に適用される住戸単位の見本を示した、レスプリ・ヌーヴォー館（一九二五）などに結実されていったのである。Ⓨ

■参考文献　スタニスラウス・フォン・モース、住野天平訳『ル・コルビュジエの生涯』彰国社、1981年／チャールズ・ジェンクス、佐々木宏訳『ル・コルビュジエ』鹿島出版会、1978年／ウィリアム・J.R.カーティス、中村研一訳『ル・コルビュジエ—理念と形態』鹿島出版会、1992年

ラ・ロッシュ=ジャンヌレ邸／ル・コルビュジエ、1923[2]

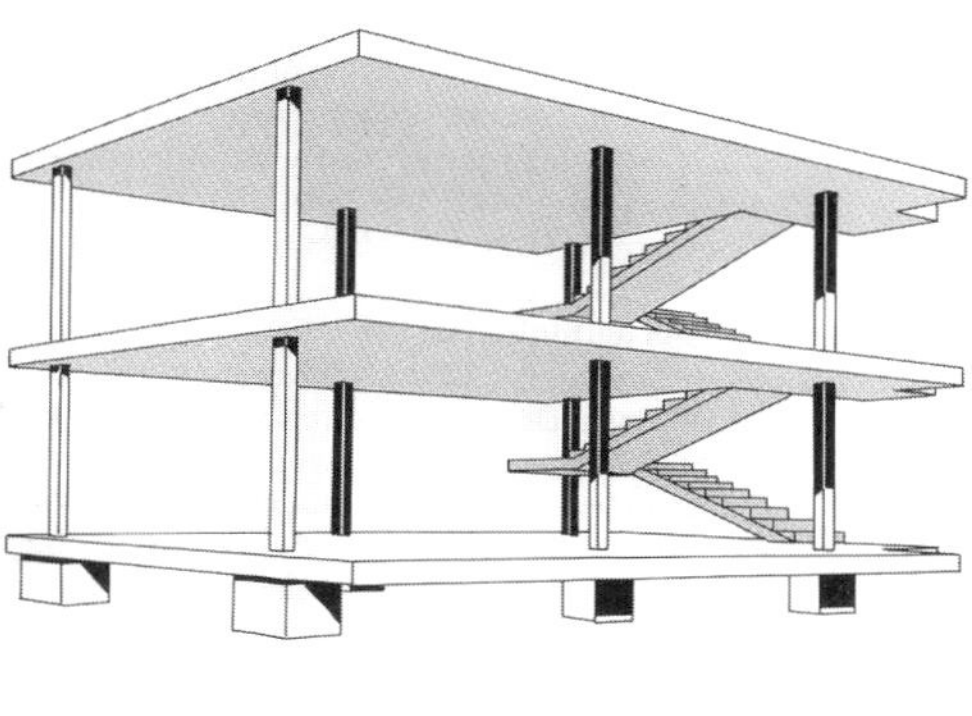

ドミノ・システム／ル・コルビュジエ、1914[1]

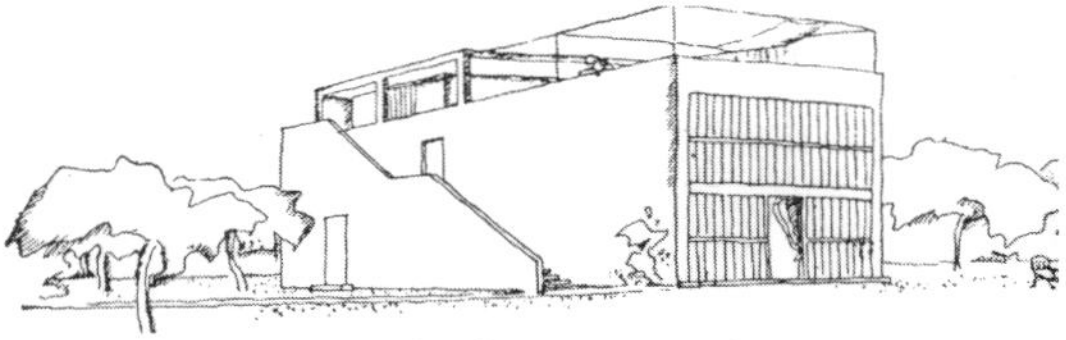

シトロアン住宅／ル・コルビュジエ、1920〜22[5]

サヴォア邸／ル・コルビュジエ、1929[3]

ヴァイセンホーフジードルンクの独立住宅(左:シトロアン住宅形式)と二戸建て住宅(右:ドミノ・システム形式)／ル・コルビュジエ、1927[6]

サヴォア邸内のインテリア[4]

039

キャンティレヴァー

Cantilever

モダンデザインの精髄と可能性を凝縮させた造形

造形にかかわる面で、モダンデザインの可能性を端的に示す原点となったのは「キャンティレヴァー（片持ち方式）」の意匠といえよう。ル・コルビュジエによる「近代建築の五原則」（一九二六）［→038］という形態言語の提案、ヘンリー＝ラッセル・ヒッチコックらによる「インターナショナル・スタイル」（一九三二）［→049］という近代建築の造形的特徴の定義、そしてインターナショナル・スタイルの究極のかたちともいえるカーテンウォール［→059］を用いた「ガラスの箱」としての事務所ビルの意匠と、モダンデザインの一翼を担った近代建築の造形上の特性は、いずれもキャンティレヴァーを活用することで実現された。

だがしかし、産業化＝工業化された生産プロセスという近代社会の現実をふまえた美のあり方を求めて、美学の近代的再編［→022,034］の結果として誕生したモダンデザインの真骨頂を、理念的にも造形的にも純粋なかたちで示すことになったのは、一九二〇年代後半に出現した「モダンデザインの古典」ともいわれる鋼管製の「キャンティレヴァーチェア」によってである。

それは、鋼管という近代的材料を用いて、その材料的性格を十二分に生かすことによって、後脚を省き、前脚二本だけで自立する椅子の造形を成し遂げたものだった。ここに少なくとも三本、基本的には四本の脚で立つという伝統的な椅子の概念に革命をもたらしながらも、椅子に要求される機能を完全に満たしつつ、鋼管ならではの性格を存分に生かした造形が生み出されたのであった。

モダンデザインの精髄は、要求された機能に従って「形態・材料・技術」が相互に整合された関係を徹底的に追求する営みにあるといえるが、鋼管製キャンティレヴァーチェアという革命的な意匠をもつ椅子の出現によって、その有効性と成果が十分に示されることになったのである。また同時に、一九一六年に、ヘリット・トーマス・リートフェルトが「レッド&ブルー・チェア」を発表して以来、袋小路に陥っていた椅子のデザインに、新たな展開の可能性をもたらしたのである。レッド&ブルー・チェアは、生産の論理に基づき、椅子に必要とされる造形要素を、脚部、座面部、背もたれ部、肘掛け部と根本要素に還元し、表

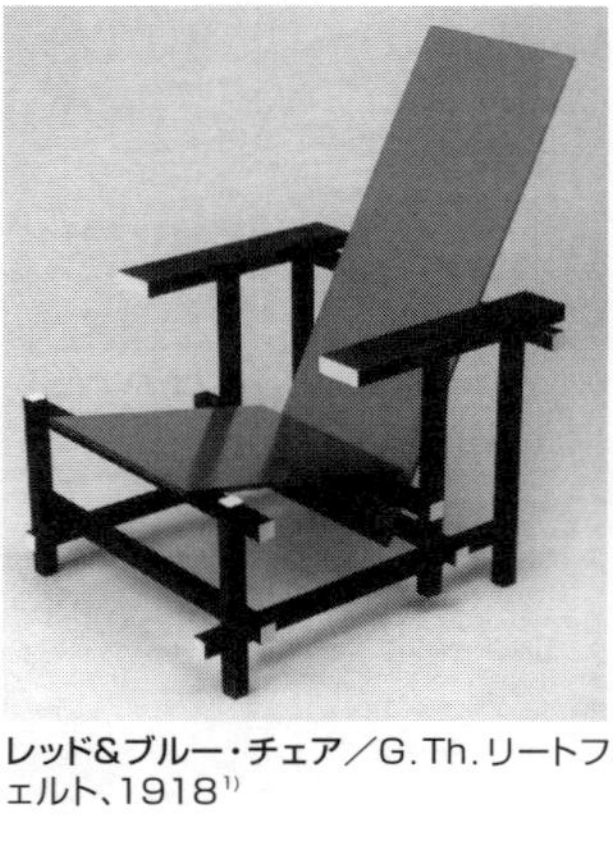

レッド&ブルー・チェア／G.Th.リートフェルト、1918[1]

面的な装飾性にではなく、根本要素の関係性に美の可能性を示した点で革新的だった。しかし、造形的な還元が突き詰められてしまったことで、その先の展開を見えないものとしていた。

一九二七年にドイツのシュトゥットガルトで、ヴァイセンホーフジードルンク住宅展［→049］が開催された際、そのインテリアとして、ルートヴィヒ・ミース・ファン・デル・ローエ、マルト・スタム、マルセル・ブロイヤー、ヤーコプス・ヨハネス・ピーター・アウトら多くの建築家が、鋼管を用いて製作した家具をインスタレーションしていた。なかでもスタムとミースは、それぞれにデザインを手がけた鋼管製のキャンティレヴァーチェアを発表した。遅れてブロイヤーも、翌一九二八年に自らのデザインによる鋼管製のキャンティレヴァーチェアを発表している。

そもそも鋼管を用いて椅子をデザインした先駆はブロイヤーで、一九二五年のことであった。鋼管製の自転車のハンドルがヒントとなって着想されたもので、そのクライアントだった画家ヴァシリー・カンディンスキーの名にちなんで、「ヴァシリーチェア」と命名された。だがそれは、いわばレッド&ブルー・チェアの材質を木から金属へと置き換えただけのものにすぎなかった。鋼管を用いれば、後脚を省けるという革命的な発想を呼び込んだのは、「バウエン」［→035］という考え方のもとで、新しい造形のあり方を追求していたスタムだった。一九二六年に母国オランダで、ガス管を用いて試作を行っている。この創案は、ヴァイセンホーフジードルンク住宅展の開催にむけての準備会議中に、スタムがそのアイデアをスケッチして見せたことで、ミースにも伝わったといわれている。

こうして、原理的には一本の鋼管から生み出されることになる椅子のかたちが世に生まれたのである。そして、機能をありのままに反映し、素材の特性を生かした造形こそが美しいとする、モダンデザインの精髄を凝縮させた姿が、ヴァイセンホーフジードルンク住宅展というイベントで展示されたことで、「時代精神の所産」としても理解され、その後、急速に世界中に広まっていったのである。

わが国でも、バウハウスに学んだ水谷武彦や、フランク・ロイド・ライトに学んだ土浦亀城などが、一九三〇年代初頭に鋼管製のキャンティレヴァーチェアをデザインしている。Ⓨ

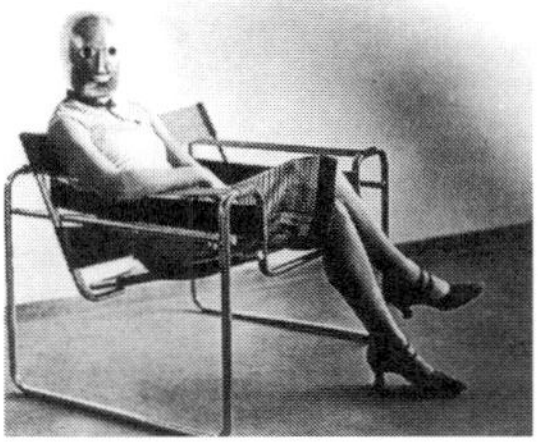
ヴァシリーチェア／M.ブロイヤー、1925[2)]

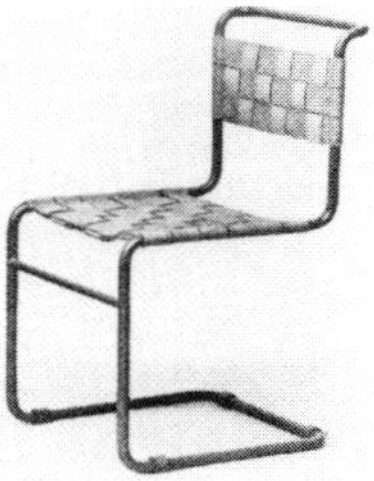
キャンティレヴァーチェア／M.スタム、1927[3)]

キャンティレヴァーチェア／L.ミース・ファン・デル・ローエ、1927[4)]

キャンティレヴァーチェア／M.ブロイヤー、1928[5)]

■参考文献　海宮弘光「一九三〇年代日本の国産鋼管椅子とバウハウス周辺」、デザイン史フォーラム編『国際デザイン史』思文閣出版、2001年／レイナー・バンハム、石原達二・増成隆士訳『第一機械時代の理論とデザイン』鹿島出版会、1976年／柏木博『家具のモダンデザイン』淡交社、2002年

040

トロッケン・バウ

Trocken (-montage) Bau

住宅生産の合理化を企画した構法

「トロッケン・バウ」とは、トロッケン＝モンタージュ・バウの略称で、ドイツで考案された構法の名称である。英語ではドライ・コンストラクション（乾燥構造）などという。日本では乾式（組み立て）構法、乾式構造と呼ばれた。

第一次大戦後、文字どおり街が戦火に見舞われたヨーロッパ諸国の都市は、深刻な住宅不足の問題を抱えていた。とくに中・低所得者でも手が届く低廉な価格帯の住宅［→030］を急遽、しかも大量に供給しなければならぬ状況があった。したがって、迅速に住宅の建設を進める方法の模索が建築家たちの急務ともなっていた。

住宅建設の工程を通してみたとき、たとえば、内外の壁面の左官工事など、建設現場で水を使う作業は通常、その作業終了後、スムーズにあとの工程に移ることはできないということがある。施工箇所の乾燥を待たなければ、それに続く工程には進めず、一定の養生期間を必要とする場合が多い。建設作業の効率化という観点からみれば、養生期間は時間の無駄である。そこで、現場での無駄な時間を省くため、現場で水を使わず、工場であらかじめ生産された部材を組み立てることですべての工程を終えられないか、という考えが出てくる。さらに、使用部材の寸法を規格化、標準化［→021］、つまりモデュール化［→058］すれば、工場で部材の大量生産も可能となり、住宅をより迅速に大量供給できる。

こうした発想のもとに工場生産の規格部材を使って、スムーズに住宅を組み立てる、簡便な乾式の構法、すなわちトロッケン・バウは考案された。かくして建設過程の効率化、つまり合理化が図られたのである。

いわゆるトロッケン・バウの雛型とされるのが、ヴァイセンホーフジードルンク住宅展（一九二七）に際してヴァルター・グロピウスが設計した「住宅No.17」である。

床はコンクリート現場打ちであったが、一・〇六mというモデュールが設定され、Z型の軽量鉄骨の構造材を籠状に建て込み、一・〇六m×二・五〇mという寸法のパネルを張り付ける構法が採用された。外装パネルはアスベストセメント板（厚み六㎜）で、内装用にはセロテックスという繊維板（厚み一一㎜）が使われた。現在、アスベストは発癌性物質を含むということで、建築部材としては使われてはいないが、当時は耐熱性・防音性に優れた新素材として注目を集め、これが規格化された体系に則ったかたちで採用されていたのである。ともかく、この実験住宅は、いわゆるプレファブ住宅の画期的な提案となった。

しかし、一九三〇年代に入り、ナチスの台頭を背景に、また西欧では基本的にソーシャルハウジング（ジードルンク）［→030］に比べると戸建て住宅の需要がそも

住宅No.17／W.グロピウス、1927[1]

そも少なかったため、戸建てプレファブ住宅の目立った展開は次第に見られなくなっていく。

中・低所得者のためにグロピウスが創意工夫を凝らした軽量鉄骨造のトロッケン・バウという実験的な新技術は、一九三〇年代に入り、わが国にも伝播・導入され、乾式構法と呼ばれる独自の構法を生んだ。そして、いわゆる「昭和初期モダニズム」などと呼ばれる木造の白い箱型の住宅を支えるひとつの構造となった。

日本の乾式構法を先導したのは土浦亀城、市浦健、蔵田周忠らである。そして川喜多煉七郎を加えた四名が中心となり、一般庶民にもこの新構法を普及すべく積極的に啓蒙活動を行った。日本に移植されたトロッケン・バウ（乾式構法）は、軽量鉄骨造という前提が木造に、モデュールもメートル体系から縮小されて尺貫法体系へと置き換えられた。わが国では、軽量鉄骨造とはいえ、当時としては、かなり高価なものとなるため、現実的な選択肢ではなかった。モデュールは二尺×三尺（土浦）、三尺×三尺（市浦）などと施工者（大工）が慣れ親しんだ寸法体系だった。作業の簡便性を考えてのことだろう。外装パネルには石綿スレートが使われた。そして、工場で加工済みの部材（石綿スレート）を現場で張るだけとなるはずであった。

だが実際の現場では、大工が建築家の所望する寸法（＝モデュール）に現場で加工したともいう。しかも、経済性・施工性の問題を解消するために建築家が提案した実験住宅は、上流階級のモダンボーイやモダンガールが住む、庶民からすれば高嶺の花となる高級住宅といった印象を拭えぬ結果ともなった。

土浦や市浦たちの戦前の試みが実を結び、実際、誰でも多少無理をすれば手が届く庶民の夢＝商品となるには、一九五〇年代後半のプレファブ住宅メーカーの登場を待たねばならない。今日販売されているプレファブ住宅につながる最古の商品事例となったセキスイハイムA型の開発は、一九五九年のことである。Ⓗ

古仁所邸／蔵田周忠、1936[3]

土浦亀城自邸／土浦亀城、1935[2]

■参考文献　Winfried Nerdinger, "WALTER GROPIUS", Gebr.Mann Verlag, Berlin, 1985／矢代眞己「『バウエン』IN NIPPON」、『SD（特集：木造モダニズム1930s-50s）』2000年9月号、鹿島出版会／西澤泰彦「建築家土浦亀城と昭和初期モダニズム」、『SD（特集：昭和初期モダニズム）』1988年7月号、鹿島出版会

041

レス・イズ・モア

Less is More

要素還元主義的な造形を追求した、ミース・ファン・デル・ローエの建築像

「『レス・イズ・モア』はペーター・ベーレンスの事務所で最初に聞いたんだ」。大きな体躯を左右に揺らしミースが答える。「電機会社AEGの工場のファサードをデザインしていたとき、なかなかいい案が浮かばなくて図面を山のように描いた。そのときベーレンスに言われたんだ。『レス・イズ・モア』とね」。後年のインタヴューでミースはこのようなエピソードを語っている。設計効率を上げるためにもっと要領よくやれ、というボスからの苦言であろう。近代建築のもっともよく知られたアフォリズムをめぐる秘話でもある。

　しかし、この言葉がミースの口からあらためて発せられたとき、その含意する内容はまったく別のものになっていた。「より少ないことは、より豊かなことである」。近代建築の要素還元主義的な造形の特質と、何よりも近代という時代の固有性や精神を、ミースはこの言葉に託して表明した。そして、モダンデザインの性格を象徴する言葉として、広く普及していったのである。

　ベーレンスの盟友ヘルマン・ムテジウス［→022］も、一九〇七年の論文「建築における近代性とは何か」のなかで、「モア・マター、ウィズ・レス・アート（芸術よりも内実を）」という、やや似通った表現を用いている。一九世紀を通じて「芸術」は、ブルジョア貴族層の価値を代弁するようになり、社会や世界の成り立ちを表象するという本来の機能を次第に喪失していった。また、アール・ヌーヴォー［→002］のような、芸術家の趣味が全面的に造形に表出する表現形式が台頭し、個人主義的な志向をそのなかに包含するようになっていった。ムテジウスはこうした状況の克服をめざし、『様式建築とバウクンスト』（一九〇二）のなかでザッハリッヒカイト（即物性）の理念を提起して、歴史的な象徴体系としての芸術と、個人主義的な芸術の解体を推進した。「様式建築」［→005］が担ってきた芸術の審美的イデオロギーを無効化し、近代的な生産技術から直接導かれる「バウクンスト（建設術）」としての建築像を描いた。

　このような「芸術」批判の回路は、一九二〇年代のミースの活動のなかにも観察される。第一次大戦後、ミースはベルリンで設計活動を再開させた。当時のベルリンにはヨーロッパの前衛的芸術家たちが集結し、ミースもこうしたネットワークのなかで新しい建築像を模索していた。ダダ［→024］のアーティスト、ハンス・リヒターやデ・ステイル［→025］の運動を主導していたテオ・ファン・ドゥースブルフ、ロシア構成主義［→033］をヨーロッパへ伝えたエル・リシツキーなどとの交流のなかで、ミースは前衛芸術雑誌『G』

『G』第2号の表紙／1923年9月[1)]

（「G」はドイツ語のGestaltung（形状、形成の意）の発刊にかかわる。そして、この雑誌のなかでミースは、「すべての美学的思弁、すべての教義、およびすべての形式主義、それらをわれわれは拒絶する」と宣言し、美学的形式として把握される建築のあり方を否定する。同時に、作家個人の恣意的・審美的判断の介在をも認めず、「バウクンスト」［→035］を表明してそのなかに近代の時代精神を投影していった。

また一九二〇年代初頭、ミースはスカイスクレーパー［→060］、オフィスビル［→048］、郊外住宅［→014］など、二〇世紀の主役となっていくビルディングタイプをめぐるプロジェクト（計画案）を次々と発表し、造形表現に革新をもたらした。スカイスクレーパーの計画案ではガラス［→011］の皮膜で鉄骨の構造体を覆い、装飾的な要素をいっさい排除して、光の反射体としての表現を追求した。またレンガ造の田園住宅案では、平面をあたかも抽象絵画のように構成し、壁体の分散的配置によって内外空間の相互貫入を図っている。

これらの構想を発展させ、実現していったのが、バルセロナ・パヴィリオン（一九二九）やトゥーゲントハット邸（一九三〇）などの作品である。独立柱によって支持された水平に伸びる空間に、さまざまなテクスチュア（肌理）をもった壁体が分散的に配置されている。オニックス（縞瑪瑙）やトラバーチンなどの大理石、ガラス材もクリア、モスグレー、ボトルグリーン、サンドブラスト処理などの多彩な仕上げが使い分けられ、さらに十字形柱はクロームメッキされた鋼板で被覆されている。トゥーゲントハット邸では、エボニー（黒檀）の湾曲した壁面が居間と食事室を仕切っている。

いずれにおいても、さまざまな素材が、それぞれの存在感を誇示しながら空間のなかに屹立している。要素を徹底的に限定しながら、精密なディテールの処理によって、一つ一つの要素に豊かな材質感が付与されている。このように、素材と空間、ディテールが呼応し、共鳴しながら、空間に強い象徴性が生み出されていくところに、「レス・イズ・モア」として示されたミースの建築像が実体化されているのである。

Ⓣ

バルセロナ・パヴィリオン／L.ミース・ファン・デル・ローエ、1929[2)]

■参考文献　フランツ・シュルツ、澤村明訳『評伝ミース・ファン・デル・ローエ』鹿島出版会、1987年／「特集：ミース・ファン・デル・ローエ Vol.1、2」、『建築文化』1998年1、2月号、彰国社／田中純『ミース・ファン・デル・ローエの戦場－その時代と建築をめぐって』彰国社、2000年／八束はじめ『ミースという神話－ユニヴァーサル・スペースの起源』彰国社、2001年

042

看板建築

Apron Architecture

消費社会の都市のディスプレー

関東大震災（一九二三＝大正一二年）後の復興期（大正末期から昭和初期）、東京の主に商業地区で面白い木造商店建築（店舗併用住宅）が建ち現れた。軒などの突出部は目立たず、ほぼ平板なそのファサードは、モルタルや銅板、タイルまたはスレートなどで覆われ、なんとも奇妙なかたちだが、西洋建築の造形を巧みに模した装飾に仕立て上げられている。

一見して擬洋風［→008］の建築を思わせる。そして実際、擬洋風の建築と同様に、建築家の手になる作品ではない。地元の大工棟梁や板金、左官職人の創作で、そのバイタリティと器用な手仕事が生み出した表現である。見る者に微笑ましさをも覚えさせる表情をもち、まるで仮面をつけたかのようなシャムコンストラクション（虚偽構造）の表層は、まさに「看板」というコマーシャルサインの機能を担っていた。

重工業を軸に産業化を進め、国家の基盤を整えていった日本の社会は、大正末期から昭和初期に激変する。都市化と消費社会の波が一気に押し寄せたのである。すでに一九一〇年代後半から、生活、労働、そして娯楽を求めて人々が都市に集まり、都市部への急激な人口集中がはじまっていた。さまざまな人が集まり一見、華やかとなった東京のような大都市では、人口過密地域にさらに労働者などが大量に流入したため、住環境が劣悪化し、スラム化［→031］する事態が生じるなど、実際に深刻な問題が生じていた。

こうした背景のもと、内務大臣の後藤新平を会長に「都市研究会」（一九一七＝大正六年結成）が組織され、内務省地方局の若手官僚、建築家・佐野利器などが「東京市区改正条例」に代わる新法制定に着手した。その成果が一九一九（大正九）年に公布された「都市計画法」、そして「市街地建築物法」である。

「都市計画法」は「東京市区改正条例」と異なり、全国に適用された。不況だったため財政的援助もなく、一部地域での実施にとどまったが、住宅、工業、商業と土地利用に規制をかけ、良好な都市環境の誘導を図る用途地域制、都市近郊の農村地域の道路や公園などを整備しながら、郊外住宅地の開発促進を意図する土地区画整理が新機軸とされた。「市街地建物法」でも用途地域制がうたわれ、建築線の指定（道路・隣地境界線を定めた）、建築の高さや面積、また構造や設備の制限のほか、防火上の制限が定められた。

ここで内務省から木造建築の防火の項目を任されたのが、佐野の愛弟子・内田祥三である。「火事と喧嘩は江戸の華」というが、深川の米屋の倅だった内田は幼いころから火事見物が好きだったらしい。野次馬癖も無駄ではなかった。内田はまた警視庁

武居三省堂／1927[1]

沢書店／1928[2]

から非常線突破を許可され、現場で木造家屋の燃える様子を多数観察したともいう。内田の経験から導かれた結論は、土やモルタル、タイルや金属板仕上げの木造家屋は意外にも燃えにくいということだった。簡単な薄い防火被覆でも延焼を遅らせ、大火を阻止できる。かくして木造の外壁を不燃材で覆う「準防火」の方策が「市街地建物法」の防火制限の要となった。

同法は日本の木造都市の表情を一変させた。震災後の東京から軒の深い町屋は姿を消し、モルタル、銅板、タイルやスレートが飾りと化した板状のファサード（＝看板）が並べられていった。商店は隙間なく立つゆえ、必然的に過剰な表現、差異化現象、そして豊富なバリエーションを生み、都市を闊歩する大衆の目を引くために飾られた。鉄道の敷設、バスやタクシー（いわゆる円タク）が走り、ジャズやカフェ、ダンスといったアメリカ文化［→036,044］が流れ込み、「モダン」「尖端」という言葉が流行した時代である。

「準防火」の法規制と震災、消費社会の申し子である「看板建築」はあまりにも早すぎた「レス・イズ・ボア」［→078］の具現であり、優れた都市のコミュニケーション装置、すなわち都市のディスプレーだった。

震災後、「看板建築」と同時期に現れるのが、いわゆるバラック建築である。早急に営業を再開させたい銀座などの商店主は、建築家たちに仮店舗の設計を依頼した。考現学で知られる「バラック装飾社」の今和次郎やベルリン帰りのダダイスト［→024］村山知義などが、安普請ながら、表現主義［→023］や構成主義的［→033］な造形の魅力ある作品を手がけている。

村山らは、分離派建築会（一九二〇＝大正一〇年結成）のメンバーから批判を受けつつ、のちのチャールズ・ムーアの作品に見るペンキによるポップ・アート的手法［→077］も見せ、こちらも一九六〇年代後半から七〇年代にかけての社会状況と建築との関係の類似性を思わせる意味で、非常に興味深い。

バラック建築はみな取り壊されたが、看板建築はなお神田・須田町あたりにわずかに残る。なお、東京都江戸東京博物館分館江戸東京たてもの園に行けば、移築された看板建築の事例も見られる。Ⓗ

カフェ・キリン／バラック装飾社＋曽根中條建築事務所、1923[3]

■**参考文献**　越沢明『東京の都市計画』（岩波文庫）岩波書店、1991年／越沢明『東京都市計画物語』（ちくま学芸文庫）筑摩書房、2001年／藤森照信『看板建築』三省堂、1999年／藤森照信『日本の近代建築（下）』（岩波新書）岩波書店、1993年／村松貞次郎『近代建築の歴史』（NHKブックス）日本放送出版協会、1994年／大川三雄ほか『図説　近代建築の系譜』彰国社、1997年

043

フランクフルト・キッチン

Frankfurt Kitchen

生活×機能の表象──ミニマムな空間に投影された「効率」のデザイン

人々が毎日暮らす生活空間の改革、その近代化こそ、近代建築というプロジェクトがめざしたひとつの遠大な目標だった。教会や宮殿ではなく、建築家が「住宅」［→014,030］を時代の課題として捉え、住宅を舞台にさまざまな構想が繰り広げられる、という事態こそが、「近代」という時代を鮮明に特徴づけている。では、いったいどのような方法によって、建築の革新が生活空間の近代化を導いていくことができるのだろうか。その際にターゲットとなったのが、まさに「キッチン」という場所だった。

オーストリア生まれの女性建築家マルガレーテ・シューテ=リホツキーは、一九二〇年代後半にフランクフルトで展開されていたジードルンク［→037］建設に際して、規格化［→021］されたキッチンのプロトタイプを設計、開発した。「フランクフルト・キッチン」と呼ばれるこの調理スペースは、幅一・九m、奥行き三・五mの空間のなかに、オーブンとガスレンジ、金属製の流し台、調理台、食器棚やアルミ製調味料入れなどを装備し、またアイロン台や小机までをシステム化したものである。壁面の三方にこれらの調理および家事に必要な設備が集約化され、従来の食卓付きキッチン（ヴォーンキュッへ）の半分の面積でありながら、高機能化されたユニット空間を実現させている。

動作空間の幅はわずか八六cmにすぎないが、さまざまな作業に伴う動線距離は従来の半分以下に想定され、しかも隣室の食卓からキッチンのどの場所へ行くにも歩行距離が三mを超えることがない、というように作業効率の向上が徹底して追求された。

当時一般的だった食卓付きキッチンは、実際には居間としても機能し、狭い空間に家族が集合していたため、その居住性は決して高くはなかった。料理の匂いや体臭が充満し、装飾品や家族の趣味の品々が溢れる、猥雑な空間となるのが通例だった。しかし一戸当たりの床面積が限定される集合住宅において、フランクフルト・キッチンが導入されることで、考えうる最小の面積でキッチンを居間から分離、独立させることが可能となった。滞留空間としての居間の近代化を果たし、同時に家事労働は軽減されて、使用人を雇う必要もなくなった。そうした一方で、主婦は

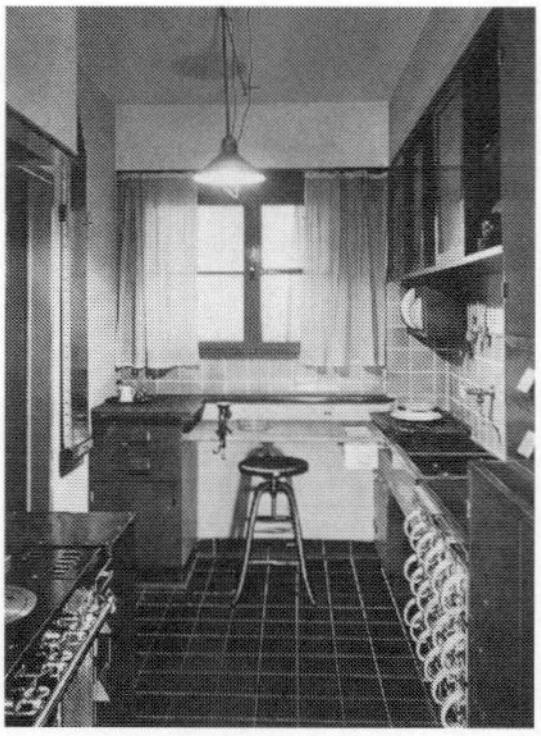

フランクフルト・キッチン／M.シューテ=リホツキー、1926[1]

家族から切り離されてこの狭小な空間に閉じ込められ、キッチンはあたかも主婦のための「オフィス」のような存在と化してしまった。フランクフルト・キッチンに寄せられるこの種の批判もまたひとつの逆説である。

当時フランクフルトで進行していた大規模なジードルンク建設は、市の都市建設局長エルンスト・マイの指導のもと、平行配置形式のジードルンクによって市周縁域の都市開発を企図したものだった。プレキャストコンクリートによるプレファブ工法などが導入され、部材の規格化、工事の機械化なども推進されていった。フランクフルト・キッチンも、こうした集合住宅の建設に対応して、キッチンの量産化という要請に応えたものである。

一九二〇年代は、フォーディズムなどを範とした産業合理化運動の波が吹き荒れ、生産活動のあらゆる分野で規格化や分業化による合理化が推奨されていった。リホッキーは、機械技師フレデリック・ウィンズロウ・テイラーの科学的管理法を家事に応用した、クリスティーン・フレデリックの『新しい家事―家庭管理における効率性の研究』などを参照している。日本においても、女性教育家・三角錫子の「動作経済」や、三越住宅設計部の岡田孝男による「移動式台所」など同様の試みが見られる。

また、こうした生活空間の合理化の流れは、キッチンだけでなく、アレクサンダー・クラインによる動線計画の研究などを生み、機能的・科学的な視点からの建築空間の把握を可能にしていった。七㎡に満たないミニマムな空間[→045]ではあるが、フランクフルト・キッチンは、「効率」という価値指標に収斂していくモダンデザインの機能主義的側面[→032]を、生活空間という場において一身に体現しているのであった。Ⓣ

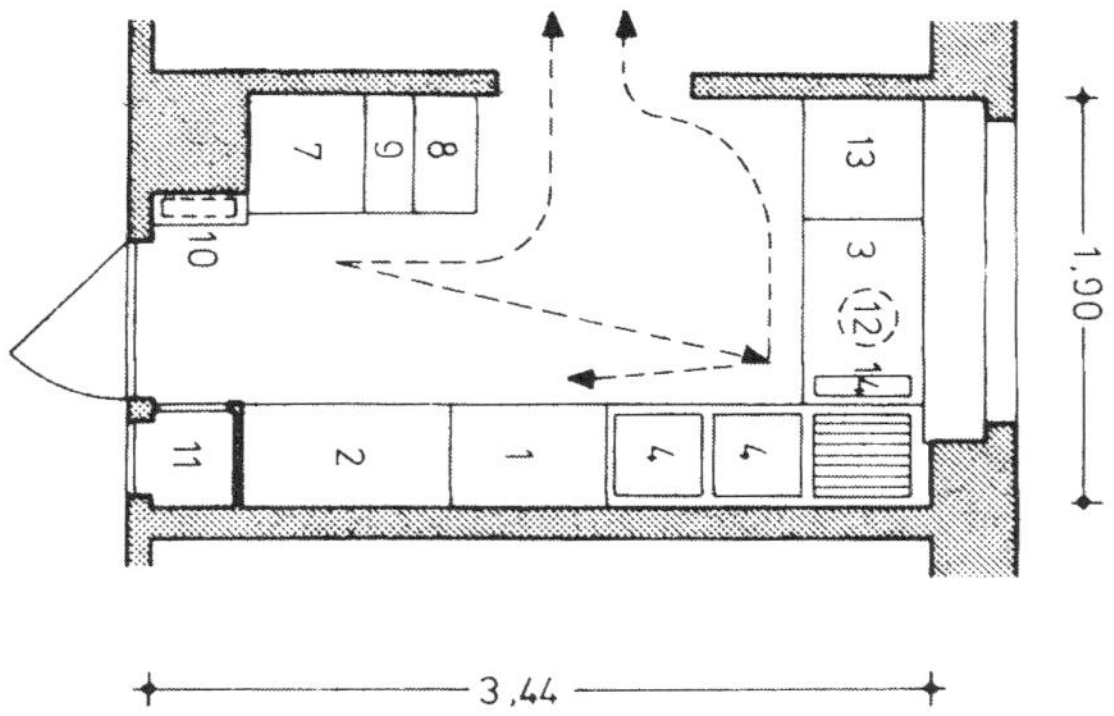

フランクフルト・キッチンの平面図／寸法の単位はm[2)]

フランクフルト・キッチンの調味料ケース[3)]

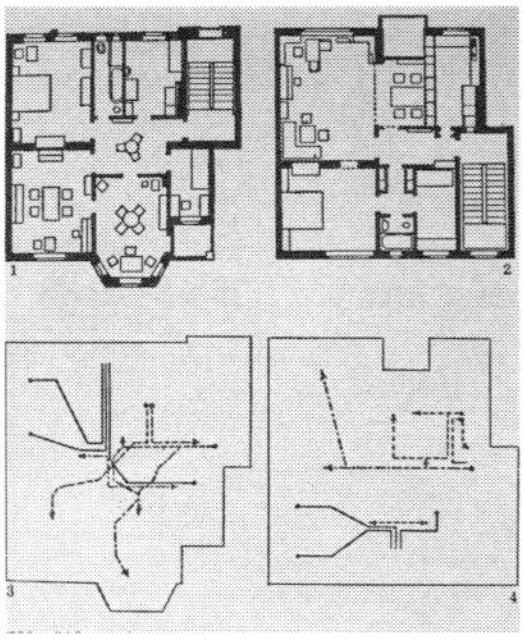

A.クラインによる住戸平面の研究／『小住宅の平面研究のための新手法』（1928）より[4)]

■参考文献　牧田知子「フランクフルト・キッチン」、『10+1』No.16、INAX出版、1999年／柏木博『家事の政治学』青土社、1995年

044 アメリカニズム

Americanism

来るべき社会へのもうひとつの道標

アメリカニズムとは、ヨーロッパとアメリカ合衆国（以下、アメリカ）の双方で見られる「アメリカらしさ」への憧憬を示す現象のことである。アメリカらしさとは、進取の気性、創意、実利、過去に執着しないことなど、ヨーロッパとは対照をなすアメリカならではの性格と、そこから育まれた具体的な成果に求められた。このようなアメリカの特性はそれゆえに、一方では、ヨーロッパでの侮蔑や、アメリカでの卑下の感情と表裏一体となって、愛憎相半ばする両義的な感覚をもたらしてもいた。

　アメリカが独立して間もない一九世紀初頭のころから、ヨーロッパではアメニカニズムが表明されはじめていた。たとえばヘーゲルやマルクスなどは、ヨーロッパには望みにくいアメリカの未知の可能性に期待を寄せていた。そして一般に、伝統や慣習、宗教といった桎梏から解き放たれた自由の別天地として、アメリカへの賞賛が示されていたのである。

　二〇世紀に入ると、アメリカニズムは次第に増大していく。とりわけ第一次大戦後に再編された世界情勢のなかで、アメリカのもつ飛び抜けた資本主義の力が国際的に認められていくに従って、その機運が高まっていった。また、第一次大戦中に革命を経て成立したソビエト連邦（以下、ソ連）［→033］と並んで、来るべき新しい社会への道標となる手本、かつ聖地ともみなされはじめた。いずれも、伝統に培われた生まれながらの特権階級は存在せず、社会の仕組みは異にするにせよ、平等社会が実現されていると捉えられたからである。

　こうした状況が育まれるのに伴って、ジャズや映画、そしてコミックスなどの大衆文化が賞賛されていった。しかし、アメリカらしさを生み出す源泉として、何よりもまして脚光を浴びたのは「テクノロジー」であった。

　ヨーロッパの建築界では当初、アメリカにおける、生産工程そのものの姿を率直にかたちへと置き換えた、簡潔で無駄のない造形をもつ穀物倉庫や工場建築［→029］などに注目が集まった。だがやがて、その焦点は、アメリカが誇るテクノロジーの最大の成果として、ニューヨークやシカゴなどの大都市に聳え立つ摩天楼（＝高層ビル）［→007,036］へと移行していった。

　そして、摩天楼を中心に形成されるアメリカ大都市での建築的成果を著した書物が、数多く出版されていく。リヒャルト・ノイトラの『いかにアメリカは建てるか？』（一九二七）や『アメリカ』（一九三〇）、エーリッヒ・メンデルゾーンの『アメリカ』（一九二六）や『ロシア、ヨーロッパ、アメリカ』（一九二九）などである。だがそこには、単純な賞賛ばかりでなく、批判的な姿勢も含まれており、両義的な視線の交錯をみることができる。たとえばメンデルゾーンは、後者の書で、理念先行でテクノロジーに欠けたソ連と、テクノロジーは秀でているが理念に欠けたアメリカという対比的な構図を展開したうえで、この両者を融合させた姿こそ、来るべきヨーロッパの将来像として描いている。

また、一九三五年にアメリカを訪問したル・コルビュジエは、摩天楼の生活に密着した姿を賞賛しつつも、おそらくCIAM的な近代都市像［→053］を念頭におきながら、まだ小さすぎ、また密集しすぎているとの批判を加えている。

そして、アメリカニズムの表明が繰り返されながらも、実質的には、労働者階級向けの住宅像や生活環境のあり方の模索を中心に展開されていたヨーロッパの近代建築運動は、基本的には社会主義への強い共感を示していた。なかでも、バウエン［→035］というかたちで近代建築像を提唱していたエルンスト・マイ、ハンネス・マイヤー、マルト・スタム、ハンス・シュミットらは、一九三〇年前後に、一方の聖地たるソ連へと活動の場を移している。

しかし一九三〇年代半ばを迎えると、ソ連の実情に対して芽生えはじめた懐疑や、ナチス［→047］などの台頭による西ヨーロッパ社会の右傾化を受けて、風向きが変わりはじめた。ヴァルター・グロピウス、ルートヴィヒ・ミース・ファン・デル・ローエ、そして近代建築史のバイブルとなる『空間・時間・建築』（一九四一）を著すこととなる建築史家ジークフリート・ギーディオンらは、一転して、もうひとつの聖地となるアメリカへと活動の場を移していった。

こうして両大戦間に、社会主義を下地にして展開されたヨーロッパの近代建築運動の果実は、皮肉なことにも第二次大戦後に、民主主義という旗印のもとで、アメリカで鮮やかに開花する［→056,059,060］ことになるのである。Ⓨ

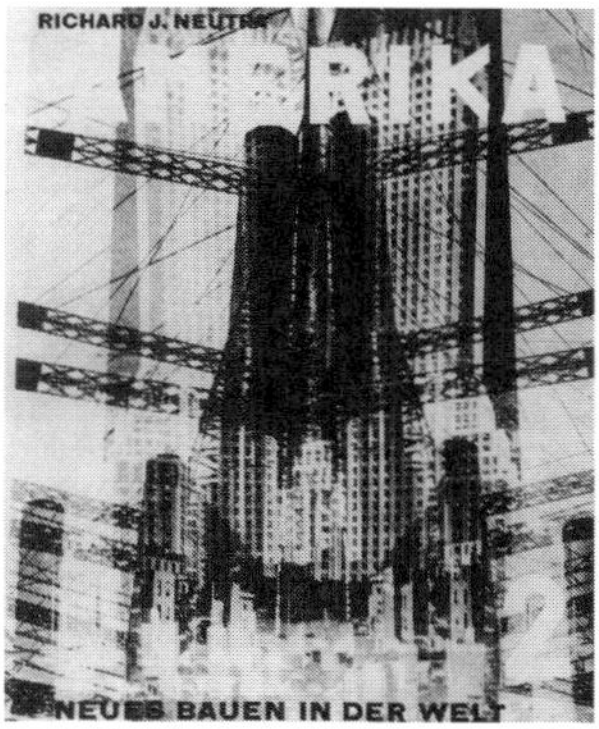

R.ノイトラ『アメリカ』（1930）の表紙／デザインはE.リシツキーによる[1]

著書『アメリカ』（1926）に掲載されたE. メンデルゾーンの撮影したニューヨークの風景の一例[2]

バウハウスに学んだ画家P. シトロエンのコラージュ「メトロポリス」／1923[3]

■参考文献 Jean-Louis Cohen, "Scenes of the World to Come", Flammarion, 1995／ル・コルビュジエ, 生田勉・樋口清訳『伽藍が白かったとき』岩波書店, 1957年／Erich Mendelsohn, "Russland, Europa, Amerika", Birkhauser, 1989 (Reprint)／Neues Bauen in der Welt "Rassegna", No. 38, June 1989, C.I.P.I.A.／奥出直人『アメリカン・ポップ・エステティック─「スマートさ」の文化史』青土社, 2002年

045

最小限住宅

Civil Minimum Dwelling

誰もが人間らしい生活を維持するための尺度として提案された住宅像

第一次大戦後のヨーロッパ諸国は、直接的にその戦禍を被った国を中心として、深刻な住宅難に直面していた。とりわけ、都市部における労働者用住宅の不足が著しかった。その早急な解消を図るため、労働者が支払い可能な範囲の家賃に収まる住宅を、迅速かつ大量、組織的に供給することが求められた。

この課題に対して、ソーシャルハウジング（労働者用集合住宅）［→030,037］の建設という方法を通じて積極果敢に取り組んでいったのは、主に自治体レベルで社会主義系政権が確立されているか、議会で大きな勢力を保っている都市だった。

たとえば、ドイツのマグデブルク、ツェレ、フランクフルト、ベルリン、オランダのアムステルダムやロッテルダム、オーストリアのウィーンなどといった各都市であった。そして、これらの自治体でのソーシャルハウジングの企画や建設に際しては、近代建築の推進を図る建築家が中心的な役割を果たしていた。マグデブルクでのブルーノ・タウト、ツェレでのオットー・ヘースラー、フランクフルトでのエルンスト・マイ、ベルリンでのマルティン・ヴァーグナー、アムステルダムでのミシェル・デ・クレルクやコルネリス・ファン・エーステレン、ロッテルダムでのヤーコブス・ヨハネス・ピーター・アウト、ウィーンでのカール・エーンなどである。

こうしたソーシャルハウジングの供給という試みのもとでは、公的資金を受けて建設されるという制度的な仕組みが背景にあるため、誰もが均しく人間らしい生活、要するに基本的人権を維持しうる良質な住環境を実現することが求められた。その一環として、できるだけ広い住空間をもつ住戸の提供が望まれたのである。しかし一方では、限られた予算の範囲内で、より多くの人々に住宅供給を行う必要性にも迫られていた。こうした住戸の規模とその建設費用にかかわるジレンマのもとで、費用対効果が最適化されたものとして「最小限住宅」という課題が問われていったのである。

この課題が一九二九年一〇月にフランクフルトで開催されたＣＩＡＭ（近代建築国際会議）［→046］第二回会議のテーマとして取り上げられたことで、最小限住宅という、それまでは自治体ごとの個別の作業として取り組まれてきた課題が、国際的な注目を浴びることになった。そして、その問題意識が共有化され、相対化される契機が提供されたのである。

ＣＩＡＭ第二回会議での議論を通じて示された最小限住宅という課題に対する基本的な姿勢は、機能主義［→032］という近代建築運動の核心となる観点から、生活に最小限必要となる要素を抽出・整理し、無駄を省いたうえで人間らしい生活を営む

カール・マルクス・ホーフ／K.エーン、1927[1)]

ために、十分と認められる適正な住戸規模を算出しようとするものだった。なぜなら、住宅難の解消のために可能なかぎり家賃の安い住宅を数多く建設することが求められるなか、量的な充足ばかりだけでなく、日照や通風、使い勝手（＝機能性）などの面においても、質の高さを確保する必要性が求められていたからである。

　そこで、居住面積を可能な限り縮小していくことで家賃の低減を図ろうとすることと、住宅建設の合理化や企画化を推し進めることにより住宅の居住性を高めることを両輪として、妥当となる規模の算出を試みることが提案されたのである。つまり最小限住宅とは、絶対的な規模の最小限を示すものではなく、人間生活を維持するために必要とされるさまざまな尺度を、合理的かつ総合的に捉えて、客観的に社会の実情に応じた最適解、つまり適正規模を求めようとするものであった。

　また、このＣＩＡＭ会議までに各国で取り組まれてきた最小限住宅の実践の成果は、会議に付随して開催され、その後はヨーロッパ各地を巡回した展覧会や、会議報告書の刊行を通じて発表された。ヨーロッパ各国から提出された一〇五案の住戸平面が、その事例（プロトタイプ）として公表されている。これにより最小限住宅の具体的なイメージが、世界中に共有されていったのである。

　ＣＩＡＭ第二回会議の報告書は、柘植芳男の翻訳により、早くも一九三〇年五月に『生活最小限の住宅』（構成社書房）として翻訳・出版された。最小限住宅というテーマは、一九四一年に設立された住宅営団で、西山夘三らの担当により「国民住宅」の名のもとで追求されていく。そして戦争を隔てて、第二次大戦後に再び脚光を浴びる。清家清による森博士の家（一九五一）、増沢洵による最小限住居と命名された自邸（一九五二）、池辺陽による住宅No.1（一九五〇）をはじめとする、一連の立体最小限住宅などで、狭さを克服する創意工夫が追求され、生活に必要な最小限の大きさが模索されていった。日本住宅公団による２ＤＫ［→**062**］も、この延長線上に生まれたものである。Ⓨ

ゲオルクスガルテンジードルンク／O.ヘスラー、1927[2)]

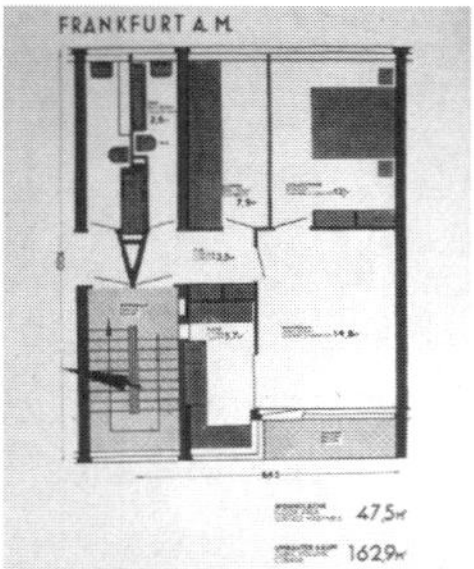

最小限住宅の住戸平面例[3)]

CIAM第2回会議と同時開催された最小限住宅展の展示風景[4)]

■**参考文献**　Auke van der Woud, “CIAM Housing Town Planning”, Delft University Press, 1983／Eric Mumford, “The CIAM Discourse on Urbanism, 1928-1960”, The MIT Press, 2000

046

CIAM

Congrès Internationaux d'Architecture Moderne

「近代建築・都市」をめぐるディベートの羅針盤

「CIAM（近代建築国際会議）」とは、国家という境界を越えた建築家たちのネットワークをかたちづくるために、一九二八年に結成された組織である。住宅問題をはじめとする両大戦間期の社会における生活環境のリアリティを直視した結果として、芸術性（装飾美）を拠り所とする伝統的な建築観に反旗を翻す一方で、機能性を中核とする新たな建築・都市像、つまり機能主義［→032］に基づく近代建築・都市の確立と、その普及を図ることが、さまざまな国籍をもつ建築家たちの共通目標とされていた。

創設会議の段階から、ヨーロッパ八カ国計二四名の、建築像の刷新および近代化を求める建築家が参画していた。そのため、国別の動向や課題を集約し、問題意識を共有させるかたちで、国際的な議論の場を提供することとなった。そして、そのネットワークはまもなく、ヨーロッパという領域をも越えて、拡大の一途をたどっていった。そこには、ル・コルビュジエ、ルートヴィヒ・ミース・ファン・デル・ローエ、ヴァルター・グロピウスなどのビッグネームも、かかわり方の濃淡はあれ、残らず名を連ねていた。

一九五九年の崩壊に至るまで、CIAMは、合計一一回にわたる会議を開催している。そしてこれら一連の会議を通じて、絶えず建築・都市をめぐるアクチュアルな命題を浮上させ、会議と併設される展覧会の開催や報告書の出版を通じて、その具体的な解決策を提示していくことで、つねに近代建築の方向性を指し示す羅針盤的存在として君臨しつづけたのである。

たとえば、創設会議で採択された「ラ・サラ宣言」は、建築の社会性の必要性を強調することで、機能性を核とした新たな建築像の必然性を示したものであり、「近代建築」の概念的基礎を初めて公式化した存在とされている。また、第四回会議の議論の帰結ともなる「アテネ憲章」［→053］で示された、生活機能別に分けて都市環境を構成していくという近代都市計画理念は、第二次大戦後における都市計画の原点［→061］をもたらすバイブル的存在ともなった。

しかし、「近代建築」の形成・確立にむけて一枚岩の団結を誇った組織と、いわば神話化されてきたCIAMの内部においても、実は第二次大戦以前の段階では、最終目標は共有されていてもその具体化への道筋に関しては、激しい対立が存在していた。もっとも顕著なものは、ル・コルビュジエなどの新たな芸術性（機能美）［→029］を求める建築家グループと、ハンネス・マイヤー、マルト・スタム、カレル・タイゲなどのいかなる芸術性も是認しない建築家グループ［→035］との主導権争い

ラ・サラ城[1]

創設会議に参加した建築家たち[2]

CIAM会議年表

回数	開催年月	場所	テーマ
1	1928年6月	スイス／ラ・サラ	創設会議
2	1929年10月	ドイツ／フランクフルト	最小限住宅
3	1930年11月	ベルギー／ブリュッセル	合理的建設要項
4	1933年7-8月	ギリシア／アテネ	機能的都市
5	1937年6-7月	フランス／パリ	居住と余暇
6	1947年9月	イギリス／ブリッジウォーター	ヨーロッパの復興
7	1949年7月	イタリア／ベルガモ	住宅の連続性
8	1951年7月	イギリス／ホッデスドン	都市のコア
9	1953年4月	フランス／エクス・アン・プロヴァンス	住宅憲章
10	1956年8月	ユーゴスラヴィア／ドゥブロフニク	クラスターとモビリティ
11	1958年9月	オランダ／オッテルロー	解散の告知

であった。

また、アルド・ファン・エイク、ピーター・スミッソンらがチームX［→063］を形成したことによって、CIAM内部からの自壊が生じたのも、機能性を絶対視した機械的な建築・都市像に対する懐疑に端を発したものであった。

わが国でも、戦前からCIAMの動向は、建築家の注目を集めていた。第二回会議には、当時ル・コルビュジエのもとで働いていた前川國男が列席し、山田守もオブザーバーとして参加している。そしてその報告書は、柘植芳男の翻訳により、早くも一九三〇年五月に『生活最小限の住宅』（構成社書房）として出版された。

また、各CIAM会議の内容については、『建築時潮』や『建築世界』などの雑誌で詳細に報告された。さらに石本喜久治らを中心に、CIAM日本支部の結成を試みる動きもあった。そして一九三三年度には前川が、一九三七年度から三九年度にかけては坂倉準三が、正式なCIAM会員として名を連ねていた。また戦後においては、丹下健三や吉坂隆正らが会議に参加している。Ⓨ

第1回会議でル・コルビュジエの提案したCIAMの活動綱領[3]

第3回会議でW.グロピウスが提案した高層住宅を用いた住宅建設の構想[4]

■参考文献　黒川紀章『都市デザイン』紀伊國屋書店、1965年／矢代眞己「闘争するCIAM／逃走するIKfNB」、『建築文化』2002年2月号、彰国社／Eric Mumford, "The CIAM Discourse on Urbanism, 1928-1960", The MIT Press, 2000／Auke van der Woud, "CIAM Housing Town Planning", Delft University Press, 1983

047

ファシズム

Fascism

イデオロギー装置としての建築、再び開かれる「歴史」への回路

空にむけて垂直に放射される無数のサーチライト、会場に鳴り響くヒトラーの怒号、フォークダンスに興じ恍惚状態になったかのような民衆の姿、ツェッペリン広場で開催された一九三七年の党大会は、ナチス・ドイツのメディア戦略をもっとも象徴的に映し出すシーンのひとつである。ラジオ、映画、グラフィックデザインなどの手段を、ヒトラーは政権安定の道具として積極的に用いた。また、技術者フェルディナント・ポルシェが設計したフォルクスヴァーゲン（国民車）は、インフレに喘いでいた人々にとって、まさに生活の解放の証だった。新たなテクノロジー［→029］を巧妙に取り込み、一方では民族主義的なイデオロギーを執拗に喧伝して、新国家を象徴する図像を人々の意識のなかに浸透させていく。建築もまた、このようなイデオロギーの生産装置として、ナチス・ドイツのメディア戦略の一環として位置づけられていった。

ツェッペリン広場を設計したアルベルト・シュペアーは、弱冠三二歳にしてヒトラーの信任を受けて建設総監の地位に就任し、ベルリン、ミュンヘンなどの都市改造計画を手がけた。これらの計画に際してシュペアーは、人間のスケールをはるかに超える、古典主義［→005］の造形を肥大化させたかのような手法を採用し、誇大妄想的な都市イメージを描いてみせた。集団の記憶に直結し、モニュメンタリティ［→006］を最大限喚起させる建築の造形が求められたのである。

また、パウル・シュルツェ＝ナウムブルクは、農業大臣ヴァルター・ダレの著作『血と大地』に呼応するかのように、木造民家風のデザインを範としながら住宅建築の近代化を推進し、郷土保護の論陣を張った。さらにヴィルヘルム・クライスは、拡大する第三帝国の領土各地に、慰霊塔などの記念碑を布置していった。

このようにナチス・ドイツは、古典主義を復活させ、同時に「郷土」を造形化していくことで、ドイツ民族の復興の象徴と

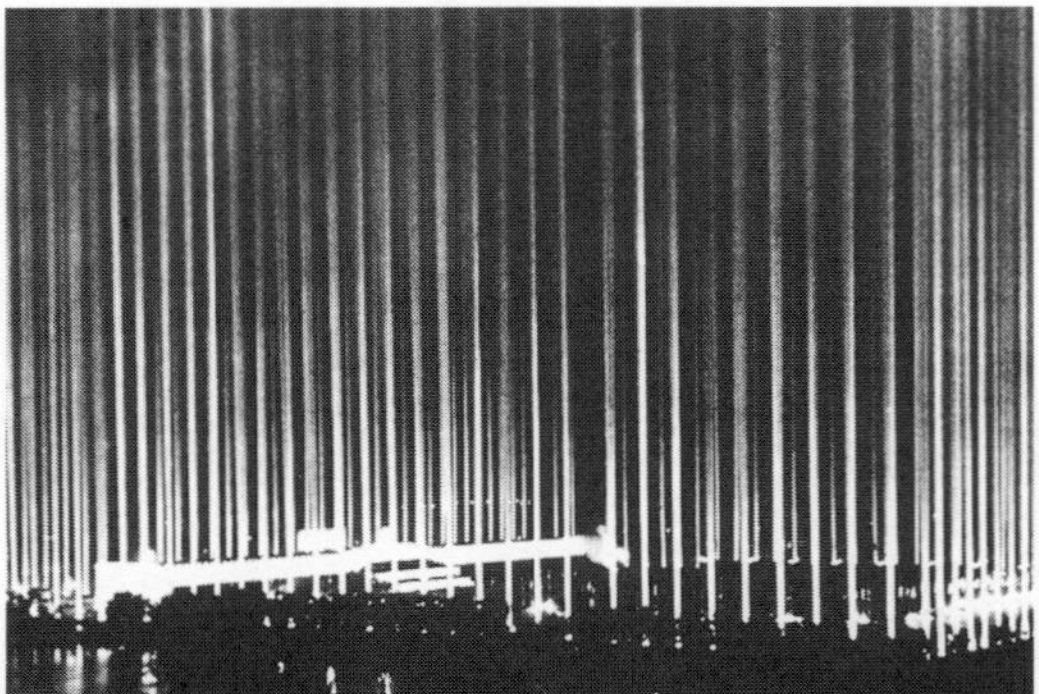

無数のサーチライトに囲われるツェッペリン広場／A.シュペアー、1937[1)]

しての建築像を描き出していったのである。それは、一九二〇年代に近代建築が切断を試みてきた歴史的・地域的文脈への回帰をあらためて表明するものとなったのである。

一方、ファシズム体制に早い段階に移行していたイタリアでは、ドイツとは異なり、労働組合などの組織を仲立ちにして、近代建築推進派の建築家たちが国家的建設事業へ参画する機会が得られていた。ムッソリーニも、「ファシズムとは内部が見通せるガラスの家である」と近代建築を擁護する態度を表明する。しかし、アダルベルト・リベラのEUR42大会会議場（一九四二）が、古典主義を基調とする、きわめてモニュメンタルな造形を志向しているように、またジュゼッペ・テラーニのカサ・デル・ファッショ（一九三六）が「地中海性と国際性の融合」をうたっているように、ここでもまた歴史性・地域性［→088］への接近が著しく認められる。さらに日本においても、一九三〇年代には軍人会館（現・九段会館、一九三四＝昭和九年）など、帝冠様式といわれる復古的な造形が流行した。「日本的なるもの」への議論が高まるなかで、西洋からの近代イデオロギーの受容と日本の伝統との相克が、時代の課題となっていったのである。

これらの現象は単に、近代建築が封印していた歴史的・様式的造形が再び召喚されていった、という意味合いだけに収斂する事態ではない。近代建築が歩みうるもうひとつの道筋の可能性をこれらの建築像が胚胎させていたがために、国際性［→049］、普遍性という自由主義陣営が標榜する理念にとって、大きな脅威となっていったのである。

建築史家ジークフリート・ギーディオンが『空間・時間・建築』において、「空間」という概念を用いて、近代建築を西欧の建築の歴史的流れのなかにあらためて位置づけようと試みたことも、こうした脅威への戦略的対応として理解することもできる。

一九二〇年代の黄金期を経て、近代建築は早くも三〇年代に、かつて近代建築が超克の対象とした歴史主義とは異なるかたちで、過去の時間軸へ接続されていく回路を開く必要に直面したのである。Ⓣ

■参考文献　アルバート・シュペール、品田豊治訳『ナチス狂気の内幕』読売新聞社、1970年／ブルーノ・ゼヴィ、鵜沢隆訳『ジュゼッペ・テラーニ』鹿島出版会、1983年／八束はじめ・小山明『未完の帝国―ナチス・ドイツの建築と都市』福武書店、1991年／鵜沢隆ほか『ジュゼッペ・テラーニ―時代（ファシズム）を駆けぬけた建築』INAX出版、1998年

エケンタルのヒトラーユーゲント・ハイム／B.ヴァルトマン、1939[3]

EUR42（ローマ万国博覧会）大会会議場／A.リベラ、1942[4]

ベルリン都市改造計画案模型／A.シュペアー、1938[2]

048

ユニヴァーサルスペース

Universal Space

「機能」概念からの脱却を果たした、普遍的空間の原理

機能主義［→032］という考え方は、建物の機能と造形表現のあいだに一定の関係を想定し、建築のつくられ方を客観化・方法化していこうとする思想に裏づけられている。しかし近代社会は、技術的進歩によりその仕組みをつねに転換させ、前提となる機能そのものも日々変化している。機能と表現のあいだに、静的で、一意的な関係を設定すること自体がそもそも困難なのである。あらかじめ定められた機能を前提とするかぎり、建物の使用法は一意的に決められてしまい、時間的な変更や改変に対応できない。こうした問題に新たな解決をもたらしたのが、ルートヴィヒ・ミース・ファン・デル・ローエ［→041］の、一九二〇～三〇年代のプロジェクトに萌芽的に現れた、「ユニヴァーサルスペース（普遍的空間）」の考え方だった。

　通常、機能は「部屋」という単位に分割、分節され、その「部屋」を再統合することによって建物の全体がつくり上げられていく。しかしミースは、この「部屋」という機能単位を用いることなく、基本的にワンルーム［→086］形式の、柱や間仕切りによって遮られることのない、開放的で、非限定的な空間を構想した。あらかじめ「部屋」が設けられていないため、実際の使用に際しては、使用する側が間仕切りやパーティション、また機能に応じた家具類を配置して空間をみずからコントロールしなければならない。建物は一度建設してしまうと、容易に解体することはできないが、このような空間を創案することで初めて、ひとつの用途が終了した時点で、スイッチをリセットするかのように次の異なる用途に対応できる、高いフレキシビリティ（可変性）を備えた建築が実現可能となった。近代社会の機能的・空間的要請に対して、機能を想定しないことであらゆる機能に対応するというきわめて逆説的な空間原理、ユニヴァーサルスペースが生み出されたのである。

　一九二〇年代後半にミースは、バルセロナ・パヴィリオン（一九二九）やトゥーゲントハット邸（一九三〇）において、主空間をワンルームとし、壁体が室内に分散的に配置される空間を示した。また一九二八～二九年にかけて、いずれも実現されることはなかったが、都心部の高層ビルのプロジェクトを続けて手がけている。ベルリンのアダムビル（一九二八）では、柱を建物の外周部分に集め、階段やエレベーターを主空間の外側に配置して、分断されることのないワンルーム空間が構想されている。これは、売り場面積の変化の激しい、百貨店という機能に対応するためでもある。

　シュトゥットガルトの銀行とオフィスビルのコンペ案（一九二八）、アレクサンダー広場（ベルリン）の再開発計画コンペ案

アダムビル計画案／L.ミース・ファン・デル・ローエ、1928[1)]

（一九二八）はどちらも機能を複合させた建築だが、ガラス［→011］のカーテンウォール［→059］を外皮とする単純なボックス型の形態に複数の機能を収容している。フリードリッヒ街のオフィスビルのコンペ案（一九二九）も、三角形の敷地形状にそった中央ホールにエレベーターや階段室が集められ、主空間のフレキシビリティを妨げない平面計画が提案されている。オフィス、レストラン、ホテル、店舗などの機能は、水平連続窓が周囲をめぐる、曲面壁をもつ三つのウィング部分に分配されている。

これらのプロジェクトに見られるように、ユニヴァーサルスペースとして空間の一体性を達成するためには、サーキュレーション（動線）や設備などの固定的な要素をコア（核）として独立させ、主空間と分離する必要が生じる。ユニヴァーサルスペースの実現は、このコアという空間装置の発明と不即不離の関係にある。コアの考え方が萌芽的に現れ、主空間との機能的な補完関係が構築されているという点で、一九二〇年代後半の高層ビルのプロジェクトに、ユニヴァーサルスペースの原型的なアイデアが見い出されるのである。

戦後の代表作ファンズワース邸（一九五一）は週末住宅だが、キッチン、浴室、トイレなどの設備諸室や収納は一体化されて設備コアをかたちづくり、その他の部分は間仕切り壁が取り払われ、「部屋」という単位が完全に消滅している。またシーグラムビル（一九五八）は、I形鋼を用いたカーテンウォールのデザインで高層オフィスビル［→060］の規範的な造形を示し、ユニヴァーサルスペースの考え方が普及していく契機となった作品である。世界中のいかなる場所にも建設可能で、しかも内部空間は、空調システムや人工照明の技術的進展により、どの場所であっても環境性能［→075］を等質の状態にできる。このように、二重の意味において「場所性」［→097］を問わない、ユニヴァーサル（＝普遍的）な空間が、一九五〇年代以降の建築と都市をかたちづくっていくことになるのである。Ⓣ

トゥーゲントハット邸／L.ミース・ファン・デル・ローエ、1930[2)]

アレクサンダー広場の再開発計画コンペ案／L.ミース・ファン・デル・ローエ、1928[3)]

■参考文献　山本学治・稲葉武司『巨匠ミースの遺産』彰国社、1970年／ケネス・フランプトンほか、澤村明訳『ミース再考―その今日的意味』鹿島出版会、1992年／原広司「均質空間論」、『空間　機能から様相へ』岩波書店、1997年／八束はじめ『ミースという神話―ユニヴァーサル・スペースの起源』彰国社、2001年

049

インターナショナル・スタイル

International Style

一九二〇年代のヨーロッパを総括したキャッチフレーズ—形式へと回収された多様な建築理念

一九三二年、ニューヨーク近代美術館で開催された「モダン・アーキテクチュア展」の成果をもとに、同展のキュレーターを務めたヘンリー＝ラッセル・ヒッチコックとフィリップ・ジョンソンは、『インターナショナル・スタイル』を刊行する。二人は過去一〇年間の近代建築運動の主潮流、すなわち世界に広がりつつある新傾向に共通する造形的特徴を以下の三つの原理を軸に定義づけ、それを「インターナショナル・スタイル」と命名、喧伝した。

三つの原理とは、「量塊」でなく「面に包まれたヴォリューム」としての建築、軸線によるシンメトリーとは異なる方法で秩序づけられた「規則性」の希求、そして「装飾付加の忌避」（のちの一九六六年に「構造の分節」と修正）である。表現主義［→023］の嵐が沈静化しはじめた一九二〇年代中盤にヨーロッパに登場した、機能主義［→032］や、合理主義［→001］の理念などに立脚する建築家たちの作品は無装飾で幾何学的［→018］で、抽象的な箱型建築であった。それらを「インターナショナル・スタイル」と大きく一括りにまとめたのである。

「インターナショナル」という概念の提示は、すでにヴァルター・グロピウスによりなされていた。一九二五年、グロピウスはバウハウス［→034］叢書の記念すべき第一巻『インターナツィオナーレ・アルヒテクトゥール（国際建築）』で、世界の技術と交通の発展を根拠に、個人や民族という枠組みを超えた人類共通の客観的な世界の到来や、その統一的な世界像について語った。そして、国際的視野に立つ普遍的な性格をもった新建築像として「国際建築」の必要性を唱えた。

同著では、ドイツ工作連盟［→022］の仕事をはじめ、オランダのマルト・スタムによる計画案、ロシアのヴェスニン三兄弟、フランク・ロイド・ライト、そしてエーリッヒ・メンデルゾーンなどの作品が図版で紹介されていた。グロピウスのデッサウのバウハウス校舎（一九二六）は自らが唱えた「国際建築」の具現でもあった。

わが日本でも本野精吾、石本喜久治、上野伊三郎らが参加した「インターナショナル建築会」（一九二七年設立）が産声をあげるなど、「国際建築」の理念はまさに国際的に波及していった。すでにそれが早くも定着しつつあることを示すイベントとなったのが、一九二七年に開催されたヴァイセンホーフジードルンク住宅展である。

これは、ドイツ・シュトゥットガルト市の住宅政策事業・市営住宅団地の計画がドイツ工作連盟主催の住宅展覧会の開催へと発展したものだった。一九二五年、計画の総指揮を任されたのはルートヴィヒ・ミース・ファン・デル・ローエである。ミースはドイツをはじめ、オランダ、オーストリア、フランス、ベルギーとヨーロッパ諸国から、ル・コルビュジエら一九二〇年代の指導的な建築家一六名の選出に尽力し、配置・全体計画を手がけた。二年後の二七年にヴァイセンホーフの丘に散りばめられた陸屋根の抽象的な箱型建築群は、さながらインターナショナル・スタイルの見本市の観を呈していた。現在もヴァイセンホーフの丘には、当時の様子を克明に伝えてくれる作品が数多く残されている。

ヒッチコックとジョンソンの『インターナショナル・スタイル』には、タイトルのわりにその実、ドイツの事例掲載が多い。むろんル・コルビュジエの作品をはじめ、イギリスや東欧をも含むドイツ以外のヨーロッパ諸国、そしてロシア（旧ソ連）、アメリカ、日本の実例も収録されてはいた。ちなみに日本からは山田守の「電気試験所」（一九二九）が掲載されている。その他、日本での初期の同スタイルの事例には、堀口捨己の「吉川邸」（一九三〇）などがあげられよう。

実験的段階を終え、実際、世界各地でインターナショナル・スタイルと呼称される建築が建設されはじめたのは一九三〇年代以降である。そして第二次大戦後には、「インターナショナル」という冠がもはや無用なまでに普及し、いわゆる近代建築の代名詞ともなった。

だがその一方で、インターナショナル・スタイルという命名がなされたことで、一九二〇年代のヨーロッパの建築家たちの機能主義や合理主義などといった、さまざまな建築理念は一掴みにされ、それらのイデオロギーは剥ぎ取られ、脱色されていった。そして単なる造形として、つまり新しい形式＝新様式としてのみ受容されていく雰囲気を生み出し、一種のモードとしてのみ、二〇年代の成果を流布させかねぬムードを醸成してしまうこととなった。Ⓗ

シュタイン邸／ル・コルビュジエ、1928[1)]

トゥーゲントハット邸／L.ミース・ファン・デル・ローエ、1930[2)]

ヴァイセンホーフジードルンク住宅展／1927[3)]

■参考文献　H.R.ヒッチコック+P.ジョンソン、武澤秀一訳『インターナショナル・スタイル』（SD選書）鹿島出版会、1978年／W.グロピウス、貝包博幸訳『国際建築』（バウハウス叢書）中央公論美術出版、1991年／Karin Kirsche, "Die Weissenhofsiedrung" Deutsche Verlags-Anstalt, 1987

050

ガラスプロダクツ

Glass Block

発光する壁、面光源という新しいエレメント

一九三〇年代、とくに建築家たちを魅了し、その創造意欲を強く掻き立てた製品に、「ガラスプロダクツ」があった。ガラスブロックである。

透光透視の板ガラス［→011］とは異なり、ガラスブロックは透光不透視をその特徴とする。光があたると、ガラスブロックを媒体に光は視覚化される。自らの内に光を滞留させ、輝く実体となる。明るさという「量」ではなく、実在する「質」となった光は、内部空間を構成する新たな要素、発光する壁となる。その効果、それによって可能となる独特な光の空間に多くの建築家たちが高い関心を寄せたのである。

ガラスブロックの祖形となった箱型ガラスのアイデアを最初に思い付いたのは、フランク・ロイド・ライトだったという。アメリカン・ルクスファー・プリズム社のオフィス計画案（一八九四）でのことだが、これは実現しなかった。現存する、ごく最初期の事例には、エクトール・ギマールのパリにあるアール・ヌーヴォー［→002］の秀作となった集合住宅カステル・ベランジェ（一八八九）、オーギュスト・ペレのフランクリン街のアパート（一九〇三）がある。あまり知られてはいないようだが、いずれも階段室にガラスブロックが使われている。カステル・ベランジェのガラスブロックは、凸面レンズ状の、目玉のような外形と模様があり、曲線的造形である。フランクリン街のアパートのものは六角形だ。いずれもガラスブロック面端部の納まりに施工上の難があったのだろう。これに続く事例は見られない。

われわれに馴染みの深い角型ガラスブロックの初期の使用例には、ゼツェッション［→003］の時代を飾ったオットー・ヴァーグナーの郵便貯金局（一九一二）、ドイツ表現主義［→023］の建築家ブルーノ・タウトのドイツ工作連盟展（ケルン）でのグラスハウス（一九一四）、ヘンドリク・ペートルス・ベルラーへのオランダ・ハーグの教会（一九二六）などがある。

これ以外にも例外的な革新的事例はたしかにあったが、概してこの時代は、ガラスブロックによって形成される面は小さく、なお実験的で、試験的な採用という段階にとどまっていた、といわねばなるまい。

ガラスブロックが本格的に工業生産品としての精度を高め、製品として大量に流通しはじめるのは一九二〇年代後半になってからである。以降、ガラスプロダクツとしてのガラスブロックの使用例が続々と現れる。一九二五年に開催された通称アール・デコ展［→036］で、ロベール・マレ=ステヴァンがピエール・シャローらと手がけた観光館（一九二五）、ル・コルビュジエ設計のパリの救世軍会館（一九二九）などがそれである。

一九三〇年代に入ると、建築家たちはガラスブロックを競って使った。三〇年代をガラスブロックの時代と呼びたい誘惑にさえ駆られる。なかでもとくに象徴的な作品といえば、シャローのダルザス邸、通称「ガラスの家」（一九三一）だろう。半透明のガラスブロック（ガラスレンズ・カーテンウォール）は巨大な面光源となり、人が立つ位置によってさまざまな表情を見せる。豊穣な空間を演出してあまりある効果を生み出している。

ガラスの家で使用されたガラスブロックは当時、世界最大級のフランス系ガラスメーカー、サン・ゴバン社の「ネバダ」という製品だった。あまりに大胆なシャローの製品の使い方に、サン・ゴバン社は、ガラスの家のネバダに限って、製品保証を出さなかったとも聞く。

また、とくにガラスブロックを好み、多用した建築家にジュゼッペ・テラーニがいる。カサ・デル・ファッショ（一九三二）、芸術家の家（一九三三）、ミラノの集合住宅（一九三六）など、使用頻度も高く、その使用法も大胆で、面光源の効果をうまく生かした作品を残した。

ちなみに、いわゆる中空のガラスブロックは一九三三年にアメリカで初めて生産されたという。したがって、これ以前のガラスブロックはすべてムクのガラスの塊ということになる。

日本でガラスブロックを採用した初期の事例には、村野藤吾の宇部市渡辺翁記念会館（一九三七＝昭和一二年）がある。その他にも吉田鐵郎の馬場邸（一九三八＝昭和一三年）、土浦亀城の強羅ホテル（一九三八）、堀口捨己の若狭邸（一九三九＝昭和一四年）などと、日本でもいち早く自らの作品に発光する壁を取り入れ、表情豊かな内部空間の実現をめざした建築家は少なくない。だが、当時のガラスブロック製品は、その精度に多少問題があったようだ。雨漏り、とくに中空ガラスブロック内部に水が溜まるクレームが多かったという。それだけではないのだろうが、世界的潮流にのって、日本でも一九三〇年代後半におこったガラスブロック・ブームは長くは続かなかった。

突如、第二次ガラスブロック・ブームが日本で巻き起こるのは一九七〇年代後半になってからのことである。Ⓗ

■参考文献　長谷川堯・黒川哲郎『建築光幻学』鹿島出版会、1977年／「特集：住宅とガラスブロック」、『住宅建築』1978年6月号、建築資料研究社／松井篤「ガラスブロックを知る」、『建築知識』（特集：ガラスデザイン事典）1997年9月号、建築知識

ダルザス邸(ガラスの家)／P.シャロー、1931[1]

ダルザス邸2階居間[2]

051

コレクティヴ

Collective

社会主義を体現する生活のかたち

一九一七年におこったロシア革命と、その帰結となる世界初の社会主義国家ソビエト連邦の誕生は、その社会体制の一新に伴い、当然の帰結として、あるべき生活環境に対する問いも導いた。資本主義社会においては、下層階級として搾取され、虐げられていた労働者が、一転して社会の主役に躍り出る状況が生まれたのである。そのため、社会主義を基盤とした国家に住まう人々のライフスタイルと、それを具体化させるための住宅や都市のかたちが問われることとなった［→033］。

そこで、住宅や都市（＝コミュニティ）の形式などについて、国民のすべてが均しく労働者（＝階級のない社会）であるという理想を出発点として、社会主義の思想を体現する生活をならしめるための模索が試みられていった。その際に規範とされたのが、「コレクティヴ」という考え方であった。そして、具体的には、居住環境の可能なかぎりの部分を共有化させていくこと、つまり集団的な共同生活の場を提供するという方法が図られていったのである。

建築単体レベルでの方法としては、「生活共同体の家」という意味をもつ「ドーム・コムナ」の模索・具現化という目標が掲げられた。そして、居住者全員に平等な生活を提供する手段として、住戸以外の設備として、食堂、託児所、読書室、体育室など、さまざまな共用施設を一体的に備えた、いわゆる「コレクティヴ・ハウジング（集団生活型集合住宅）」が提案されていったのである。その代表的な事例となる集合住宅が、モイセイ・ギンスブルクの設計によって、一九三〇年にモスクワに建設された経済人民委員会（ナルコムフィン）のドーム・コムナである。生活に必要な多くの機能が、共用施設部分で補われているため、住戸部分の面積は最小限の大きさに抑えられている。

また一九三〇年代初頭になると、鉄鋼都市マグニトゴルスクといった、新しい産業都市の建設が具体的に計画され、実施に移されはじめている。都市という総合的な生活環境の開発作業においても、建築単体レベルでの模索作業と同様に、社会主義を実践する場として固有の性格を具体化させることが求められたのである。一連の新都市の計画・建設作業に中心的にかかわったのは、かつてフランクフルトで都市建設事業に携わっていた、エルンスト・マイ［→037］をはじめとする西ヨーロッパの建築家たちであった。マイらは、コンクリートパネルを用いたプレファブ工法［→040］の導入など、西欧での経験を下敷きにしながらも、社会主義都市のイメージを具体化させていった。そして、マグニトゴルスク（一九三〇）、マケエフカ（一九三二）、オルスク（一九三四）といった都市計画案を

経済人民委員会（ナルコムフィン）のドーム・コムナ／M.ギンスブルク、1930、共用施設棟（手前）から望む住戸棟[1]

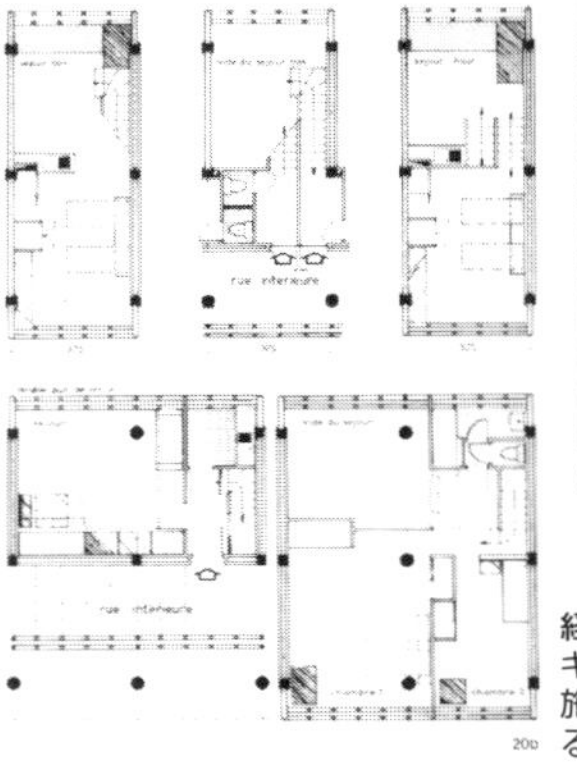

経済人民委員会のドーム・コムナ平面図／スキップフロア形式で構成される住戸群。共有施設での食事など生活の集団化が前提とされるため、住戸部分の極小化が図られている[2]

作成した。

　これら一連の計画案にはいずれも、都市全体を縛る骨格としての格子状の街路網の導入と、住宅と生活に付随する集団施設とを混在させた生活基本単位を、クラスター（ぶどうの房状）として集合化した「近隣区」の採用、という二つの特徴が見て取れる。つまり近隣区は、大規模なドーム・コムナと解釈することができる。そして、格子状の街路網は、近隣区の設定単位として機能するとともに、外縁部への成長発展への対応を確保する仕掛けともなっていた。

　これらの都市計画案には、「クラスターの導入」［→061］、「成長への対応」［→063］といった視点などにおいて、第二次大戦後に課題とされはじめる都市計画のテーマを先取りする先進的な内容も含まれていた。だが、現地での熟練労働者の不足や、建設材料をはじめとする資材不足などといった状況のなかで、部分的にのみ建設されるにとどまった。

　こうしたソビエト連邦における住宅や都市建設の実際は、『建築時潮』や『建築世界』などの雑誌を通じて、わが国にも少なからず紹介されている。また、コレクティヴ・ハウジングという居住形態は、先進国において少子化・高齢化が進行するなか、たとえば北欧諸国において、高齢者が助け合って住むために適した形式として、その政治色を払拭したかたちではあるが、再び脚光を集めている。Ⓨ

■参考文献　八束はじめ『希望の空間』住まいの図書館出版局、1988年／八束はじめ『ロシア・アヴァンギャルド建築』INAX出版、1993年

建設途上のマグニトゴルスク市街／1932年ごろ、建設資材や熟練労働力の不足から当初の5層が3層に、陸屋根は切妻屋根に変更されて建設[3]

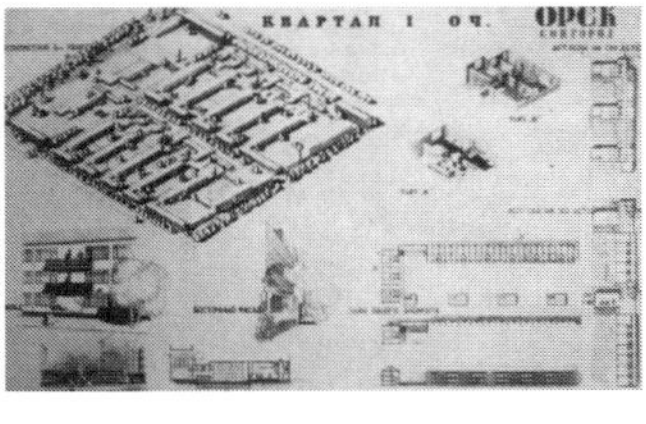

オルスクで提案された「近隣区」／5層の平行配置の住棟、直交する3層の住棟、集団施設（保育所、幼稚園、小学校、運動場、食堂、雑貨店）が混在されている[5]

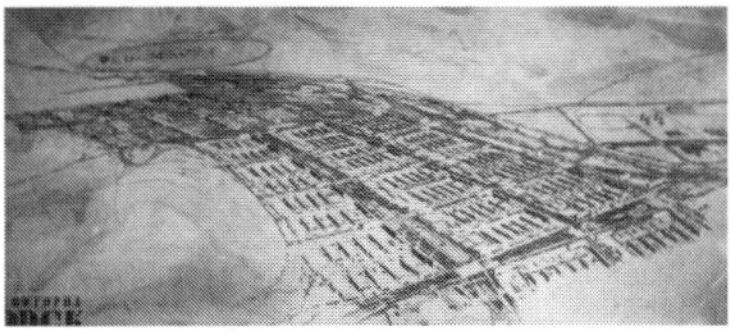

オルスク基本都市計画案／市街全体が格子状の街路網で骨格づけられ、各格子が生活圏の単位としての「近隣区」と一致[4]

052

キッチュ

Kitsch

近代という時代を逆照射した言葉／概念

「キッチュ」という言葉を使いはじめたのは、ドイツ・ミュンヘンの画家や美術商たちであった。安物の美術品を指す隠語だったという。一八六〇〜七〇年代のことである。その語源については、ミュンヘンの美術家が誤って発音した英語「スケッチ」に由来するというものから、米英の旅行者が土産に買う小さな絵を蔑む際に使ったとするもの、ドイツ語の「kitschen（街のゴミを集める）」、またドイツ一部地域で使われる方言「verkitschen（安くする）」という動詞に求めるべきだというものなど、諸説ある。

いずれにしてもキッチュという言葉は、芸術的価値の低い、通俗的で悪趣味な模造品、贋物などを指し、専門的見地からも「とるに足らぬもの」と批判する際に使用された。国際的な用語として広まったのは、二〇世紀になってからである。新たに芸術の享受者や所有者となったブルジョア市民の登場、そして芸術の大衆化とその進行とともに、通俗的なものが流通しはじめ、と同時にキッチュという言葉が使われる空間も広がりを増していったのである。キッチュという言葉とその概念は、社会の近代化、その大衆化過程の副産物といえる。キッチュという言葉で批判する対象が存在するという事態こそ、逆説的にその社会の近代性（大衆消費社会の成立）の証ともなる。

「キッチュ」が日本でポピュラーな言葉となる契機を与えたのはブルーノ・タウトだろう。タウトは関西を拠点とする国際的な近代建築運動の嚆矢となったインターナショナル建築会（一九二七（昭和二）年結成）［→049］により、モダンデザインの巨匠として迎えられ、一九三三（昭和八）年に来日した。そしておよそ三年半の年月を日本で過ごした。この間、建築家としては仕事に恵まれず、熱海の日向別邸地下室の内装を含めても実作は二つにとどまり、日本での日々をタウトは「建築家の休日」といった。しかし、仙台や高崎での伝統工芸品の近代化への貢献、また残された多くの著作、とくに「日本美の再発見」といわれる桂離宮礼讃で、「桂離宮神話」の生みの親となり、また日光東照宮をキッチュと批判しつつ、日本の民芸品を賞賛し、アーネスト・フランシスコ・フェノロサやラフカディオ・ハーンに劣らぬ影響を及ぼした。そのタウトがキッチュという言葉を使いはじめたのは来日して間もないころからで、日本の建築などの批評に多用した。

日本にも「いかにもそれらしく似ているが、本物とは違った偽物、まがいもの」という意味のある「いかもの（如何物／偽物）」という言葉があった。タウトにキッチュ＝「いかもの」と誰が教えたのかは不明だが、ともかく「キッチュ」と「いかもの」はタウトを媒介にぴったりと重なった。そして建築、美術の領域での批評用語としてだけでなく、人口に膾炙していった。

タウトは日光東照宮をキッチュと評した。桂離宮とは対照的であったため、その批判ばかりがクローズアップされたが、実際、多くの建築やその一部などをタウトはキッチュと一刀両断にしている。フランク・ロイド・ライトの帝国ホテル、そして実は桂離宮とてその例外ではない。タウトは、芸術を志向しながら芸術足り得なかった芸術、芸術的意図が美・用・強という指標以外の本質的でない要因で乱されているとみえたものをキッチュと呼んだ。

当時、大衆消費社会の波が押し寄せたため、日本文化も俗に傾き、キッチュなものが目立ちはじめていた。それゆえ「キッチュ」の批評性が有効なものとして機能した。むろんキッチュという言葉自体、そうした近代文明が生んだ社会状況を見事に、十分に捕捉しうるインパクトのある言葉でもあった。美・用・強を備えた素朴な民芸を高く評価する一方で、タウトが頻繁に「キッチュ」と口にしたことで、モダンデザインの指標が逆に明確化されもした。また近代の大衆消費社会では、建築を含むあらゆる創造行為が一歩まちがえるとキッチュに堕ちかねないというタウト自身の危惧も同時にそこから読み取れるのである。

タウトの危惧、あるいは悪い予感は的中した。大衆消費社会は戦間期、戦後と急速かつ高度に発展し、キッチュなものが都市に氾濫していった。そして一九六〇年代、二〇世紀の大衆消費社会のメッカであるアメリカで、タウトの民芸への眼差しと近い視点から、一方ではヴァナキュラー［→076］への回路が開かれた。他方でキッチュがアイロニカルな建築的表現（ロバート・ヴェンチューリ）［→078］として、またポップ（チャールズ・ムーア）［→077］などと肯定的に捉え直されることで注目され、新たな建築的な試みを生み、一九八〇年代にはポストモダン［→087］のキーワードのひとつともなった。Ⓗ

桂離宮[1]

日光東照宮・陽明門[2]

帝国ホテル／F.L.ライト、1923[3]

■参考文献　マテイ・カリネスク、富山英俊・栂正行訳『モダンの五つの顔』せりか書房、1995年／高橋英夫『ブルーノ・タウト』新潮社、1991年／B.タウト、篠田英雄訳『タウトの日記（全3巻）』岩波書店、1975年

053

アテネ憲章

Charte d'Athènes

近代都市計画の将来を決定づけた構想

一九三三年七月末から八月初頭にかけて、マルセイユを出港し、アテネにむけて地中海を航行する客船「パトリスII号」上で、ＣＩＡＭ（近代建築国際会議）［→046］の第四回会議が開催された。この会議では、それまでの成果をふまえながら、生活基盤としての都市そのものの姿について、討論が行われた。「機能的都市」をテーマに据えて、近代都市計画のあり方についての議論が闘わされたのである。

一九二八年にスイスのラ・サラで開催されたＣＩＡＭの創設会議では、機能主義［→032］の考え方を全面的に押し出すことで、芸術性を追求するばかりで住宅難などの社会的現実からは目を背け、いわばなす術をもたなかったアカデミズム［→012］の姿勢を批判し、建築の社会的意義を回復させることが目標として宣言された。これを受けて機能主義［→032］の観点から、その具体策が議論されはじめた。そして、一九二九年にドイツのフランクフルトで開催された第二回会議では、「最小限住宅」［→045］がテーマとされた。生活に最小限必要となる要素を抽出・整理し、人間らしい生活を営むために十分で、適正となる平面規模についての議論が交わされた。続いて、一九三〇年にベルギーのブリュッセルで開催された第三回会議では、「合理的建設要項」がテーマとなった。平等な住環境を保証する合理的な住居集合の方法、つまり適当な住棟の配置計画とその形式（低層・中層・高層住宅の可能性と妥当性）についての討議が行われた。

このような、第三回会議までにおける、ＣＩＡＭが目的におく建築像と、住戸の規模や住棟の配置の具体的な内容についての一連の議論を受けて、いよいよ都市という生活の全体を包む環境のあり方と、近代都市の具体的な計画方法にかかわる議論、つまり「機能的都市」へとテーマが発展したのである。

ＣＩＡＭ第四回会議での議論の成果は、のちに「アテネ憲章」として有名となる。その骨子は、基本的に都市を「住居」「労働」「レクリエーション」という三つの機能に分類・整理し、これらの要素を「交通」という四つめの機能によって結び付けようとするものであった。つまり、用途別の「ゾーニング」を骨格として、「緑、光、空間」に満ち溢れた環境を実現することを目標にしていた。用途別に都市機能を区分しようとする考え方は、トニー・ガルニエの「工業都市」（一九〇一〜〇四、出版は一九一七）の計画案にさかのぼれる。

ところで、世に知られる「アテネ憲章」は、一九三四年のＣＩＡＭ第四回会議の報告書として、即時に出版されたものではない。その考え方が広く知られはじめたのは、一九四〇年代以降のことであった。当

CIAM第4回会議の風景／話しているのはル・コルビュジエ[1)]

初、第四回会議の成果は、簡潔に「結論」と名づけられて、一部の専門雑誌に公表されたにすぎなかった。その後、公式な報告書の出版の努力は続けられたものの、CIAM各国支部の熱意や思惑の違いが明らかとなりはじめ、その編集作業は遅々として進まない状況に陥っていった。そうこうするうちに、一九三七年にはフランスのパリで、「居住と余暇」をテーマとした第五回会議が開催された。その際に初めて、第四回会議の成果が「アテネ憲章」という用語で表現されたのである。それ以降も、第四回会議の公式報告書の出版にむけて、組織的な作業は継続されるが、第二次大戦の勃発により、中断を余儀なくされた。

だがその戦時下にあって、ホセ・ルイ・セルトとル・コルビュジエという二人のCIAM会員の個人的で地道な作業に基づき、ようやく第四回会議の成果がまとめ上げられることとなった。一九四二年にアメリカで出版されたセルトの『我々の都市は生き残れるか？』と、一九四三年にフランスで出版されたル・コルビュジエの『アテネ憲章』によってである。とりわけ後者は、「アテネ憲章」という表現が用いられたことと、ル・コルビュジエの絶妙な筆致により、近代都市計画に対する確固たる姿勢と可能性が明示されたことで、いわば公式報告書であるかのように、流布していくこととなった。

しかし、当初一部の専門雑誌に発表された「結論」と、ル・コルビュジエ版『アテネ憲章』のあいだには、いくつかの相違が見られる。それは、ル・コルビュジエ版における高層建築導入に対する積極的な姿勢などである。これは第四回会議の開催時からル・コルビュジエ版の刊行に至るまでの一〇年ものあいだにもたらされた、近代都市計画に対する追加的な視点を反映したものともいえるが、あくまでCIAMの組織としての公認を受けたものではなく、ル・コルビュジエの独断で行われたものであることは注意しておく必要があろう。

CIAM第四回会議の成果が『アテネ憲章』として知られるまでには、以上のような背景があったが、第四回会議≒『アテネ憲章』で示された姿勢は普遍性をもつ考え方、つまり世界中どこにおいても適用することが可能な提案として受け止められたのであった。第二次大戦後には、この考え方は近代都市計画の理念の原点を提供するものとして、世界的に影響を及ぼすこととなる。そして新たに都市計画［→061］を行う際には、あたかも「モーゼの十戒」のごとく、犯すべからず掟（規範）とも化したのである。Ⓨ

J. L. セルト『我々の都市は生き残れるか？』(1942)表紙[2)]

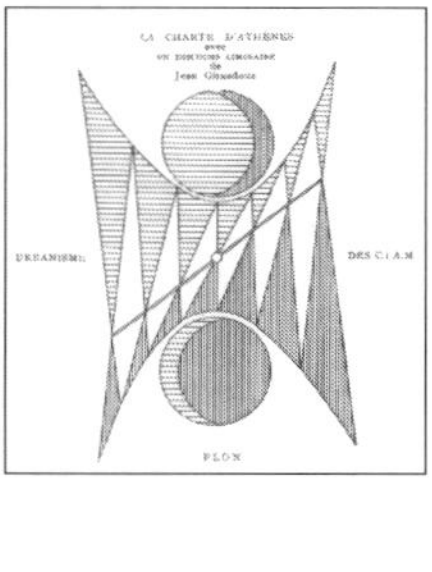

ル・コルビュジエ『アテネ憲章』(1943)表紙[3)]

■参考文献 ル・コルビュジエ、吉阪隆正訳『アテネ憲章』（SD選書）鹿島出版会、1976年／黒川紀章『都市デザイン』紀伊国屋書店、1965年／John R. Gold, "The Experience of Modernism: Modern Architects and The Future City, 1928-1953", E & FN Spon, 1997／Eric Mumford, "The CIAM Discourse on Urbanism, 1928-1960", The MIT Press, 2000

054

代用品

Substitutive Products

清貧の美学──戦時体制下におけるモダンデザインの実験場

一九三七（昭和一二）年七月、北京近郊の蘆溝橋で砲弾の音が鳴り響き、日中戦争の火蓋が切られた。この翌年、国家総動員法が公布され、日本は戦時体制へと突入していく。なかでも、鉄や銅などの主要金属、皮革やゴムなどの重要資材の使用が制限、禁止される「資材統制」の発令は、人々の生活を目に見えるかたちで変化させていくものだった。輸入制限によって原材料の国内自給が課され、日用品を中心に原材料の転換、つまり「代用品」の開発が推進されていった。そして、代用品工業協会、国策代用品普及協会、戦時物資活用協会などが次々に設立され、代用品工業が新たな産業として振興されていったのである。

商工省は一九三八年より代用品工業振興展を毎年開催し、一般の人々への認知と普及を展開していった。展示品のなかには、たとえば「硬化木材の回転板と合成樹脂のボールベアリングによる台所用回転椅子」や「ファイバーと木とガラスの天井照明具」など、合成樹脂やファイバーといった新素材が応用された試作品や、積層合板や竹製の家具などが見られる。照明器具や家具など、毎日の生活に欠かすことのできない、しかも大量生産が前提とされる製品に、「代用」という考え方が適用されていったのである。そして、この動向は一九四〇年代に入るとさらに加速していった。

代用品工業振興展を主催した商工省には、工芸指導所と呼ばれるデザイン研究機関があり、代用品の開発や製品化などに取り組んでいた。一九二八（昭和三）年に設立された工芸指導所は、当初は貿易産業の育成、海外への輸出工芸品の質の向上を目標に、伝統的な工芸品や民芸品の近代化を推進していた。来日中のブルーノ・タウトを嘱託として招いて規格原型家具［→021］の考え方を導入したり、またル・コルビュジエ［→038］の共同者として知られるシャルロット・ペリアンに地方工芸の視察を依頼して、日本の伝統的造形の再発見がしきりに喧伝されたりもした。

これらはやがて、「簡素の美」をうたう国民生活用品運動へと発展していき、「便利実用」「耐久堅牢」「材種適正」「価格低廉」などの標語とともに、日用品の改革［→015,022,034］を通じての生活改良という方向性を打ち出すようになっていった。アルマイト製の調理器具や食器類なども、こうした流れを受けて開発されたものである。また、『工芸指導』や『工芸ニュース』などの雑誌、国民生活用品展などの展覧会を通じて啓蒙活動が繰り広げられていった。そして、戦時色が一段と強まると、工芸指導所に蓄積された技術が、いよいよ代用品の開発に応用されていった。戦争末期には、木製航空機の製作などという分野へも、その対象は広がっている。

この工芸指導所からは、戦後の日本を代表するデザイナーたちが巣立っていった。剣持勇や豊口克平などはのちに対談のなかで、次のように当時の様子を伝えている。「代用品だからゴムとか、皮とかにかわる……木材とか、竹とか。それは情熱燃やしたですよ。これはおもしろいから。それこそテクノロジー本位、機能主義的に正面からアプローチできるわけだからね」。単なる代用品という役割を超えて、材料や技術に制限や束縛があるからこそ可能となる、まさに機能主義的［→032］、技術至上主義的なデザインの方法論が実践されていたことが知れる。極限までの効率性・機能性が追求され、それゆえにまた因習的・伝統的な要素が駆逐されて、合理化の過程が徹底されていった。

「代用品」とは、その言葉のイメージに反して、また戦時下という時代背景の特殊性にもかかわらず、テクノロジー［→029］のユートピアとして立ち現れる、モダンデザインの諸実験が実践されていくフィールドでもあったのである。

建築においても、鉄［→010］、コンクリート［→028］などの主要建材の入手が困難となり、木造による近代建築の表現が試みられた。逓信省による一連の木造局舎の建設、前川國男［→064］による秋田日満技術員養成所（一九三八＝昭和一三年）、丹下健三［→057］が前川事務所で担当した岸記念体育会館（一九四一）など、伝統的な木造建築の作法を超えた、新たな表現の模索が図られている。新興木構造と呼ばれる、特殊金具を用いた木造大架構空間なども導入された。「清貧の美学」［→041］とでもいうべき性格をもつこれらの作品は、「代用品」の理念とも相通じて、近代建築の表現のひとつの極北をなしたともいえる。日本の伝統と西欧近代の統合という課題を引き受けながら、戦時下にあって近代建築の理念を戦後の展開へつなげる役割を担っていたのである。Ⓣ

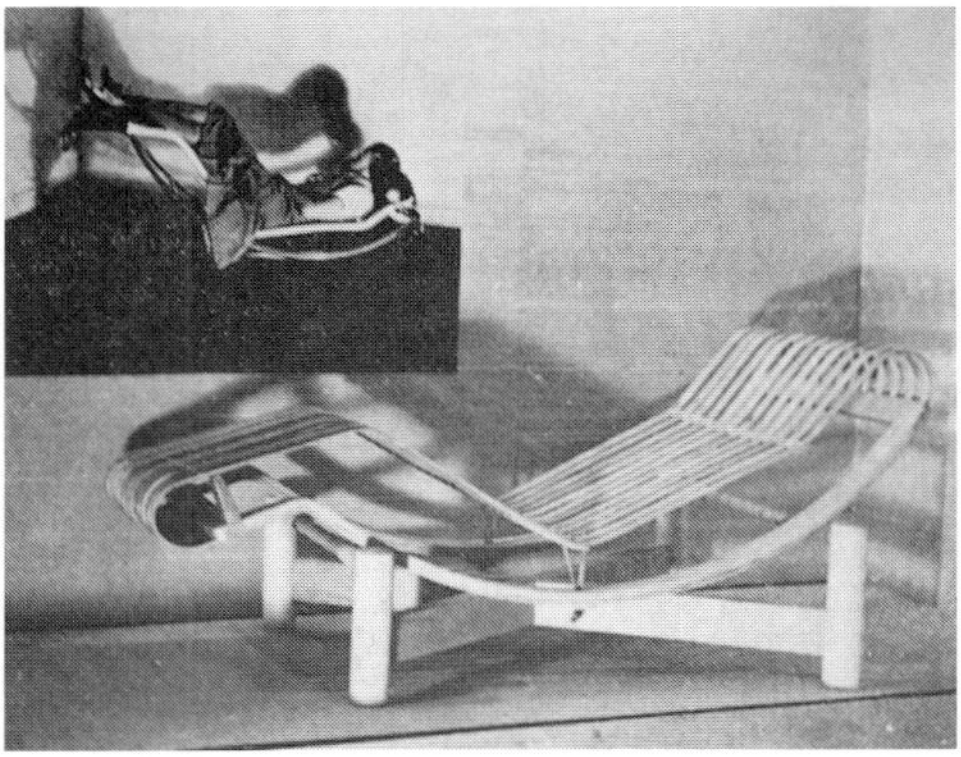

C.ペリアンのデザインによる竹製寝椅子／1941[1)]

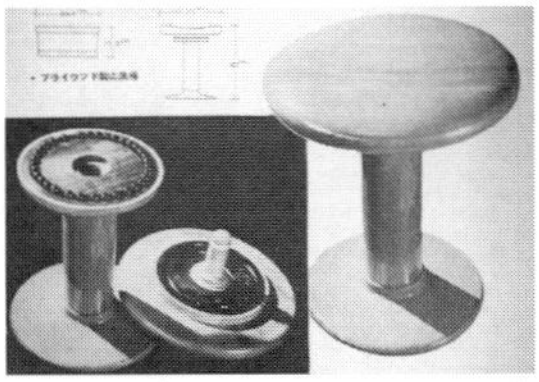

合成樹脂のボールベアリングと硬化材の回転板による台所用回転椅子／1940[2)]

岸記念体育会館／前川國男建築事務所（担当・丹下健三）、1941[3)]

■参考文献　柏木博『近代日本の産業デザイン思想』晶文社、1979年／柏木博『日用品のデザイン思想』晶文社、1984年／日本インテリアデザイナー協会編『日本の生活デザイン―20世紀のモダニズムを探る』建築資料研究社、1999年／「特集：木造モダニズム1930s-50s　素材を転換させた日本の発想」『SD』2000年9月号、鹿島出版会

055

要塞建築

Fortress

封印されたもうひとつの「機能主義」

軽やかな白い箱形の形態、水平に連続して延びてゆく窓面、開放的な空間性などが、「機能主義」［→032］の建築を思い起こす際に、呼び覚まされる一般的なイメージであろう。こうした特徴がつくり上げられていった時期とほぼ同時代に、第二次大戦という舞台を背景として「コンクリートの塊」という対極的な姿を示す、もうひとつの機能主義の建築が出現した。すなわち、「要塞建築」である。戦争の究極的なゴールとなる戦闘に勝利するという一義的な目的のためだけに、徹底的に考え抜かれて計画され、建設されたものである。つまり戦争遂行という視点から見れば、要塞建築とは、機能主義を究極的に突き詰めたものにほかならない。

　こうした要塞建築の建設を、精力的かつシステマティックな形式をもって推進した勢力に、ナチス・ドイツがある。ナチスは、大戦前（一九三八～四〇）に国土防衛戦として領土西側の国境線に建設した西部要塞群（ジークフリート線）、戦時中（一九四〇～四五）に占領地と大西洋との境界、つまり新たな国境線となる沿岸部分に建設した大西洋要塞群（新西部要塞）、同じく戦時中（一九四二～四四）にベルリン、ハンブルク、ウィーンという三つの主要都市に防空目的で建設した都市型要塞群と、主に三つの種類に大別できるかたちで要塞建築を建設していった。

　西部要塞は、オランダ、ベルギー、ルクセンブルク、フランスにわたる約六三〇kmに及ぶ国境線に沿って設けられたもので、標準化・規格化が果たされたトーチカを中核として防衛線を構成していた。規模、形態、使用兵員数、武器装備といった観点から基本となる標準タイプが導かれ、壁厚・屋根厚の相違による防御機能の差によって規格化・細分化された、総計で約一万五〇〇〇に及ぶトーチカを、点在するように配置することで、分散された防御ネットワークが形成されていた。

　大西洋要塞は、北はノルウェーから南はフランスとスペインの国境線に至るまでの約二七〇〇kmに及ぶ海岸線の七〇〇カ所に、一万四〇〇〇に及ぶトーチカを、重火器の射程距離範囲に基づいて配置していくことで、連鎖のネットワークを形成していた。各要塞施設は、その規模に応じて単一の機能をもつトーチカ群を組み合わせた標準計画案に基づいて建設された。たとえば中規模の要塞施設（陣地）では、「砲撃指揮所×1、主砲トーチカ×4、無蓋主砲台付きトーチカ×4、無蓋副砲台付きトーチカ×2、兵員宿泊用トーチカ×4、軍事物資庫トーチカ×4、対空砲トーチカ×2、投光器トーチカ×1、観測用トーチカ×1」という構成が一セットとされていた。こうした要塞施設を構成する各トーチカについ

サン・ナザール要塞
砲撃指揮所 [1)]

サン・ナザール要塞近郊の家型ゲーブルで擬態が施された主砲トーチカ [2)]

ラ・ロシェル近郊レ島の海岸に残るトーチカ群 [3)]

ては、それぞれに標準タイプが用意されていた。

　ここに見られるのは、「機能主義」が忌避した造形のオンパレードである。だが、いずれも明確な機能づけがなされて生み出されたかたちであり、そこには無駄なものは何ひとつ見られない。たとえば、きわめてヘビーで、表現主義［→023］の建築をも想起させる砲撃指揮所の造形は、被弾した際に最小限の被害で、砲弾を跳ね返すべく導かれた形態である。また、装飾的要素ともみなされかねない主砲トーチカの家型ゲーブル（破風）も、敵側の一義的な攻撃目標となる軍事施設であることをカモフラージュするという機能を帯びていた。つまり、造形のあらゆる部分に、「機能主義」とは異なる視点で、必要に応じて明確な機能性が与えられていたのである。

　都市型要塞群を代表するものとしては、オーストリアの首都ウィーン市内に、旧市街を囲むように建設された防空要塞群がある。能率的な対空砲撃のために、街並みを睥睨するように建てられた、方形で重火器四門を装備した砲撃用と、円形で中火器八門を装備した観測・砲撃指揮・投光用の、二つの機能をもつ要塞をペアとした三組、合計六つの塔状要塞は、爆撃時にウィーン市民の待避壕の役割も担っていた。だが、市街にそびえ立つ威圧的で異形の造形は、住民に心理的な部分において支配・被支配の対立関係を視覚的に指し示す、抑圧的な働きをも担っていた。

　このように要塞建築は、近代建築運動とはまったくに異なる立場から、別のかたちで、機能主義を追求していたのである。そして、要塞建築という特殊解を通してみると、のちにポストモダン［→087］などの観点から問題提起されることになる、いわゆる機能主義建築の一面性や排除してしまった部分、いわば問題点を、透かして見て取ることもできる。Ⓨ

ウィーン市街に聳え立つ防空要塞 [4)]

■参考文献　八束はじめ・小山明『未完の帝国：ナチス・ドイツの建築』福武書店、1991年／「特集：ナチス・ドイツのウィーン要塞」『SD』1986年2月号、鹿島出版会／大西洋要塞の要塞陣地で繰り広げられた戦闘の様相については、スティーブン・スピルバーグ監督の映画「プライベート・ライアン」（1998年）がリアルに描き出している。

056

カリフォルニア・スタイル

California Style

戦後民主社会の主役たる核家族向けライフスタイルの追求、そして憧れの「モダンリビング」像

「カリフォルニア・スタイル」とは、第二次大戦後のカリフォルニアで、戦後社会の新しい生活のあり方を追求して建設された、一連の住宅に与えられた名称である。その主役となったのは、『アーツ・アンド・アーキテクチュア』誌の主宰者ジョン・エンテンザの呼びかけによりはじまった、「ケース・スタディ・ハウス（CSH）」と命名され、建設された独立住宅群だった。

カリフォルニア・スタイルの住宅は、「近代建築」の造形原理の適用［**→032,038,048,049**］、戸外生活の重視など、カリフォルニアの風土への積極的な対応、核家族という家族単位への進取的な配慮、意欲的な工業化への視点［**→021,040**］などを特徴としていた。また、基本的にはシンプルで禁欲的でありながらも、一方で「プレイボーイ・アーキテクチュア」とも称されたように、リッチで官能的な空間を生み出していった。そして、民主主義的なライフスタイルの典型として憧れの的となる「モダンリビング」というイメージを打ち立てることともなった。その代表作として、チャールズ&レイのイームズ夫妻による自邸（CSH＃8、一九四九）、クレイグ・エルウッドのCSH＃16（一九五三）、ピエール・コーニッグのCSH＃22（一九六〇）などがある。

だがしかし、このようにカリフォルニア・スタイルとして結晶化された住宅像は、忽然と現れ出てきたものではない。その背景には、約半世紀にわたる、アメリカ固有の住宅像を追求する模索のプロセスが横たわっていた。

一九世紀後半には、コロニアル・スタイル［**→004**］の意匠とバルーンフレーム［**→009**］の構造をセットにした住宅建設が、アメリカ全土へと普及し、一般化していった。そうした状況のなかで、二〇世紀初頭、シカゴで活動していたフランク・ロイド・ライトは、大草原が広がるアメリカ中西部のランドスケープを背景に、「プレーリー・ハウス（草原住宅）」と呼ばれる独自のスタイルを完成させたのだった。その頂点をなしたのがロビー邸（一九〇九）

ロビー邸／F. L. ライト、1909[1)]

である。明確に区切られることなく部屋から部屋へと流動し、外部空間にまで連続した相互に貫入する内部空間と、内部の機能を明快に表現した造形を特徴としていた。こうしたライトの活動は、一九一〇年にドイツ語版の作品集が発売されたことでヨーロッパにも知れ渡り、旧大陸では類をみない試みとして建築家に大きな影響を及ぼしたのであった。そのためライトのもとで学ぶべく、多数の建築家が新大陸へと旅立っていった。

　太平洋岸のロサンジェルスでもグリーン兄弟が、固有の風土への配慮を示しながら、独自のスタイルを生み出していった。バンガロー・スタイルを再解釈することから導かれたもので、ギャンブル邸（一九〇八）をはじめとして、スリーピングポーチや屋根のかかったバルコニーなど、西海岸の気候に見合った戸外生活を積極的に享受できる建築的仕掛けを取り込んだ造形が生み出されていったのである。

　ライトのもとでの修行を目的に渡米した建築家たちのなかで、ルドルフ・シンドラーとリヒャルト・ノイトラの二人は、ライトのもとを離れたのち、いずれもロサンジェルスで設計活動をはじめている。この二人のオーストリア人建築家の活動を通じて、ヨーロッパの近代建築運動がめざした国際性と、カリフォルニア固有の自然環境を生かした地域性、そしてライトの流動的な空間構成とが融合された、「カリフォルニア・モダン」と呼ばれる独特な近代住宅像がもたらされたのである。ライトやグリーン兄弟の作品に見られる日本からの影響も考慮すれば、実は世界を一周するつながりのもとに育まれたといってもよい。その代表作となったのが、シンドラーのロヴェル・ビーチハウス（一九二六）と、ノイトラのロヴェル邸（一九二七）だった。

　こうした流れを受けて初めて、今度はシンドラーやノイトラの弟子、また彼らよりさらに若手となる世代の建築家の取り組みによって、「カリフォルニア・スタイル」の住宅が、豊かさの絶頂期を迎える戦後のアメリカ社会に姿を現したのである。そして、民主主義を体現する核家族の生活に相応しい、「モダンリビング」［→108］のあるべき姿を実現したものとして、わが国をはじめ、世界的規模で影響を及ぼしていったのである。Ⓨ

■参考文献　岸和郎・植田実『ケース・スタディ・ハウス』住まいの図書館出版局、1997年／Elizabeth Smith, Peter Goessel, ed., "Case Study Houses", Taschen, 2002／Esther McCoy, "Case Study Houses: 1945-1962", Hennessey & Ingalls, 1977 (2nd edition)／Esther McCoy, "Five California Architects", Hennessey & Ingalls, 1975 (2nd edition)

CSH#22／P.コーニッグ、1960[4)]

CSH#8／C.イームズ夫妻、1949[3)]

ロヴェル邸／R.ノイトラ、1927[2)]

057

伝統論争

Controversy Concerning Tradition

延期された「アイデンティティ」という難問への回答

敗戦の荒廃からの立ち直りを図る日本が朝鮮戦争を契機にその経済を回復させ、生産力も戦前期の水準を超えはじめるのは、一九五〇年代半ばころからである。当時、建築界を中心に巻き起こった、「伝統」というキーワードに集約される論議を「伝統論争」と呼ぶ。論争の仕掛け人は『新建築』誌の編集長（当時）川添登、主役は丹下健三、脇を固めたのが白井晟一らであり、芸術家の岡本太郎もそのひとりであった。「弥生的なるもの／縄文的なるもの」などの対立もあり、さまざまな言葉が飛びかい、根源的で、重要なテーマが語られた。

外来文化を摂取・学習したのち、それを異物や借り物としてではなく、いかに受肉化するか、つまり自国のアイデンティティ〔→008,027〕を反映させたかたちへといかに高めていくか、という問題は、避けては通れないものとして必ず浮上する。すでに一九一〇年代、三〇年代にも、日本建築界ではそうした場面があった。帝国議会議事堂（現・国会議事堂）建設の際の「我国将来の建築様式を如何にすべき哉」（一九一〇）との問い、また東京帝室博物館（現・東京国立博物館）のコンペ（一九三一）をめぐる問題などである。いずれも「帝冠（併合）様式」〔→047〕という造形上の和洋折衷という回答に終始し、難問の解決は先送りされた。東京帝室博物館のコンペに敗れ、「負ければ賊軍」と言い放った前川國男のモダニズム〔→032〕はなお学習の初期段階にあった。

戦後、再び同じ問題が浮上する。すでに昭和戦前期に、モダニズムの学習期は過ぎていた。時に海外ではモダニズムの限界が露呈しつつあり、国内では民主主義の機運が高まりつつあった。盲目的な機能主義〔→032〕信奉への疑念の声も上がり、またソ連（現・ロシア）の動きに伴う社会主義美学〔→013,051〕の台頭を背景に「民衆への眼差し」の必要性も声高に叫ばれはじめていた。そして「新日本調」とも呼ばれた、モダニズムと伝統手法を結合させた住宅の流行、一方では住宅建設ブームに乗じて商品化されるモダニズム住宅の是非も問われていた。同時に海外から日本建築への注目も集まりはじめ、時流の背後に「伝統」の二文字が透けて見えていた。

川添は一気に丹下を建築運動の中心に担ぎ出した。丹下は『新建築』誌上で「美しきもののみ機能的である」との巧みなレトリックで、機能主義をめぐる問題を宙吊りにした。そして実作、広島ピースセンター（一九五五）で「ピロティ」を「社会的空間」、また「コアシステム」を「空間の無限定性」と翻訳し、ユニヴァーサルスペース〔→048〕の原形がすでに日本建築の伝統の内にある、と鮮やかに表現してみせた。川添も岩田知夫のペンネームで論文を寄稿するなど、丹下を全面的にサポートしたのである。

さらに丹下は、香川県庁舎（一九五八）で、木造の「木割の美学」を鉄筋コンクリートの架構に用いた。戦前、吉田鐵郎は、東京中央郵便局（一九三三＝昭和八年）、大阪中央郵便局（一九三九＝昭和一四年）で鉄筋コンクリートによる日本的造形を模索し、苦悩した。吉田は構造形式に相応しい合理的な表現［→001］にあくまでもこだわった。吉田にしてみれば、丹下の手法は安易な「禁じ手」である。しかし丹下は、鉄筋コンクリートで、木造の端正なプロポーションに基づく、日本の伝統美として弥生文化的表現をうたい上げた。それは一方で、日本各地の公共建築の表現の雛形となり（とくに市庁舎）、多くのエピゴーネンを生んだ。他方で、丹下の構造と表現の非合理性（＝矛盾）を突く反論もあり、造形から建築家の職能問題まで、「伝統」をめぐって議論は沸騰した。

しかし、すでに川添は一九五七年に『新建築』を辞して再び仕掛け人となるべく、メタボリズムという新たな運動の下準備をはじめつつあった。丹下も次なる展開に目を転じていた。いわゆるジャポニカブームへの懸念を表明したのである。白井晟一や岡本太郎らの、「弥生的なるもの」を乗り越えて日本民族の原始的生命力を汲み取ろうとする、もうひとつの伝統美である「縄文的なるもの」へとむかう態度に共鳴し、それまでの「弥生的なる」伝統表現をあっさりと否定しながら、なおかつ自らは構造表現主義者［→074］へと転身していく。そして、のちに丹下は国立屋内総合競技場（一九六四）を生み出すこととなる。ル・コルビュジエがロンシャンの教会（一九五五）を完成し、またエーロ・サーリネンのケネディ空港TWAターミナル（一九六二）、ヨーン・ウッソンのシドニー・オペラハウス（一九七三）の計画案も相次いで紹介された時代である。

ともかく、伝統論争を経て、丹下はまさに「世界のタンゲ」となる地歩を固め、またここで白井は作家としての確たる地位を得たが、事態の収拾は一向につかず、混乱のまま、三度難問は先送りされた。Ⓗ

広島ピースセンター／丹下健三、1955[1)]

香川県庁舎／丹下健三、1958[2)]

ロンシャンの教会／ル・コルビュジエ、1955[3)]

■参考文献　布野修司「第3章　近代化という記号」、『戦後建築論ノート』（相模選書）相模書房、1981年／宮脇檀＋コンペイトウ『現代建築用語録』彰国社、1970年／近江栄「日本的独自性の模索・喪失・回復」、『新建築臨時増刊：日本近代建築史再考』新建築社、1974年

058

モデュール

Module

美の比例／工業化の手段としての基準尺

「モデュール」は、基準寸法または尺度などと訳され、古代より建築などの寸法調整のために用いられてきた単位の体系である。一定の数値、また数の系列として設定されることも多い。われわれに身近な例でいえば、畳の寸法も「尺貫法」の体系に則ったモデュールのひとつである。

西欧古典の「様式建築」で、モデュール（ヴィトルヴィウスは『建築十書』でモドゥルス（modulus）と呼んだ）といえば、建築の形式美を保障する創造原理となるオーダーの基礎、つまり美の比例的基準であった。二〇世紀の建築では、とくに第一次大戦後、それまで潜在的だったモデュールのもうひとつの側面が、より強調されたかたちで、利用されていくこととなる。

ヨーロッパの諸国では、当時、戦災による住宅不足を背景に、建築生産の合理化が図られていた。たとえばドイツでは、ヴァルター・グロピウスの鉄骨造による乾式（組み立て）構法、「トロッケン（＝モンタージュ）・バウ」［→040］と呼ばれるプレファブ構法の住宅が登場する。アメリカでは、バックミンスター・フラーがジュラルミンの支柱で床を合金鋼ケーブルで吊り下げるという画期的な住宅、ダイマクシオン・ハウス（一九二七）を構想している。世界の建築家の眼が建築生産の合理化にむいていた。

こうした流れのなかで、モデュールの果たす役割は決定的に変化する。工場で生産した部材を現場で組み立てるだけで工事を完了させることが理想とされたため、必然的に使用部材の寸法の規格化・標準化［→021］が要請されたのである。ここで形式美の比例的基準、すなわちモデュールは、工業化という生産の論理を支える標準尺となったのである。

美の比例的基準から工業化の手段へと化したモデュールを、美の比例的基準かつ工業化の手段として統合しようと精力的に試みたのが、一九五〇年代のル・コルビュジエであった。その成果こそ、第二次大戦中に数学者の協力のもとに考案された「モデュロール（Le Modulor）」であった。モデュロールとは、「モドゥルス」と「黄金比（section d'or）」の概念を結び付けたコルビュジエの造語である。

フランス革命以降、ヨーロッパ大陸の寸法体系を支配していたのはメートル法だった。しかし一方で、とくにアングロサクソン系の社会を中心に、根強くフィート・インチ法が使用されていた。こうした不都合で、また実際に不便でもあった状況の打開にむけ、コルビュジエは相互の尺度調整を可能にする全世界共通の標準尺としてモデュロールを喧伝し、容易なモノの交換・流通という建築家の夢の実現をめざした。

モデュロールは人体寸法をその基準とし

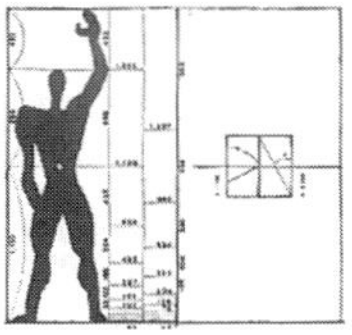
ル・モデュロール[1]

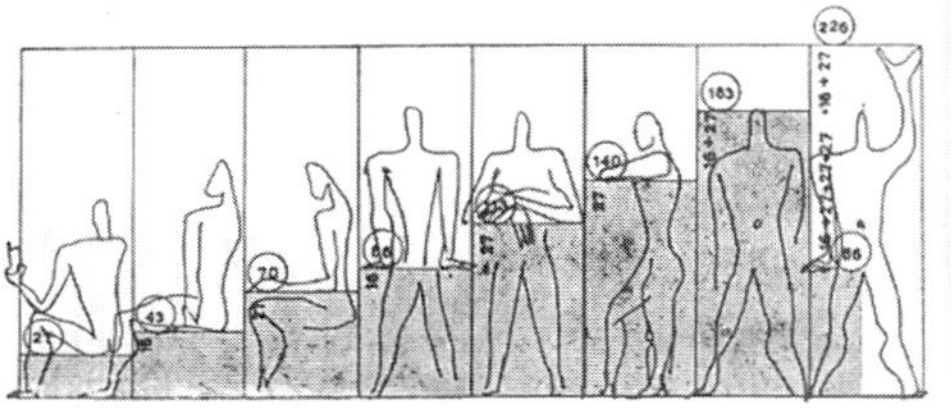
人体寸法とル・モデュロール[2]

ている。フィボナッチ数列と呼ばれる等比数列を下敷きに、さまざまな人体寸法（数値）を体系化させたモデュールである。赤組・青組二系列を準備することで、建築の部分から全体までを網羅する寸法を、ほぼ隙間なく導き出せるようになっている。もちろん個々の寸法は黄金比、つまり「ギリシア以来、神秘的にも美を保障された数値関係」を保ち、部分と全体の調和が得られる。

以上の二点を特徴とし、建築設計の尺度として実際に便利な道具でもあり、かつ合理的で論理的な体系性を備えてもいた。

コルビュジエが初めてモデュロールを全面的に使用したのは、マルセイユのユニテ・ダビタシオン（一九五二）である。以降、さまざまな場面で、また実際のプロジェクトでもその有用性が喧伝された。利便的な、美と合理の新尺度に全世界の建築家たちは魅了された。そして、モデュールに則った体系的設計方法論「モデュラーコーディネーション」（以下、MC）への関心が世界的に高まっていった。

日本でも池辺陽の「GMモデュール（General Module）」など、第二次大戦後の住宅の大量供給という要請も相まって、建築生産の工業化という使命を抱き、多くの建築家たちがモデュール、MCの方法論に熱中した。

しかしながら、モデュロール考案者の願いは叶わず、その世界制覇はならなかった。そしてほかに、特定の世界標準尺が確立されることもなかった。その要因は、モデュロールの黄金比がそもそも無理数を内包する体系であったため、複雑な数列を生み出すケースがあり、現場での利便性に難があったことなどがあげられよう。あるいは、モデュロールはコルビュジエ独自の美学が生んだ道具であり、同時にまた作家固有の理念の産物であったため、万人の道具／理念足り得なかったのかもしれない。ただ、合理的なだけで、美学のない手段もまた、有効な創造の道具／理念足り得ぬことはいうに及ぶまい。

Ⓗ

マルセイユのユニテ・ダビタシオン／ル・コルビュジエ、1952[3]

■参考文献 ル・コルビュジエ、吉阪隆正訳『モデュロールⅠ』『モデュロールⅡ』（SD選書）鹿島出版会、1976年／濱嵜良実「モデュロール」、『建築文化』2001年2月号、彰国社／難波和彦『戦後モダニズム建築の極北－池辺陽試論』彰国社、1998年

059

カーテンウォール

Curtain wall

究極のスキン&ボーン—近代建築の分水嶺

組積造から鉄骨骨組み構造［→010］、あるいは鉄筋コンクリートのラーメン構造［→028］へといった変換、つまり一九世紀末から二〇世紀初頭にもたらされた構造形式の画期的な変換とともに、壁体は「建築の荷重を支える」従来の役割を解かれた。そして今度は逆に、柱や梁によって支持されることとなった。さらにル・コルビュジエの「ドミノ・システム」（一九一四）に見られるような「キャンティレヴァー（片持ち形式）」［→039］という発想を経て、壁は理念的には構造体から完全に分離され、「近代建築の五原則」（一九二六）［→038］でうたわれたようにまさに「自由（な立面）」となった。

そもそも「カーテンウォール」とは非耐力壁、つまり非構造体の「仕切り（カーテン）」として機能する壁全般の総称である。ゆえに構造体の隙間を埋めるレンガやブロック、ガラスや可動間仕切りもカーテンウォールという。

しかし一般に、カーテンウォールといったとき、建築の躯体から外側に突出するかたちで、サッシや方立て・組み子（マリオン）などに支えられて取り付けられた、軽快な、いわばスクリーン状の面、または建物全体を包む薄い外皮のような表現が思い浮かぶ。つまり、スキン（外皮）とボーン（柱・梁という骨＝構造体）が明確に分節されたシステムが生み出す表情＝イメージである。

部分的使用にはとどまるが、カーテンウォールと呼ぶに相応しい初期の事例としては、ヴァルター・グロピウスとアドルフ・マイヤーのファグス靴型工場（一九一一）などがあげられる。カーテンウォール特有の鮮烈な映像をわれわれの脳裏に焼き付けたのは、渡米後、シカゴを拠点に活動を展開した、一九五〇年代のルートヴィヒ・ミース・ファン・デル・ローエであり、そしてなんといっても、ニューヨークのアール・デコ［→036］といわれるスカイスクレーパーを駆逐する勢いで新しいタイプのオフィスビルの典型を実現・提示した設計組織SOMであろう。

カーテンウォールという構想の潜在的可能性をあますところなく、いち早く、またもっとも明確なかたちで提示したのはミースであった。フリードリッヒ街のオフィスビル設計競技案（一九二一）は、ガラスの

フリードリッヒ街のオフィスビル設計競技案／L.ミース・ファン・デル・ローエ、1921[1)]

透明な皮膜越しに浮かび上がる積層された床面、ガラスに包まれたフレキシブルな平面など、およそすべてが語られていたといってもよい。たしかにそこには表現主義的な形象［→023］も見られる。だが、スキン・アンド・ボーンのイメージはすでに提示されていた。

そしておよそ三〇年の時を経て、アメリカでそれが実現された。ただし、過去のミースの構想をまさに具現化させたのはSOMだった。

ミースのレイクショアドライヴ・アパートメント（一九五一）、フィリップ・ジョンソンとの共作、シーグラムビル（一九五八）とて古典的オブジェとの形容がむしろ相応しく、古典主義の美学が漂う。SOMのレヴァーハウス（一九五二）こそ、ミースの構想、すなわち鉄とガラスのカーテンウォールのヴォリュームをオフィスビルというビルディングタイプとして実現した最初の事例だろう。そして実際、二〇世紀的オフィスビルのプロトタイプとして認識され、また大いに参照された。

しかしここで、二〇世紀の歴史はまさに分水嶺にさしかかった、といわざるを得ない。レヴァーハウスは端正なそのプロポーション、ヴォリュームの絶妙な操作と分節にとどまらず、ピロティを街に開放するなど、近代建築の言語を駆使した芸術的な作品であり、しかも優れて公共的な建築でもあった。だが、これに続いたエピゴーネンたちは、「骨」から分離して完全に自由になった「外皮」をコントロールする術を見失い、形骸化したガラスの箱＝寒々しい「レヴァーハウス」もどきを量産する状況をも引き起した。

そして気がつけば、先にはぼんやりとポストモダン［→087］への道標が見えはじめていたのである。Ⓗ

レイクショアドライヴ・アパートメント／L.ミース・ファン・デル・ローエ、1951[2]

レヴァーハウス／SOM、1952[3]

シーグラムビルのコーナー部見上げ[4]

シーグラムビル／L.ミース・ファン・デル・ローエ+P.ジョンソン、1958[5]

■参考文献　ケネス・フランプトン、中村敏男訳「第Ⅱ部第26章　ミース・ファン・デル・ローエと技術の記念性」、『現代建築史』青土社、2003年／黒沢隆「シカゴ派の再来」、『近代・時代のなかの住居』リクルート出版、1990年／近江栄ほか「Ⅲ世界現代　第1章1.高層化と複合化」、『近代建築史概説』彰国社、1978年／大川三雄ほか「アメリカのオフィスビル」、『図説 近代建築の系譜』彰国社、1997年

060

スカイスクレーパー

Skyscraper

都市空間を変容させる、寡黙で、抽象的な量塊＝タワー

ナチス政権下［→047］のドイツを逃れて、一九三八年に活動の拠点をアメリカ［→044］に移したルートヴィヒ・ミース・ファン・デル・ローエは、一九五〇年代末から、ニューヨークのシーグラムビル（一九五八）を皮切りに、大規模な高層オフィスビルのプロジェクトを次々に実現させていった。シカゴのフェデラル・センター（一九六四）、トロントのドミニオン・センター（一九六九）など、巨大な直方体のヴォリュームを前面道路から奥まった位置に配し、手前の空地を都市広場として開放する手法を展開していく。

一九三〇年代に都市のスカイラインを彩った「スカイスクレーパー（摩天楼）」は、ゾーニング法の規制により建物頂部をセットバックさせ、クラウン（王冠）部分にアール・デコ調［→036］の装飾を施して外観の差異化を競った。また、容積率を最大限利用するために、低層部を街区全体にわたって建設し、その中央に高層部を置く形式をとっていた。

しかしミースは、こうした街区型スカイスクレーパーの構成によらず、前面に大きく空地を設けることでセットバックという規制から逃れて、ビル全体の形状を単純な直方体に還元した。それは、肥大化する商業資本主義を象徴した、それまでのスカイスクレーパーとは根本的に異なる、あくまでもクールで、抽象的な「タワー」としての高層ビルの新たな形姿だった。そして、マリオン（方立て）によって分節される、鉄とガラスの巨大な壁面に囲われたオープンスペース［→070］が都市に誕生した。「レス・イズ・モア」［→041］の美学が、以前には見られなかった都市空間を生み出し、アーバンデザインの新たな手法として定着していくことになったのである。

一方、高層化に伴い、階段やエレベーターなど、垂直動線部分の占める割合が増大して、レンタブル比（延べ床面積に対する貸室面積の比率）に限界が生じ、高層ビルに固有の機能的問題が露呈するようになった。そのため、設備コアと執務空間を分離し、設備コアをベアリングウォール（耐力壁）とする新たな構造システムの考え方が導入された。この考え方により、オフィス部分を、柱によって遮られることのないワンルーム空間［→086］、つまりユニヴァーサルスペース［→048］として形成することが可能になったのである。外周壁をス

ドミニオン・センター／L.ミース・ファン・デル・ローエ、1969[1)]

パンドレルガーダー格子としたブランスヴィックビル（一九六五）、斜め格子として外周部分から柱を取り去ったピッツバーグのＩＢＭビル（一九六五）など、ベアリングウォール形式の高層ビルが次第に建設されていく。

一九七〇年代には、さらに多様な構造技術とその表現が追求されていった。Ｘ字形の大ブレースを採用し、外壁をトラスチューブ構造としたジョン・ハンコック・センター（一九七〇）、また、高さの異なる九つの細身のタワーを束ねたような外観をもつ、バンドルチューブ構造によるシアーズ・タワー（一九七四）など、ＳＯＭの一連の作品はこの時期の高層ビルの技術的発展を象徴するものであった。

ジョン・ハンコック・センター／SOM、1970[2)]

ワールド・トレード・センター／M.ヤマサキ、1976[3)]

こうした流れの頂点にあるのが、ミノル・ヤマサキ設計のワールド・トレード・センター（一九七六）である。ベアリングウォールをチューブ構造の外周壁が覆い、またスカイロビーシステムなど、垂直移動の輸送システムの新しい考え方も実現された。日本では一九六〇年代末、山下寿郎と構造技術者・武藤清の設計による霞が関ビル（一九六八）によって、高層ビルの耐震設計の道が開かれた。高さ制限など法制度の緩和や、柔構造理論への構造解析手法の転換などを通じて、タワータイプのスカイスクレーパーが地震国・日本でも姿を現すようになった。
しかし、これら一九六〇年代以降に発展をみせた高層ビルは、五〇年代にミースによって確立されたカノン（規範）を遵守しながら、その基本型を技術的に展開させていった形姿にすぎない。ミースが都市に持ち込んだ広場空間も、さまざまなバリエーションがのちに構想され、実現されていった。低層部の四隅を開放し、巨大なピロティ空間を公共広場としたシティコープ・センター（一九七七）など、スカイスクレーパーと都市の接点としての広場空間の構成手法は多様化していった。だが、巨大な抽象的オブジェとして、スカイスクレーパーが都市に立ち現れ、都市空間を変容させていく事態は、基本的にはなんら変更を被ってはいない。
それは、かつて一九三〇年代のスカイスクレーパーが、都市の欲望や未来像を映し出した夢の器でもあったこととは大きく異なり、五〇年代をひとつの起点とする近代都市の姿を、その抽象的形態の寡黙さにおいてよく象徴している。八〇年代になると、こうした都市の姿が、都市本来の生き生きとした生活空間を喪失させていったという危機感から、アメニティ［→**091**］に対する関心が増大していく。巨大なアトリウムや広場を内部化した高層ビルが生まれ、新しい都市空間のあり方があらためて模索されていくのである。Ⓣ

■**参考文献**　小林克弘『ニューヨーク－摩天楼都市の建築を辿る』（建築巡礼）丸善、1999年／八束はじめ『ミースという神話－ユニヴァーサル・スペースの起源』彰国社、2001年／渡辺邦夫・新穂工「『より高く』から『より快適に』へ」、『新建築』1997年7月号

061

ニュータウン

New Town

近代都市計画理念が生み出したあるべき生活環境

「ニュータウン」とは、計画的につくられる都市のことをいうが、その端緒はエベニーザー・ハワードによる「田園都市」（一八九八）［→016］の提案にまでさかのぼることができる。だが通常は、第二次大戦後に、都市の無秩序な拡大をコントロールする意図のもとで、都市部の近郊に新たに開発された生活環境（＝まちづくり）の総称として用いられる。

　ニュータウンは、第二次大戦以前に国際的に広がった田園都市の建設の伝統と、CIAM（近代建築国際会議）第四回会議の成果となる『アテネ憲章』［→046,053］に代表される近代都市計画の考え方とをふまえつつ、豊かな自然環境に囲まれた、健康的な生活環境の具現化を目標として、一九五〇年ごろから、計画され、建設されはじめた。大別すると、居住、生産、消費、教育など、総合的な機能をもった「自立型」、居住という機能に特化し、生産や消費といった機能は母都市（＝近郊の大都市）に依存した「ベッドタウン型」、そして、この両者の中間となる「衛生都市型」に分けられる。

　一般に、田園都市の発祥地であるイギリスでは「自立型」、その他の国では「ベッドタウン型」や「衛生都市型」として計画される傾向にあった。また、自立型と考えられてはいても、生産や消費、文化などの面で母都市の影響力は避けられなかった。それゆえ、むしろニュータウンの真価は、職住分離が果たされた近代的な生活形式のなかで、私生活の器となる専用住居の理想的な立地を提供することにあった。言うなれば、ウィリアム・モリスが「赤い家」（一八六〇）で示した近代生活の理想［→014］を、広く実現するためのもので、住居、労働、レクリエーション、交通というゾーニングを骨格とする近代都市計画理念の、「住居」の部分についての夢を描き出したものといってよい。

　ニュータウンの計画に際しては、コミュニティの単位の設定、住民のさまざまな家族形態への対応、そして日用品を販売する商店、郵便局などの公共施設といった日常生活に必要とされる施設の内容と設置の方法などが課題とされた。コミュニティの単位については、一九二四年にアメリカの都市計画家クラレンス・アーサー・ペリーが提案した、小学校の校区を単位の基準とする近隣住区理論の考え方が応用されていった。また、「クラスター」［→051］を形成する住戸のグルーピングの方法も取り入れられ出した。家族形態への対応については、低層・中層・高層と異なる住棟形式を設け、さまざまな住戸の間取りを準備することで、対応が図られた。そして、住宅以外に必要となる施設の設置については、日常生活とのかかわり合いのなかで生活圏を想定することで、必要の度合いに応じて施設を設けていく方法が生み出されたのである。

　こうした特徴を備えた、初期のニュータウン建設の代表的な事例となるのが、自立型として計画されたイギリス、ロンドン近郊のハーロウ・ニュータウン（マスタープラン：フレデリック・ギバード、計画人口：八万人、一九四七〜六〇）、衛生都市型として計画されたフィンランド、ヘルシンキ近郊のタピオラ田園都市（マスタープラン：住宅供給財団アスント・サアティオ、計画人口：一・六万人、一九五二〜六二）、ベッドタウン型として計画されたオランダ、ロッテルダム近郊のペンドレヒト・ニュータウン（マスタープラン：ロッテ・スタム＝ベーゼ、計画人口：二万人、一九四九〜五三）などである。

　また一九六〇年代を迎えると、チームX［→063］などによる近代都市計画批判を受けて、新たに計画されたニュータウンには、歩行者と自動車の分離、商業施設や業務施設からなる中心地区の高密化や複合化によるアーバニティ（都市性）の追求など、望むべく生活環境とするために、さらなる工夫が加えられていくことになる。

わが国でも、先駆的な事例からの刺激と影響を受けて、一九六〇年代初頭から、住宅団地の供給のみならず、ニュータウンの建設がはじまった。そして一九七〇年代初頭までに、東京・名古屋・大阪の三大都市の近郊にその姿を現した。

　一九六二年に入居が開始された大阪の千里ニュータウン（マスタープラン：大阪府、計画人口：一五万人）、一九六八年に入居が開始された名古屋の高蔵寺ニュータウン（マスタープラン：日本住宅公団、計画人口八・一万人）、そして一九七一年に入居が開始された東京の多摩ニュータウン（マスタープラン：東京都・日本住宅公団、計画人口：三〇万人）である。

　こうして大都市の郊外に、近代都市計画が夢に描いた居住環境の実際的な成果が、世界的規模で出現していった。しかし、いかに工夫を重ねようとも、計画によってつくり出された生活環境には、歴史的・自然発生的に培われてきた生活環境と比べて、単調さや退屈さが見受けられ、絶えず批判［→072,085］の対象とされていくこととも なる。Ⓨ

ハーロウ・ニュータウン／1947-60[1)]

タピオラ田園都市／1952-62[2)]

ペンドレヒト・ニュータウン／1949-53[3)]

■参考文献　イアン・コフーン＋ピーター・フォーセット、湯川利和監訳『ハウジング・デザイン――理論と実践』鹿島出版会、1994年／フレッデリック・ギバート、高瀬忠重・高橋洋二・日端康雄ほか訳『タウン・デザイン』鹿島出版会、1976年／レオナルド・ベネーヴォロ、佐野敬彦・林寛治訳『図説 都市の世界史（4.近代）』相模書房、1983年／彰国社編『都市空間の計画技法』彰国社、1974年／黒沢隆『集合住宅原論の試み』鹿島出版会、1998年

062

2DK

2DK

国家が描いた中産階級の夢の器

第二次大戦後、わが国での復興事業が行われるにあたって、当初は、基幹産業の再生に重点がおかれていた。しかし一九五〇年代に入ると、そうした再生もひと段落し、ようやく住宅政策にも力点がおかれるようになった。戦災で三〇〇万戸もの住宅が失われた戦後社会の実情として、住宅難解消に対する国家的な取り組みは、避けては通れない課題だったのである。

そこでまず、生活の器となる建築物の最低限の性能を保証すべく一九五〇年に「建築基準法」と「建築士法」が準備された。そして同じく一九五〇年に「住宅金融公庫法」、五一年に「公営住宅法」、五五年に「日本住宅公団法」が制定された。わが国の住宅供給の、その後の方向性をかたちづくる制度的な仕組みが順次、整備されていったのである。

つまり、福祉政策の一環として、低所得者層を対象に住宅供給を行う「公営住宅法」、主に都市部の中産階級を対象に賃貸用住宅供給を行う「日本住宅公団法」、そして中産階級のなかでも余裕のある層を対象に持ち家の建設を促す「住宅金融公庫法」という、各階層ごとに対応する法律の三本柱が打ち立てられたのである。

なかでも、戦後社会のライフスタイルや間取りの考え方に大きな影響を及ぼしたのが、日本住宅公団法に基づいて国家が描く国民生活のかたちや国民住宅像を投影しながら、中産階級向けに、主に都市部の郊外を大規模に開発することで建設されていった公団住宅、いわゆる「団地」であった。

そして公団住宅に暮らす住民は「団地族」と呼ばれ、羨望の的ともなっていく。

このような中産階級の夢の器ともなる住宅を、実際的に供給する役割を担ったのは、一九五五年の日本住宅公団法の成立を受け、同年に設立された日本住宅公団（都市基盤整備公団を経て現・都市再生機構）だった。政策上の建設戸数の目標と、制限された予算枠の狭間で苦闘するが、両親＋子供一～二名からなる核家族を標準的な家族構成と捉えた「標準設計方式」を取り入れることで活路を見い出す。そして、憲法の規定する「健康的で文化的な生活」を営める最小限の住宅［→045］の大きさが追求された。その結果、生み出されたのが「２ＤＫ」と表記された、二つの私室（和室）と、板張りのＤＫ（ダイニングキッチン）という公室からなる住戸形式だった。

国民住宅像が２ＤＫへと結晶化されるに際しては、戦後民主社会の標準となるライフスタイルの実現、言い換えれば「住まいの民主化」が目標とされた。この考え方は、戦後まもないころから西山夘三、浜口ミホ、池辺陽、市浦健らによって提案され、間取りの改善などに応用されていた。機能主義・合理主義的な価値観から実用性を重視し、たとえば床の間など、実体的な用途をもたない部分は封建主義の残滓にすぎず、不必要と捉えられていたのである。

そして民主的な生活を営むために、最低限必要な条件として、①食寝分離、②就寝分離、③家事労働の軽減という三つの主題が掲げられた。つまり、食事をする部屋「公室」と、寝る部屋「私室」とを分けて、

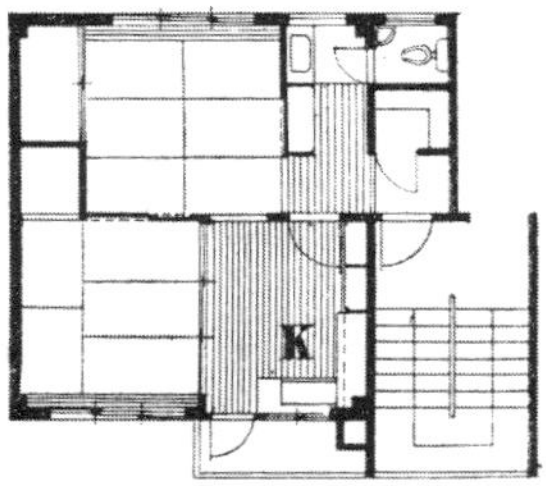

51-C型／東京大学吉武泰水研究室、1951[1)]

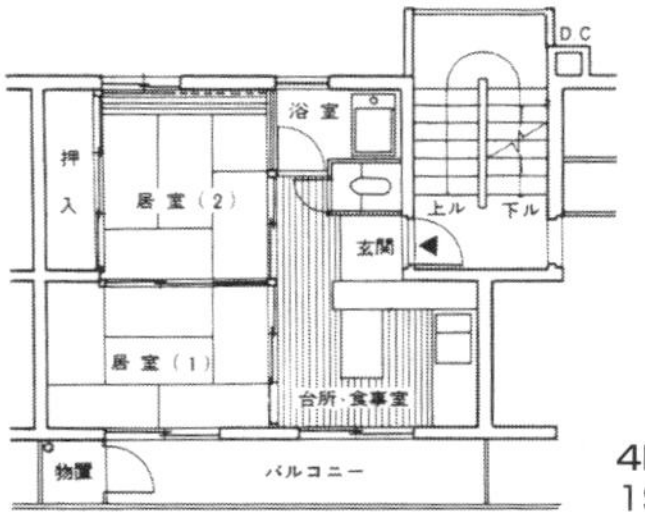

4N型／日本住宅公団、1955[2)]

きちんと団欒の場を確保すること、両親と子供がそれぞれ専用の寝場所（私室）を確保できること、動線の短縮化などにより家事作業を能率的に行えること、という原理に基づいて2DKという間取りが練り上げられたのである。そして、この三つの原理を成立させる要となったのが、ダイニングキッチンの導入であった。

プロトタイプとしての2DKは、一九五一年に東京大学の吉武泰水研究室が公営住宅用に提案した床面積一〇・七坪の51－C型タイプにさかのぼれる。公団住宅の適用に際しては、床面積が一三坪へと拡大された4N型が採用された。また後者では、ガス風呂による浴室が採用されたことが大きな特徴といえよう。このガス風呂の採用をはじめ、玄関扉のシリンダー錠、水洗トイレ、浜口の考案によるステンレス流し台など、最新の設備や技術が積極的に導入されたことも2DKを特徴づけており、明るい民主社会の生活イメージ［→056］を発散させていた。また2DKを生み出した原理、とりわけ食寝分離の生活を住民に徹底させるべく、当初はダイニングテーブルが備え付けられてもいた。

こうして当時の水準としてはきわめて質が高く、創意工夫にも満ちた住宅形式として、中産階級の夢の器＝2DKが完成したのである。そして、現在では一般化された「nBR＋LDK（変数nは家族数－1）」と表記される、リビングルームを中心とした戦後住宅の間取り形式を普及させていく出発点ともなったのである。Ⓨ

団地における2DKでの生活[3)]

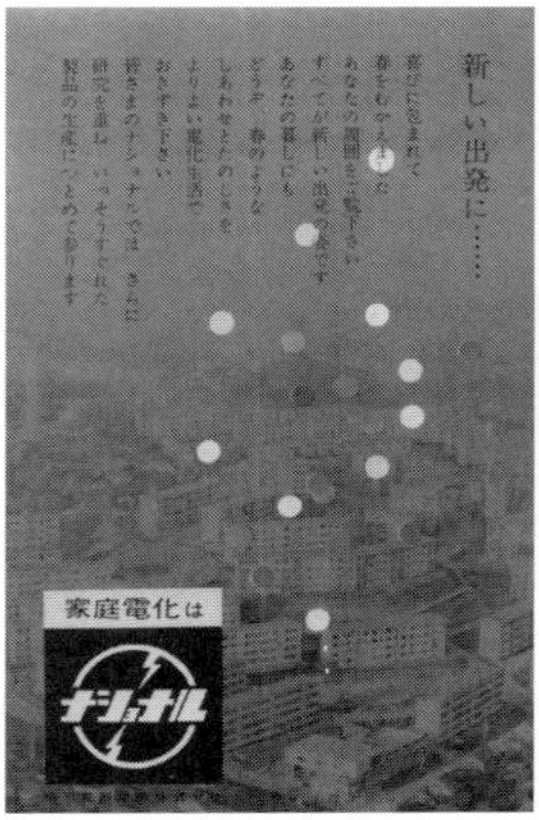

羨望される暮らしの場としての団地のイメージを示す広告[4)]

■参考文献　佐藤滋『集合住宅団地の変遷』鹿島出版会、1989年／日本住宅公団10年史刊行委員会編『日本住宅公団10年史』1965年／青木俊也『再現・昭和30年代―団地2DKの暮らし』河出書房新社、2001年／北川圭子『ダイニング・キッチンはこうして誕生した―女性建築家第一号 浜口ミホが目指したもの』技報堂出版、2002年

063

チームX

Team X

変化と成長に着目したポストCIAMの地平

CIAM（近代建築国際会議）［→046］の第一〇回会議の開催を準備した、アリソン&ピーターのスミッソン夫妻、アルド・ファン・エイク、ヤーコブ・ベレント・バケマ、ジョルジュ・キャンディリスらは、その共同作業にちなんで「チームX（テン）」と呼称するグループを結成した。そして第一一回会議の開催をもって、CIAMの存続に終止符を打つ役割も果たした。チームXは、「アテネ憲章」［→053］に代表される、CIAMの確立した機能性に依拠した建築や都市計画の理念と方法を乗り越えることを、具体的な目標としていたのである。

しかしチームXは、運動体としてはむしろルーズな性格を特色としていた。のちにスミッソン夫妻は「ニュー・ブルータリズム」［→064］、またファン・エイクは「構造主義」［→065］と位置づけられるなど、多様な方向性を保持していたが、基本的には、共通の問題意識を抱いていた。

その鍵となっていたのは、変化と成長のプロセスに対する着目だった。それは、建築や都市を、要求される機能に従って機械的に構成していこうとする、スタティックなCIAMの方法には欠けていたものだった。そして、時間の経過に伴い生成する、生き生きとした変化や成長を許容しうるダイナミックな骨格（＝構造）のあり方が、それぞれに模索されていったのである。

スミッソン夫妻は、変化や成長に対応しうる複合的な骨格を形成することを試みていた。それは、「木」の幹（変わらないもの）と枝葉（変わるもの）の関係（＝構造）にたとえられるものだった。そして、インフラストラクチュア（基幹構造）という要素が、そこに導入されたのである。その代表例がベルリン道路計画案（一九五八）で、既存市街地の道路網の上部に、インフラストラクチュアとなる空中街路網ともいうべき歩行者用歩廊のネットワークが重ね合わされたものである。それは、第二の大地とされたものである。

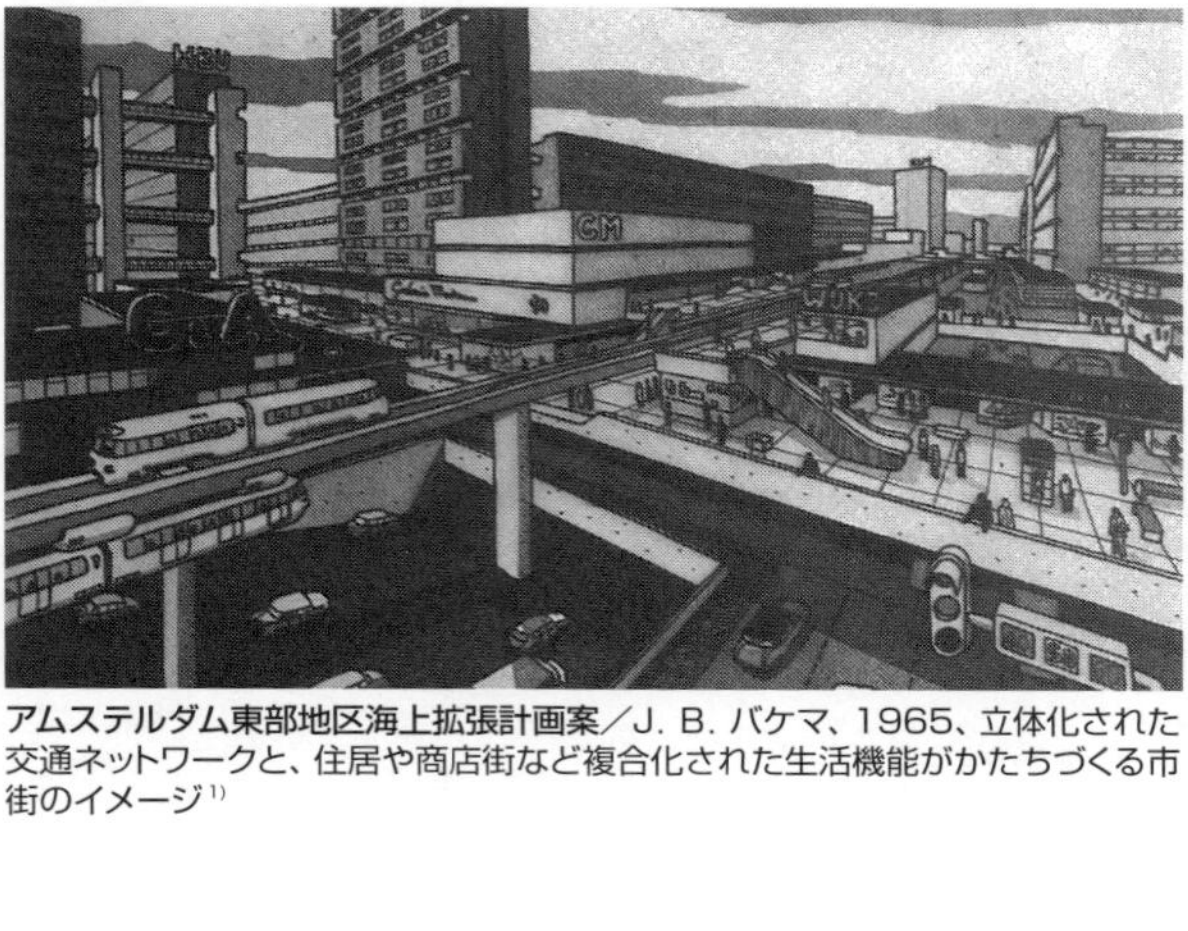

アムステルダム東部地区海上拡張計画案／J. B. バケマ、1965、立体化された交通ネットワークと、住居や商店街など複合化された生活機能がかたちづくる市街のイメージ[1)]

して歩車分離を導くとともに、アクセスを多層化することで、空中街路網に隣接した建築群の活性化をも意図していた。変わるもの（建築群）と変わらないもの（空中街路網）との関係が、明快に構造化されたものであった。こうした姿勢は、キャンディリスやバケマにも共有されていた。

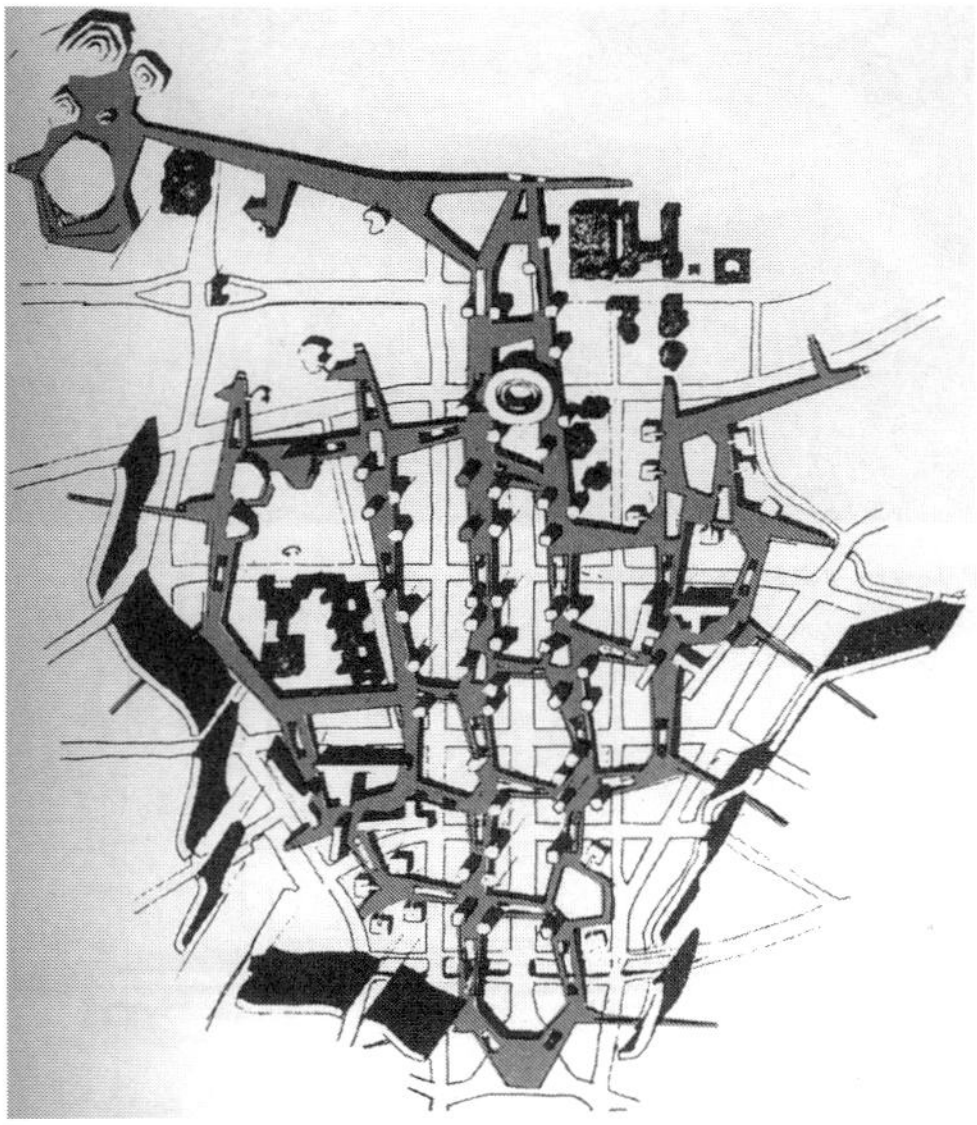

ベルリン道路計画案／スミッソン夫妻、1958、歩車分離を骨子としつつ重層化された空間の構造と骨格[2)]

これとは異なるアプローチを試みていたのが、ファン・エイクだった。「都市とは大きな家であり、家とは小さな都市である」と考えるファン・エイクは、たとえばアメリカのプエブロ・インディアンの集落などを範例として、そこに見られる身近な住空間の集積として成立している空間構造を発展的に借用・敷衍していくことを試みた。そして、基本となる構成単位を設定し、それを積み重ねることで全体性をつくり上げていく方法を提案した。空間の構成単位を規定することで、構造として全体像を予期できるものとして導こうとしたのである。そしてその全体像が、つねに基本単位の集積として現れるため、変化や成長の道筋に対しても開いた回路を内包していた。ファン・エイクの構想を端的に示したのが、「子供の家」と呼ばれるアムステルダム市立孤児院（一九五五〜六〇）である。正方形を基本とする構成単位が設定され、その集積によって、複合的かつ秩序だった全体がもたらされている。

アムステルダム市立孤児院／A.ファン・エイク、1955-60、正方形の基本構成単位の反復で形成されたシステマティックな構造＝全体性[3)]

　こうした動向に呼応するかのように、わが国でも、大高正人、菊竹清訓、黒川紀章らが生物学の用語で「新陳代謝」を意味する言葉を借りた「メタボリズム」［→066］という考え方を提唱していった。また、丹下健三は、都市軸としてのインフラストラクチュアを導入した東京計画1960［→071］を作成した。これらの動静においてもメインテーマとされていたのは、変化と成長への対応だった。Ⓨ

■参考文献　アリソン&ピーター・スミッソン、岡野真訳『スミッソンの建築論』彰国社、1979年／アリソン&ピーター・スミッソン、大江新訳『スミッソンの都市論』彰国社、1979年／A.スミッソン編、寺田秀夫訳『チーム10の思想』彰国社、1970年／Alison Smithson ed. "Team 10 Meetings", Rizzoli, 1991

064

ニュー・ブルータリズム

New Brutalism

露出の美学―素材表現を通じて視覚化される、建築の構造的原理

ブルータルとは、「獣のような」「粗暴な」などを意味する語である。一九五〇年代後半〜六〇年代前半に試みられた、建設材料のテクスチュア（肌理）をそのまま外観に露出させる造形手法、スタイルの呼称として用いられるようになった。塗装や外装材など、通常施される仕上げ工事を省き、コンクリート打ち放し［→**028**］やレンガ積みの壁面などを、荒々しく外観に表現する際に使用された。

一九六六年に『ニュー・ブルータリズム―倫理か、美学か?』を著した建築史家レイナー・バンハムは、この用語をめぐる議論の表舞台になったのは、ロンドンの建築学校AAスクールとLCC（ロンドン州議会）建築部だったと指摘している。バンハムはこのネーミングの出自を、エリック・グンナール・アスプルンドの息子で建築家のハンス・アスプルンドに帰している。彼の友人を介して、この用語がイギリスの建築家たちのあいだで流行することになったという。

のちにチームX［→**063**］を主導することとなるアリソン・スミッソンとピーター・スミッソンは、この二つの機関いずれにも関与していて、「ニュー・ブルータリズム」の考え方の形成に中心的役割を果たした。とくに、一九四九年の設計競技で一等となったデビュー作、ハンスタントンの中学校（一九五四）は、その代表的作品として知られる。

この建物は、ルートヴィヒ・ミース・ファン・デル・ローエ［→**041,048**］の設計によるイリノイ工科大学の校舎をモデルにして、柱や梁を構成する鉄骨材（主構造）［→**010**］、柱間に充填されるレンガ（非耐力壁）、折板の天井などをそのまま露出させて、建築の架構形式が素材の違いによって明示されるよう設計されている。洗面所のダクトなど、給排水や電気設備もまた剥き出しのままで、建築家個人の恣意的・作為的な造形が介在する余地を、可能なかぎり排除しているのである。

バンハムはまた、ニュー・ブルータリズムの由来について、ル・コルビュジエが記した「ベトン・ブルット（『自然のまま

ハンスタントンの中学校／スミッソン夫妻、1954[1)]

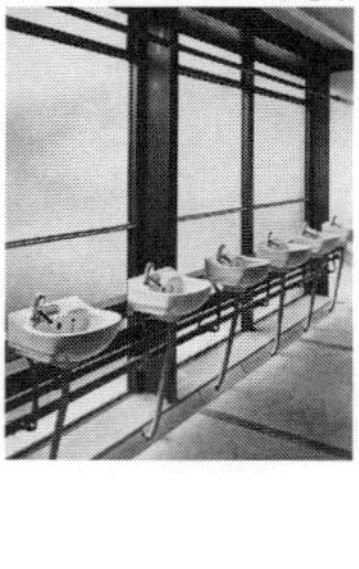

ハンスタントン中学校のダクト剥き出しの洗面所[2)]

のコンクリート）」との関連を指摘している。ニュー・ブルータリズムの手法を展開させた建築家のひとり、ジェームズ・スターリングは、コルビュジエから強い影響を受けて、その活動をスタートさせた。初期の代表作、ハム・コモンの集合住宅（一九五八）では、壁体に穿たれた開口部の表現に、コルビュジエのジャウル邸（一九五五）からの影響が色濃く表れている。レンガの壁体や鉄筋コンクリートの臥梁をそのまま外観に現し、それぞれの部位の意味と機能［→032］を明確に表示させている。

レンガの使用は同時に、イギリスの伝統的な民家への参照を示しており、ここにはニュー・ブルータリズムのもう一つの側面、簡素で素朴な風土的要素［→076］からの引用という性格も見られる。バンハムが著書のなかで指摘するLCCの活動のなかにも、こうした伝統的なモチーフの使用が認められる。スターリングはその後、レスター大学工学部棟（一九六三）、ケンブリッジ大学歴史学部図書館（一九六七）などで、温室を思い起こさせるようなガラス面［→011,050］とレンガ仕上げの壁体を組み合わせ、両者を対比的に構成して機能上の分節を表現した。

バンハムはさらに、ルイス・カーン［→068］のイエール大学アートギャラリー（一九五三）、アトリエ5のハーレンの集合住宅（一九六一）、前川國男の晴海高層アパート（一九五八）、菊竹清訓［→066］の殿ヶ谷アパート（一九五六）などを紹介し、ニュー・ブルータリズムの伝播の様相に言及している。ニュー・ブルータリズムとは、素材の直截な表現という意味合いにとどまらず、建築の構造的・機能的原理を、素材の露出という手段を介して造形化・視覚化する方法論でもある。また、チームXが都市論のフィールドのなかにインフラストラクチュア（基幹構造）の概念を導入したように、建築や都市の境界を超えて、空間の分節、階層化［→071］という認識と結び付いているのである。Ⓣ

ハム・コモンの集合住宅／J.スターリング、1958[3]

レスター大学工学部棟／J.スターリング、1963[4]

ケンブリッジ大学歴史学部図書館／J.スターリング、1967[5]

■参考文献　アリソン＆ピーター・スミッソン、岡野真訳『スミッソンの建築論』彰国社、1979年／ジェームズ・スターリング＋ロバート・マクスウェル、小川守之訳『ジェームズ・スターリング―ブリティッシュ・モダンを駆け抜けた建築家』鹿島出版会、2000年／Reyner Banham, "The New Brutalism. Ethic or Aesthetic?", Reinhold, 1966

065

構造主義

Structuralism

機能主義が内在する課題を照射した、多様性を誘発する環境へのアプローチ

均質で透明な空間の性格［→048］を特徴とする近代建築や近代都市がもたらす、生活環境としてのよそよそしさといった問題点の解消を試みる気運が、チームX［→063］のメンバーなどにより一九五〇年代後半から動きはじめた。そしてさらに一九六〇年代を迎えると、機能主義［→032］という一元的な論理からこぼれ落ちてしまった、あいまいで多義的な空間の性格の回復を図る作業が、さまざまなかたちで模索されはじめたのであった。

そのひとつが、文化人類学の成果を取り入れた「構造主義」という考え方だった。アルド・ファン・エイクを提唱者として、ヘルマン・ヘルツベルハーやピート・ブロムらによりオランダを中心に展開されていったため、「オランダ構造主義」と呼ばれることが多い。

従来の機能主義による空間構成の方法では、合理性という観点から、ある空間の全体像をイメージしたうえで、それを要求される用途に従って単一の機能をもった諸々の部分へと区分していく、「全体から部分へ」という巨視的な視点が貫かれていた。そこでは、人それぞれがもつ個性の違いといった事柄はあまり考慮されず、均しく合理的な判断をする存在ということで一括りとされていた。つまり、普遍的と思われる「同一性」が強調される一方で、個別的な「差異性」は軽視されていたのである。

これに対してオランダ構造主義は、個別的な差異性を実現することに焦点をあてていた。そして「部分から全体へ」という微視的な視点が重要視された。これにより、個別の場所（＝部分）に応じた機能の相互的な関係を、造形・構造体・利用形態・スケールなど、さまざまなレベルから複合的に関係づけていくことが可能となった。そして、その集積として現れる全体性を目に見えるものとするために、システムとして構造化を図ることが唱えられたのである。

こうした立脚点から、「閾《しきい》」「両義的空間」「カスバ」「迷宮的透明性」といった、オランダ構造主義を特徴づける鍵となる概念がかたちづくられていった。「閾」や「両義的空間」は、空間の各部分における性格づけにかかわるものである。そこでは無性格な均質性ではなく、状況に応じた固有の性格をもつ領域性をもたらすこと、求められる機能に基づき空間を明確に分節するのではなく、あいまいに重ね合わせていくこと、そして、それらに適した造形を用いること、が主張された。また「カスバ」とは、オランダ構造主義が実現をめざす、非均質的な空間の特性を示すものである。そのため、その範例となる北アフリカのプリミティヴなコミュニティの名称が転用された。機能主義の立場からは非合理の顕現（＝混沌）と見えながらも、実は有機的で組織的な構

造をもち、生き生きとした生活の背景となる環境を提供していたのである。そして、こうした環境のあり方を言い換えた言葉が、「迷宮的透明性」であった。

　このような手続きを経ることで、実際に空間を使用するユーザーが設計者の思惑を超えて自由に環境を読解し、さまざまに使いこなしていく手がかり、つまり解釈の多様性を与えることが、オランダ構造主義の最大の目標であった。そして、文化人類学の発見した「感性的表現による世界の組織化と活用」に基づく「具体の科学」を誘う環境を導くことが目的とされたのであった。心理学の用語を借りるならば、「コンピテンス（内発的学習意欲）」を誘発する仕組み、つまりユーザーが環境と相互作用する能力を発動させる仕掛けづくりの重要性が説かれたのである。

　オランダ構造主義の目標と可能性を具体的に示すことになった先駆が、ファン・エイクによるアムステルダム市立孤児院（一九五五～六〇）である。ここでは、基本となる空間（＝構造体）の単位を増殖させていくことで構造化を図りながら、各々の場所に応じて必要とされる多義的で複合的な性格をもつさまざまな質の空間、つまり迷宮的透明性がもたらされている。また、ヘルツベルハーによるアペルドールンのセントラールベヒーア保険会社（一九六七～七二）も、基本となる空間（＝構造体）の単位を立体的に増殖させることで、全体としての構造化が図られている。規則的に設定された吹き抜けにより、上下階へと視界が通じることで、立体的な関係性も読解可能とされている。効率性のみが追求されてきた執務環境に、ゆとりや生活感覚をも取り込んだ意味で、オフィスランドスケープの嚆矢とも評価されている。

　さらに、ブロムによるロッテルダムの樹状住居（一九七八～八四）は、地上部分を公的空間として開放するために、階段室を収めた幹のような構造体の上部に、枝並みを思わせる立方体の住宅をのせたユニットを単位として増殖させたものである。旧市街と、再開発が図られる旧港地区とのあいだに延びる幹線道路をまたぐ、大規模な歩道橋の上部に建設されている。そのため、自動車道路、歩行者用通路、住宅という異なる三つの機能が重層化されるとともに、幹線道路によって分断されていた都市の連続性をも取り戻すこととなった。Ⓨ

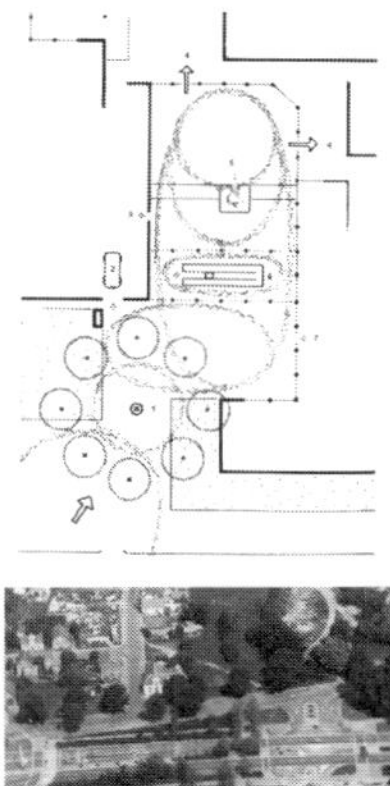

アムステルダム市立孤児院平面図／A.ファン・エイク、1955-60、場所に応じて付与された異なる空間の性格[1]

セントラールベヒーア保険会社／H.ヘルツベルハー、1967-72[2]

樹状住居／P.ブロム、1978-84[3]

■**参考文献**　ヘルマン・ヘルツベルハー、森島清太訳『都市と建築のパブリックスペース』鹿島出版会、1995年／アルヌルフ・レーヒンガー「オランダ構造主義：現代建築への貢献」『a+u』1977年3月号、エー・アンド・ユー／Wim J. van Heuvel, “Structuralism in Dutch Architecture”, Uitgeverij 010, 1992／クロード・レヴィ＝ストロース、大橋保夫訳『野生の思考』みすず書房、1976年

066

メタボリズム

Metabolism

テクノロジーによって武装された都市──変化・成長する建築＝都市のヴィジョン

「メタボリズム」という考え方が生まれる直接のきっかけとなったのは、一九六〇年に日本で開催された世界デザイン会議だった。この会議の準備委員会には、丹下健三の右腕として知られた浅田孝を事務局長に、菊竹清訓、大高正人、槇文彦、黒川紀章、そして雑誌『新建築』の編集長を辞して評論活動に身を転じていた川添登らが参集していた。

　このメンバーは会議に合わせて、建築や都市に対する新しい構想をまとめ、『METABOLISM　一九六〇─都市への提案』と題した小冊子を作成する。このなかには、菊竹の「搭状都市」「海上都市」、大高と槇の共同プロジェクト「新宿ターミナル再開発プロジェクト」、黒川の「農村都市」などの都市プロジェクトが含まれ、未来主義的［→017］なテクノロジー［→029］のイメージに彩られた都市建設ヴィジョンが示された。

　メタボリズムとは、「代謝」を意味する生物学上の用語である。有機体が細胞レベルでは、つねに生まれ変わり再生しているように、都市もまた構成要素の更新による可変性を備えるべきである、とされる。メタボリズムは、変化・成長という時間軸上の思考を都市に取り込み、さらに「変わるもの」と「変わらないもの」という言葉に端的に表れているように、建築と都市を可変的要素と固定的要素に階層化して把握、認識する。CIAM（近代建築国際会議）［→046］などによって定式化されていた近代都市の、抽象化された静的な都市構造を批判して、建築・都市理論に大きな転回をもたらしたのである。

　しかし、参加した建築家それぞれの都市イメージは、一枚岩的に合致していたものでは決してなく、当初よりその志向性を異にしていた。

　菊竹の場合は、戦時中に携わっていた木造建築の増改築の仕事を通じて得た「とりかえ」の理論が、メタボリズムの発想を導いていった。「柱は空間に場を与え、床は空間を規定する」という有名なアフォリズムに示されているように、空間の原型性のようなものへの、アニミズム（古代信仰）的な希求が背景に見られる。

　また黒川は、メタボリズムという言葉から連想される生物的なイメージをもっとも直截に都市形態として形象化し、さらに「カプセル理論」のような装置的・道具的なアプローチを展開した。

　一方、大高や槇は、空想的な都市モデルよりもむしろ現実の都市を視野に入れて、建築の集合形式を扱う「群造形」の理論を提唱した。とくに大高の造形には、コンクリート打ち放しによる大規模な人工地盤の導入など、ニュー・ブルータリズム［→064］を連想させるような性格がうかがえる。メタボリズムとは、そのネーミングが示唆するような統一された建築運動ではなく、個々の建築家による、多様な都市イメージの集合体だったのである。

ディレクターとしての立場にあった川添は、一九五〇年代後半にかかわった伝統論争［→**057**］を引き継ぎ、メタボリズムのなかにテクノロジーを介した伝統の翻案という方向性を見い出していった。伝統論争の主役・丹下の、メガストラクチュア［→**071**］による都市スケールへの建築の拡張と伝統の再評価という方法論は、川添を通じてメタボリズムへも流入している。メタボリズムは、テクノロジーのイメージを装備することで、伝統論争が問題とした課題を、世界的に通用する言語に変換したともいえる。ここには、西欧モデルとは異なる、日本発の建築論・都市論の構築とその発信という、川添のイデオローグとしての戦略が見え隠れしていた。

川添の国際戦略は、一九六四年の「ヴィジョナリー・アーキテクチュア」展（ニューヨーク近代美術館）への菊竹、黒川の招聘、またチームX会議へのメンバーの参加などにより具体化していった。

さらにこの時期、ヨナ・フリードマンらのGEAM（可動建築研究グループ、一九五八）、ピーター・クックやロン・ヘロンらによるアーキグラム（一九六一）などが相次いで設立され、都市の動態分析という課題は世界的にも共有されるようになっていった。これは、第二次大戦後、都市が急速に拡大、発展し、もはやCIAMなどによる、機能を固定させた静的な都市理論では制御できなくなったという、同時代的な現象の表れでもある。

一九六〇〜七〇年代にかけて、実作としてのメタボリズムの建築は、菊竹のホテル東光園（一九六四）や黒川の中銀カプセルタワー（一九七二）などの作品を生むが、都市理論として構築された方法論を建築単体の設計手法に援用するにとどまり、都市的スケールを獲得するにはついに至らなかった。一九七〇年の大阪万博は、メタボリズムが体現する楽観的技術信仰を象徴する場でもあったが、続くオイルショックとポスト工業化時代［→**087**］への産業構造の転換を経て、未来とテクノロジーが交錯する都市という舞台から、建築家たちは次第に撤退をはじめるのである。Ⓣ

搭状都市／菊竹清訓、1958[1)]

中銀カプセルタワー／黒川紀章、1972[2)]

ホテル東光園／菊竹清訓、1964[3)]

■参考文献　黒川紀章『行動建築論－メタボリズムの美学』彰国社、1967年／八束はじめ・吉松秀樹『メタボリズム 1960年代－日本のアヴァンギャルド』INAX出版、1997年／「特集：メタボリズム再考」『建築文化』2000年8月号、彰国社

067

ニューヨーク・ファイヴ

New York Five

近代建築の残照

「ニューヨーク・ファイヴ」とは、目的をひとつにする建築家たちが集まって活動をともにしたグループ名ではない。また必ずしも作風を同じくする作家を束ねた名称ともいいきれない。むしろきわめてジャーナリスティックに流布していった呼称である、と解釈すべきである。

ニューヨーク・ファイヴが一団の存在として認識されるに至ったそもそもの経緯は、一九六九年にニューヨーク近代美術館（MoMA）での「環境研究のための建築家会議（CASEグループ）」主催の会議にさかのぼれる。建築批評家ケネス・フランプトンが、ニューヨーク近郊を拠点に活動する五人の若手建築家の作品を紹介したのがはじまりだった。五人とは、ピーター・アイゼンマン、リチャード・マイヤー、マイケル・グレイヴス、チャールズ・グワスミイ、ジョン・ヘイダックである。そして三年後の七二年、ニューヨーク近代美術館の建築・デザイン部長アーサー・ドレクスラーの手になる序文が付され、建築史家コーリン・ロウ、フランプトン、ウィリアム・ラ・リッチ、そして建築家たち自身のテキストが添えられた作品集『ファイヴ・アーキテクツ』が出版されたことが決定的な出来事となった。ただし、グワスミイはロバート・シーゲルとアトリエを共同主宰していたので「ファイヴ・アーキテクツ」は正確には四人と一組である。

白地に「FIVE ARCHITECTS」とだけ書かれた作品集の装丁は、彼らの当時の作品の外観上の表層的な共通点を強く印象づけた。一九二〇〜三〇年代のル・コルビュジエの「白の時代」の作品を髣髴とさせるものが多かったのは事実である。だが、それは彼らの活動を喧伝しようという、幾分戦略的なところをうかがわせるものであった。実際、個々の作品は、観念的な形態操作（アイゼンマン）［→082］から現実的な機能主義（グワスミイ&シーゲル）に至るまで、実にバラエティに富み、とても一括りにはできないようなものだった。

近代建築の限界がすでに露呈した閉塞的な状況にあって、ともに近代建築の形態言語を使用しつつ、あくまでも知的でスマートに近代建築の残された可能性を示唆するところがあり、まるで一団のグループであるかのごとく認識され、一躍注目を浴びるようになっていった。

そして一九七三年、彼らは『建築の多様性と対立性』（一九六六）を著したロバート・ヴェンチューリ［→078］とともにミラノ・トリエンナーレ展に招かれ、また同年、『ザ・ニューヨーク・タイムス』誌で紹介されたことで、一般大衆にも広く認知された。

これを機に、それまで、あいまいに「ニューヨーク・スクール」「ファイヴ」などと呼ばれていた彼らは瞬く間に世界の「ニューヨーク・ファイヴ」となった。

「ホワイト」とも呼称された彼らの作品にしばしば見られる白い抽象的な表現は、ロバート・スターンやチャールズ・ムーア［→077］ら、アメリカの伝統的な「シングル・スタイル」を自らの作品に取り入れた、いわゆる「フィラデルフィア派」のヴァナキュラー［→076］なそれとは対置され、アメリカ建築界のポスト・ルイス・カーン［→068］世代の一翼を担っていった。「フィラデルフィア派」は日本の『都市住宅』誌により「草の根派」と命名された。そして、「草の根派」は「ホワイト」に対して「グレイ」と呼ばれ、「ホワイト&グレイ」（コーリン・ロウ）という二極軸を形成し、ともに建築ジャーナリズムの紙面を賑わせていったのである。

ヴェンチューリや、「グレイ」の建築家たちの活動とともに、「ニューヨーク・ファイヴ」の動向は、一九六〇年代末の、「建築の解体」［→079］、「ポストモダン」［→087］直前の近代建築の最終幕という舞台の状況をまさに象徴する現象だったといえよう。 Ⓗ

■参考文献 中村敏男「ニューヨーク・スクールについて」、『a+u』1974年3月号、エー・アンド・ユー／M.タフーリ、八束はじめほか訳「ジェファーソンの遺灰」、『球と迷宮』パルコ出版、1992年／黒沢隆「ホワイトとグレイ」、『近代・時代のなかの建築』リクルート出版、1990年／"FIVE ARCHITECTS, N.Y.", 1972, MoMA

サルツマン邸／R.マイヤー、1967[1)]

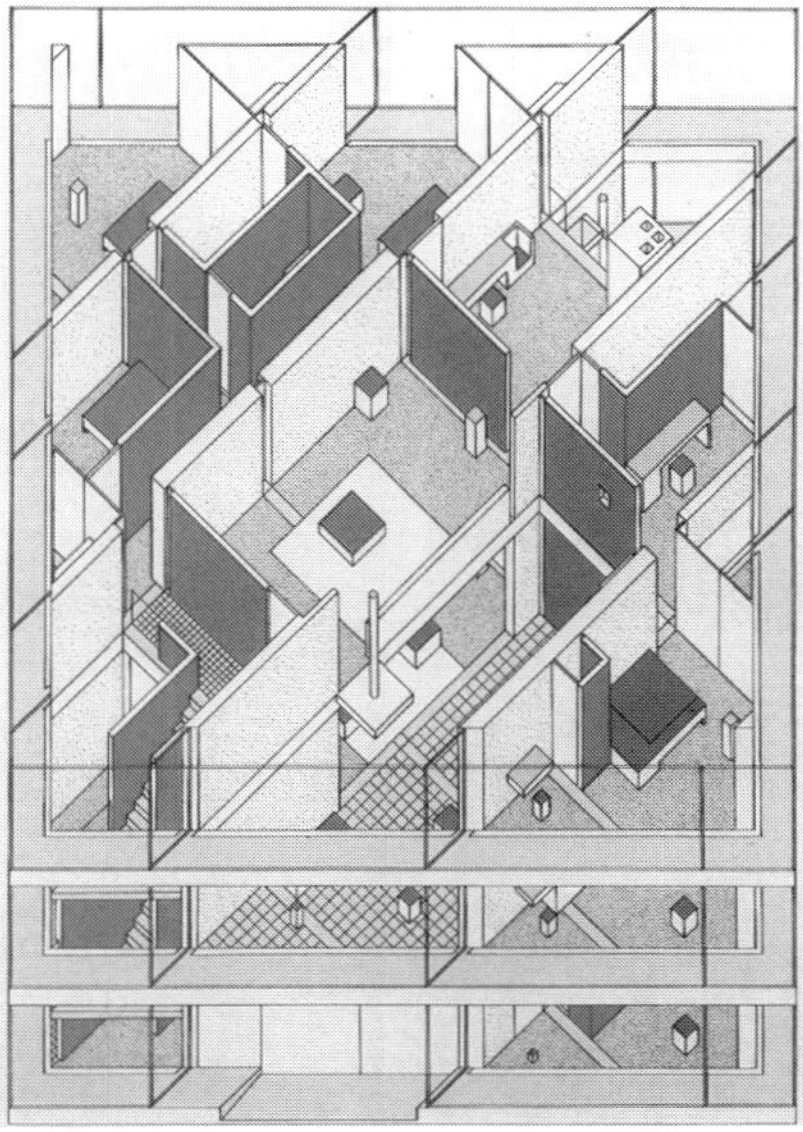

PROJECT B HOUSE アクソメ／J.ヘイダック、1967[4)]

住宅1号／P.アイゼンマン、1967～68[2)]

スティール邸／グワスミイ&シーゲル、1968[5)]

ハンセルマン邸／M.グレイヴス、1967[2)]

068

ルーム

Room

機能を喚起する人間のための空間

ペンシルヴァニア大学リチャーズ医学研究棟（一九五七〜六一）の仕事で、それまで「風変わりなルゥ」と呼ばれるのみだった男、ルイス・イザドア・カーンは一躍、世界に知られる存在となった。作品の造形的な魅力もあったが、同時に発表されたその設計理論に世界の注目が集まった。それは、建築空間を主従二つの対比的な性質で明確に区別し、それぞれに相応しいスケールと造形表現を与えるというものだった。主空間は「サーヴドスペース（マスタースペースともいう）」、そして従空間が「サーヴァントスペース」と名づけられた。

サーヴドスペースは「主人としての空間」とも訳され、人間がそこにとどまる空間、つまり人間のための空間をいう。サーヴァントスペースはそれを従僕的に支える空間である。リチャーズ医学研究棟では、この施設の主用途である研究・実験用の空間、つまりコンクリートとガラスの塔がサーヴドスペースである。その外周部に屹立する塔、つまり給排気ダクト類のための設備空間や、階段などの縦動線の空間がサーヴァントスペースとなっている。

ここでの狙いのひとつは、研究・実験という施設の用途もあり、研究の組織や設備が随時、変更・更新されることに柔軟に対応できるフレキシブルな空間の実現にあった。しかし、こうした要請を十分に満足させうる回答（ユニヴァーサルスペース［→048］）は一九三〇年代にすでに提出済みであった。この理念をふまえつつ、カーンはそれに修正を加えた。さらに、ますます重要になっていくであろう建築設備、すなわち配管ダクトなどのスペースの意味を確たる形式として捉え直すこと、そして、それらに固有の空間と造形を与えることで新しい造形原理を模索し、建築空間の享受者（人間）に相応しい空間の具現化をめざしたのである。

実際、リチャーズ医学研究棟では、目玉である主従空間の分類がなお図式的なレベルにとどまるところがあり、カーンの意図はすべてを満足することのできるレベルにまで到達しなかったとの批判もあった。しかしながら、カーンの理論はイギリスのアーキグラム［→071］や、日本のメタボリズム・グループ［→066］らに建築の構成要素の代謝＝取り換え理論として受け入れられるなど、多大な影響を及ぼした。

ルイス・ヘンリー・サリヴァンは「形態は機能に従う」といった。これに対して「形態は機能を喚起する」とカーンは考えた。その主従空間の理論は、従来の近代建築の機能主義［→032］的な態度によってプランや空間を決定する思考、さらにその終着点となったユニヴァーサルスペース［→048］の理念に手を加え、形態の特質と構造から空間を生成させる認識を回復しようとするものだった。そして、その作品は具体的な方法論を提示するものとなった。ゆえにカーンの理論はアーキグラムやメタボリストたち、そして同時代の建築家たちからも注目されたのである。

カーンは、エコール・デ・ボザール［→012］出身のポール・フィリップ・クレの教育を受けた。バックミンスター・フラーからの影響もささやかれる。また、エティエンヌ＝ルイ・ブレーなどの啓蒙主義の建築家たちのように、建築の要素を純粋形態に還元した厳格なる幾何学主義者、あるいは難解な詩的・哲学的な言説から、神秘的な創造主ともいわれる。

だが、その作品はひとつの統合されたかたちへと収斂する形式主義の範疇にはない。決してインターナショナル・スタイル［→049］のようなスマートさもない。造形的な多様性、また矛盾さえもある。しかしこれは、カーンの作業が機械［→029］をモデルとする機能概念に立脚した形態操作ではなく、「サーヴド／サーヴァント」という考え方に基づく空間の階層性の回復・再生の試みにほかならないことの証ともなっている。そうして獲得された「主人としての空間（サーヴドスペース）」には心地よい環境要素（＝光）が加えられる。カーンはこれをスペースではなく、人間的行為のための空間、「ルーム」と呼んだ。

サリヴァンらのシカゴ派［→007］から一九五〇年代のルートヴィヒ・ミース・ファン・デル・ローエの高層ビルへとつながる一義的で統合的な、西欧を規範とする作業がアメリカの文化［→044］に特徴的な建築の営為であったとすれば、カーンにみる多様で対立し、矛盾する要素さえをも併置させた創造行為もまた混成文化の地、アメリカならではの作業であったということも許されよう。

そしてカーンの作品のなかに萌芽した多様性が、一九六〇年代の建築界の流れをつくったカーンの弟子たちの考え方、つまりロバート・ヴェンチューリのレス・イズ・ボア［→078］や複合と対立という理念を、またチャールズ・ムーアのポップ［→077］な「草の根派」の思考を生み出す肥沃な土壌ともなったのである。Ⓗ

リチャーズ医学研究棟／L.I.カーン、1957-61[1)]

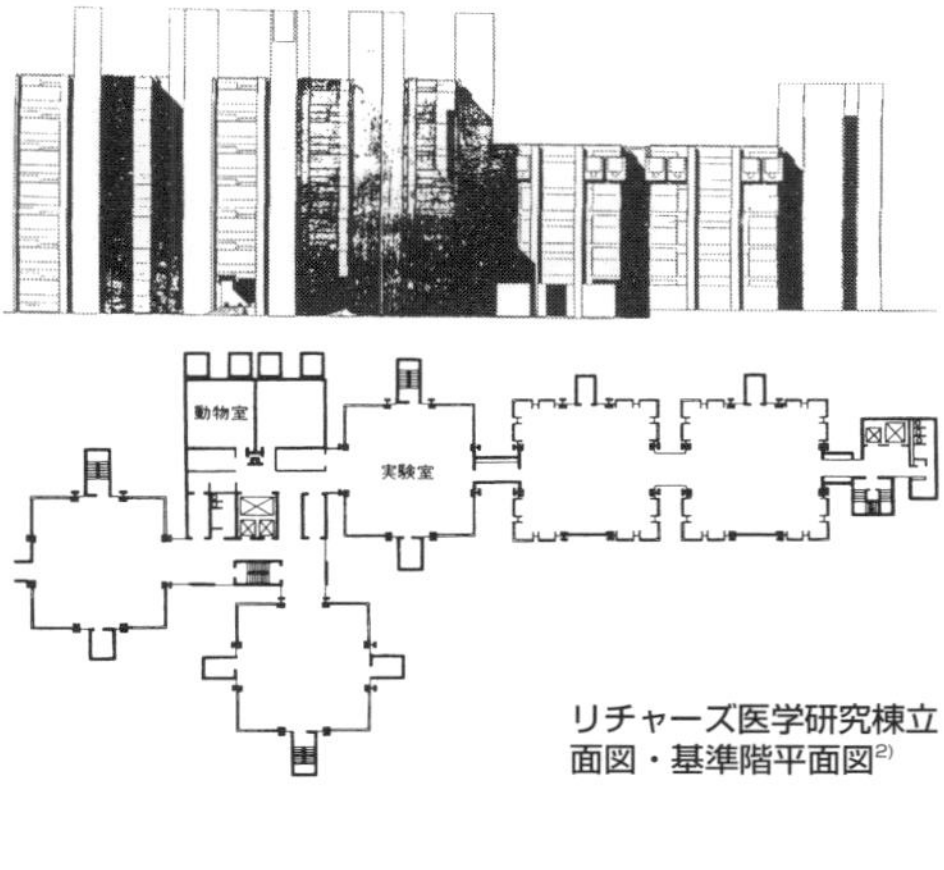

リチャーズ医学研究棟立面図・基準階平面図[2)]

■参考文献　香山寿夫「ルイス・カーンの建築の形態分析」『新建築学体系6　建築造形論』彰国社、1985年／工藤国雄『ルイス・カーン論』彰国社、1980年／ロマルド・ジョゴラ編、横山正訳『ルイス・カーン』A.D.A.EDITA Tokyo、1979年／ルイス・カーン、前田忠直編訳『ルイス・カーン建築論集』（SDライブラリー）鹿島出版会、1992年／『a+u（臨時増刊：ルイス・カーン―その全貌）』エー・アンド・ユー、1975年

069

パサージュ

Passage

生活世界に立ち現れる経験的空間の表象、夢想の空間のイメージスケッチ

「パサージュ」とは、一九世紀に主にパリの市内各所に設けられ、街路に鉄骨造［→010］のガラス屋根［→011］をかけて、さまざまな商店を集めて遊歩街とした通路空間のことである。商品経済が拡大し、市場に出回ったばかりの最新の製品が陳列されて、都市の住民たちの、モードや消費への欲望を掻き立てた。やがてこの路地のような空間は、拡張、積層化されて、百貨店やデパートなどの大規模な商業施設に生まれ変わっていった。一九世紀は都市を舞台に、物品の大量の流通・消費と、そうした活動を支える空間への需要が急速に高まった時代でもある。それゆえ百貨店やデパートは、文字どおり近代という時代を象徴する建物なのだが、一方ではその原点とでもいうべきパサージュに、独特の眼差しをむけた思想家がいた。

　ヴァルター・ベンヤミンは一九二〇〜三〇年代にみずからパリの街を徘徊し、パサージュを連想の起点に、一九世紀の、そして近代という時代の特質を記述していった。未完に終わった膨大な草稿『パサージュ論』は、断片的なエッセイや引用メモ、断章という形式によって、都市における新しい生活体験の隠された意味を暴き出した。「まどろみ、夢見る集団」と規定される、一九世紀の市民が経験した都市の虚像、商品社会における幻想、夢の記憶の空間が、さまざまなアレゴリー（寓意）に満ちた姿で描き出される。それは、都市生活者の経験世界のなかに生まれる意識のあり様を追想した、夢想の空間のイメージスケッチでもある。空間の、こうした現象的な側面への着目は、モダニズムの建築が空間を数量化［→058］し、機能性という指標によって定義づけていったこととは、むしろ対極をなす。機能主義［→032］というイデオロギーの普及によって忘却されていった、経験的な空間の読み取りの可能性が、パサージュのなかにあらためて対象化されているともいえる。

　一九六〇年代になると、近代建築批判の流れのなかで、空間の認識についても大きな変化がもたらされた。現象学の方法を適用して、抽象化を志向するモダニズムの空間把握を克服しようとする理論的著作が刊行され、空間に対する建築家の意識を変化させていった。それらに共通するのは、ベンヤミンがそうであったように、都市や建築を実際に使用し、日々の経験を通してそれぞれの空間イメージをつくり上げている生活者の視点への共鳴であり、また生活空間［→015］の生成の様相が主題にされている点である。

　哲学者ガストン・バシュラールは『空間の詩学』（一九五七）のなかで、家のなかの屋根裏部屋、地下室などの部屋に織り込まれていく住み手の心象の重なりを分析し

ている。この手法は、日本でも評論家・多木浩二による『生きられた家』（一九七六）などの著作を生み、建築家が設計した芸術作品としての住宅ではなく、設計という行為の介在しない匿名の家の、生活の記憶のなかに立ち現れる空間の原像、空間と生活の相互関係が叙述された。

また、人類学者エドワード・ホールの『かくれた次元』（一九六六）は、動物行動学の「なわばり」の考え方などを受けて、人間のコミュニケーションにも他者との物理的距離に応じた階層があり、それを四段階に分類して、空間と人間行動との関係を示した。空間をコミュニケーションのあり方に応じて圏域として分節する方法は、建築の設計手法にも用いられていった。アフリカ調査などを経て不連続統一体の理論を唱えた吉阪隆正は、大学セミナーハウス（一九六五）の計画などにこの考え方を応用、実践していった。

都市分析に新たな局面を切り開いたケヴィン・リンチの『都市のイメージ』（一九六〇）は、都市空間の「わかりやすさ」を、パス（通路）、エッジ（縁端）、ディストリクト（地区）、ノード（結節点）、ランドマーク（目印）の五つの要素で記述されるイメージマップで規定した。近代的な都市計画の方法によっては触知し得ない、非計量的な、心象として立ち現れる空間図式としての都市の姿をリンチは浮かび上がらせたのである。

機能と空間の一意的対応という、機能主義の単純な関係性には還元できない、空間の多義的な性格に対する着目が、一九六〇年代に空間論がしきりに論じられたことの背景をなしている。ユニヴァーサルスペース［→048］などに典型的な、均質で、場所性の排除を理念とする空間原理が急速に都市に拡散していったことへの反動も、その一因になっている。計画や論理という思想によってシステム化され、客体化される空間と、生活世界のなかで経験、実践されていく主体的な空間との質的差異が、こうした著作を通じて次第に明確にされていったのである。 Ⓣ

■参考文献　ヴァルター・ベンヤミン、今村仁司ほか訳『パサージュ論　I～V』岩波書店、1993-95年／ガストン・バシュラール、岩村行雄訳『空間の詩学』筑摩書房、2002年／多木浩二『生きられた家』田畑書店、1976年／エドワード・ホール、日高敏隆・佐藤信行訳『かくれた次元』みすず書房、1970年／ケヴィン・リンチ、丹下健三・富田玲子訳『都市のイメージ』岩波書店、1968年

パリのパサージュ／ギャルリー・ドルレアン、1830[1)]

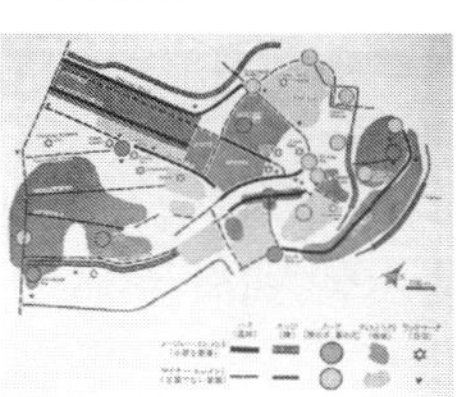

K.リンチによる「ボストンのイメージ・マップ」／『都市のイメージ』（1960）より[2)]

大学セミナーハウス／早稲田大学建築学科U研究室（吉阪隆正）、1965[3)]

070

オープンスペース

Open Space

不可視の共同体を希求する、近代社会の鏡像としての都市空間

一九五一年に、イギリスのホッデスドンで開催されたCIAM(近代建築国際会議)［→046］第八回会議は、テーマに「都市のコア(核)」を掲げ、アテネ憲章などで定式化された機能主義的都市［→032］の具体像を探る試みがなされた。その際に議論の対象となったのは、都市における広場、「オープンスペース」の位置づけとその可能性という課題である。高層化・巨大化が進む都市のなかで、人間の身体に見合ったスケールの歩行者用空間の創出、そして市民的な共同体の表象としての都市広場の計画などに理論的な背景と礎を与えることが目的とされた。

ホセ・ルイ・セルト、エルネスト・ロジャースらの編集による『都市の心臓—都市生活の人間化にむけて』(一九五二)はこの会議の記録であり、建築史家ジークフリート・ギーディオンが寄せた論文「コアの歴史的背景」は、古代ギリシアのアゴラ、中世イタリアのピアッツァなどの都市空間をモデルとして、多様で自由な市民生活の核としての広場像を描出している。

戦後復興が本格的となり、都市圏の整備と再開発が進められ、機能分化とゾーニングによる都市計画理論を補完するかのように、都心部におけるオープンスペースのあり方が論じられた。この会議に出席した丹下健三［→057］は、広島ピースセンター(一九五二)についてのプレゼンテーションを行い、コミュニティ機能を担う、市民に開放された都市広場というCIAM的な枠組みを継承、それを日本の伝統的文脈のなかであらためて展開させた。

日本においてもこうした議論は、歴史家・羽仁五郎の『都市』(一九四九)などに先駆的に表れていたが、一九六〇年代になって雑誌『建築文化』が相次いで特集した「現代の都市デザイン」(一九六一)、「日本の都市空間」(一九六三)などの研究によって、建築家たちの関心を強く惹き付けることになった。後者では、建築史家・伊藤ていじを中心に、のちにデザインサーベイとして汎用されていく都市分析手法が試みられ、都市の既存の空間構成原理を新しい都市デザインに応用していく試みが示された。これは、ケヴィン・リンチの『都市のイメージ』(一九六〇)やゴードン・カレンの『タウン・スケープ』(一九六一)なども視点を共有させ、数量化［→058］やパターン分析を原理とする「計画」の概

広島ピースセンター／丹下健三、1952[1)]

念とは異なった、都市のアクティビィティ（現象）［→069］やシンボル（記号性）［→082］への着目を広く促していった。

　また、一九六〇年の世界デザイン会議の際に、メタボリズム［→066］とは異なった立場をとっていた芦原義信は、『外部空間の構成』（一九六二）のなかでその設計理論をまとめている。P（ポジティヴ）スペースとN（ネガティヴ）スペース、建物相互の間隔（D）と高さ（H）を規定するD／Hの考え方などを導入し、単体としての建築から、都市のオープンスペースの設計という課題へ建築家の眼差しを広げていった。

　これらの考え方は、一九七〇年代に日本の都市部に出現するようになった超高層ビル［→060］の足元に公開空地を設け、公共空間として一般市民に開放していく手法などへも影響を与えている。ルートヴィヒ・ミース・ファン・デル・ローエのシーグラムビル（一九五八）［→041,048］とその前面に設けられた広場は、こうした公共空間の構成手法の先例となった。

　一九五〇～六〇年代にかけては、都市の大規模な再開発プロジェクトが世界各地で進められていった時期でもある。ヨハネス・ヘンドリク・ファン・デン・ブルゥクとヤーコブ・ベレント・バケマによるロッテルダムのレインバーン（一九五三）では、歩行者優先の商業モール空間が実現し、新しいタイプの都市空間の形成手法として知られるようになった。

　日本でも、新宿副都心構想の一環として新宿西口広場・地下駐車場（一九六七）の整備計画が坂倉準三建築研究所によって進められ、地上へ通じる巨大な吹き抜け空間が駅前に出現することになった。この西口広場はやがて、フォークゲリラや安保闘争の拠点となり、反体制運動の舞台のひとつとしてメディアを通じて全国に知られることとなる。都市のオープンスペースへの着眼が、市民的な共同体の表象という理念を背景としていたことを考えると、この事態はきわめて逆説的に都市の公共空間のあり方を示唆した出来事だった。以降、一九七〇年代初頭のオイルショックを経て、建築家たちは都市空間への関心を次第に喪失させ、磯崎新［→079］が「見えない都市」と記したように、建築と都市の関係も大きく変容していくのである。Ⓣ

■参考文献　都市デザイン研究体『日本の都市空間』彰国社、1968年／ケヴィン・リンチ、丹下健三・富田玲子訳『都市のイメージ』岩波書店、1968年／芦原義信『外部空間の構成－建築から都市へ』彰国社、1962年／土居義岳『「広場」への永劫回帰』、『言葉と建築』建築技術、1997年

レインバーン／J.H.ファン・デン・ブルゥク＋J.B.バケマ、1953[2]

新宿西口広場・地下駐車場／坂倉準三建築研究所、1967[3]

071

メガストラクチュア

Mega-Structure

建築家が描く都市イメージに刻印された、テクノロジーのイコン

固定された、不動の「メガストラクチュア（巨大構築物）」と、交換や移動が可能で、さまざまな機能を割り当てられた、カプセルユニットなどの「マイナーストラクチュア」。この二つの要素の組み合わせは、一九六〇～七〇年代初頭に建築家が描いた建築・都市イメージに典型的なスタイルのひとつである。一九六一年に、イギリスで結成されたアーキグラムは、従来の建築のイメージを大きく逸脱したSF的なドローイングを通じて、こうしたメガストラクチュアと可変のエレメントからなる、変化し成長する都市の姿を示してみせた。

　リーダー的存在のピーター・クックは、「プラグ・イン・シティ」（一九六四）や「コントロールとチョイス」（一九六九）のなかで、立体トラス状の構造体のなかに可動のプレファブユニットを挿入して都市機能が発動されるという都市の姿を描出した。デニス・クロンプトンのコンピューター・シティ（一九六四）は、網目状の骨組みのなかに半導体のような形状のエレメントを装着し、都市というよりもむしろ電気回路を見ているかのような計画である。ロン・ヘロンのウォーキング・シティ（一九六四）やクックのインスタント・シティ（一九六四）では、八本の足で支えられた怪獣のような巨大構造物が世界を闊歩し、また気球に吊られた設備ユニット［→075］が地上に舞い降りて即席の都市をつくるという、都市そのものの移動をテーマにした破天荒なイメージが展開されている。

　これらの都市の姿は、日本のメタボリズム［→066］の建築家たちが描いたイメージとも共通して、都市を固定・不変のストラクチュアと可動・可変の諸要素に分けて構成するという、新しい構想を示している。丹下健三らによる大阪万博お祭り広場（一九七〇）［→074］の、スペースフレーム［→084］から吊り下げられたカプセルというアイデアも、こうした六〇年代の空想的プロジェクトを、仮設的ではあれ、具現化したものといえる。

　アーキグラムのメンバーとも近しい関係にあったセドリック・プライスは、アーキグラムのような夢想的イメージの提案とは一線を画し、都市を市民サービスの場と捉えて、メガストラクチュアと諸々のサービス機能をもつ空間ユニットの関係を示した。ファン・パレス（一九六一）は今日でいう複合文化施設で、映画館や劇場、スタジオやレクチャールームなどがスペースフレームの構造体から吊り下げられ、その隙間にオープンスペース［→070］を設けて、動く歩道や斜路で各機能間を移動できるように考えられている。オックスフォード通りでの情報サービスステーションの構想OCH（一九六六）では、メディア、教育、行政などのサテライトオフィスや会議室、

講義室などが大空間のなかに分節、設置されている。いずれも実現されはしなかったが、具体的な機能と関連づけて、メガストラクチュアを都市の基幹施設に適用させようとしたところに特徴がある。

一方、メガストラクチュアの構造的利点を生かし、大地を離れて空中都市を築こうというアイデアも、この時期の都市プロジェクトの一面を如実に物語っている。一九五八年に設立されたGEAM（可動建築研究グループ）の中心的存在だったヨナ・フリードマンは、「空中都市」（一九六四）のプロジェクトのなかで、市街地や田園地帯を走るハイウェイ、海上などの上空に巨大な柱で支持されたメガストラクチュアをコラージュしてみせた。人とモノが集積し高密化する地上圏を脱し、まるでパラレルワールドでもあるかのように、人々の頭上にユートピア的な都市を現出させた。

また丹下は「東京計画1960」（一九六〇）で、スプロール化を続ける都市の受け皿として、既存の都市構造を伸延した交通システムと、メガストラクチュアによる建築群からなる新都市を東京湾の海上に構想した。垂直コアのあいだを高架道路が通り抜け、その上にオフィス空間が架構されて、空中都市のイメージがつくり出されている。その形象は、山梨文化会館（一九六六）や静岡新聞・放送東京支社（一九六七）などの、円筒形のシャフトとして造形化された設備コアによって、局部的にではあるが実現された。さらに丹下は、メジャーストラクチュアとマイナーストラクチュア、ジョイント・コア・システムなどの概念を導入して、無限定に伸長するユニヴァーサルスペース［→048］の考え方に対し、空間を階層化［→068］して構成する方法を提示した。

メガストラクチュアに対する偏愛は、構造体が拡張されて、建築が都市的・土木的スケールを獲得するようになったという事態にとどまらず、都市像の根本的な書き換えを象徴する現象だったといえる。固定的で、静的なシステムとして記述される機能主義的都市［→032,053］の限界を乗り越え、変化や成長に対応しうるダイナミックな都市、各種サービスの集積として立ち現れる高機能化都市、さらには空中や海上という新たな生活圏の開発など、建築家が描く新たな都市イメージを技術的に支えるイコン（図像）として、一九六〇年代にメガストラクチュアは大きな役割を果たしたのである。Ⓣ

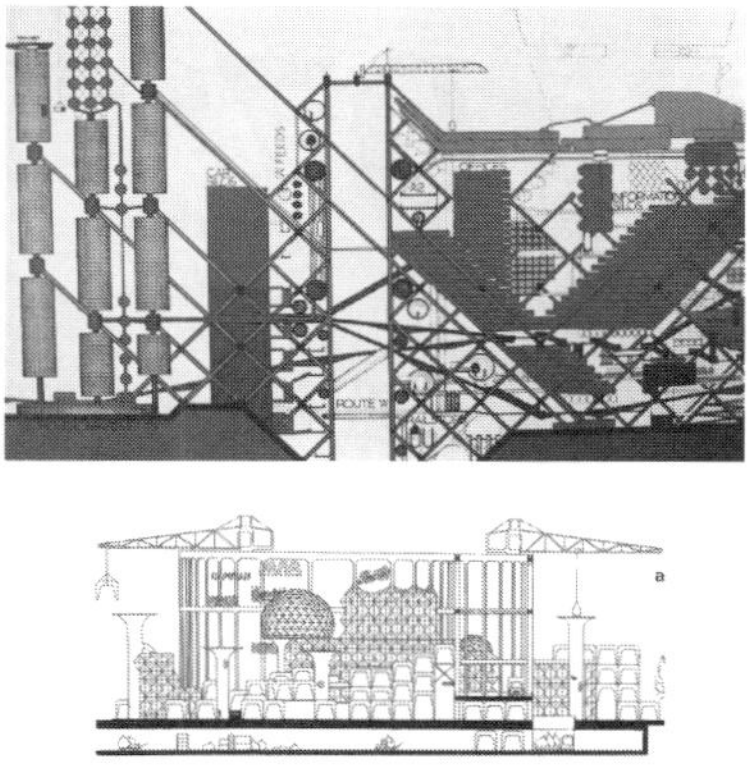

プラグ・イン・シティ／P.クック、1964[1]

山梨文化会館／丹下健三、1966[2]

■参考文献　アーキグラム編、浜田邦裕訳『アーキグラム』鹿島出版会、1999年／Sabine Lebesque, Helene Fentener van Vlissingen, "Yona Friedman. Structures Serving the Unpredictable", Nai Publishers, 1999／八束はじめ『テクノロジカルなシーン』INAX出版、1991年／磯崎新『建築の解体』美術出版社、1975年／丹下健三・藤森照信『丹下健三』新建築社、2002年

072

セミ・ラティス

Semi - Lattice

近代都市批判の鍵概念／理想都市への漸近線

「セミ・ラティス」とは、建築家クリストファー・アレグザンダーが、その名を一躍世間に知らしめることとなった論文「都市はツリーではない」（一九六五）のなかで、人間にとって望ましい環境＝都市、あるいは建築を成立させるために提示した「秩序の法則」である。

アレグザンダーは、ＣＩＡＭ（近代建築国際会議）［→046］のアテネ憲章［→053］に代表されるような理論に則って計画された近代の都市が、基本的には「ツリー構造」であること、すなわち枝が幹から分岐するような樹状の簡単な線形の構造をなし、本来複雑で多様な都市の諸要素どうしの関係が、きわめて単純なかたちに還元され構築されていると指摘した。たしかに理路整然として、明確なヒエラルキーのもとに計画された都市は機能的に見える。しかし人間の生活の場たり得ない、といったのである。

建築家や都市計画家の手になる「人工の都市」に、えもいわれぬ殺伐とした荒廃感や人間味のなさ、独特の疎外感を覚えた経験のある読者も少なくないだろう。

本来、都市とは一見、無秩序な様相を呈しつつ、環境を成立させている各要素どうしが複雑なネットワークをつくり、全体としてはきわめて高い安定性を保つ、網状（半束）の構造、「セミ・ラティス」をなしている。各要素はすべて全体の布置として働き、その輻輳性、不確定性、多様性ゆえ、活気に溢れ、魅力的なのである。したがって、都市はセミ・ラティスであるべきだ、というのがアレグザンダーの主張である。

同時にアレグザンダーは、当時、実際に建設中だった計画も含め、ルチオ・コスタとオスカー・ニーマイヤーの「ブラジリア」（一九五六）や丹下健三の「東京計画1960」（一九六〇）など九つの重要視されていた都市計画がすべて「ツリー構造」をなしていると証明してしまった。その衝撃と反響は非常に大きかった。

セミ・ラティスの思考はのちに「パタン・ランゲージ」（一九六八）へと発展する。都市環境を構成する要素からなる基本的な原型をパターンとして洗い出し、パターンどうしの連関を徹底的に網羅しようとした。アレグザンダーが組織した「環境構造センター」（一九六七年設立）の目的はここにある。抽出されたパターンを言語における単語と見立て、まるで文章をつくるかのように、状況に応じてパターンを組み合わせることで、人間にとって真に望ましい環境、また建築の実現がめざされたのである。アレグザンダーの試みは、近代の都市計画、その普遍的で、あまりに理念的にすぎる方法論への辛辣で、鮮烈な批判として十分な説得力があり、実際、新たなる方法論への可能性を大いに予感させた。たとえば、「パタン・ランゲージ」が応用されたペルー低所得者向け集合住宅国際指名設計競技案（一九六九）は、当時、建築界で話題となり、さまざまな論議も呼んだ。

わが国でもアレグザンダーの理念に賛同した施主側（理事）の熱心な働きかけ、そして施工を請け負ったゼネコンの献身的ともいえる協力もあり、アレグザンダーの手になる盈進学園東野高等学校（一九八五）が実現されている。この計画では、すべての教職員に瞑想状態でユーザーとして理想とするキャンパス像を語らせたり、また時には図を描かせてパターンを決定していく徹底した手法がとられた。近年、当たり前のようにいわれるようになったが、ユーザーとの対話を図り、その成果を積極的に計画に反映させていく「住民参加の計画」〔→085〕という発想の端緒もアレグザンダーの方法論にさかのぼれよう。

アレグザンダーの試みは、しかしながら、膨大な作業量の果てに、描ける軌跡は自然への漸近線となる人工物、「似て非なる」キッチュ〔→052〕を生み出す危険性をはらむ。実際、盈進学園での仕事の評価も賛否両論、大きく二つに分かれている。Ⓗ

■参考文献　C.アレグザンダー、押野見邦英訳「都市はツリーではない」、前田愛編『別冊国文学　テキストとしての都市』学燈社、1984年／C.アレグザンダーほか、平田翰那訳『パタンランゲージ―環境設計の手引き』鹿島出版会、1984年／松葉一清「C.アレギザンダーと盈進学園東野高等学校をめぐって<近代>との闘争」、『新建築』1985年6月号、新建築社／磯崎新「クリストファー・アレグザンダー」、『建築の解体』美術出版社、1975年

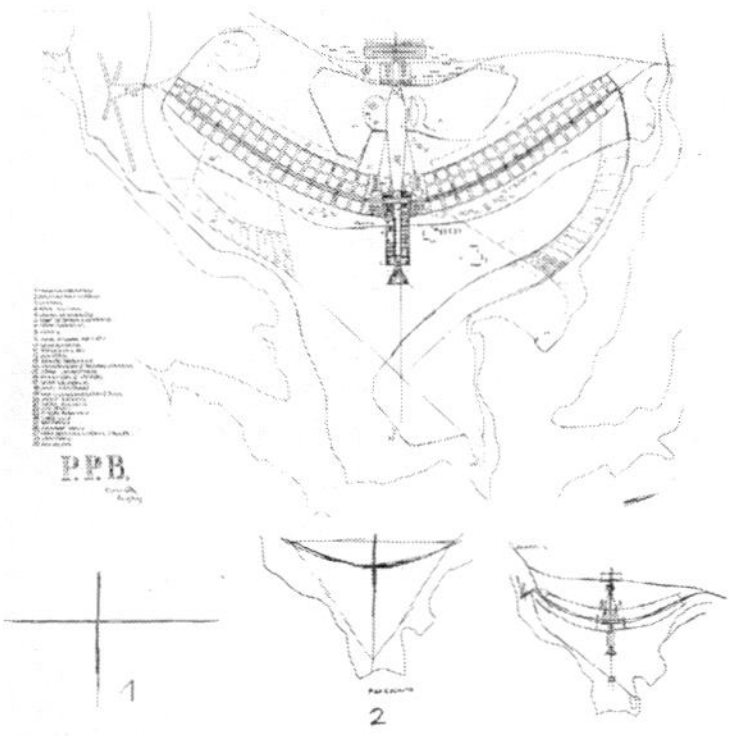

ブラジリア／L.コスタ+O.ニーマイヤー、1956[3]

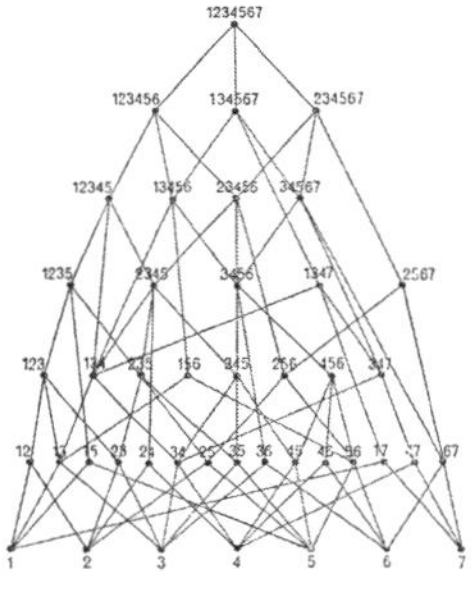

セミ・ラティス構造[2]

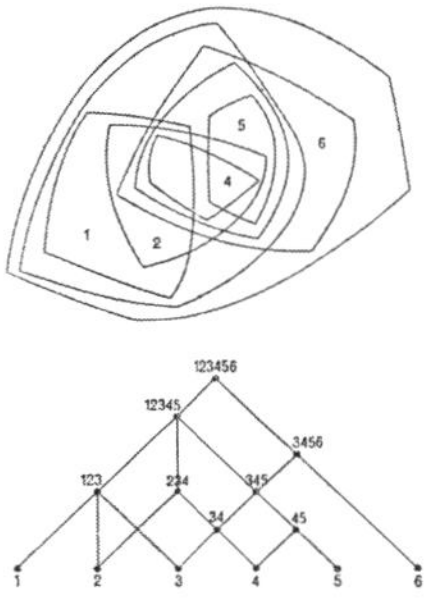

ツリー構造[1]

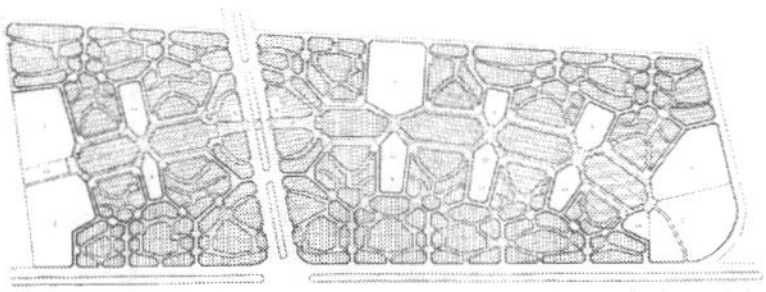

ペルー低所得者向け集合住宅国際指名設計競技案／C.アレギザンダー、1969[5]

盈進学園東野高等学校／C.アレギザンダー、1985[6]

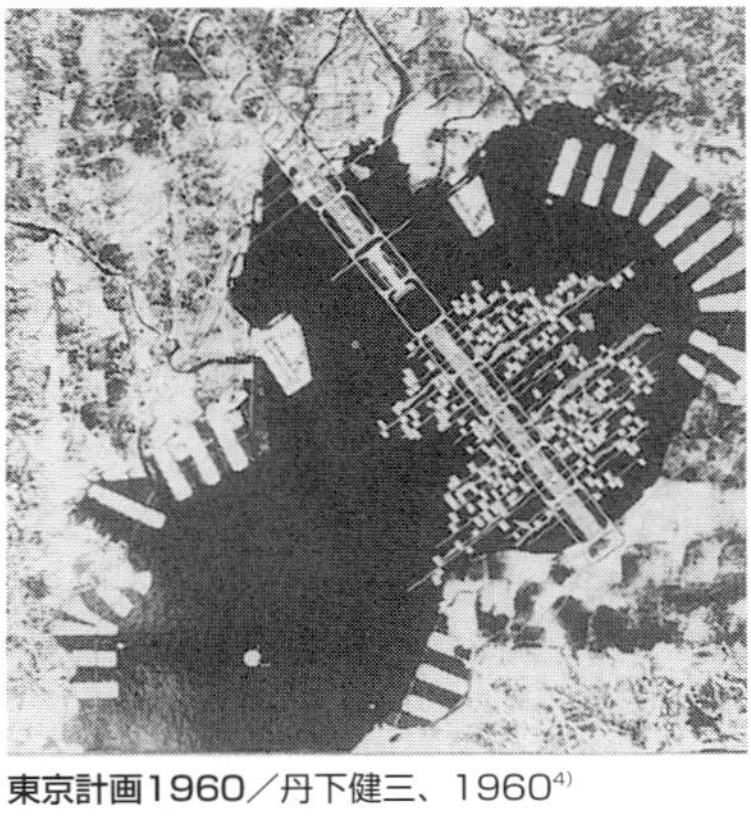

東京計画1960／丹下健三、1960[4]

073

アルミニウム

Aluminium

都市の表情を変えた軽金属素材

「アルミニウム」（以下、アルミ）という金属の存在は、一九世紀初頭に初めて確認されたという。一度に大量精錬できず、プラチナ同様、金銀より高価な貴金属だった。一八八〇年代後半に電気製錬法が発明され、価格は二年で約一八〇〇分の一と劇的に下がった。比重が二・七（鉄七・八、銅八・九）と軽く、比強度（単位重量当たりの強度）が大きい。空気中で自然に安定な酸化皮膜をつくり、耐食性に優れ、塑性加工しやすく、さまざまな形状に容易に成形できる。それゆえアルミは、車・飛行船・航空機・鉄道車輌や、各種機械部品の素材など、とくに軽量であることが求められる多様なニーズに応える安くて重宝な軽金属の構造材料、機能性材料となった。

　建築材料としてのアルミの利用は、一八九六年、ローマの教会サン・ジョアッチオの屋根材への採用が最初だという。その歴史は意外に浅い。引張に弱く、摩擦や衝撃に傷つきやすい性質が建築材料としての発展を妨げたのだろう。工業生産化された、いわゆるアルミ建材が大々的に使用されるのは、一九六〇年代に入ってからである。

　この間、実験的ながら、先駆的な作業を行った建築家もいた。バックミンスター・フラーとジャン・プルーヴェである。

　フラーは、飛行船などの航空技術の発展に触発され、住宅の空輪という大胆な発想をした。建築の軽量化を図った空輪可能なダイマクシオン・ハウス（一九二七）、また外壁パネルをユニット化したプレファブ住宅、一日で建設可能な巨大ドーム計画などで、アルミ合金やアルミパネルを採用している。

　建築の量産化、また「組み立てられ解体できること。折りたたまれ包んで収納できること。ここかしこ、必要に応じて持ち運びができること」を求めたプルーヴェも、早くから軽金属建材アルミに高い興味を示した。プレファブ住宅（一九四九）、自邸（一九五四）、家具でも積極的に、そして巧みにアルミを利用した。アルミパネルのカーテンウォール最初期の事例も、プルーヴェの手になるパリの建設業連盟ビル（一九四九）だという。なかでもアルミニウム製錬一〇〇周年を記念するフランス・アルミニウム公社のパヴィリオン（一九五四／パリ、一九五六／リール、一九九九／ヴィルパント）は、まさにアルミ建築と呼ぶに相応しい。支柱から、曲げ加工された薄い梁と一体の屋根、外装パネルまで、そのほとんどがアルミで、長さ一五〇m、桁行き一五mの組み立て・解体・収納・移築可能な建築という驚くべき作品である。

　こうした輸送・移動・量産化などをふまえたアルミ建材の先駆的な実験を経て、一九五〇年代も後半になると、エーロ・サーリネンやチャールズ・イームズらによる骨

日本相互銀行本店（現・さくら呉服橋ビル）／前川國男、1952[1]

組みにアルミを採用した椅子などが登場する。そうした家具の商品化の進展とともに、アルミは身近な建材として広く認知されていった。

一九六〇年代に登場する象徴的な建材はアルミサッシとアルミのカーテンウォール［→059］だ、と考えるのは日本人ゆえかもしれない。現在、日本はアルミサッシの普及率が八九％と世界でも異常に高い。北欧三カ国では木製が九五％、アルミ製は樹脂製も含めて五％である。アルミサッシの割合はドイツで一五％、イギリスで一八％、アメリカでも四一％である（二〇〇二年旭ガラス（株）データによる）。防火の法規制もあろうが、よほど日本人はアルミサッシが好きな国民とみえる。

日本のアルミサッシの歴史は、戦前、日本でアルマイト処理が発明（一九二九＝昭和四年）された三年後、一九三二年に村野藤吾が、近三ビルで使った鋼とアルミの複合上げ下げ窓にはじまる。国産のアルミ押し出し成形サッシは、前川國男の日本相互銀行本店（現・さくら呉服橋ビル、一九五二）が最初である。これを期に一九五〇年代後半、ビルサッシが鋼製からアルミ製へと転換されていく。六〇年代に入り、各メーカーが住宅用アルミサッシの製造をはじめる。六〇年代中盤以降、本格的に流通し、六〇年代末には新築住宅のほぼ一〇〇％がアルミサッシとなった。気密性の高さ、雨仕舞いのよさから、サッシの代名詞となり、日本の住宅の開口部周りの表情を一変させていくことになる。

アルミカーテンウォールの超高層ビル［→060］の登場も同時期で、日本初の柔構造の超高層ビル、霞が関ビル（三井不動産＋山下寿郎設計事務所、一九六八）が最初である。以降、アルミのカーテンウォールは、鍛錬性に優れた「伸展アルミニウム」、鋳造性・造形性のよい「アルミダイキャスト」を軸に、超高層ビルなどの建設生産性と施工性、つまり経済性を向上させつつ、都市の多様な、新しい表情をつくる定番の外装材のひとつとなった。Ⓗ

千代田生命保険本社ビル／村野・森建築事務所、1966[2]

霞が関ビル／三井不動産＋山下寿郎設計事務所、1968[3]

■参考文献　カタログ（ヨアヒム・クラウセ＋クロード・リヒテンシュタイン編）『YOUR PRIVATE SKY R.バックミンスター・フラー　アート・デザイン・サイエンス』神奈川県立近代美術館、2001年／Exbition Catalogue, "Jean Prouvé", Galeries Jousse Seguin-Enrico Navarra, 1988／松村秀一『「住宅」という考え方—20世紀的住宅の系譜』東京大学出版会、1999年／早間玲子・飯田都之麿「連載：今、ジャン・プルーヴェに学ぶ」『新建築』2002年2・4月号

074

構造表現主義
Structural Expressionism

美・用・強を統合させたもうひとつのかたち

鉄筋コンクリート構造［→028］は、工業化やシステム化の実現というもくろみにも支えられて、基本的には柱・梁の組み合わせによる架構形式（＝ラーメン構造）が中心となって展開されていった。しかし、自由な造形性（可塑性）や構造的な一体性など、コンクリートという素材が内に秘めた可能性は、シェル構造、吊り構造、折板構造、アーチ構造など、別のかたちの構造形式への発展の道筋も切り開いた。これらの構造形式は、近代建築の造形手法を特徴づけることともなったラーメン構造では対応しきれないもので、大空間や大架構といった個別かつ特殊な要請に応えるべく生み出されていった。

しかし、二〇世紀前半においても、一握りの卓越した構造技術者の独創により、そうした鉄筋コンクリートの可能性の一部は予見されていた。それらは、フランスのユジェヌ・フレシネによる放物線アーチ構造を用いたオルリー空港の飛行船格納庫（一九二三）、スイスのロベール・マイヤールの、3ヒンジアーチ構造を用いて支間九〇mを実現させたサルギナトーベル橋（一九三〇）、スペインのエデュアルド・トロハによるサルスエラの競馬場に架けられたキャンティレバー形式のシェル屋根（一九三五）、イタリアのピエル・ルイジ・ネルヴィの、格子状補剛リブをもつ筒型シェル構造を用いたオルヴィエトの航空機格納庫（一九三六）などである。

だが、このような可能性がさまざまな用途をもつ施設に幅広く活用されるようになるためには、第二次大戦後、とりわけ一九六〇年代を待たねばならない。複雑化・巨大化しはじめた戦後社会の状況が、それまでにもましてさまざまなかたち、つまり飛行場や見本市会場、スポーツ施設や劇場など、柱のない大空間・大架構の実現を要請しはじめたのである。

こうして一九六〇年代を迎えると、鉄筋コンクリートという建築材料の特性を駆使して、構造的な合理性を保ちつつ、構造形式そのものがもつ造形的必然性と、その表現性を追求した「構造表現主義」が、脚光を浴びることになった。そして構造技術の革新に主導されながら、モダンデザイン（＝近代建築）の規範となる美・用・強の三要素を統合させるための、もうひとつの姿が世に問われていったのである。

そうした状況は、近代建築がつくり上げた無色透明の造形的な語彙や空間の質に飽きたらず、象徴性や地域性などをも発信する造形［→057,088］が求められはじめた結果でもあった。

その可能性を明示する試金石となったのは、エーロ・サーリネンによる、ニューヨークのケネディ空港TWAターミナル（一九六二）だった。サーリネンは、自由曲面シェル構造を用いることで、空港施設に求められる大空間を実現しつつ、空の旅への玄関としてふさわしい、鳥が飛翔する姿を連想させるダイナミックな形態へとまとめ上げている。

また、わが国で構造表現主義の主役を務めたのは、丹下健三だった。丹下は、東京オリンピック開催にむけて建設された国立屋内総合競技場（一九六四）において、半剛性吊り屋根構造を用いることで、大屋根という日本の造形的伝統の特徴も満たした見事な造形を具現化してみせた。さらに、東京カテドラル聖マリア大聖堂（一九六四）では、HP（双曲放物面）シェル構造を用いて、キリスト教教会という祈りの場所にふさわしい象徴的な造形と静謐な内部空間を実現している。

構造表現主義の掉尾を飾ったのが、ヨーン・ウツソンのシドニー・オペラハウス（一九七三）だった。ここでは、工場生産された球面三角形の形状をもつコンクリートパネルを組み立てた、リブ付き二重シェル構造を用いることで、立地に相応しい波や貝殻、白帆など、海にまつわるさまざまなイメージを想起させる優美な造形が実現されている。そして、シドニー港のランドスケープを一新し、都市を活性化させるランドマークになるとともに、シドニーの顔的存在ともなったのである。

こうした一連の試みの背後には、サーリネンにはボイド・アンダーソン、丹下には坪井善勝、そしてウツソンにはオヴ・アルプ、ピーター・ライスと、やはり優れた構造技術者のサポートがあったことはいうまでもないだろう。第二次大戦前の状況とは異なり、有能な建築家と卓越した構造技術者とがタッグを組むことで、構造表現主義は開花したのであった。

しかし、鉄筋コンクリートを用いてのさまざまな構造形式の開発が一巡すると、構造表現主義は退潮を示しはじめた。構造形式の新しさそのものによって、その作品性は支えられていたのである。またそれは、一九七〇年代以降、ポストモダン［→087］の動向が胎動しはじめるに従って、美・用・強の整合性、つまり構造と表現（造形）、そして内部空間のあいだの論理的な一体性を保持しなければならないという、近代建築の規範となるタガがはずれはじめたからでもあった。Ⓨ

■参考文献　坪井善昭・田中義吉・東武史編『建築知識別冊：第2集・空間と構造フォルム』建築知識、1980年／「特集：建築の構造デザイン」『建築文化』1990年11月号、彰国社／ローランド・J.メインストン、山本学治・三上祐三訳『構造とその形態』彰国社、1984年

シドニー・オペラハウス／J.ウツソン、1973[3]

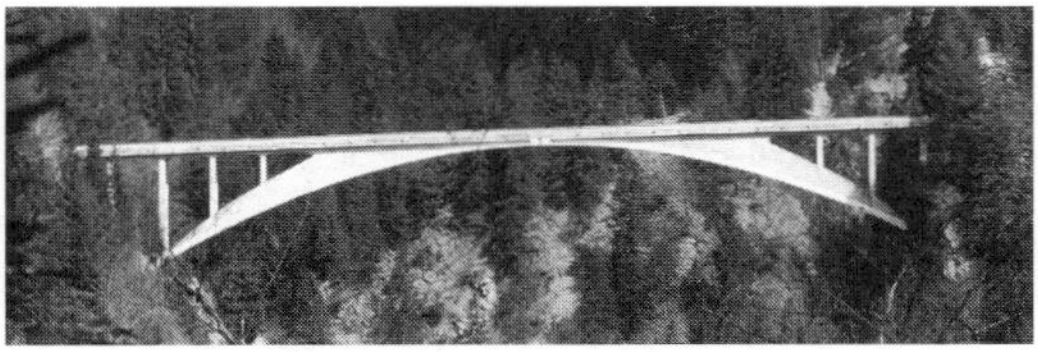

サルギナトーベル橋／R.マイヤール、1930[1]

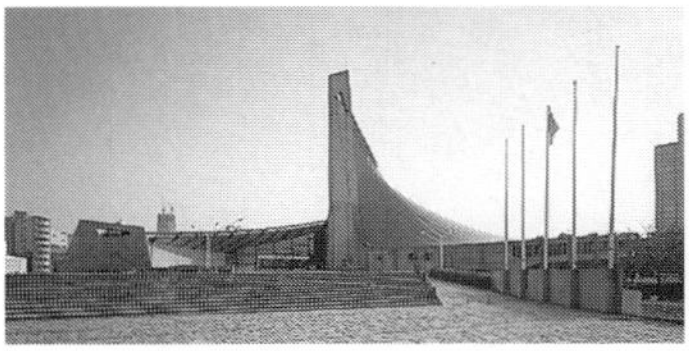

国立屋内総合競技場／丹下健三、1964[4]

ケネディ空港TWAターミナル／E.サーリネン、1962[2]

075

人工環境

Artificial Environment

テクノロジーとエコロジーの統合—環境制御という新たなパラダイムの出現

直径一六〇〇m以上という巨大な球体が、峻険な山々の上空に浮いている。バックミンスター・フラーのプロジェクト「クラウド・ナイン」（一九六二年ごろ）に描かれた、空中浮遊都市のドローイングである。テンセグリティ構造（テンセグリティ＝テンシル［張力］＋インテグリティ［統合］の意のフラーの造語）の球形ドームは数千人を収容し、宙を漂いながら、また時には山頂に係留され、人工的にコントロールされた環境の中で人間の生活を可能にする。土地開発などによる地球資源の破壊を防ぐために、地上の生活圏から離脱し、ノマド（遊牧民）のように大気中を移動しながら生活する、球形都市のイメージをフラーは描き出した。この提案は単なる夢想ではなく、理論的には実現可能なプロジェクトとして示されている。

現在の技術力で建設できるかどうかは別として、内部気温が太陽熱と人間の体温で、外部より一度上昇すると、気圧差によって浮力を生じ、数千人の居住者分の重量を宙に浮かせられるという。

フラーはシナジー幾何学（シナジー＝シンセシス［統合］＋エナジー［力］）［→018］を提唱し、三角形と正四面体を基本形態とした形態生成理論を展開して、原子構造から宇宙の成り立ちまでを説明する壮大なデザイン哲学を構想した。ジオデシック・ドーム（フラードーム）は、数学者ベルンハルト・リーマンや物理学者アルベルト・アインシュタインのジオデシック・ライン（測地線）の考え方に触発された球形ドームのアイデアである。球面分割法に基づいて、三角形の小単位が球の表面を網目状に覆い、最小の部材、最小の表面積によって最大の容積を覆うことができる。モントリオール万国博覧会（一九六七）のアメリカ館や、日本でも富士山頂の気象観測所など、世界各地で実際に建設されて、フラーの名を一躍高めた。

また、「エデンの園」と命名された計画では、透明な膜を外皮とするドームの内部に、温湿度や空調などの気候制御装置を組み込み、各部材のリサイクルも可能なサスティナブル（持続可能）な居住環境システムが提案された。「クライマトロン（気象制御装置）」や「チリング・マシン（自己冷却装置）」などのプロジェクトも同様な発想で、ドーム構造と組み合わされた環境制御の思想が、住宅から都市、そして地球環境全体にわたって貫かれている。「宇宙船地球号」とは、こうしたテクノロジーとエコロジー［→104］の思想を統合したフラー独自の考え方で、精密に設計された巨大機械としての地球と、地球の生態学的システムへの自然主義的な関心が同時に含意されている。

フラーが示したように、一九六〇年代に

なるとテクノロジー［→029］が人工環境の制御という新たな側面を表出しはじめる。建築史家レイナー・バンハムが発表した「環境の泡」（一九六五）というアイデアは、二重構造の皮膜に覆われた、巨大なシャボン玉のような球体ドーム状の装置である。その中では、空調機械によって室内気候が完全にコントロールされ、外気の影響を受けることはない。衣服を着る必要もなくなり、ドローイングには裸の人物が情報通信機器を囲んで腰を下ろしている様子が描かれている。

またアーキグラム［→071］のメンバー、マイケル・ウェブの「クシークル」（クシークル＝クッション＋ヴィークル［車］の合成語、一九六六）は、衣服のように人体に装着する個人用居住ユニットで、構築物としての建築のイメージは完全に消失している。さらに、アーティストのヴァルター・ピッヒラーは「遠視ヘルメット（携帯用居間）」と題したプロジェクトで、居間をポータブルな映像イメージに変換し、実体を欠いた情報環境としての空間［→103］を提示した。

バンハムは著書『環境としての建築』（一九六九）のなかで、空調ユニットの開発の歴史と居住空間への導入のプロセスを記した。近代社会の高機能化により、多数の人間が同時に集まる公共の施設ばかりでなく、高層化された集合住宅など、居住空間の中でも空調システムの使用が不可欠となっていった。

個人空間（「衣服」も含めて）［→086］、輸送機関（鉄道や自動車）、公共施設（美術館や劇場）、都市（都市空間における排気ガスの充満）、そして地球（乱開発による自然環境の破壊）など、さまざまなスケールレベルで、環境制御という思想に基づく空間設計が必要とされるようになっていったのである。

このときテクノロジーは、前衛的な芸術家たちがその美意識を投影させる、象徴的な形象イメージとしてではなく、もはや具体的な形姿を問う必要もない環境コントロール装置として、その役割と性格を変質させていった。フラーが問いかけたような、テクノロジーとエコロジーの共存という新たなパラダイム（枠組み）がこのとき生まれていったのである。Ⓣ

クラウド・ナイン／B.フラー、1962年ごろ[1]

モントリオール万国博覧会アメリカ館／B.フラー、1967[2]

環境の泡／R.バンハム、1965[3]

■参考文献　バックミンスター・フラー、芹沢高志訳『宇宙船地球号操縦マニュアル』筑摩書房、2000年／ジェイ・ボールドウィン『バックミンスター・フラーの世界－21世紀エコロジー・デザインへの先駆』美術出版社、2001年／レイナー・バンハム、堀江悟郎訳『環境としての建築－建築デザインと環境技術』鹿島出版会、1981年

076

ヴァナキュラー

Vernacular

脱西欧中心主義という視座を提示した言葉

辞書風にいえば、「ヴァナキュラー」とは「自国の」「地方語で書かれた」という形容詞である。また「自国語」「土地の言葉」「日常語」という名詞でもある。

建築の分野でヴァナキュラーというと、それは著名な作家、つまり建築家の関与なしにつくられた民家のごとき、風土的な建築を指す。

ヴァナキュラーなるものへの注視の契機となったのは、一九六四年にニューヨーク近代美術館（MoMA）で開催された「建築家なしの建築」展である。同展は、批評家、また随筆家としても知られるウィーン生まれのニューヨーカーだったバーナード・ルドフスキーにより立案・構成された。カタログをかねて出版された、展覧会と同じタイトルのルドフスキーによる著作も大きな話題となり、閉催後も世界の建築家たちに影響を与えた。

同展、そして同著作は、いずれも世界の「ヴァナキュラー（風土的）」、あるいは「アノニマス（無名的）」「スポンテネウス（自然発生的）」「インディジェネウス（土着的）」「ルーラル（田園的）」な建築を写真と解説で紹介したものだった。その狙いはまず、それまで西欧世界で語られ、また教えられてきた西欧中心主義的な建築史、その正統性を問い直すことにあった。そして西欧の合理主義［→001］、機能主義［→032］などに立脚して構築されてきた建築、すなわち近代建築への疑義を同時に提出することにあった。

西欧世界で編まれた建築史は「特権階級の、特権階級による、特権階級のための建築物」のみを対象としてきた。そして「真の神々や、いかがわしい神々の神殿、財力に、あるいは血統に支えられた王族たちの館の傑作選集」にすぎない、とルドフスキーはいった。いわゆる正史にのらない名もなき庶民の住居、遺跡や廃墟などにも、「原始的」ではあるが、当時の先端技術・先鋭的な発明（工業生産化、建築部材の規格化、転用・移動可能な構造体、床暖房、空調設備など）に比肩しうる豊かな構想が見い出せる。また、それらに学ぶべき事柄も多いと主張し、そうした実例を示して見せたのである。

建築家ではない、いわば「無名の工匠たち」の手になるブリコラージュ（器用仕事）の建築は「流行にかかわりがなく、完全に目的にかなっているので、ほとんど不変であり、改善の余地がない」とも語り、「観念」でなく「工夫」「美学」でもない、「メカニズム」を追求した建築こそ好ましいとして、近代建築に見る「合理」「機能」といった観念に偏る傾向を批判し、その限界と欠点をついた。

『建築家なしの建築』はのちに、たとえばダグラス・フレイザーの『原始社会の農村計画』（一九六八）、M・ゴールドフィンガーの『太陽の集落』（一九六九）などが続いて出版されるなど、一連のヴァナキュラー建築の調査や、再評価という世界的な流れをつくった。世界の建築家たちに近代建築を相対化して眺める視点を与え、また同時に、建築の原点をあらためて認識させもした。

普遍的な原理と表現から、地域・風土に根ざした建築のあり方、その可能性を模索していこうとする時代への転換を告げた著作となったのである。

わが国でも一九六〇年代後半から七〇年代初頭にかけて、大学の研究室を中心に盛んに集落調査が行われた。その際の成果は、たとえば「不連続統一体」と呼ばれた早稲田大学の吉阪隆正を中心とするU研究室の思想・作品に結晶し、のちに象設計集団へと受け継がれていく。また東京大学の原広司の場合、「集落への旅」の土産に「集落の教え」を持ち帰り、のちに原自身はそれを「様相論」へと結実させた。山本理顕などの調査同行者ものちの活動において、その際の見聞や成果をそれぞれの仕事で、応用していった［→092］。 Ⓗ

■**参考文献** B.ルドフスキー、渡辺武信訳『建築家なしの建築』（SD選書）鹿島出版会、1984年／原広司『集落への旅』（岩波新書）岩波書店、1987年／原広司『集落の教え100』彰国社、1998年／原広司『空間―機能から様相へ』岩波書店、1987年

ギリシア・セラ島の住居／原始的ヴォールト[1)]

アフリカ・スーダンの草木屋根の住居[3)]

ギニアの可動建築[2)]

西パキスタン・シンドの住居に見る通風システム[4)]

077

ポップ

Pop

近代建築の「死亡遊戯」

未曾有の繁栄を謳歌した一九五〇年代のアメリカ。米ソ冷戦下での軍事支出、戦時中の抑制状態を解かれた消費の爆発的拡大、またベビーブームによる人口増加など、さまざまな要因が持続的な経済の繁栄をもたらした。オフィスにはコンピューターが導入され、工場のオートメーション化が進み、またナイロンやプラスチックなどの新素材も開発されて、自動車や冷蔵庫、洗濯機などの家電が大量生産されはじめた。とりわけ、テレビとLPレコードの普及が大きかったといわれるが、きわめて高度な大衆消費社会や若者文化が形成されていった。そこでは、アール・デコ［→036］の時代をはるかに凌駕する状況、つまりハイアート（高級芸術）としての近代建築がもはやコミュニケーションのツール足りえない状況が生み出されていた。

大衆のための「けばけばしい紛い物」による娯楽の殿堂＝キッチュ［→052］なラスベガスの風景、大衆のささやかな夢の生活を実現すべく提供されたレヴィット・タウンのような郊外建売住宅地の例をみれば十分だろう。大衆的で親しみやすく、消費者を誘う、デラックスだがキッチュな表層、のちに「ポップ」でデラックス＝ポピュラックス（トーマス・ハイン）と呼ばれたモノ、また通俗的で風土的＝ヴァナキュラー［→076］な表現が都市に溢れ出した。

こうしたキッチュで、ヴァナキュラーな都市や建築の様相、あるいはそうした大衆社会の状況を、前提となる既成の事実として受け止め、一九六〇年代初頭にニューヨークに出現したポップアートと同じく、通俗的な表現を積極的に取り入れつつも、アイロニカルであくまでも知的な操作をみせたのはロバート・ヴェンチューリ［→078］であった。一方、キッチュでヴァナキュラーな大衆社会の表現をそのまま何の衒いもないかのごとく、西海岸を拠点に「狂気の笑い」（ヴィンセント・スカーリー）を浮かべながら実行したのがチャールズ・ムーアである。ともにルイス・カーン［→068］の弟子筋にあたるのが興味深い。

ムーアの名を一躍世に知らしめたのは、プリンストン大学時代の仲間と手がけたシーランチ・コンドミニアム（一九六三～六五）だろう。外観は、どこでも容易に入手可能な素材で組み立てられた、アメリカ全土で見られるヴァナキュラーな木造住宅群である。レッドウッドの竪羽目板張りの外装に、シングル葺き［→004］の片流れ屋根のヴォリュームがランダムに集合する様子は、いかにも通俗的で親しみやすい。

一転してその内部はポップである。バーバラ・ストウファッチャー夫人の手になる、のちにスーパーグラフィック［→079］と呼ばれてもてはやされることとなるハードエッジのグラフィックパターンが施されている。ペンキの塗膜で、壁や天井、階段、そしてジャイアント・ファーニチャーと呼ばれる二階建ての巨大家具など、およそ建築内部の構成要素は塗りつぶされ、個々の区別は消去されている。グラフィカルな塗膜の表象と建築の構成要素の意味、それら互いがスーパーインポーズ（二重写し）され、きわめてあいまいで両義的な像を生む。そこには近代建築の素材に対する倫理的基準などなく、インターナショナル・スタイル［→049］の「装飾付加の忌避」が無効化され、もはや自由で楽しい遊戯の域にまで達しているかのようだ。

1950年代のレヴィット・タウンの典型的な住宅[1)]

シーランチ・コンドミニアムは、その素朴な外観から日本の『都市住宅』誌によって「草の根派」と命名されることとなる。また、リチャード・マイヤーらニューヨーク・ファイヴ［→067］のホワイトとは対比的に、グレー（コーリン・ロウ）と呼ばれた。きわめてリージョナルな面影をもちつつ、木造住宅の典型として特定の地域性を超えた世界的流行の発端となった。それは巨大家具、スーパーグラフィック、片流れ屋根や出窓など、普遍的に流通しうる手法と造形を備えていたこと、またヒッピー・ムーブメントなど、非体制の象徴的記号、当時盛んに論議された管理社会への抵抗の旗印としても共有されていったからだろう。実際、日本でも一九六〇年代後半から七〇年代にかけて建築雑誌の誌面を飾った多くの作品にその影響を見い出せる。

「イタリア広場」（一九七八）まで一貫したムーアの手法にみる、西海岸特有のキッチュでヴァナキュラーな光景を連想させるポップな表層とその遊戯性は、やがてポストモダン［→087］へとつながる、近代建築の表現の単一性を拒否する、ひとつの批判を呼び起こしていったのである。Ⓗ

シーランチ・コンドミニアム／C.ムーア、1963-65[2)]

シーランチ・コンドミニアム内部[3)]

■参考文献　磯崎新「チャールズ・ムーア」、『建築の解体』美術出版社、1975年／『a+u臨時増刊：チャールズ・W・ムーア作品集』1978年5月、エー・アンド・ユー、／石井和紘『イェール建築通勤留学』鹿島出版会、1977年／「特集：ポップ」『ユリイカ』1984年6月号、青土社／柏木博「アメリカ的デザイン－捏造されたイメージ」、『美術手帳（保存版20世紀デザインの精神史）』1997年4月号、美術出版社

078

レス・イズ・ボア

Less is Bore

近代建築の禁欲的教義を相対化した言辞

「レス・イズ・ボア（より少ないことは、より退屈なことである）」とは、ロバート・ヴェンチューリ［→080］の言葉である。著作『建築の多様性と対立性』（一九六六）で、ヴェンチューリは、近代建築の禁欲的な教義が長きにわたって支配的であったこと、そして「控えめになってきてはいるものの」、当時なおも「廃れて」はいなかったと述べた。近代建築の禁欲的教義とは、抽象的で画一的な形式へと建築家たちをむかわせていた機能主義［→032］路線の教義である。その行きすぎた解釈（信仰）を批判し、同著で「レス・イズ・ボア」と揶揄したのである。むろんこれはルートヴィヒ・ミース・ファン・デル・ローエの逆説的言辞「レス・イズ・モア（より少ないことは、より豊かなことである）」［→041］をもじったレトリックである。

『建築の多様性と対立性』を著者自身は「建築批評の試みであると同時に、わたしの作品を間接的に説明するひとつの弁明」であるといった。そのとおり、ヴェンチューリは歴史上の建築を事例にあげながら、「複雑さ」や「矛盾」さえある建築の魅力をつぶさに解説してみせることで、タブーとされてきた「あいまいさ」や「経験的事象」に基づく不整合性、つまり、さまざまな建築表現（象徴としての建築表現）の有効性を示した。そして単純化・抽象化されすぎた近代建築の陳腐さを浮き彫りにしていった。同著の後半は、母の家（一九六三）、老人用集合住宅ギルドハウス（一九六五）など、自らの論理の具現たる作品の解説、自身の作業の弁明にあてられ、作品読解の明確な指針となっている。

建築史家ヴィンセント・スカーリーは同著を「ル・コルビュジエの『建築をめざして』（一九二三）以降、建築について書かれた著作のうち、もっとも重要な本」とたたえた。同著は、ヨーロッパの伝統的な建築を研究したアメリカ人建築家ならではの視点で書かれている。つまり、文芸批評の領域の「ニュー・クリティシズム」にみる手法や、抽象表現主義、ポップアートの発想を巧みに取り込みつつ、空間および「内部と外部の一致」を第一義としてきた西欧本家の機能主義に代表される近代の建築像を相対化させ、それとは異なる文脈での建築のあり方、その可能性を実際に提示してみせたのである。

ヴェンチューリはまた、デニス・スコット・ブラウンらとともにイエール大学で行ったセミナーをまとめた『ラスベガス』（一九七二）を出版している。そこには、ラスベガスのコマーシャル・ストリップ（繁華街）の、まさにアメリカ的ともいうべき、大衆化された建築と都市の混沌とした状況が肯定的にレポートされていた。そして、都市や建築を構成する要素の多様性、混沌としたその姿を承認させる論理を巧みに組み立てていった。論理的整合性の追求や、倫理的矛盾を避けることに重きをおいた建築や都市は、無味乾燥で退屈である。見るものがその意味を読み取ることができないのは、コミュニケーションが成立していないからである。「ロングアイランドのあひるの子」（＝「醜くて平凡な建築」）や「デコレィテッド・シェイド」（＝「装飾された小屋」）に目をむけよう。コミュニケーションを第一の目的とする、象徴かつシェルターとしての建築、つまり「不純な建築の新しく、生き生きとした実例」、またそれらがつくり出す都市の姿から学ぶべきこともあるとし、その重要性、またそうすることの必要性を説いたのである。

しかし、終始一貫したヴェンチューリの語り口、つまり「わたしは～を好む」「～と思う」といった語尾のトーンには注意が必要だ。知的でありながら、あくまでも感覚的なその物言いには、たとえばグランツ・レストラン改修（一九六一）などの実作にみられるポップなイメージとは相容れぬ独特のアイロニカルな遊戯性がうかがえる。つまり、アメリカという混成文化を絶対的に肯定した「草の根派」のチャールズ・ムーアらのポップ［→077］とは一線を画する批評性がある。しかし、批評は創造という行為の閉塞的状況も暗示させる。

いずれにしても、ヴェンチューリの「レス・イズ・ボア」という発言によって、いわゆる近代建築の絶対的だった教義が相対化される結果となり、ポストモダン［→087］へとむかう時代の流れが、ひとつ準備されたのである。Ⓗ

ロングアイランドのあひるの子[2)]

ラスベガス・ルート91のストリップ[1)]

母の家／R.ヴェンチューリ、1963[4)]

ギルドハウス／R.ヴェンチューリ、1965[5)]

グランツ・レストラン改修／R.ヴェンチューリ、1961[3)]

■参考文献　R.ヴェンチューリ、伊藤公文訳『建築の多様性と対立性』（SD選書）鹿島出版会、1982年／R.ヴェンチューリほか、石井和紘・伊藤公文訳『ラスベガス』（SD選書）鹿島出版会、1978年

079

建築の解体

Dismantling of The Modern Architecture

「近代建築」というバベルの塔への鎮魂歌

第一次大戦後、とりわけ一九二〇年代に展開されていった近代建築運動は、三〇年代半ばから雌伏のときを迎えるが、第二次大戦の終結を境にいま一度、スポットライトがあてられた。テクノロジーへの信奉と機能性や合理性といった性格を基軸に据え、世界的に流通しうる造形理念として形成された近代建築像は、因襲などにはとらわれない合理的・科学的な立場に根ざした民主的な社会の到来を目標とした戦後社会の理想（＝ユートピア）に見合ったものとして、再び迎えられたのだった。

そして、いわば近代建築の教義たる「近代建築の五原則」[→038]、「インターナショナル・スタイル」[→049]、「ユニヴァーサルスペース」[→048] といった性格を遵守した建築作品や、「アテネ憲章」[→053] に従った都市計画が、ひたすら洗練の度合いを加えられつつ、世界中に広がっていったのである。

しかし一九六〇年代後半を迎えると、一九六八年に世界中を吹き荒れた学園紛争の波に象徴されるように、戦後民主主義社会がつくり上げてきた体制と、パラダイム（考え方の枠組み）への異議が申し立てられはじめ、行き詰まりすらささやかれはじめた。それは建築の領域でも、軌を一にしていた。皮肉なことにも、近代建築の教義を墨守しながらつくり上げられていった空間（＝環境）が必ずしも居心地のよいものとはならず、それゆえユートピアたりえないことが、実体験として明らかになりはじめたのである。

そのため、意識的に近代建築の教義から逸脱した、ささやかな、しかしやがて大きな流れもなしていこうとする批評的な企てが、さまざまな視座のもとに世界各国で試みられはじめた。その先駆けとなったのが、アメリカのロバート・ヴェンチューリ [→078]、チャールズ・ムーア [→077]、クリストファー・アレグザンダー [→072]、イギリスのアーキグラム [→071]、セドリック・プライス [→071]、オーストリアのハンス・ホライン、イタリアのスーパースタジオといった面々だった。

ヴェンチューリは、素朴でありきたりな

コンティニュアス・モニュメント「アリゾナ砂漠」／スーパースタジオ、1969[1)]

航空母艦都市／H. ホライン、1964[2)]

建築や装飾に満ち溢れた商業建築への賛意を示し、ムーアはスーパーグラフィックスなどを用いて感覚的な遊戯性を取り込んでいった。そしてアレグザンダーは、形態を導くためのもうひとつの方法論としてパターン・ランゲージを提案した。また、アーキグラムはテクノロジーがもつ図像的性格を、セドリック・プライスは同じくそのシステム論的性格を、それぞれに過激なまでに増幅させていった。一方、「すべてのものが建築である」と宣言したホラインは、あらゆる領域や時代を等価におくことで、それらを自らの造形行為への引用・参照の対象とした。さらにスーパースタジオは、抽象性を徹底させることで、逆説的にモニユメンタル［→006］な造形を提示することとなった。こうしてテクノロジーを手本としながら、機能性や合理性を絶対視してかたちづくられてきた近代建築という固定化された枠組みは、少しずつだが確実に浸食され、揺らいでいった。

　このように、一見すると、何の脈絡もないかに見える一群の動向の、伏流水としてのつながりを、「建築の解体」症候群という診断のもとに切開し、そこに見られる共通の特徴を「アパシー（近代建築への熱狂の喪失）」「エイリアン（建築という概念の拡張）」「アドホック（混成的な性格）」「アンビギュイティ（多義性を内在させた表現形式）」「アブセンス（主題の不在）」という、いずれもAではじまる五つの用語が示す性格で鮮やかに整理し、総括したのが磯崎新だった。

　ここに初めて、逆説的に近代建築が内に秘めていた問題点が明確に照らし出され、一九七〇年代という状況において、避けては通ることのできない課題の在所も浮き彫りにされたのである。言い換えれば、世界共通の言語に基づく「バベルの塔」の建設を目標とした近代建築に、いわば死亡宣告が通知され、その鎮魂のメロディが奏でられたのである。そして同時に、こうしてバラバラに散らばってしまった共通言語の行く末、つまりやがて来るべき一九八〇年代のポストモダン［→087］という潮流の狼煙が上げられる気配も、密やかに予見されていたのである。Ⓨ

大鳥籠／C. プライス、1963[3]

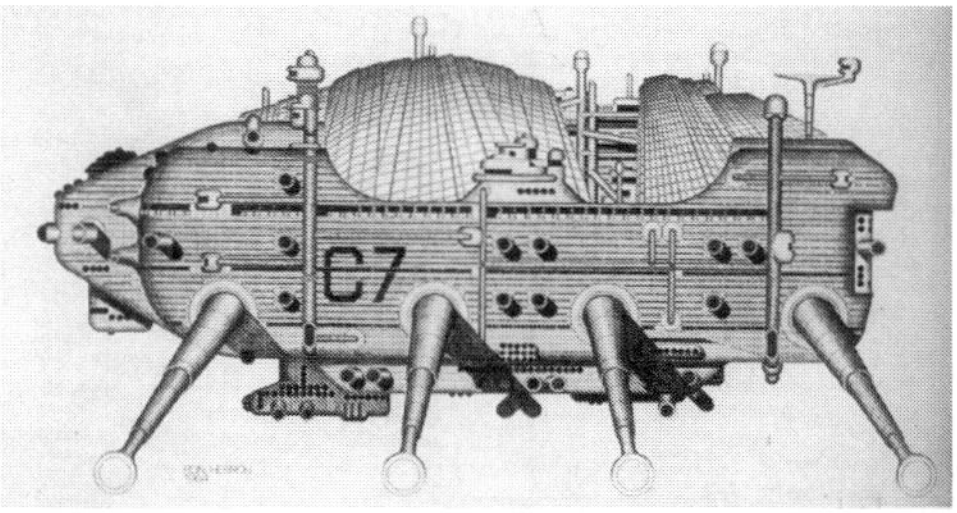

ウォーキング・シティ／R. ヘロン（アーキグラム）、1964[4]

シーランチ・コンドミニアム内のムーア自邸の寝室／C. ムーア、1963-65[5]

■**参考文献**　磯崎新『建築の解体』美術出版社, 1975年（鹿島出版会, 1997年）／黒沢隆『翳りゆく近代建築』彰国社, 1979年

080

コンテクスチュアリズム

Contextualism

空間の多義性を開示する、都市におけるフォルム生成の方法論

コンテクストという語は、文章の前後関係、文脈という意味をもち、そこから転じてある事柄の状況、環境などを包括的に示す言葉として用いられる。建築の分野では、建物が置かれる周辺環境や立地特性、また街並みなどの歴史的・文化的景観も含意した用語として使用される。一九七〇年代以降「コンテクスチュアリズム」として確立、普及していった設計方法論は、建物を囲む空間的な広がり、あるいは時間的な流れのなかに、建築を考える視点を広く拡張していった。建物単体の造形や空間性などに議論を集約させてしまうのではなく、建築を総体的な環境の一部として認識する眼差しが、七〇年代の批判的理論の展開のなかから生まれていったのである。

コンテクストという言葉が建築の分野で実際に使用されるようになったのは、ロバート・ヴェンチューリ［→078］が修士論文「建築の構成におけるコンテクスト」（プリンストン大学、一九五〇）のなかで、ローマの都市を分析対象に、建物の配置計画と都市空間の関係性を析出して、建築の認識や知覚が都市のコンテクストに大きく依存することを示したことにはじまるといわれる。

また、建築史家コーリン・ロウは、論文「理想的ヴィッラの数学」（一九四七）のなかで、アンドレア・パラーディオとル・コルビュジエ［→038］のヴィッラの形態構造の類似性を指摘して、「引用」や「折衷」という方法を通じて建築の構成手法の多義的な性格を開示してみせた。歴史的なコンテクストを意図的に変換、操作することにより、空間的な新たな意味作用が発生することを明らかにしたのである。

ロウはさらに、「透明性—虚と実」（一九五五～五六）において、近代建築の造形的特徴とされてきた透明性を、ガラス［→011,050］のカーテンウォール［→059］に示されるような「実の透明性」（バウハウス校舎）と、複数の空間構造が重ね合わされる「虚の透明性」（国際連盟本部コンペのコルビュジエ案）に分節した。そして、後者のなかに空間の多層性・多義性を見い出し、「切断」「置換」「移動」などの形態操作の有効性を指摘した。

近代建築の読解に大きな転換をもたらしたロウの理論は、一九六〇～七〇年代におけるアメリカの都市再開発の動向に伴い、近代都市計画［→053］に対する批判的理論として、アーバンデザインの手法研究に応用されていく。

コーネル大学のUDS（アーバン・デザイン・スタジオ）で、ロウの学生スチュアート・コーエンとスティーヴン・ハートは、既存の都市構造に新しい建物を付加させていくことで、段階的に都市を開発していく手法を試み、これに「コンテクスチュ

アリズム」という名称を与えた。また、同じく学生のウェイン・コパーは、ゲシュタルト心理学の方法を援用して、「図」と「地」の二分法によって都市を記述する手法を開発した。これは、「透明性」を論じたロウの方法を展開させたもので、建築形態のまとまりを「フィールド」「ゾーン」などとして階層化し、都市分析の基本的手法のひとつになっていった。

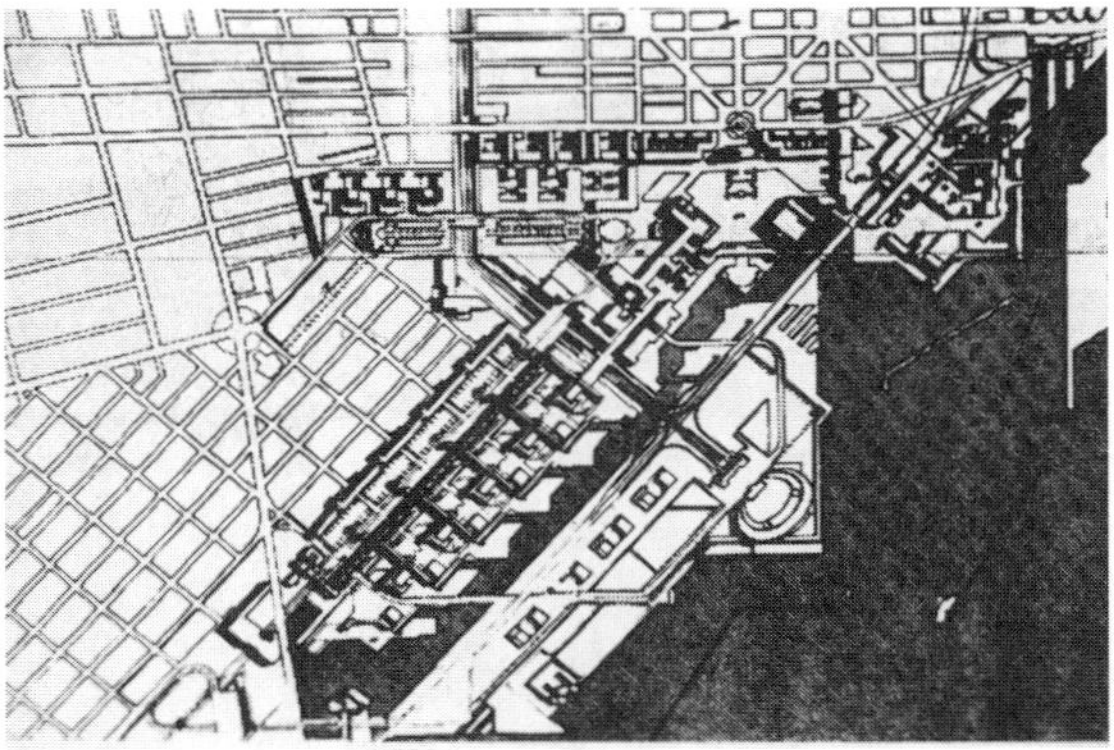

コーネル大学UDSによるバッファロー・ウォーターフロント計画[1)]

こうした一連の研究成果は、トム・シューマッハーの「コンテクスチュアリズム―都市の理想形とその変形について」（一九七一）にまとめられた。シューマッハーは、建築の原型的形態が都市に挿入される際に変形、変容を被るプロセスとして都市を叙述し、コンテクスチュアリズムの概念を、都市におけるフォルム生成の理論として定義した。

　ロウの『コラージュ・シティ』（一九七八）は、こうした研究の集大成となる著作だが、ローマ郊外のヴィッラ・アドリアーナとヴェルサイユ宮殿を対置させて、前者の離散的な配置形式から「コラージュ」の概念を抽出して、形式主義的な志向を強めていった同時代の建築家たちに大きな影響を与えた。

　コーネル大学とニューヨーク近代美術館（MoMA）が共同で設立したIAUS（建築都市研究所）は、ピーター・アイゼンマン［→**067,082**］をディレクターに迎え、機関誌『オポジションズ』を発刊して、記号論や言語論などの分野の研究を参照しながら、ロウらの理論をさらに展開していった。この『オポジションズ』に発表されたコーエンの「物理的コンテクスト／文化的コンテクスト」（一九七四）に示されているように、コンテクストという用語は、物理的・形態的な側面と、文化的・歴史的な回路との二つの指標で規定される概念として普及していく。

　続く一九八〇年代のポストモダン［→**087**］の建築スタイルは、形式主義と歴史的な参照という二つの大きな特徴を内包させていくが、コンテクスチュアリズムの概念のなかに、その両者はすでに姿を現し、来るべき展開のための土壌を形成させていたのである。

Ⓣ

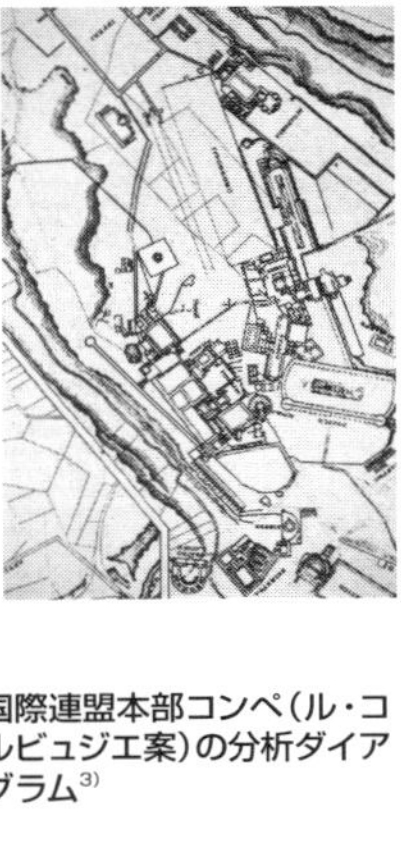

C.ロウによるヴィッラ・アドリアーナの平面図[2)]

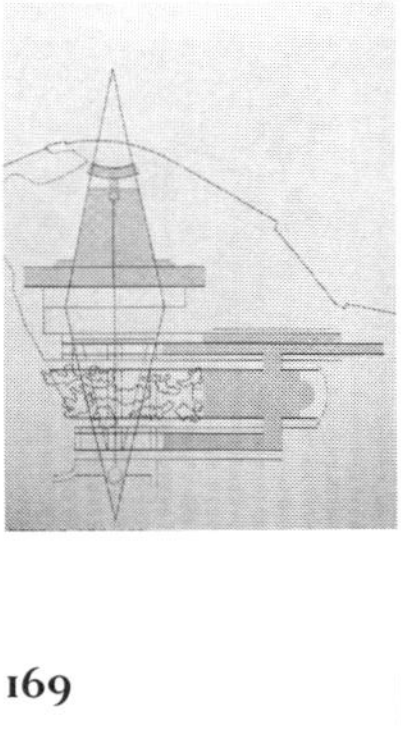

国際連盟本部コンペ（ル・コルビュジエ案）の分析ダイアグラム[3)]

■**参考文献**　秋元馨『現代建築のコンテクスチュアリズム入門―環境の中の建築／環境をつくる建築』彰国社、2002年／「特集：コーリン・ロウ再考」、『建築文化』2000年4月、彰国社／コーリン・ロウ、伊東豊雄・松永安光訳『マニエリスムと近代建築』彰国社、1981年／八束はじめ編『建築の文脈・都市の文脈―現代を動かす新たな潮流』彰国社、1979年

081

タイポロジー

Typology

歴史的形態の収蔵体としての都市

第二次大戦によって都市部が破壊されたイタリアでは、復興への動きとともに、一九六〇年代に入ると、歴史的環境の保全［→**107**］のための施策に積極的に取り組むようになった。ANCSA（歴史・文化的都市保存会議）の設立（一九六〇）や、文化遺産の保存・再生の指針となったベニス憲章の採択（一九六四）などはその代表的なものである。一方、大学を中心とするアカデミックなフィールドでも、都市の歴史性の読解と新たな都市計画モデルの作成が進められていった。

ヴェネツィア大学では、サヴェリオ・ムラトーリを中心としたムラトーリ学派が「ティポロジア（類型学）」の手法を展開し、「都市の織物」という概念を導入して、都市建築の形態要素の階層的・有機的な連関を示した。

ここで用いられた「タイポロジー」とは、広場や街路などの都市空間と建築に一定の形態的パターンを適用し、単位形態として抽出された要素を再統合する論理を、形態学的、また歴史的・文化的コンテクストに基づいて分析する方法である。この手法は、単に既存の都市構造の解析手法として用いられただけでなく、ボローニャやフェラーラなどの都市で、街区のパターン分類［→**072**］、復元・保存事業に実際に適用されていった。日本においても、建築史家・陣内秀信が『東京の空間人類学』（一九八五）などで、類型学に基づく都市分析手法を紹介、展開させている。

一方、美術史家ジュリオ・カルロ・アルガンの「建築類型の概念について」（一九六三）などの影響を受け、アルド・ロッシは『都市の建築』（一九六六）を著して、タイポロジーの手法を継承しながら、都市における「集団的記憶」という考え方を建築・都市理論に導入した。形態が喚起する「記憶」「連想」「交感」などの記号作用［→**082**］に着目し、歴史的形態の収蔵体としての都市のなかに、社会の共同性の発露を読み取る。一九七六年には『類推的都市』を出版し、伝統的・慣習的に誰もが見知っている造形や、アノニマス（無名の）［→**076**］でありふれた断片的形態を用いて、「類推」の作用によって生成される記憶の場として都市を描出した。ヴェネツィア・ビエンナーレにおける世界劇場（一九七九）は、こうした理論を実現化した、ロッシの代表的作品である。

一九七三年の第一五回ミラノ・トリエンナーレで開催された「ラショナル・アーキテクチュア（合理的建築）」展は、イタリアの新しい建築思潮、ロッシらを中心とするラショナリズム（合理主義）［→**001**］の建築を広く取り上げ、欧米の建築界に多大な影響をもたらした。コンテクスチュアリズム［→**080**］の考え方とも共振して、タイポロジーの概念を援用しながら、社会的空間の再編成・再構築がめざされていく。反歴史主義［→005］を標榜していた近代建築に、伝統と接続する回路を復活させ、建築の合理性の発動を都市の形態的、また歴史的文脈のなかに見い出そうとする新しい方向性が生まれていったのである。

CIAM（近代建築国際会議）［→046］のメンバーでもあったエルネスト・ロジャースの事務所からは、このラショナリズム（合理主義）の運動の中核となった建築家、ロッシをはじめとしてヴィットリオ・グレゴッティ、カルロ・アイモニーノなどが輩出している。彼らは一九六〇年代末の大学闘争の際に、建築史家マンフレッド・タフーリらとともにテンデンツァ・グループを形成し、ラショナリズムの運動の中心的存在となった。ロッシはのちに、一時チューリッヒに居を移してブルーノ・ライヒリンや建築史家アドルフ・マックス・フォークトなどの、スイスの建築家や理論家たちと共同している。雑誌『アルヒテーゼ』などを発表の場にして、ラショナリズムの理念を拡張、展開していった。

ドイツでは、オズヴァルト・マティウス・ウンガースやヨーゼフ・パウル・クライフス［→096］らがこうした流れの中核を担った。ウンガースのもとには、ロブ・クリエやレム・コールハース［→106］などの若手建築家が参集していた。クリエはカミロ・ジッテの都市論をモデルとして『都市空間の理論と実践』（一九七五）を著し、広場、街路などをかたちづくる要素のタイポロジーとそのバリエーションによって都市を読解した。近代都市計画［→053］が用途地域制など、機能［→032］による空間の分節を原則としていたのに対し、クリエは歴史的文脈との関係性にあらためて着目し、街区、広場、オープンスペース［→070］などを構成する単位空間を基礎に、都市の再生を図ろうとしたのである。クリエの試みに顕著なように、タイポロジーとは、単に都市形態の分類法を示すだけでなく、積層されたヨーロッパの歴史的文脈と文化的意味に満ちた空間を都市形成の拠り所にしようとする、実践的な設計方法論として建築の分野に導入されていったのである。

Ⓣ

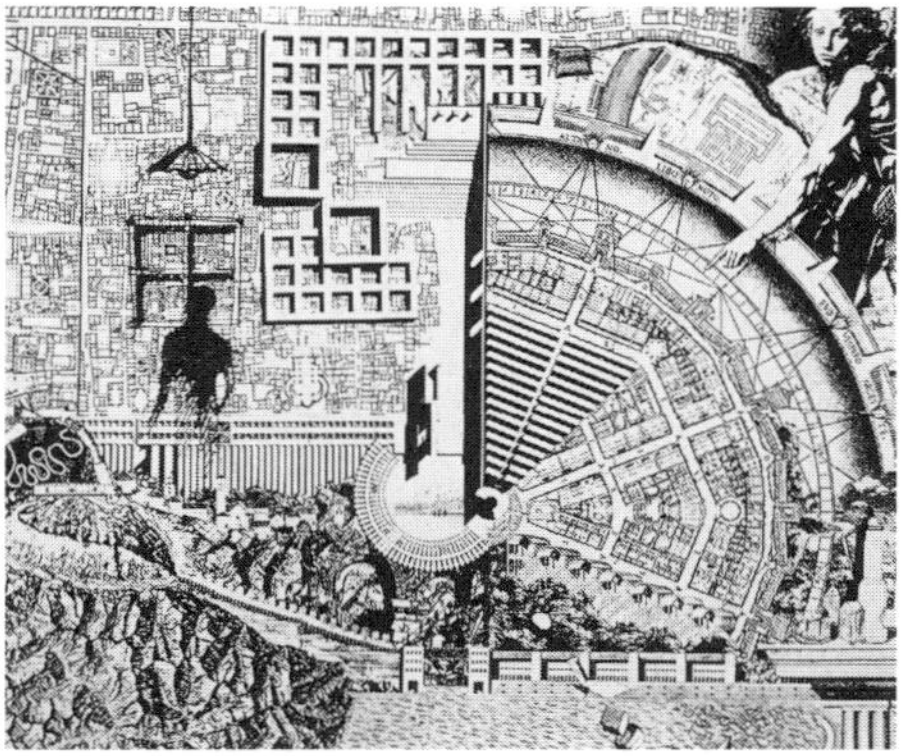

類推的都市／A.ロッシ、1976[1)]

R.クリエによる「都市空間の形態」の分析／『都市と建築のタイポロジー』(1975)より[2)]

世界劇場／A.ロッシ、1979[3)]

■参考文献　アルド・ロッシ、大島哲蔵・福田晴虔訳『都市の建築』大龍堂書店、1991年／ロブ・クリエ『都市と建築のタイポロジー』エー・アンド・ユー、1980年／陣内秀信『イタリア都市再生の論理』（SD選書）鹿島出版会、1978年

082

記号論

Semiology/ Semiotics

非大衆の建築—自己言及的完全言語の探求

表徴（シンボル）というとき、ある特定のかたちが、固定された内容や意味と決まった対応関係を結ぶ。それに対して、記号（シンボル）はそれ自体では意味内容をもたず、記号どうしの関係性のなかで、初めて意味内容を発生させる。相互の関係次第によって、記号は、さまざまなバリエーションの意味内容を担うことができる。「記号論」とは、そうした記号と記号相互の関係性が生むこととなる意味内容の理論およびその分析のことである。

記号論の端緒は、言語学者フェルディナン・ド・ソシュールの言語論にさかのぼれる。ソシュールは、言語が記号のシステムだといった。各記号はシニフィアン（意味するもの／語や音形）、シニフィエ（意味されるもの／概念）の二つの部分からなり、両者の結び付きは恣意的であるとした。日本語でいえば、イヌが四足歩行で毛むくじゃらの、尻尾を振って、ワンと吼える動物を指すいわれはどこにもない、というのである。ここに記号論ははじまる。

ところで、デ・ステイル［→025］など、ヨーロッパの近代建築運動がめざした建築像は表徴（シンボル）ではなく、客観的な普遍言語（記号）による構築を図るものだったともいえる。歴史主義［→005］の建築のように過去や伝統文化のシンボルを参照せず、幾何学［→018］という抽象、また鉄筋コンクリート造の柱・梁［→028］といった構造の合理や、機能などに立脚する記号論的な試みでもあった。ところが近代建築運動は、一九二〇年代のアール・デコ現象［→036］を経て、三〇年代にインターナショナル・スタイル［→049］という形式（＝シンボル）へと回収されていく。つまり、構造的合理や機能を逆説的にシンボライズする「表現」として評価されていくジレンマを抱えることとなった。

こうした近代建築運動の限界への批判は、近代という時代が抱えていた問題が、あらゆる領域で露呈しはじめた一九六〇年代になってようやく本格化していく。ヴァナキュラーなるものへの視座［→076］にはじまり、レス・イズ・ボア［→078］や、ポップ［→077］など、通俗的で大衆的なものまでをも参照することで、近代建築の限界を超えていこうとする努力がなされた。そして、時代は高度大衆消費社会へとむかい、ますます通俗的で、大衆的な建築が蔓延しはじめた。一方で、建築の自立性を今一度、回復させ、抽象的で客観的な、つまり記号論的な建築の実験を試みた建築家がいた。ニューヨーク・ファイヴ［→067］のピーター・アイゼンマンである。

アイゼンマンは、言語学者ノーム・チョムスキーの理論や、作品の物質的側面より観念的側面を重視するコンセプチュアル・アートなどに触発された。そして建築の柱や壁、梁などの構成要素から意味を剥ぎ取り、機能や構造に規定されない建築、すなわちカードボード・アーキテクチュア、またはコンセプチュアル・アーキテクチュアという実験に着手する。住宅1号（一九六七〜六八）である。

実際には展示施設であるにもかかわらず、この呼称を与えたことが実験の内容を如実に表す。施主の要求は関係がない、という。そして住宅第2号（一九六九〜七〇）で、いよいよ記号の操作がはじまる。壁と柱、二つの構造システムを導入することで、構造体としての意味が無化され、それらは記号となる。ここでは、記号相互の関係性が徹底して問われた。続く住宅第3号（一九六九〜七〇）では、記号解読の不可能性を追求し、視覚情報などによって建築が理解不能な状態にまで到達している。住宅4号（一九七一）、住宅6号（一九七二）に至っては、施主、機能、構造、ついに建築家さえも無化された。まるでチェスのゲームのように、あらかじめ設定された規則に従って、面と立体と線という駒が動く。

アイゼンマンの難解で観念的な一九七〇年代の一連の作業は、自立する建築、つまり自己言及的な建築の記号で成立させようとする企てであった。まさにヨーロッパ近代建築運動が抱えたジレンマの解消を図った実験といえる。それは過去や伝統文化、技術、機能などをシンボライズする建築とは異なる、客観的で抽象的な、純粋だが自閉的な完全言語の探求にたとえられよう。ゆえに、その建築は反人間主義的ともなる。日本で同様の作業を行った建築家に藤井博巳がいる。

こうした作業を経て、住宅10号（一九七五〜七八）以降、アイゼンマンは哲学者ジャック・デリダのディコンストラクション［→089］の思想に近づく。そして一九八〇年代、ついにヨーロッパの近代建築運動が解決し得なかったジレンマを問う、さらなる展開へとむかったのである。Ⓗ

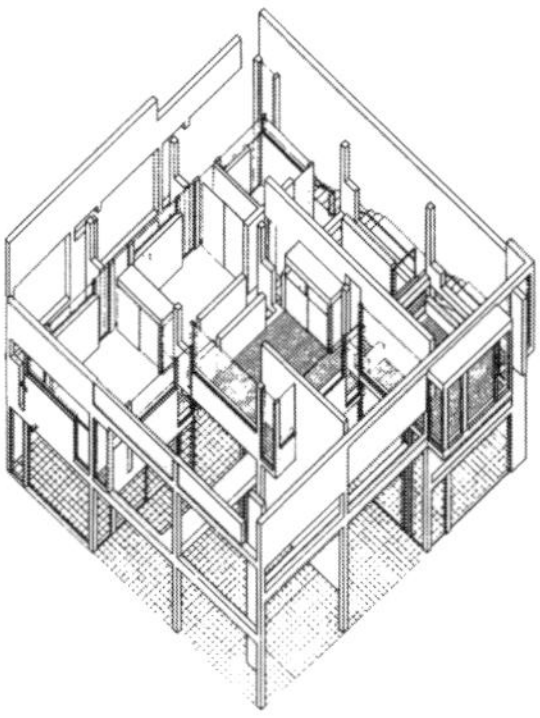

住宅2号／P.アイゼンマン、1969-70[1)]

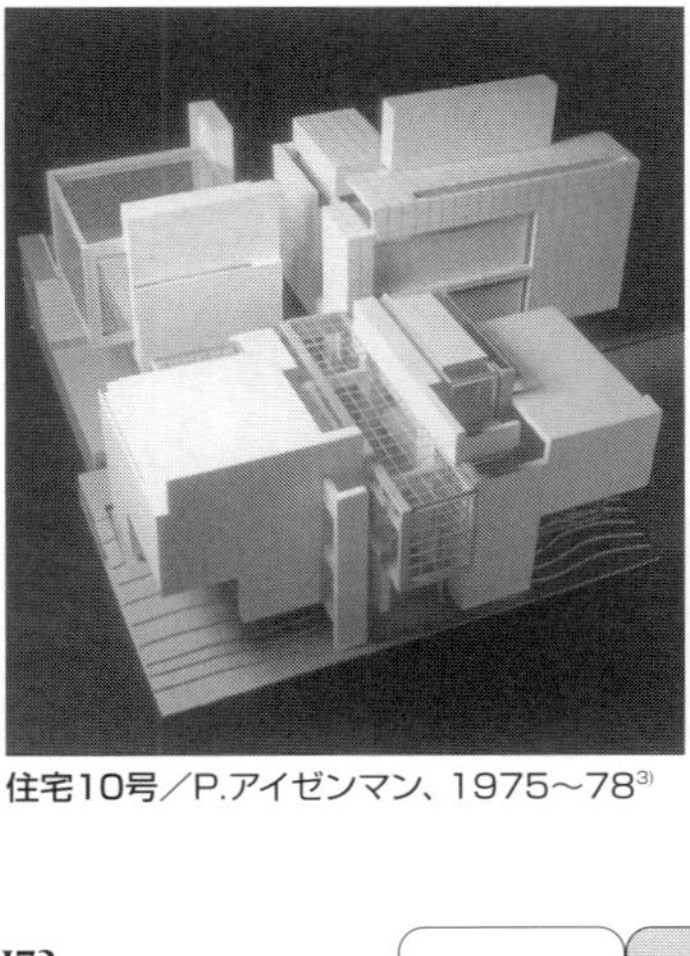

住宅10号／P.アイゼンマン、1975〜78[3)]

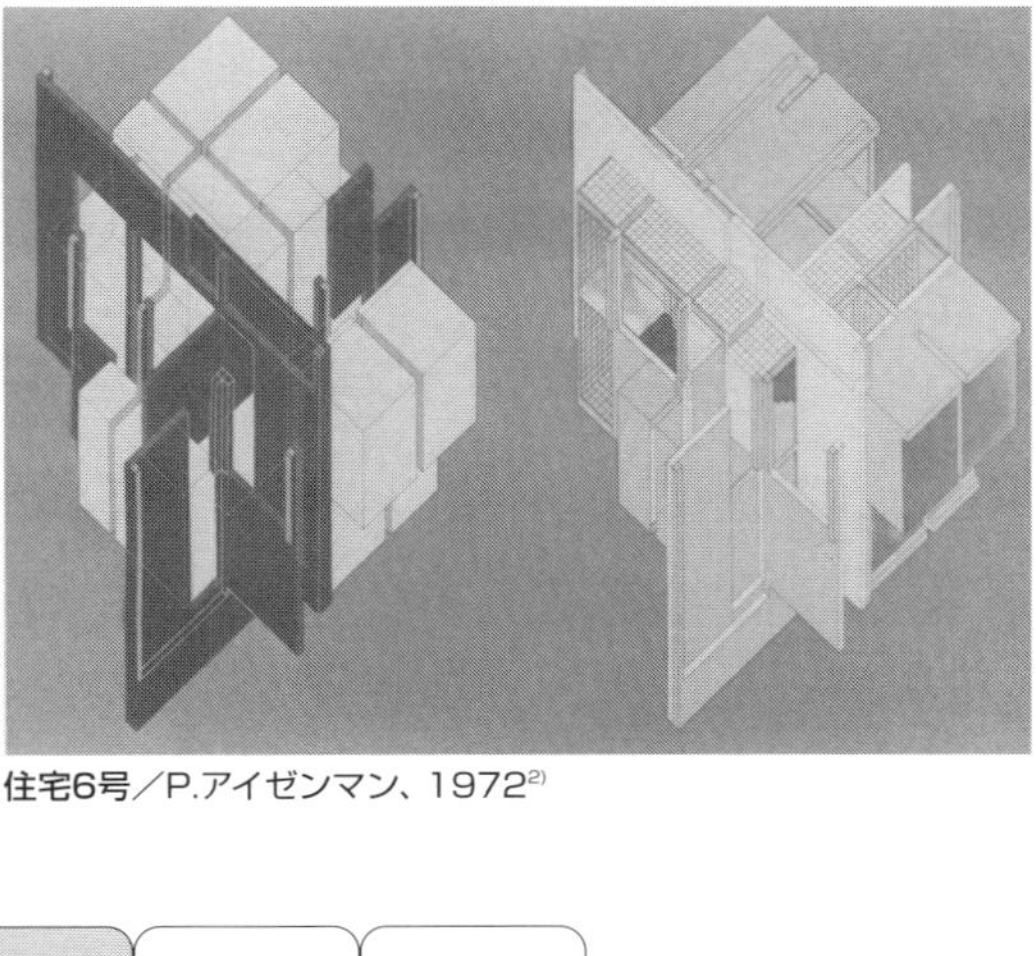

住宅6号／P.アイゼンマン、1972[2)]

■参考文献　P.アイゼンマン、中村敏男訳「コンセプチュアル・アーキテクチュア」、『a+u』1972年10月号・1974年3月号・1974年4月号、エー・アンド・ユー／「特集：ピーター・アイゼンマン」、『a+u』1980年1月号、エー・アンド・ユー／「特集：ピーター・アイゼンマン」、『SD』1986年3月号、鹿島出版会／藤井博巳・三宅理一編『現代建築の位相』鹿島出版会、1986年

083 間

Ma

「日本」というアイデンティティと西欧的規律としての「建築」の調停

一九七八年にパリで開催されたフェスティバル・ドートンヌ（秋の芸術祭）は「日本」をメインテーマに掲げ、コミッショナーとして磯崎新［→079］と作曲家・武満徹が加わり、展覧会の企画、実施にあたった。磯崎は美術、デザインや建築などの造形部門の展示構成をオルガナイズし、その呼びかけに応じて彫刻家の高松次郎、宮脇愛子、家具デザイナーの倉俣史朗、写真家の篠山紀信、二川幸夫、ファッションデザイナーの三宅一生、グラフィックデザイナーの杉浦康平、松岡正剛、現代舞踏の田中泯、白石加代子らの芸術家やデザイナーたちが参集した。磯崎は展覧会のコンセプトを「間―日本の時空間」と設定し、西欧とは根本的に異なる日本の時空概念を、現代の芸術家たちの作品のなかから抽出して西欧圏にむけて発信する、という方法をとる。「日本」を見つめる西欧の眼差しは単なる「エキゾチズム」としての域を長いあいだ出ることはなかった。このような慣習化された、西欧による日本理解の構図を転覆させることを、「間」という概念を援用して企図したのである。

会場は、「みちゆき」「すき」「やみ」「ひもろぎ」「はし」「うつろい」「さび」という七つのサブセクションに分かれ、それぞれに一室ずつが割り当てられて、一九六〇年代の日本の前衛芸術が紹介されていく。日本の造形芸術が、時代や様式、ジャンルなどによって分類されるのではなく、「間」と七つの下位概念によって分節・再構築されるという、きわめてコンセプチュアル（概念的）な戦略が打ち立てられている。

磯崎はそれ以前にも、作家・谷崎潤一郎の『陰翳礼讃』に触発された「闇」の空間への着目など、経験的な空間論［→069］を通じて日本の建築を再解釈することを試みていた。また、一九八〇年代の「桂―その両義的な空間」や、九〇年代には伊勢神宮を論じた「始源のもどき」「ジャパネスキゼイション（和様化）」の理念によって、日本的造形の特色を超越的概念に置き換えて、西欧の「建築」概念に対峙させるという作業を継続させている。

「間」展が開催された一九七〇年代は、パリ五月革命（一九六八）の余波やオイルショック（一九七三）などの社会的事件をきっかけにして、近代社会の価値規範に対してさまざまなかたちで疑義が差し向けられていた時代でもあった。五月革命の動乱のさなか、磯崎は「きみの母を犯し、父を刺せ」という扇動的な言葉を口にする。のちに、この母が「日本」であり、父が「建築」ではないかと指摘され（土居義岳）、磯崎はおおむねそれを認めている。

この「間」展はまさに、西欧的な規律としての「建築」と、異なる時空概念によって立つ「日本」とを調停しようとする、磯

「間」展の展覧会カタログ表紙／1978[1]

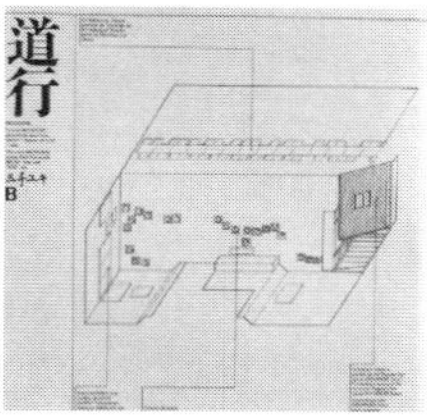

「間」展の会場構成[2]

崎の理念的探求に大きな転換をもたらすプロジェクトでもあった。五〇年代の伝統論争［→057］における「日本的なるもの」の議論の枠組みから離脱し、また、空間論として建築が思考されるようになるひとつの契機ともなった。

一方、同じ一九七八年に、槇文彦は「日本の都市空間と『奥』」を雑誌『世界』に発表した。代官山ヒルサイドテラスなどの作品に端的に見い出せるように、都市的環境における建築のあり方を「群造形」や「アーバンデザイン」の手法によって展開させていた槇は、「奥」という概念を用いて都市空間の重層的な成り立ちを説明する。「奥」は、都市が歴史的に形成されていく過程で、社会的・経済的・宗教的な理由によって形成されていった、都市のなかの特異点［→097］である。この「奥」へ人はむかい、そこに到達するまでの空間的・時間的プロセスに都市性が発露する、とされる。歴史的・時間的概念として日本の都市を理解しようとする槇の方法は、磯崎の「間」の考え方とも通底している。また、評論家・川添登の『東京の原風景―都市と田園との交流』（一九七九）、フランス文学者・清水徹による『書物としての都市・都市としての書物』（一九八二）、建築史家・陣内秀信の『東京の空間人類学』（一九八五）などの、八〇年代の都市論ブームとも視座を共有させるものだった。

この時期、黒川紀章も、建物内外の中間領域としての「縁」の空間に日本建築の独自性を見て、「共生の思想」や「道空間」などの方法論を生み出していった。磯崎、槇、黒川らは一九六〇年代に、メタボリズム［→066］の思想の直接・間接の担い手として、テクノロジー［→029］によって、都市と建築を架橋するという構想を推進、展開していた若手メンバーでもあった。そのヴィジョンが頓挫したとき、都市をあらためて歴史的文脈のなかで記述し、建築の創作論に変換するという方法をそれぞれが模索しはじめたのである。そして、「日本」のアイデンティティ（固有性）という解き難い問題に立ち向かいながら、ポストモダン［→087］という新しい潮流のなかに踏み出していったのである。 Ⓣ

代官山ヒルサイドテラス／槇文彦、1969-92[3]

■参考文献　磯崎新『建築における「日本的なもの」』新潮社、2003年／磯崎新・土居義岳『対論　建築と時間』岩波書店、2001年／磯崎新『始源のもどき―ジャパネスキゼイション』鹿島出版会、1996年／槇文彦『見えがくれする都市』鹿島出版会、1980年

084 スペースフレーム

Space Frame

ユニヴァーサルジョイントの開発によって可能になった大空間

電話の発明で知られる発明家アレクサンダー・グラハム・ベルは晩年、ライト兄弟の飛行実験の成功（一九〇三）に対抗するかのように、大型の凧を使って人間を空に送るというアイデアに取り組んだ。正四面体の立体トラスを組み上げ、このフレームに布を張り人を搭乗させる。実際に実験も行い、技術的には成功したという。凧による飛行というアイデアが当時、どれほどの現実味をおびていたかは別として、ベルのこの凧は多くの副産物を生み出した。軽量化された立体トラス、つまり「スペースフレーム」は、建築や土木構造物に応用が可能だった。また、基本部位をあらかじめ工場で生産し、現場での建設効率を高めるプレファブリケーションの考え方が着目された。それに付随して、構造システムを、標準化［→021］されたユニット（単位）とそのジョイント（接合）により構成するという発想が生まれた。その際、エンジニアたちの技術的な創意が集中したのはユニットのほうではなく、それぞれのユニットをいかにつなぎ合わせるかという、ジョイント部分の高機能化の問題だった。

第二次大戦中にドイツで開発されたメロ・システム（一九四二）は、鋼製の球状節点に最大一八個のネジ穴を設けた汎用性の高いジョイントをもち、橋梁や通信塔などの建設に実際に使用された。戦後、このメロ・システムは、フライ・オットーが構造設計を担当したベルリン園芸博覧会ホール（一九五七）で建造物に応用され、五二m×一〇〇mという大空間をつくり出してスペースフレームの建築的可能性を世界に示すこととなった。なお、オットーはその後、モントリオール万国博覧会の西ドイツ館（一九六七）やミュンヘンオリンピック競技場（一九七二）などの膜構造の設計で知られていく。構造材の軽量化という目的はスペースフレームと同一だが、まったく異なる構想と形態のなかに、オットーはアイデアを展開させていったのである。

一方アメリカでは、コンラッド・ワックスマンが米軍の依頼により、飛行機格納庫（一九五三）のための新たな構造システムを開発していた。一種類の鋼管だけを用い、鋼製くさび三本で固定されるユニヴァーサルジョイントを使って斜材を連結し、三八mのキャンティレヴァー［→039］に覆われた空間を構築するという計画で、ひとつのジョイントは鋼管を二〇本まで接続することができた。

このジョイントは、クリスタルパレス（一八五一）［→010］の建設に際して、ジョセフ・パクストンが用いた工法からヒントを得たといわれる。クリスタルパレスの場合は木製のくさびだが、いずれも現場でハンマーひとつで組み立てることができ、工期の大幅な短縮が期待された。

ワックスマンはドイツで、ハインリッヒ・テッセノウ［→016］、ハンス・ペルツィッヒ［→023］に師事し、木造建築のパネルシステムの設計でその名が知られるようになった。ナチス時代にヴァルター・グロピウス［→034］の助力でアメリカに亡命し、グロピウスと共同で木造パネルの製造会社を設立して、「ゼネラル・パネル・システム」という新構法を開発している。また、物理学者アルベルト・アインシュタインの別荘を設計したことでも知られる。教育活動にもかかわり、イリノイ工科大学の教授に迎えられて、ルートヴィヒ・ミース・ファン・デル・ローエ［→041］とも共同で授業を行った。世界各地でワークショップを開催し、一九五五年に東京大学で行われたワックスマン・ゼミでは、コラボレーションの考え方に基づくユニークな教育方法を日本の学生たちに示した。

スペースフレームは、理論的には無限に拡張可能な大空間を形成することができる。内部は必要に応じて自在に分割でき、機能の時間的変化や多様化に対応することが可能である。スペースフレームの立体格子は、グリッド空間としてイメージされるユニヴァーサルスペース［→048］を、その理念にもっとも忠実なかたちで形象化した姿であるともいえる。ミースは、シカゴのコンベンション・センターの計画案（一九五四）で、巨大なスペースフレームの下部に無数の人々が集まっている様子を描いている。

丹下健三［→057,074］は一九七〇年の大阪万博で、幅一〇八m、長さ二九二mの立体トラスをお祭り広場の上部に架構し、地上三〇mの高さに六本の柱だけで支持されるメガストラクチュア［→071］を実現させた。ベル以降のスペースフレームの発展を象徴的に体現し、文字どおり、テクノロジー［→029］の祭典という万国博覧会の場で、多くの人々をその大空間に迎え入れたのである。Ⓣ

正四面体のユニットを用いた「物見やぐら」／A.G.ベル、1907[1]

米空軍飛行機格納庫模型／K.ワックスマン、1953[2]

大阪万国博覧会・お祭り広場／丹下健三、1970[3]

■参考文献　アラン・バーデン「コンラッド・ワックスマン　ジョイントの哲学者」、『建築文化』1996年5月号、彰国社／渡辺邦夫・藤田聖子「スペースフレーム—3次元に拡がる空間」、『新建築』1999年2月号、新建築社／クリス・ウィルキンソン、難波和彦・佐々木睦郎監訳『スーパーシェッズ—大空間のデザインと構法』鹿島出版会、1995年

085

住民参加

Inhabitants Participation

ユーザーの好みに柔軟に応えるべく示された方法論

第二次大戦後、ニュータウン［→061］や住宅団地の建設を中心とした住宅供給が行われていく際に、「マスハウジング」の方法が広く導入されていった。当時の絶対的な住宅不足という状況を、できるだけ速やかに解消する必要に迫られていたからである。そしてその解決策として、住宅の大量生産の方策（＝マスハウジング）が、積極的に追求されていったのである。具体的には、住戸の間取りの標準化［→021］、モデュラーコーディネーション（以下、MC）［→058］の導入による窓や扉、キッチンセットなどの建設部材の規格化、そしてこれらに伴う建築生産の工業化［→040］などが図られていった。

だがその結果、量的な充足は得られても、質的には画一的で、生活感の希薄な親しみにくい住環境がもたらされていった。それは設計者の意図や供給者側の論理を、一方的に、ユーザーとなる住民に押し付けたものでもあった。そこで、一九六〇年代前半から、お仕着せとして与えられたよそよそしい住環境ではなく、住民の好みやニーズが反映された生き生きとした住環境を実現させるために、ユーザーの立場からの声が届くよう、住民自らが、住宅建設のプロセスにかかわれる、「住民参加」の方法が模索されはじめたのである。

その具体的な方策となるたしかな道筋を開いたのは、ニコラース・ジョン・ハブラーケンだった。一九六四年にオランダで設立されたSAR（建築研究財団）での活動を通じてのことで、のちに「オープンビルディング」と呼ばれることになる方法論が提示された。

SARはもともと、MCシステムの開発などを通じて工業化を促進し、生産の合理化を図ることをめざしていた。それと同時に、生産の論理のみに従ってユーザー不在の状況が訪れることを嫌い、ユーザーのさまざまな希望を満たせる仕組みを模索していた。そして、画一化を招きがちな工業化という方法を、造形の多様性と柔軟な居住性に富むもの、つまり住民参加を促す仕掛けへと逆転させたのである。

その鍵となったのは、建築物の部位（＝構成要素）を、「インフィル」と「サポート」に分けて考えることだった。つまり、取り替えのできない共通部分となる主要要素（＝構造躯体）としての「サポート」、取り替えのできる私的部分となる付加的要素（＝内外装仕様）としての「インフィル」という、耐久性に応じた二つの階層からなるシステムが考案されたのである。そして、「サポート」は住民全体のコンセンサスに基づきその構成が決定されるもの、「インフィル」は住民自身が個別に自由に選択できるものとした。また、このインフィルとサポートという異なる階層を結び付ける仕

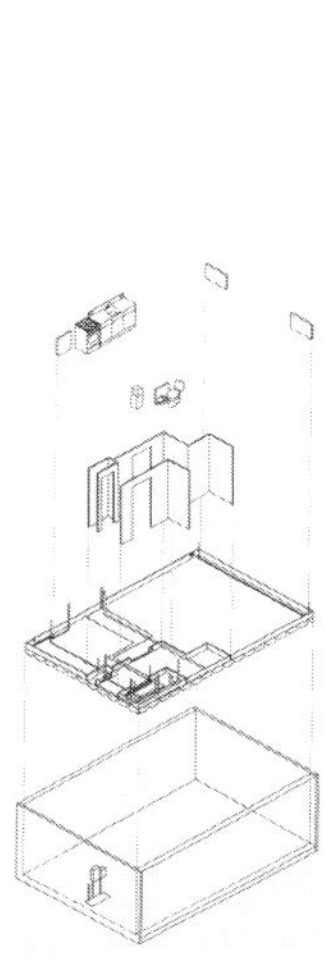

インフィル＝スケルトン構法の模式図[1)]

掛けとなったのが、MCの寸法体系だった。こうして、住戸別に間取りや外観の多様性を柔軟にもたらすことができる仕組みが準備され、住宅建設のプロセスに住民（＝ユーザー）が参加［→**072**］できる、オープンビルディングの方法論が示されたのである。

この方法論が、具体的な実践作業の成果となって姿を現すのは、一九七〇年代を待たねばならない。その初期の事例が、フランス・ファン・デル・ヴェルフによる、オランダ、ユトレヒト郊外のルネッテン集合住宅（一九七一〜八二）である。インフィルとなる窓面のパターンや外装パネルの色彩の多様性から、各住戸の間取りや住民ごとの好みの違いが見て取れる。また、ルシアン・クロールによるベルギー、ブリュッセルのルーヴァン・カトリック大学医学部学生寮（一九六九〜七五）も、オープンビルディングの考え方を準用しつつ、MCの考え方を改良して建設されたものである。ここでは加えて、ユーザーとなる学生自身が建設作業そのものに参加している。ここでも、内部機能の多様性をありのままに表現した、豊かな表情をもつ外観が特徴となっている。そして、わが国でも日本住宅公団が、一九七三年から八一年にかけて、オープンビルディングに準拠した実験プロジェクトとなる「KEP」に取り組んでいる。

建築物の単体レベルで考案されたインフィルとスケルトンの区分は、やがて周辺環境をも含めるかたちで拡張されていった。そうしたなかで、公園や街路など、都市的な居住空間のあり方を考える「ティッシュ（織物の意）」という、より公共的で、より固定的となる階層が新たに導入された。こうして、インフィルとスケルトン、そしてティッシュという三段階の階層を視野に収めたことによって、オープンビルディングの方法論は、一九八〇年代以降の、生活の質が求められる状況下のなかで、マスハウジングとして建設された集合住宅の改修・再生プロジェクトにも適用されることとなったのである。

しかし、オープンビルディングの方法論は、住民を含め数多くの人間が意思決定のプロセスにかかわることから来る手続きの煩雑さや、建築家という職能の領域を狭める性格を含んでいたため、広く普及するまでには至らなかった。だがしかし、エコロジー［→**104**］やサスティナビリティ［→**107**］といった観点から、近年、再び注目を集めている。Ⓨ

ルーヴァン・カトリック大学医学部学生寮／L. クロール、1969-75[2)]

ルネッテン集合住宅／F. ファン・デル・ヴェルフ、1971-82[3)]

■**参考文献**　オランダ・デルフト大学、金子勇次郎・澤田誠二訳『もつれた建築をほどく―オープン・ハウジングの勧め』住宅総合研究財団（丸善）、1995年／ルシアン・クロール、重村力訳『参加と複合』住まいの図書館出版局、1990年／松村秀一『住宅という考え方』東京大学出版会、1999年／New Wave in Building研究会編『サステイナブル社会の建築　オープンビルディング』日刊建設通信新聞社、1998年

086

ワンルーム

One-Room

近代住宅像が内包する課題を逆照射した営みの系譜

一九五〇年代以降、2DK［→062］や3LDKなど、個人的に用いられる寝室（BR）の数と、居間（L）、食堂（D）、台所（K）という家族共有で用いられる場所の組み合わせ方を示すことで、住宅の内容と性格が集約されはじめた。ひとつ屋根の下で生活を営む家族の公私、昼夜別の使われ方の相違（＝機能分化）から導かれる合理的な間取りの形式が、近代住宅のあるべき姿として捉えられていく。つまり「nBR＋LDK（変数nは家族数－1）」という図式に従ってつくり出される間取りが、近代社会の最小構成単位、そして標準とも見据えられた核家族の生活の器として認知され、普及していったのである。

しかし、このような趨勢に対して、ほぼ一〇年ごとのサイクルで建設的な批判が繰り返されていった。一九五八年の菊竹清訓によるスカイハウス、一九六七年の東孝光による塔の家、一九七七年の黒沢隆によるホシカワ・キュービクルズの出現によってである。いわば特殊解として問題提起がなされたわけだが、いずれの場合も、核家族が中核となった近代家族像や、その生活の器としての住宅の立地や間取りのあり方、つまり近代住宅・都市像に対して、根源的な問いかけを伴っていた。そしてその最大で、共通の特徴となっていたのが、生活に必要とされるさまざまな機能を未分化のままに一体化させた、「ワンルーム」の空間を用いて、住まいを提示した点だった。

スカイハウスは、メタボリズム［→066］の思想に則り、変わるものと変わらないものとをより分ける考え方を示して、近代家族像やその間取りのあり方に波紋を投げかけた。長期的な家族構成の変遷を視野に入れることで、家族の最小単位を、親＋子供からなる核家族そのものではなく、夫婦と捉え直したのである。夫婦という関係自体は変わらないが、子供との関係は就職や結婚に伴う独立など、その成長に従い、必然的に変わるものと捉えられていた。そして、この家族関係の仕組みを、間取りや建築的な仕掛けに取り込んだ。この住宅の中心は、ピロティによって空中に浮かんだワンルームであり、家族の増加や設備機器の更新など、将来的な変化に対しては、必要に応じてムーブネットといわれるユニットを取り

スカイハウス／菊竹清訓、1958[1)]

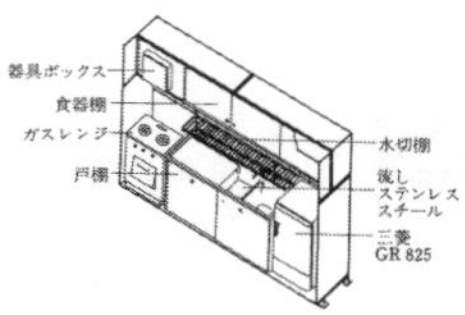

スカイハウスのキッチン用ムーブネット[2)]

付けたり、取り外したりすることでの対応が可能とされている。

塔の家は、働く場としての都心、家族と私的に時を過ごす場としての郊外という近代都市の理想（＝住宅立地のあり方）［→014,053］に一石を投じ、都心に住む生活上のメリットを明快に示した。狭さの引き替えとして、外食や観劇などの享受、つまり生活の積極的な外化が主題とされ、また、それが可能となるのは都心部だけという現実も照射した。わずか六坪の敷地に、玄関を除いては一枚の扉もない、空間を機能別に五層に重ねた垂直のワンルームが提案された。各層は吹き抜けで、立体的に関係づけられているため、視覚的な広がりをもっており、狭さを感じさせない。

ホシカワ・キュービクルズは、一九六〇年代半ばから展開されていた、個室群住居論［→108］に基づき考案された住宅像の最終的な解答を示したものである。女性の社会進出といった実情をふまえて、夫婦という最小構成単位にも疑義を唱え、それは自立した個人に取って代わられるべきだとする解釈がかたちにされている。ここでは夫婦も、それぞれに自立した個人である男と女という立場に還元される。個人の生活に必要とされる最小面積が検討されたうえで、各自が完結・自立した生活を営めるように、各室ごとに生活に必要な要素が提供されている。

しかし一方で、ワンルームという発想に基づいて提言されていった問題意識は、一九七〇年代末を迎えると、投資目的のワンルームマンションの建設ブームという皮肉なかたちで、受容されていくこととなる。都心部に近い住宅地などを中心に乱立していったワンルームマンションは、生活環境の破壊を引き起こす元凶と目の敵にされ、社会問題ともなっていった。しかしこのブームそのものも、近代家族像や近代住宅・都市像に対する固定的な認識が内に秘めていた問題点［→096］を、逆説的に噴出させたものといってもよい。

そして、菊竹が示した住宅の可変性や転用性、東が示した住宅の都心立地、黒沢が示した個人単位の生活の器としての住宅という、それぞれの構想の核心とその可能性は、いまもなお依然として考えなくてはならないアクチュアルな問題意識として、立ちはだかっている。Ⓨ

■参考文献　菊竹清訓『建築のこころ』井上書院、1973年／東孝光・節子・利恵『「塔の家」白書』住まいの図書館出版局、1988年／黒沢隆『個室群住居』住まいの図書館出版局、1997年

ホシカワ・キュービクルズ室内アクソメ[6)]

ホシカワ・キュービクルズ室内／黒沢隆[5)]

塔の家内で垂直に展開するワンルーム[4)]

塔の家／東孝光、1967[3)]

087

ポストモダン

Post Modern

近代建築の検死報告、近代建築批判を総括した旗印

「ポストモダン」という言葉を初めて用いたのはスペインの作家フェデリコ・ド・オニスだという。一九三四年のことである。「モダンに対するマイナーな反応」を指して使われた。

この言葉は、約三〇年の時を経て、一九六〇年代のニューヨークで再び、とくに文学批評の分野で使用されるようになり、やがて周囲の芸術家たち、そして広く一般にも浸透していった。七〇年代末には、ヨーロッパへと伝播し、フランスの哲学者ジャン＝フランソワ・リオタールの著作『ポストモダンの条件』（一九七九）によって一挙に世界中に広まったが、建築界では、ほかの領域に比べてかなり早い段階で流布していた。その際、建築史家レイナー・バンハムの弟子で、ジークフリート・ギーディオンにも学んだアメリカ人、自称「建築設計をする批評家」、チャールズ・ジェンクスの著作が重要な媒体となった。

『ポストモダンの建築言語』（一九七七）である。同著でジェンクスは、あらためて近代建築の死を衝撃的にレポートした。死因は機能主義［→032］の二元的システム、そのハイカルチャー性、つまり形骸化・制度化してしまった近代建築のコミュニケーション不全、あるいは断絶にあったとの批判的分析（検死報告）をし、次代を担うべき建築像、「ポストモダン」について語った。「ハイブリッド」「二重コード化」「多様性」が特徴で、「歴史主義［→005］」「直進的復古主義」「ネオ・ヴァナキュラー」「コンテクスチュアリズム［→080］」「折衷主義」「アーバニスト・アドホック」などのデザイン的特質があるとした。

つまり、チャールズ・ムーア［→077］、ロバート・ヴェンチューリ［→078］らの作業に、すでにポストモダンはあらかた具現化されていたわけだが、いわば一九六〇年代以降のアメリカン・ポップカルチャーに端を発する一連の近代建築批判の流れを一括りにして論じる枠組みを設定し、きわめてジャーナリスティックな語り口で時代の大きなうねりを総括するネーミングとして、ジェンクスは「ポストモダン」という言葉を喧伝したのである。

のちの「批判的地域主義」（ケネス・フランプトン）［→088］などに比べると、ジェンクスによる「ポストモダン」建築の定義は実際、いささか雑駁なアンチテーゼにとどまるところがあるかにみえる。「レイトモダン」「ハイモダン」などの概念を追加導入しつつ説明されても、不明瞭なところがあった。ポストモダンという言葉は、インターナショナル・スタイル［→049］の場合とまったく同様に、最終的にはスタイル（形式／表現）の問題へと論点が回収され、問題の核心を覆い隠してしまうような呪文めいたところがある。とはいえ、い

ち早くポストモダンの建築と呼ばれる事例、AT&Tビル（一九八三）を実現させた建築家が、インターナショナル・スタイルの仕掛け人フィリップ・ジョンソンであったことは見逃せない。

　そして、ともかくジェンクスの狙いは見事にあたった。わが国でもすぐさまジェンクスの著作の翻訳が出版されたのを機に、ポストモダンをめぐる議論が沸騰した。そして、時代の先鋭的な表現として瞬く間に流行するなど、まさにポストモダン症候群とでもいうべき現象を世界中で生み出し、一世を風靡することとなったのである。近代建築によって切り捨てられた「歴史性」「装飾」「地域性」などが過渡的に復権を遂げ、一九八〇年代後半まで「引用」「転写」「反転」といった表現の知的遊戯が繰り広げられた。

　マイケル・グレイヴスのポートランドビル（一九八二）、ジェームズ・スターリングのシュトゥットガルト美術館（一九八四）、そしてわが国では、磯崎新［→079］のつくばセンタービル（一九八三）がポストモダン建築の代表的な事例としてあげられよう。Ⓗ

■参考文献　Charles Jencks, "THE LANGUAGE OF POST-MODERN ARCHITECTURE", Academy Editions, 1977. 邦訳『a+u臨時増刊：ポスト・モダニズムの建築言語』1978年10月、エー・アンド・ユー／Charles Jencks, "What is Post-Modernism?", 3rd Edition, Academy Editions,1989／J=F.リオタール、小林康夫訳『ポストモダンの条件』水声社、1986年

ポートランドビル／M.グレイヴス、1982[2]

AT&Tビル／P.ジョンソン、1983[1]

つくばセンタービル／磯崎新、1983[3]

シュトゥットガルト美術館／J.スターリング、1984[4]

088 批判的地域主義

Critical Regionalism

批判的実践としての建築／文化的戦略としての批判

「批判的地域主義」とは、とくに具体的な地域の潮流、建築家グループに冠された名称ではない。また、特定のスタイルを指す呼称でもない。言葉の初出は、アレキサンダー・ツォニスとリアヌ・ルフェーヴルの共著論考「格子と通路」（一九八一）だという。実際に、批判的地域主義の問題を提起し、世界中にその意義を広めたのは、ツォニスとルフェーヴルものちに認めているように、建築批評家ケネス・フランプトンであった。

　批判的地域主義はフランプトンの言葉を借りれば、「批判的カテゴリー」であって、ひとつの近代文明批判、そして近代という時代が抱えてきた問題への回答でもある。その要点は普遍性（普遍的文明）と個別性（地域的文化）の弁証法にある。世界各地の文化を駆逐して止まぬ近代の普遍的文明を批判しつつも、その進歩的遺産である技術は受け入れ、同時にいわゆる民衆主義（ポップ）［→077］や感傷的な地域主義にいたずらに与することなく、それらと適切な距離を保ちながら、普遍性と個別性という両者を総合する企てと考えればよい。

　フランプトンが批判的地域主義を提唱したのは、ハイテック［→090］や、ポストモダン［→087］の建築が勢いをいよいよ増し、台頭してきた一九八〇年代初頭のことである。前者は啓蒙主義の時代からまったく変わらぬ進歩神話の楽観的信奉者、後者は工業化以前の過去の建築形態を消費し、そして近代という普遍的システムの苛酷な現実を覆い隠す「補償的ファサード」の生産者にすぎぬというのがフランプトンの解釈である。ともに近代という時代のジレンマからは解放されないと考えた。あくまでも「進歩の神話」や「過去への回帰という衝動」から等しく身を引き離す立場、すなわち「後衛主義」たることを推奨し、「後衛主義」こそが「普遍的技術を慎重に利用しつつ、同時に抵抗する文化や、アイデンティティを与える文化を展開することができる」と訴えた。

　フランプトンは、主著『近代建築――批判的歴史』（邦題、現代建築史）の最終章（一九八五年第二版以降追録）で、批判的地域主義の要件を具体的に「周縁的実践」「意識的に境界をつくる建築」など、七箇条にまとめている。とくに注目すべきは、つねに形式の問題へと回収されてしまう視覚優位の建築から逃れようとする戦略、「近代建築の脱構築」をうかがわせる点である。

　フランプトンはなかでも触覚の可能性に言及しているが、その狙いはファサードによるリプレゼンテーション（表象）という西欧近代合理主義の建築からの脱却、そして詩的なもの、すなわち素材・技術・構造力学が総合的に織りなす事実上全体的構造の凝縮としての建築のプレゼンテーション

（現前）にあった。

　批判的地域主義の実例としてフランプトンは、ヨーン・ウツソン［→074］のバウスヴェア教会（一九七三〜七六）、アルヴァ・アアルトのセイナッツァロ村役場（一九五二）、アルヴァロ・シザのピント&ソット・マヨール銀行（一九七一〜七四）、マリオ・ボッタのリヴァ・サン・ヴィターレの住宅（一九七一〜七二）、安藤忠雄の小篠邸（一九八一）などをあげている。

　フランプトンの提唱から約一〇年後、ツォニスとルフェーヴルは、批判的地域主義がより戦闘的になり、地域的要素さえをも突き放し、見るものに「近親性」ではなく「違和感をおこさせる」ものまで出てきたという報告を提出している。いわばシクロフスキー的な「異化」の手法によって、建物とその利用者の感傷的な「和合」を突き崩すタイプの建築が現れたという。他方で、アメリカを中心に地域の文化的特徴よりも自然的特徴を積極的に取り入れたタイプ、つまり地域の素材を効率的に組み立てたシェルターの存在も認められるという。そして批判的地域主義が、今なおも刺激に富むアプローチであると主張した。

　しかしながら、二人がとくに前者のタイプの事例のみを、しかもアントニオ・ヴェレスとペドロ・カサリエゴのマドリッドの集合住宅（一九八〇）、アントニオ・バリオヌエヴォのマラガの集合住宅（一九九〇）、アントニオ・ゴンザレス＝コルドンのセビリアの住宅（一九八〇）と、スペインの建築家たちの作品ばかりをあげているため、今日的な視点でも、たしかに刺激的なアプローチではあるが、やや説得力に欠ける点があることもまた否めない。Ⓗ

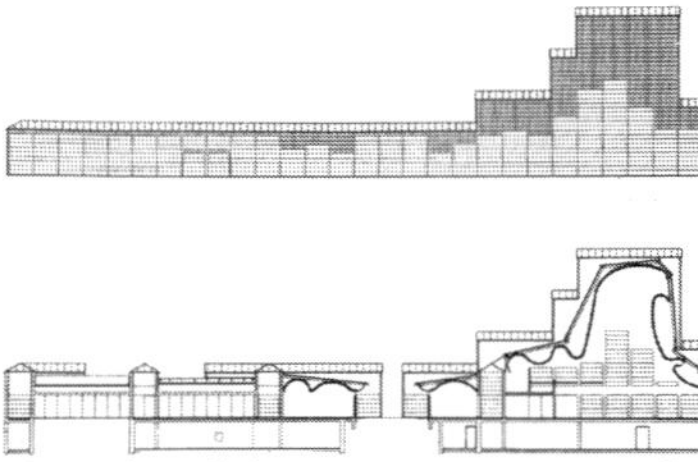

バウスヴェア教会／J.ウツソン、1973-76 2)

セイナッツァロ村役場／A.アアルト、1952 2)

小篠邸／安藤忠雄、1981 4)

リヴァ・サン・ヴィターレの住宅／M.ボッタ、1971-72 3)

■参考文献　ハル・フォスター、室井尚・吉岡洋訳『反美学―ポストモダンの諸相』勁草書房、1987年／A.ツォニス+L.ルフェーヴル、中村敏男訳「ふたたび批判的地域主義について」、『a+u』1990年5月号、エー・アンド・ユー／ケネス・フランプトン、中村敏男訳『現代建築史』青土社、2003年

089

ディコンストラクティヴィズム

Deconstructivism

「近代建築」の理念的枠組みを検証する批判的プロジェクト

一九八八年、ニューヨーク近代美術館(MoMA)において、「ディコンストラクティヴィスト・アーキテクチュア」展が開催された。これ以降、「ディコンストラクティヴィズム(脱構築主義)」という名称が広く普及し、ある一定の造形的傾向をもつ作品・思潮を総称する用語として定着するようになった。この展覧会には七名の建築家、フランク・オーエン・ゲーリー(出品作品:ゲーリー自邸、ファミリアン・ハウス)、ダニエル・リベスキンド(シティ・エッジ)、レム・コールハース(アパートメントビルと展望タワー)、ピーター・アイゼンマン(フランクフルト大学生物学センター)、ザハ・ハディド(ザ・ピーク)、コープ・ヒンメルブラウ(屋上改修、アパートメントビル、スカイライン)、そしてベルナール・チュミ(ラ・ヴィレット公園)が招聘された。

彼らの作品には、第一次大戦後の革命ロシアで実験が繰り返されたシュプレマティズム(至高主義)、またコンストラクティヴィズム(構成主義)[→033]などからの影響が色濃く映し出されている。これらの抽象芸術運動で使用された造形言語を批判的に継承・展開しようとする特徴が共通して見い出される。建築における狭義のポストモダニズム[→087]が、一九世紀以前の歴史様式の装飾モチーフを再使用し、建築の歴史性[→005]・記号性[→082]の復権をめざしていたのに対し、ディコンストラクティヴィズムは、近代建築がその造形的革新をもっとも先鋭化させていた一九二〇年代の建築への参照を開始したのである。

ディコンストラクティヴィズムという用語は、フランスの哲学者ジャック・デリダが一九六〇年代末に提唱した概念「デコンストルクシオン」に由来している。プラトン以降の、「真理」の構築を目標とする西欧哲学の体系に異議を唱え、しかしそれを破壊するのではなく、用語の意味を読み替え、ずらしていくことによって新たな読解、世界解釈の可能性を切り開いていこうとする手法である。一九七〇~八〇年代のアメリカ西海岸では、批評家ポール・ド・マンらによる脱構築批評といわれる文芸批評が展開されるなど、デリダのこの理論は哲学という限定された領野を超えて、広く援用されるようになった。

建築においてもこの時期、ドローイングやインスタレーションなどの形式を借りて、「空間」「機能」「計画」などの、近代建築の超越的な概念に対して批判的解釈を投げかけるプロジェクトが制作された。チュミ[→092]の「マンハッタン・トランスクリプト」(一九七六~七八)は、映画監督セルゲイ・ミハイロヴィッチ・エイゼンシュタインの映画理論を参照して、都市公園における殺人などの出来事の痕跡を記述し、空間の発生の瞬間を図像化している。ここでは、近代建築が機能［→032］との関係のなかで定義づけてきた空間という概念が相対化されている。コールハース［→106］は著書『錯乱のニューヨーク』（一九七八）のなかで、計画の対象としてではなく、欲望が投機される場としての都市を描き出し、ユートピアとして顕現することを宿命づけられてきた近代都市の姿を反転させた。また、「建築における三つのレッスン」（一九八五）のインスタレーションにおいてリベスキンドは、〈読む機械〉〈記憶する機械〉〈書く機械〉という三つの機械に、中世、ルネサンス、近代という時代をそれぞれ表象させ、建築という概念の歴史的枠組みを寓意化してみせる。

　そして、建築におけるディコンストラクティヴィズムが哲学上の議論と直接の接触をもったのが、ラ・ヴィレット公園の設計過程での、アイゼンマンとデリダの共同作業「コーラル・ワーク」（一九八五）だった。この計画は最終形をみることはなかったが、ディコンストラクティヴィズムの思想的出自を明らかにし、その方法論に対する議論を広く喚起した。

　一九八〇年代後半から、ディコンストラクティヴィズムの建築家たちの手がけた建築が実現されるようになり、コールハースのダンスシアター（一九八八）、アイゼンマンのコイズミライティングシアター／イズム（一九九〇）、またリベスキンドのユダヤ博物館（一九九八）などの作品が姿を現した。この過程で、ディコンストラクティヴィズムが単に、建築思想上の問題に限定された試みではなく、十分に実体化可能なアイデアであることが示されるようになった。一方で現実化の過程は、個々の作品への造形的興味を増大させ、ポストモダニズムに代わる新たな建築形態の流行として流通、消費されていく契機ともなった。

　しかし、デリダの哲学理論が形而上学の内的構造を顕在化させていったように、建築におけるディコンストラクティヴィズムも本来、近代建築が前提としてきた理念的枠組みを検証し、その作業の内に批判的プロセスを始動させるプロジェクトだった。機能／形態、形式／内容、内部／外部、主観／客観などの諸概念の弁証法的な内的関係を転覆させ、逆説的に近代建築との距離を生産、計測していく。こうした作業を深化させていったところに、単なるスタイルとしての理解を超えた、一九八〇年代を彩る建築思潮ディコンストラクティヴィズムの実験的性格とその意義が見い出されるのである。

Ⓣ

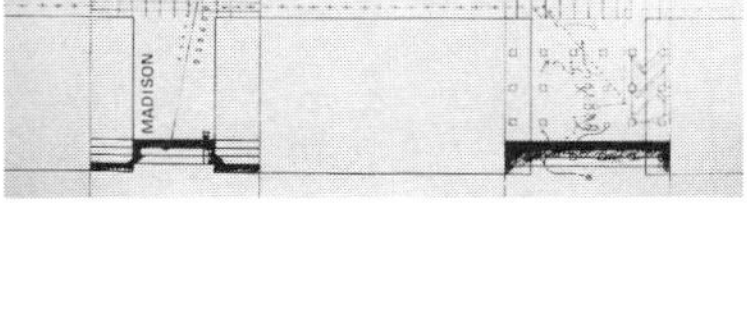

マンハッタン・トランスクリプト：第2部「境界横断」／B.チュミ、1978 1)

ユダヤ博物館/D.リベスキンド、1998 2)

■参考文献　「特集：ディコンストラクション」、『現代思想』1985年8月号、青土社／Philip Johnson, Mark Wigley, "Deconstructivist architecture", Museum of Modern Art, 1988／アーロン・ベツキイ、岡田哲史・小坂幹・堀眞人訳『ヴァイオレイティッド・パーフェクション─建築、そして近代の崩壊』エー・アンド・ユー、1992年

090

ハイテック

High - Tech

テクノ・バロック、あるいは極限的フレキシビリティの所産としての露出の美学

「ハイテック」の語源は、ハイアート（高級芸術）とテクノロジーの合成語、またはハイスタイル（流行の高級スタイル）とテクノロジーの造語だともいわれる。システムがブラックボックス化されたミニマリズムとは、一般に対極にあるといってよい。構造体や設備ダクトなどといった建築の構成要素を隠すことなく外部に露出させ、そのダイナミックな形態と造形を、ヴィヴィットな原色（青・赤・黄など）をまとわせたり、時にはメタリックな光沢とともに見せるなどして、表現のレベルにまで高めたスタイルをいう。

　メカニックな調光装置を備えた、ジャン・ヌーヴェルのアラブ世界研究所（一九八七）のごとき建築も含め、ハイテック・スタイルなどと呼ばれ、一九八〇年代に一世を風靡し、ひとつの潮流をなした。ノーマン・フォスター、リチャード・ロジャース、レンゾ・ピアノがハイテック三巨匠とされる。ハイテックの先駆者には、ジャン・プルーヴェやピエール・シャロー、リチャード・バックミンスター・フラー、また先駆的作品としてはアリソン&ピーター・スミッソンのハンスタントンの中学校（一九五四）などのニュー・ブルータリズム［→064］、アーキグラム［→071］の作品、ケース・スタディ・ハウス（CSH）［→056］などがあげられる。

　のちにハイテックと呼ばれることとなる建築の嚆矢をあげるなら、チーム4（ノーマン&ウェンディ・フォスターと、リチャード&スー・ロジャース）のリライアンス・コントロール社（一九六七）である。大量生産された工業製品のカタログから部材を選択して、それらをアッセンブルしていくインダストリアル・ヴァナキュラーの美学、機能を超越した象徴的な表現としてのブレース（構造的に不要なブレースがある！）は、たしかにチャールズ&レイ・イームズのCSH#8（一九四九）と似ている。徹底した平面のフレキシビリティの追求、また鉄骨の接合部などにみる構造の視覚的な効果への強いかかわりが特徴的である。フレキシブルな平面の追求は、一九六〇年代中ごろの風潮なのだろう。既成の権威的な形態やスタイルを排し、すべての人が自由に利用できること、またいつでも増改築が可能であるという可変性を求めた時代を象徴する。構造の視覚表現はルートヴィヒ・ミース・ファン・デル・ローエのクラウンホール（一九五六）にみる鉄骨表現の影響だろう。ゆえに、構造表現である露出のパフォーマンスと、ミニマリズムが共存する。

　ハイテック建築を、「第一機械時代」（レイナー・バンハム）のテクノロジー［→029］への郷愁、また「構造／機能の視覚化」＝「構造／機能表現主義の極致」とい

ポンピドゥー・センター／R.ピアノ＋R.ロジャース、1977[1)]

う意味でテクノ・バロックということもできる。だが、必ずしも楽天的な技術ロマン主義にのみ還元すべきではない。一種アルチザン的な作業（とくにピアノ）に支えられたもの、「アンダー・コンストラクション」という仮設性（ロジャースやフォスター）、ガラスの透明性［→101］や構造体の軽快な表現、アルミなどの外装材で軽やかにパッケージされた外観というミニマリズムの嗜好さえあり、人間の環境に考慮したエコロジー（とくにフォスターに特徴的）などの多様性がある。共通点は平面のフレキシビリティや可変性という社会の要求に応える無柱大空間の構想が前提にあることだ。この前提のもとに生み出されたのがハイテック建築とみることもできる。それゆえ、ハイテックの建築家たちにはオヴ・アルプ&パートナーズのようなエンジニアのサポートが不可欠だったのである。

ハイテック建築の記念碑は、もちろんピアノ&ロジャースのポンピドゥー・センター（一九七七）である。代表的な事例には、ロジャースのロイズ・オブ・ロンドン（一九八七）、林原第5ビル（一九九三）、フォスターのセインズベリー美術センター（一九七八）、ルノー社部品配送センター（一九八三）、香港上海銀行（一九八六）、センチュリー・タワー（一九九一）、ピアノのメニル・コレクション美術館（一九八六）、がある。日本での事例も少なくない。ポストモダン［→087］の潮流にあって、ハイテックはチャールズ・ジェンクスによってレイトモダンに分類されたが、新たな表現として流行する現象もおきた。

他方、王立英国建築家協会（RIBA）創立一五〇周年祝賀パーティ（一九八四）で、プリンス・オブ・ウェールズのチャールズ皇太子が現代建築を「愛すべき優雅な友人の顔にできた奇怪な腫瘍」と揶揄したのを発端に、歴史ある都市の景観を乱す批判対象の筆頭ともなり、とくに皇太子の七五分のドキュメント「英国の未来像」（BBC、一九八八）放映後には、一時、物議を醸した。一九九〇年代以降、ハイテックは、高度技術社会における人間的ふれあいや対文化性を考慮した「ハイタッチ」へと進化していった。Ⓗ

香港上海銀行／N.フォスター、1986[2)]

ロイズ・オブ・ロンドン／R.ロジャース、1987[3)]

■**参考文献**　「特集：ハイテック・スタイル」、『SD』1985年1月号、鹿島出版会／ケネス・フランプトン、中村敏男訳「第3部第4章」、『現代建築史』青土社、2003年／レイナー・バンハム「明快さ、誠実さ、統一性あるいはウィット」、岸和郎・植田実監修『ケース・スタディ・ハウス』住まいの図書館出版局、1997年

091

アメニティ

Amenity

都市生活空間の潤いと快適性の回復を求める理念

「アメニティ」の語源はラテン語の「愛（Amare）」である。アーバン・アメニティなどという。都市を生産の場としてのみならず、トータルな生活の場と捉え、居住・近隣交流・業務・消費・移動など、あらゆる活動に相応しく、あるべきものがしかるべき位置にあること、つまり快適で潤いのある都市環境を指す。起源は一九世紀のイギリスの都市計画にある。都市に住まう中産階級の住環境整備の制度化にその端緒を見い出せる。住宅街での家畜飼育の制限、住宅の造形・意匠の制限、そして商業地域での騒音規制などである。静かで緑陰に花咲く田園都市［→016］という、イギリス中産階級の理想とされた住環境こそがアメニティという理念のはじまりだった。

一九七七年、日本はＯＥＣＤ（経済協力開発機構、一九六一年発足）環境委員会から環境悪化の未改善を指摘された。すぐさま環境庁（当時）は快適な環境づくりを行政上の重要課題と位置づけた。同年、学識経験者からなる「快適な環境懇談会」が設置された。そして、一九八四年、市区町村に対し、快適環境づくりの計画策定を補助するアメニティ・タウン計画事業が開始された。翌八五年度の新規最優先政策も、アメニティ・タウン計画を環境行政の一環で推進することとなった。日本でアメニティという言葉を頻繁に耳にするようになったのはこのころからである。機能一辺倒の近代都市計画［→053］からの離脱がいよいよ具体的なかたちを取りはじめた。

イギリスの田園都市のような環境を形成・保持し得なかった日本の都市は、一九八〇年代も流動的で、かつ急激な変化を続けていた。それでも公共空間の骨格には時間的な連続性が望めた。そこに都市のアメニティを確保する可能性が見い出されたのである。夏に木陰をつくり、冬に陽光を楽しむ並木道、都市の憩いの場としての街角の小公園、歴史的建造物などを核とする環境施設の整備など、さまざまな試みが展開された。こうした流れのなかで、とくに都市の水際、オフィスなどの巨大高層建築［→060］の吹き抜け部分を中心とする公共空間、すなわちウォーターフロントとアトリウムが八〇年代の建築界を賑わせた。

ウォーターフロントとは、水際空間の環境づくりである。たとえば、暗渠や高い塀、柵・手すりなどを取り払い、殺伐としていた都市河川の風景を心休まる親水空間へと変化させる。また、工業地帯や倉庫群で殺風景だった港湾地域は、工場施設などが都市から撤退しはじめたこともあって、その跡地を公共空間や居住空間として積極的に再生・利用しようとする動きである。かつてロンドンの造船業の拠点として賑わっていたが、荒廃していたドックランド地区を再開発した事例（一九八一〜）などがよい手本となった。そして、ランドスケープ[→095]的な視点に立った計画も現れた。日本の都市の水際が一時の公害による汚染からだいぶ回復していたこともあった。なおも波に乗って岸辺に漂着するゴミをあきらめずに拾い集めたボランティアたちの、地道な努力に支えられた計画も少なくないと聞いたことがある。

ウォーターフロント開発の初期事例には、のちに続く水族館建築の雛形ともなった、水族館と自然史博物館を核とする水際空間を実現させたケンブリッジ・セヴンのボストン・ニューイングランド水族館（一九六九）がある。谷口吉生と高宮眞介の東京都葛西臨海水族園（一九八九）、また大阪の海遊館（ケンブリッジ・セヴン、一九九〇）がこの延長線上にある。また、小樽の運河など、観光地として水際再生を成功させた事例も多い。

一方、アトリウムである。アトリウムとは本来、古代ローマの中庭をいう。一九六〇年代の建築設備工学、とくに空調システム[→075]の発展により、建築内部の巨大空間が実現可能となった。そして天窓などから光が降り注ぐ、快適な内部化された外部環境（＝人工空間）が登場したのである。今日、これをアトリウムと呼ぶ。

ケヴィン・ローチとジョン・ディンケルーのフォード財団（一九六八）の光と緑溢れる大吹き抜け空間、それにL型に取り付いた執務空間は、まさに都市就業者のオアシスで、アトリウムの先駆かつ典型となった。日本では、日建設計が新宿NSビル（一九八二）で大アトリウム（幅四〇m×奥行き六五m×高さ一三〇m）を実現させ、トップライトから自然光を取り込む新しい都市の内部空間を見せた。

また、アトリウムといえば、ヘルムート・ヤーンのイリノイ州センタービル（一九八五）が圧巻だ。直径四〇mの円形、一七層吹き抜けの大アトリウムはハイテック風[→090]でもある。ヴィヴィットな色彩の構造体が露出され、その圧倒的でダイナミックな空間のスケールはシカゴの都市の街並みを内部化させ、都市的で人工的な素材と要素でアーバン・アメニティを実践した作品である。その他、ノーマン・フォスターのハイテックの精華、香港上海銀行（一九八六）のアトリウムが、エレガントな事例のひとつにあげられる。Ⓗ

■参考文献　日本都市計画学会編『アメニティ都市への途』ぎょうせい、1987年／畔柳昭雄・渡辺富雄編『海洋建築の構図』、『PROCESS ARCHITECTURE96』プロセスアーキテクチュア、1991年／リチャード・サクソン、古瀬敏・荒川豊彦訳『アトリウム建築　発展とデザイン』鹿島出版会、1988年／プロセスアーキテクチュア編集部『アトリウム　人間のための都市空間』、『PROCESS architecture 69』プロセスアーキテクチュア、1986年

イリノイ州センタービル／H.ヤーン、1985[3]

ニューイングランド水族館／ケンブリッジ・セヴン、1969[1]

東京都葛西臨海水族園／谷口吉生+高宮眞介、1989[2]

092

ディスプログラミング

Disprogramming

組み替えられていく機能／空間の対応関係

社会が要請するさまざまなアクティビティを建物種別に分類し、必要とされる機能をさらに細分化して諸室の規模、配列の仕方などを決定する。機能主義［→032］として一般化されている、この建築の構成手法は、内容としての機能と、器としての空間のあいだの関係を定義づけることで、建築の社会的責務を果たしていこうとする考え方である。両者の関係は、日本では「建築計画学」として定着していったように、さまざまな社会的・文化的制度によって固定化されていく宿命にある。建築家もまた、「プログラム」とも呼ばれる設計の前提条件を、社会からの要求として長いあいだ自明のものとして受け取ってきた。

しかし一九八〇年代を迎えると、この機能と空間の対応関係そのものを建築的思考の対象として扱う建築家が現れるようになった。両者の関係性を、よりルーズで可変的なものに変換すれば、そこに建築の新たな可能性を切り開くことができる、という「ディスプログラミング」の構想が示されていったのである。

ベルナール・チュミ［→089］は、機能と空間との一意的な関係がすでに失われ、たがいに断絶した状況にあることを記し、その組み替えを「ディスプログラミング」の手法によって示した。レストランにボーリング場を挿入したり、図書館の屋上にランニングコースが取り付けられたりする。たがいに異質な機能を交配、合成することで、多様化する都市機能の回収が図られていく。また、複数の機能を重ね合わせることで（スーパーインポジション）、予期しないアクティビティが誘発される。

こうした手法が典型的に示されたのが、一九八二〜八三年に開催されたパリ郊外の、ラ・ヴィレット公園のコンペ一等当選案である。一二〇m間隔のグリッド上に配置されたフォリー（点の要素）、散策路や樹木の列（線の要素）、広場や庭園（面の要素）などの、それぞれ点・線・面の造形要素が空間上に設定されている。そして、この三種類のモチーフが、たがいの機能的な関係を逸脱して重ね合わされ、広大な敷地内に不測の空間を出現させるのである。

またこのコンペには、それぞれ方法論は異なるものの、視座を共有させたプロジェクトが寄せられ、「プログラム」の転換に対する同時代的な問題意識が顕在化することになった。レム・コールハース［→106］

ラ・ヴィレット公園：スーパーインポジション線・点・面／B.チュミ、1982 1)

の案は、帯状に分割された空間に樹木などの自然の要素と人工的なオブジェを並置し、それぞれの空間の境界を横断する際の偶発的な風景が、意図的に創出されている。また原広司は、層状に構築された巨大なガラス壁体に必要機能を収容し、それらを透かして見せることで、見る位置によってそれぞれ情景が異なってくるような空間図式を提示した。原はこれを「多層構造」と呼び、以後その理論化を図るようになる。個別の空間の重ね合わせや組み替えを通じて、固定的な機能に縛られてきた旧来の構成手法を乗り越えようという試みが、こうして同時多発的に展開されたのである。

一九九〇年代前半の日本では、「プログラム」の問題を建築設計の新たな方法論として再定義していこうとする議論が見られるようになる。妹島和世［→098］は再春館製薬女子寮（一九九一）で、プライバシーを重視する通常の個室の配列によらず、空間相互のヒエラルキー（階層性）を消失させたかのような、均質化［→048］された個室空間の構成を見せた。また山本理顕［→108］は、熊本県営保田窪第一団地（一九九一）で、玄関―居間―個室の関係を逆転させ、集合住宅の平面計画手法を再編成する試みを示していく。

山本は、空間の配列が社会的機能を誘発すると記し、プログラムの創出に建築家がかかわることで、社会と建築との新しい関係がつくり出せると主張する。この考え方は、プログラムが、空間構成の新しいヴァリアント（作例）をつくり出すための単なる手法論としてだけではなく、建築家の職域と社会的役割を拡大する、より戦略的な用語として認識されるようになったことを示唆している。

公共投資の増大などを受けて、建築家が公共建築の設計に携わる機会が増え、プログラムという用語に、建築の社会的な側面を含意する文脈が付与されて、その意味合いを拡張していく動きが見られるようになるのである。 Ⓣ

ラ・ヴィレット公園のフォリー[2)]

フランス国立図書館コンペ応募案／B.チュミ、1989[3)]

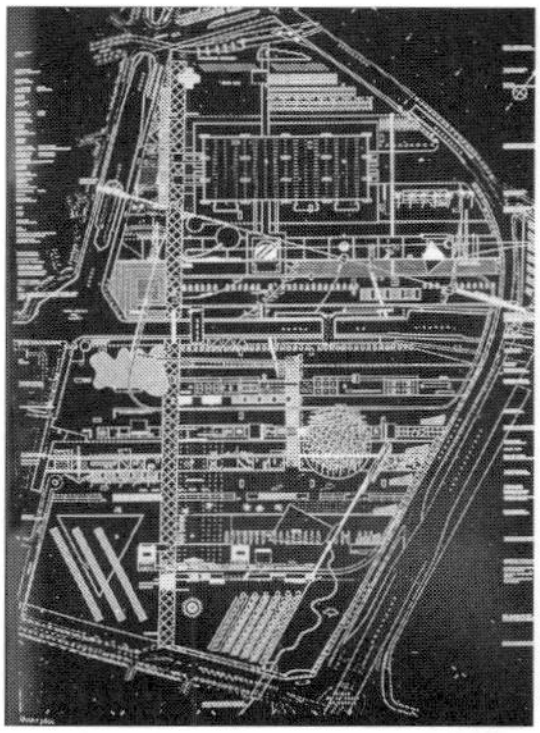

ラ・ヴィレット公園コンペ応募案配置図／OMA、1982[4)]

■参考文献 ベルナール・チュミ、山形浩生訳『建築と断絶』鹿島出版会、1996年／チャールズ・ジェンクス、工藤国雄訳『複雑系の建築言語』彰国社、2000年／多木浩二・八束はじめ「制度／プログラム／ビルディング・タイプ」、『10+1』No.2、1994年秋号、INAX出版

093

カオス

Chaos

無秩序というリアリティ、無秩序が生む新しい意味の模索

フランスの哲学者ジャン=フランソワ・リオタールは、ポストモダン［→087］という時代の科学にみる特徴を次のように捉えていた。決定不能性や、制御の正確さの限界、つまり、さまざまなパラドックスに興味を示しつつ、科学は自らの発展を不連続な、カタストロフィー（破局／激変）的で、修正不能な、逆説的なものとして理論化する、と。

　近代という時代の思考の枠組みを基礎づけてきた「理性の秩序」は、さまざまな領域で一九世紀末からすでに、つねに揺らいでいた。ジークムント・フロイトの精神科学、のちの量子力学の詳細をみるまでもないだろう。すべてを理性のみで解決できないというパラドックス。地震や恋愛など、自然現象や社会的事象には、理性=科学で説明のつかないことが多い。予測できない自然現象や、社会的事象をも解明しようとする試みがはじめられたのは、一九六〇年代になってからのことである。数学者ルネ・トムの「カタストロフィー理論」（一九六二）がその先駆けとなった。

　そして一九七〇年代、コンピューターの発展、つまり膨大な情報量の処理が可能となったため、数学、ついで論理学などの分野で、無秩序な混沌を含む現実世界を理想化せず、ありのままに読解する試みがはじめられた。その代表が、無秩序のなかに潜む秩序を解き明かそうとする「カオス」や、「フラクタル」という理論であった。「理性の秩序」がいよいよ根幹から揺るがされた。

　モノを計量化し、分析することを重視し、その質を問わず、均質性や普遍性を規範としたモダンの思考は転換期を迎えた。混沌や、非決定論的な現実をふまえ、たとえ量を捨象しても、質を問い、それを分析するポストモダンの思考への移行である。「質」を「意味」と言い換えてもよい。リオタールはこれを捕捉していたのである。

　建築の領域で、非決定論的な現実の都市や建築の混沌、そして無秩序、つまりカオスをも取り込んだ概念が提示され、実際にそれが具体的なかたちとなって表面化してくるのは、一九八〇年代に入ってからのことである。整然とした西欧のような都市を形成してこなかった日本の現代都市・東京がその舞台となった。

　たとえば、伊東豊雄の「エフェメラル」という考え方である。無秩序で移ろいやすい都市の現実を直視し、そうした都市の状況を批判するのではなく、逆にそれをメトロポリスの快楽と捉え、そのリアリティを追求した。伊東は、東京遊牧少女の包（一九八五）、レストラン・ノマド（一九八六）など、パンチングメタル［→094］やエキスパンドメタルといった、表層的で軽やかな素材を利用した仮設的な建築を次々と発表し、エフェメラルという思考を実体化さ

レストラン・ノマド／伊東豊雄、1986[1)]

せていった。

さらに過激だったのが篠原一男である。篠原は一九六〇年代から東京という都市をカオスと認識していた。八〇年代に入り、カオスをテーマに、刺激的な建築論を展開しはじめる。そして「プログレッシブ・アナーキー」「ランダム・ノイズ」などの概念が提出された。

まず、都市の構造を静止した均衡ではなく、生き物として捉えた場合、カオスが発生するとして、そのメカニズムが検証された。都市の建築すべてを仮に建築家が設計すれば、個々の建築の近視眼的な秩序は得られるはずである。だが、その集合体は不可避的にカオスとなる。このカオスが生む「ずれ」や「断層」、ユニークな「差異」を生産するメカニズムを捉え直し、単なる混乱でない、都市を活性化させるカオス、すなわち「プログレッシブ・アナーキー」を生成しようという試みである。

人々の多様な欲望の実現は、ハイテクノロジーが可能とした。しかし、エレクトロニクスを主体とするハイテクノロジーの機械は、かつてのように人間の感情に訴えるフォルム（=意味）を失った。ブラックボックス化され、意味を剥ぎ取られて、「零度の機械」となった建築が集積する都市。「零度の機械」どうしの「差異」が生み出す「ランダム・ノイズ」。それによって都市を活性化させ、かつて存在しなかった意味の発生が図られた。全体的統一性や従来の規則性、つまり秩序とは異なる次元の、断片化された、予期せぬ多様な意味を生産する空間=都市の提案である。

日本浮世絵博物館（一九八二）からハウス・イン・ヨコハマ（一九八六）、東京工業大学一〇〇年記念館（一九八七）に至る、自立した幾何形態を衝突させて事件をおこすような実験的作業は、その実践である。

カオスというポストモダンの思考が世に知られたことで、篠原の作業もその理論化にむけて大きく展開していった。篠原は、それを「モダン・ネクスト」と呼んだ。それは、都市と建築の新たな展開を少なからず予感させたものだったといえる。 Ⓗ

浮世絵美術館／篠原一男、1982[2)]

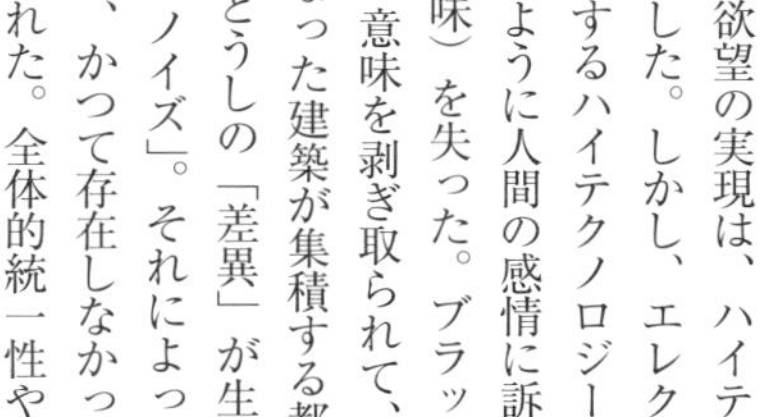

東工大100年記念館／篠原一男、1987[3)]

■参考文献　J=F.リオタール、小林康夫訳『ポスト・モダンの条件』風の薔薇社、1986年／西島建男『カオスの読み方』筑摩書房、1987年／伊東豊雄ほか『バッド・シティの快楽－東京都市学校』TOTO出版、1990年／「特集：篠原一男　モダン・ネクストへ」『建築文化』1988年10月号、彰国社／「特集：ブリコジーヌ=ゆらぎ・カオス・秩序」『現代思想』1986年12月号、青土社／「特集：カオス－複雑系のエピステーメ」『現代思想』1994年5月、青土社

094

パンチングメタル

Perforated Mental

脱形式性、人工的自然という都市のリアリティをうたった素材

「パンチングメタル」は、打ち抜き金網、またはパーフォーレイティド・メタルとも呼ばれる。ステンレスやアルミニウムなどの金属板を、円、楕円、正方形、六角形などさまざま形状・寸法の孔で打ち抜いて加工・製造された製品である。金属製のメッシュ、つまり金網の一種である。いわゆる金網類でも、凹凸面がなく、自由なパターンの孔開けが可能なこと、曲げ加工、取り付け孔などの後加工が容易であることが特徴で、非常に扱いやすい。よって家電製品の放熱カバーやレンジフードフィルター、またスピーカーカバーなど、多用途に使われている。孔のパターンによっては優れた消音性を発揮することから、自動車やオートバイなどのマフラー消音装置、高速道路などの防音壁の素材として利用されてきた。現在もその総生産の約六割を、自動車やオートバイの部品が占めるという。

もともと家電製品、車輛部品などの部材であったパンチングメタルだが、金属製メッシュのエキスパンドメタルとともに、一九八〇年代後半に建築家たちが新素材としてそれを競って使う、流行現象がおこった。軽量で、加工性・経済性・耐候性に優れていたからだろう。その材質はアルミニウム［→073］が定番だった。孔は小さな円が好まれた。面材として使用した場合、メッシュ状の細かな孔によってそれは半透過性のスクリーンとなるからである。そして、薄く軽やかな表情をつくった。

一九八〇年代後半の日本では、高度大衆消費社会がいっそう加速し、世間はバブル経済の好景気に踊り、スクラップ&ビルド［→104,107］の風潮が蔓延した。とくに、商業建築にこうした現象が顕著であった。建築の寿命は一般に短く、建ててもすぐさま解体され、再び新築するといった状況だった。社会的ストックとしての建築という認識など、どこかに吹き飛んでしまっていた。仮設的な建築のあり方を認めることも止むなしといった雰囲気だった。そしてもはや、儚き存在となってしまった建築の状況を嘆くのではなく、これらを肯定し、軽やかにそうした時代の都市のリアリティを先鋭化させる考え方が出てきたのである。

伊東豊雄にとって、軽快な薄い半透視／半透光の金属板パンチングメタルは、建築の儚さ、軽やかさ、そして仮設性＝都市のリアリティ［→093］を具現化させる格好の素材だった。伊東はパンチングメタルによって、何ものをも表象しない地点を志向した。あくまでも抽象的に、非記号的にパンチングメタルを使った。自邸であるシルバーハット（一九八四）、レストラン・ノマド（一九八六）で、パンチングメタルは、存在の儚さ、仮設的で自由なイメージを具現化させた。ここでは建築の形式性からの離脱が目論まれた。さらに横浜の風の塔

（一九八七）では、不可視である風を視覚化する装置の一部、つまりスクリーンとしてパンチングメタルが採用された。

一方、長谷川逸子である。一見、伊東と同じ傾向にあったとも思えるが、長谷川は、伊東とは対照的にパンチングメタルを扱った。表現を通じての、新しい環境の形成をめざした。東玉川の住宅（一九八七）、藤沢市湘南台文化センター（一九九〇）が好例だが、パンチングメタルを風、雲、虹など、自然現象の比喩的形態へと加工して用い、きわめて人工的な金属素材で、エコロジー的な［→**104**］環境装置としての建築を狙うという、一貫した建築理念がその作品に読み取れる。

ともかく伊東や長谷川に先導され、パンチングメタルは多くの、とくに日本国内の建築家たちの創造意欲を強く掻き立てた。内部と外部のエッジ（境界）をあいまいにつなぎつつ切断する皮膜、空間の多層性をも実現させる皮膜（スクリーン）に建築家たちは魅了された。そして、さらに新たな仮設的な素材の発見をも促した。バブル経済絶頂期には、建築雑誌の誌面にパンチングメタルをはじめ、妹島和世のような、金属やポリカーボネイトの波板、金網などで軽やかさや仮設性を謳歌する作家も、次々と登場した。障子に近い効果が得られるからだろうか、日本人の好みに合う部分があったともいえよう。反面で、あまりにも軽やかなその仮設性を戒める声、「ひらひらふわふわの建築」（鈴木成文）、つまり頼りなく軽薄だと揶揄する声も上がった。

一時の熱狂は一九九〇年代前半で薄らいだ感もあるが、パンチングメタルを用いた既製のバルコニー商品なども発売されるなど、現在、パンチングメタルは、建築素材の基本アイテムのひとつとして完全に定着しているといってよいだろう。Ⓗ

風の塔／伊東豊雄、1987[2)]

シルバーハット／伊東豊雄、1984[1)]

藤沢市湘南台文化センター／長谷川逸子、1990[3)]

■**参考文献**　伊東豊雄『風の変様体』青土社、1999年／伊東豊雄『バット・シティの快楽学』TOTO出版、1990年／伊東豊雄「消費の海に浸らずして新しい建築はない」、『新建築』1989年11月号、新建築社／「特集：長谷川逸子」、『SD』1985年4月号、鹿島出版会／「特集：長谷川逸子」、『SD』1995年11月号、鹿島出版会

095

ランドスケープ

Landscape

外部空間をコントロールする、領域横断的な環境デザインの技術

建物は、都市的立地にあっても、また郊外の広大な自然のなかに置かれる場合であっても、不可避的に周辺環境との関係を発生させる。小さなスケールでは戸建ての家が連なる街並みとして、より大きなスケールとしては公園や緑豊かな自然景観などの空間的広がりに対し、内部空間と同様に、あるときはそれ以上に、重大な影響を及ぼす。一九八〇年代以降大きく注目を浴びるようになった「ランドスケープ（景観）」という考え方は、こうした外部環境全般を、建築・都市・土木といった各関連分野を横断して、総合的な視野からコントロールしようとする技術である。ランドスケープ・アーキテクチュアという用語を初めて用いたフレデリック・ロウ・オルムステッドは、都市美運動を提唱し、一方では社会改革論者、農業改良技術者でもあった。このことに象徴されるように、時としてないがしろにされ、生活環境の悪化をもたらす都市空間や自然景観の維持、改善に責任を担う専門的職域として認識されてきた。限定された区画の植栽計画などを行う造園家とは根本的に職能を異とし、アーキテクト（建築家）同様、きわめて公共的な性格を本来的に担う。

ランドスケープ・アーキテクチュアの発展は、一九〜二〇世紀を通じて主にアメリカを舞台に進行した。一八五八年のセントラル・パーク（ニューヨーク）のコンペで、オルムステッドがカルヴァー・ヴォーと共同で当選し、イギリス風景式庭園を展開させて、ピクチュアレスクのスタイルで構成された都市公園をつくり出したのがはじまりとされる。第一次大戦後、一九二〇〜三〇年代にかけて、キュビスムや構成主義［→033］など、ヨーロッパにおける前衛的な芸術運動や近代建築の影響により、フレッチャー・スティール、トーマス・チャーチ、クリストファー・タナード、ガレット・エクボらが、ランドスケープ・アーキテクチュアの領野に新たな方向性をもたらした。古典主義的造形［→005,012］に典型的な、軸線を使った視線の固定化という手法から脱し、幾何学的形態［→018］をモチーフとした抽象的構成により、複数の、多様な視線の存在を前提とした外部空間が編成されるようになった。

また、ジェームズ・ローズのように、植物材料を樹種・形状などによって分類して、その組み合わせにより構成を試みる手法なども現れた。こうして、次第に建築とランドスケープが設計手法を共有させ、両者のコラボレーション（共同）を可能にする道筋が開かれていった。第二次大戦後には、ローレンス・ハルプリンのニコレット・モール（一九六七）やロバート・ザイオンのベイリー・パーク（一九六七）など、都心部の再開発やビジネス街のポケットパ

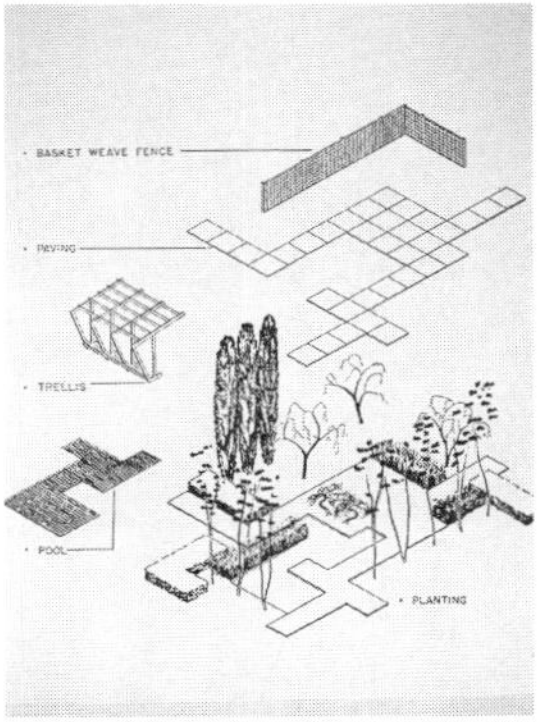

J.ローズ『クリエイティヴ・ガーデンズ』（1958）のなかの図版[1)]

ークの形成にランドスケープの方法論が応用され、都市緑化やオープンスペース［→070］の新しい構成手法として普及していった。

　そして一九七〇～八〇年代を迎えると、環境芸術やアースワーク、ランドアートなどと呼ばれる現代美術の潮流が、ランドスケープ・アーキテクチュアの分野にも影響を及ぼすようになる。芸術家たちが、美術館やギャラリーなどの閉ざされた展示空間を離れ、自然環境そのものを作品発表の場にして、美術のあり方や意義を問い直すような試みをはじめ出した。マイケル・ハイザー、ロバート・モリスなど、自然の広大なスケールのなかにオブジェを配し、鑑賞者がそれぞれのオブジェ間を移動しながら知覚の変容を経験するという形式の作品がつくり出されていく。

　こうした自然とのかかわりのなかに、ランドスケープ・アーキテクチュアとの問題意識の共有化が図られるようになっていった。ヤヴァシェフ・クリストのアンブレラ・プロジェクト（一九九一）など、一般市民の協力を得て、制作過程そのものを作品化するようなプロジェクトも見られた。これらの作家たちは、ミニマルアートの動向に連なる芸術家も多く、ランドスケープとミニマリズムとの協調もまた顕著になった。ピーター・ウォーカーは両者の融合に取り組み、磯崎新と共同した先端科学技術支援センター（一九九三）の、グリッド状に並べられた円錐状のオブジェによる庭園の創出など、アート色の強い作品をつくり出している。

　ランドスケープは、単に外部空間の構成手法といった意味に限定されず、自然を直接の対象とするため、生態学などの分野とも連携していて、エコロジー［→104］や環境保護などの問題にも関係している。また、風景や景観が、社会の継承すべき文化的遺産だとする立場から、社会学や歴史学、心理学などの人文系諸領域の知を動員、共同する必要も生じてきている。こうした領域横断的な問題を抱えながら、建築デザインとの関係においては、建物の内外空間のあり方に変容を促す可能性を秘めた隣接分野として、両者の共同が積極的に模索されていく。

Ⓣ

ニコレット・モール／L.ハルプリン、1967[2)]

兵庫県先端科学技術支援センター／磯崎新＋P.ウォーカーほか、1993[3)]

■**参考文献**　landscape network901編『ランドスケープ批評宣言』INAX出版、2002年／宮城俊作『ランドスケープの視座』学芸出版社、2001年／ピーター・ウォーカー＋メラニー・サイモ、佐々木葉二・宮城俊作訳『見えない庭－アメリカン・ランドスケープのモダニズムを求めて』鹿島出版会、1997年／三谷徹『風景を読む旅 20世紀アメリカのランドスケープ』（建築巡礼）丸善、1990年／「特集：ランドスケープ」『建築文化』2000年11月号、彰国社

096

都心居住

Restructuring of Inner City

ポスト近代都市にむけての都心地区への新たなまなざし

「アテネ憲章」［→053］に代表される都市像に従って、生活機能の分類・構成（＝ゾーニング）に基づいて建設・整備されていった二〇世紀の都市は、その姿が具体的なものになるに伴って、思いがけない問題を顕在化させていった。たとえば、業務地区として昼間だけ賑わい、夜間は無人と化す就業の場としての都心、反対に昼間は無人となり夜間だけ賑わう私生活の場としての郊外、こうした状況がもたらされたことによって生まれた、たとえば犯罪の温床化などの問題である。

　このような都市の状況に対して再考を促し、活性化を図る企てが、一九八〇年代後半以降、徐々に行われるようになった。言うならば、用途別に区分された地域ごとに、いわば「営業時間」が決められてしまった都市の姿を、生活環境の総体として「二四時間営業」させる方法が、あらためて模索され出したのである。そうした試みの嚆矢的存在となったのが、一九八七年にベルリンで開催されたＩＢＡ展(国際建築展覧会)であった。

　ＩＢＡ展は、ベルリン市政七五〇周年記念事業の一環として企画された建築展でもあり、「住む場所としての都心」をテーマに掲げて実施された。都心地区における集合住宅建設を中心とする具体的な建設作業を通じて、人々が住まうための場としての、都心地区の再考と再生が試みられたのである。そのため、都市に住まうことの意味を問うかたちで、世界的にも大きな影響を及ぼした。また、世界的に著名な建築家たちが、設計者として数多く参画したことでも話題を集めた。

　このＩＢＡ展の実施にむけて、建設事業を取り仕切るオルガナイザーに指名されたのは、ヨーゼフ・パウル・クライフスだった。クライフスは設計者を選定するにあたり、多数の設計競技を実施した。

　二〇世紀における、郊外居住を理想とする住宅形式の模索のプロセスでは否定的に捉えられてきたが、歴史的には都心部における伝統的な住宅形式として培われてきた、中庭を囲むかたちで住棟（＝街区）を形成する「中庭型住棟形式（クローズド・ブロック）」というタイポロジー［→081］の再生が、その主題とされていた。そのため、設計競技を通じて、「中庭型住棟形式」が内在している日照条件に関する欠点などを、補完・解消するためのアイデアが求められることになった。

　そして実際的に、ＩＢＡ展が開催されるまではなかば見捨てられていた「中庭型住棟形式」というタイポロジーをもつ集合住宅が、新たな可能性を吹き込まれつつ、それまでにない多様なバリエーションをもって具体化されていった。

　また再開発の方法としても、スクラッ

IBA展・ベルリン博物館に隣接する街区部分／既存の街区型都市構造を生かした建設活動の様相が理解できる[1]

IBA展・A.ロッシ設計の集合住宅／1987、街区のアクセントをなす角部の処理[2]

IBA展・V. グレゴッティら設計の集合住宅／1986、街路景観の連続性を保ちながら中庭へのアプローチを提供する門型の造形[3]

プ・アンド・ビルドに基づき一新される面的な開発ではなく、既存の建物を破壊することなく活用していくことが企図された。既存施設を含めた周辺環境との関係性、歴史性と現代性との共存を図っていくことが課題とされたのである。つまり、目の前にある都市の現実と歴史的伝統の両者を、ありのままに受け入れることが、新たな計画と開発の出発点におかれていた。
こうした姿勢の結果、「都心居住」という古くて新しいテーマが、都市問題の解決策としてクローズアップされるとともに、その解法の雛型が提供されたのである。さらに、むしろ歴史性や伝統を否定することで、形成・確立されてきた近代都市計画の方法に、それまでにない視点をもたらすこともなったのである。
IBA展以降、住宅を中心とする建設活動および展覧会の開催という事業を通じて、居住地区としての都心部の活性化（＝再生）を試みるという構想は、オランダ（フローニンゲン）やフランス（パリ、ZACプロジェクト）をはじめとして、世界各国で踏襲されていった。わが国でも、一九八八年より熊本県知事・細川護熙（当時）の発案により、磯崎新をコミッショナーに迎えてはじめられた「熊本アートポリス」の事業は、直接的にIBA展から着想を得たものであった。そして、岡田新一をコミッショナーとする岡山県のクリエイティブタウン岡山などの事業にも継承されていった。
また、都心居住の形式としての「中庭型住棟形式」そのものへの関心は、千葉県の開発による幕張新都心の住宅地区・幕張ベイタウン（一九九五年入居開始）の建設に際して、導入される契機も導いた。さらに、丸ビル（設計：三菱地所設計、二〇〇二）の建て替えに象徴される東京・丸の内地区の再開発作業の骨子も、「住」という要素は包含されていないものの、同様な意識の延長線上にあるといってよい。Ⓨ

幕張ベイタウン・パティオス／1995〜、意図的に導入された中庭型住棟の連なりがつくり出す街並み[4]

■参考文献　展覧会カタログ『IBAベルリン国際建築展・都市居住宣言』日本建築学会、1988年／「IBA:ベルリン国際建築展1987」、『a+u』1987年5月臨時増刊号、エー・アンド・ユー／Josef Kleihues, "International Building Exhibition Berlin 1987: Examples of a New Architecture", Rizzoli, 1987

097

ゲニウス・ロキ

Genius Loci

「場所性」の復権――時間的、空間的広がりのなかで相対化されていく近代建築

「ゲニウス・ロキ」はラテン語で、ゲニウスは精霊や守護の霊、またロキは場所や土地などを意味する。この二つの語が組み合わされて、土地を守る精霊、地霊という独自のニュアンスをもつ用語として使われるようになった。元来は古代ローマで用いられ、世界のあらゆる存在には固有の守護の霊があり、人間に生命力を与えて、人が生きる場所の性格や特徴をつくり上げる、という考え方を示していた。

　こうした、人間と、人間を取り囲む環境とを結び付ける古代の考え方が、建築の考え方としてあらためて使用されるようになったのは、一八世紀のイギリスにおいてだった。自然の風景を模して庭園や建物の姿をつくり上げる、「ピクチュアレスク（絵のような）」の美意識のなかで再生されていった。幾何学的整形庭園などのルネサンス的な調和比例の理論から解き放たれ、人間の知覚や経験の主観的感覚のなかに、美の主体が見い出されるようになった。その際に、人間と場所、環境の相互関係を象徴的に言表する「ゲニウス・ロキ」という概念が援用されていったのである。

　一九七九年に出版されたクリスチャン・ノルベルグ＝シュルツの『ゲニウス・ロキ――建築の現象学をめざして』は、この独特の意味合いをもつ言葉を現代建築の理論のなかに蘇らせ、近代建築に対する批判的用語として、あらためて定着させる役割を果たした。プラハ、ハルトゥーム、ローマの三都市について、地理的・気候的な特徴、都市の景観や構造が記述され、その場所のもつ「性格」が記述される。

　その過程で、中世の街並みのように多様性を包含する「ロマン的」、古代ローマの都市計画のように唯一の空間原理が貫徹する「宇宙的」、ギリシア神殿のように個々の場所の加算化・群化によって構成され、普遍的体系を欠く「古典的」、という三つの基礎的概念が提起されていく。ノルベルグ＝シュルツは空間の知覚や印象、人間の経験などを、現象学的な空間論〔→069〕の方法を応用しながら記述し、それぞれの場所の固有性を概念化していくことによって、近代建築が定義した、普遍的な空間という超越的な観念の相対化をめざしたのである。

　近代建築は、機能主義〔→032〕の考え方に基づいて形式と内容、形態と用途を結び付け、その象徴的形象として、たとえば

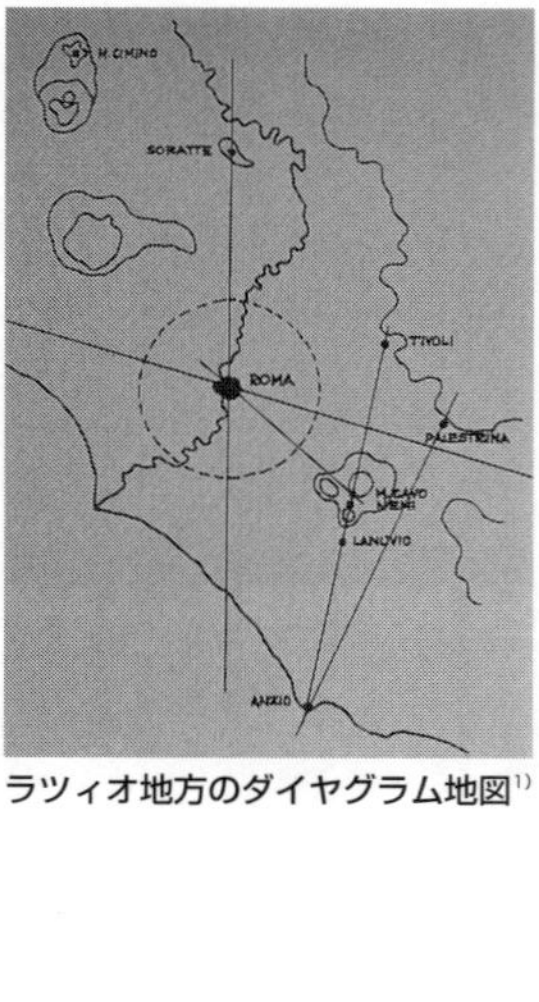

ラツィオ地方のダイヤグラム地図1)

機械［→029］をモデルとするような世界観を打ち立てた。機械が作動環境を選ばないように、近代建築も地球上のどのような地域や場所であっても、あまねく建設可能な、普遍的な性質を追求したといえる。しかし、ユニヴァーサルスペース［→048］として単一化されていった建築の姿は、急速に都市の風景を殺伐としたものに変え、その土地固有の「性格」を希薄化し、喪失させていった。

そして一九七〇～八〇年代にかけて、こうした事態に対する危惧の意識が場所性の回復などといったテーマを呼び起こしたとき、ゲニウス・ロキという歴史的概念の現代的意義が生まれた。建築のデザインが、建物単体のみを対象とした自律的・完結的な思考から抜け出て、コンテクスチュアリズム［→080］やランドスケープ［→095］、景観論などと協調しはじめたこととも関連している。

またゲニウス・ロキは、単に土地や場所の物理的な広がりを意味するだけでなく、歴史的・文化的・社会的な「記憶」［→081］を想起させる、時間軸上の広がりも一方で含意している。一九九〇年代における都市の大型再開発プロジェクトにおいて、歴史性の継承がデザイン上の要請として浮上してきたり、また歴史的建造物の保存・再生［→107］が社会的な関心を呼ぶなど、都市の時間的な全体性に目がむけられることも多くなってきた。

一方で、より身体スケールに近い場面では、その土地固有［→088］の自然素材を生かしたデザインなど、建築材料のもつ連想性が主要なテーマになる場合もある。ゲニウス・ロキとは、絶対的な基準や普遍性を希求しがちな「建築」という観念を、こうした空間的・時間的な広がりのなかで揺さぶり、相対化していく用語として、九〇年代を迎えると大きくクローズアップされていったのである。　Ⓣ

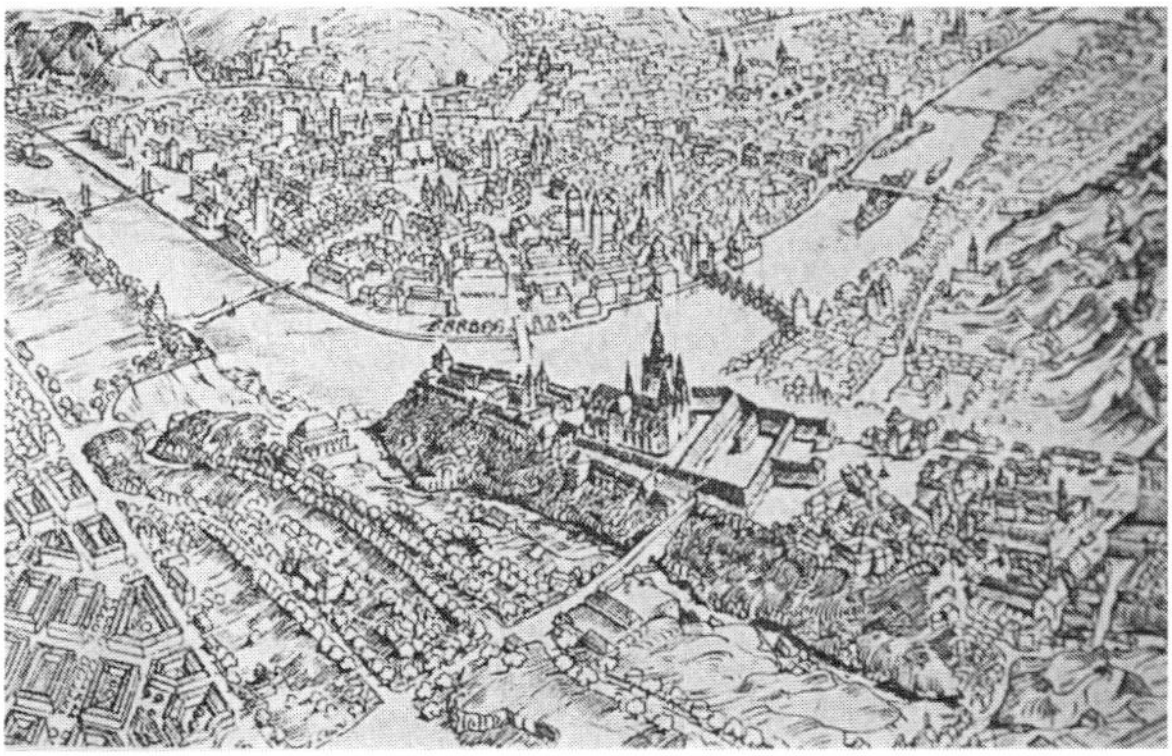

田園風景のなかのプラハ[2)]

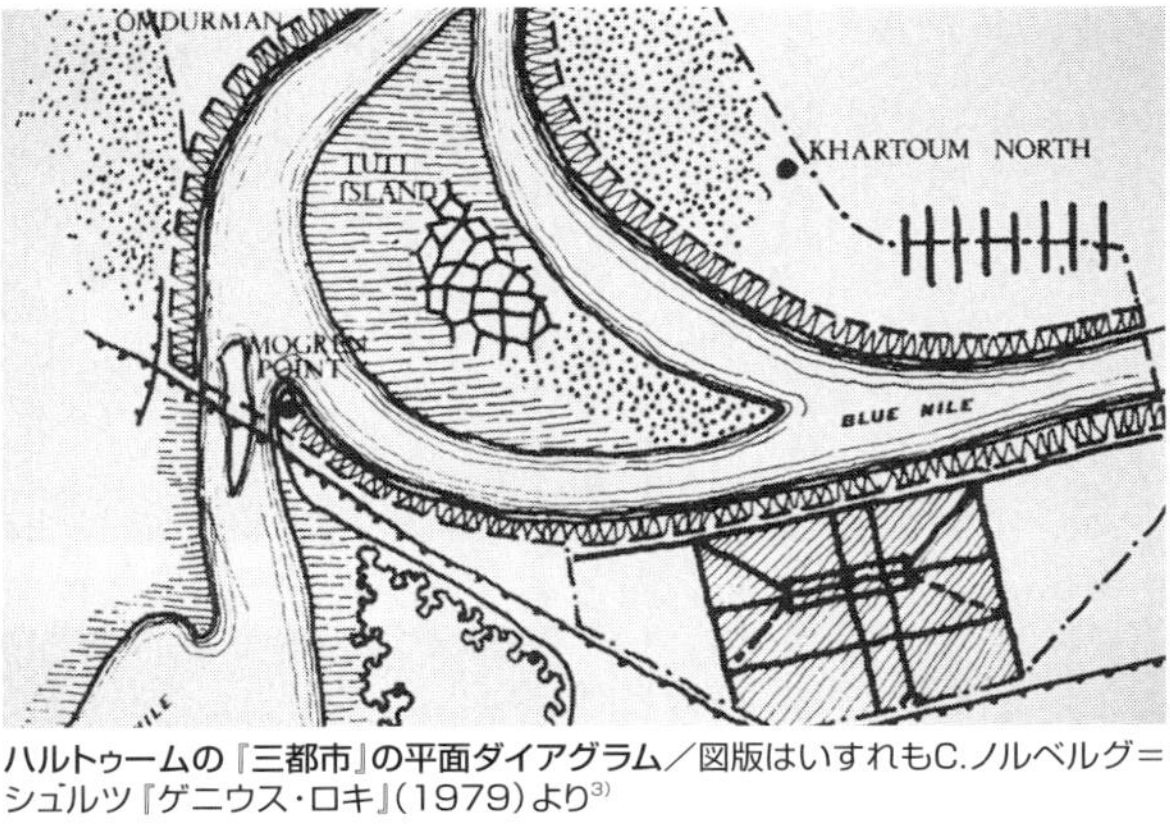

ハルトゥームの『三都市』の平面ダイアグラム／図版はいずれもC.ノルベルグ＝シュルツ『ゲニウス・ロキ』(1979)より[3)]

■参考文献　鈴木博之『東京の「地霊」ゲニウス・ロキ』文芸春秋、1990年（文庫判、1998年）／クリスチャン・ノルベルグ＝シュルツ、加藤邦男・田崎祐生訳『ゲニウス・ロキ－建築の現象学をめざして』住まいの図書館出版局、1994年／鈴木博之『日本の〈地霊　ゲニウス・ロキ〉』（講談社現代新書）講談社、1999年

098

ネオ・モダニズム

Neo Modernism

近代建築の内在的可能性を増幅、変換させていく新たな回路

一九九〇年代に入ると、直方体などの単純な幾何学的形態［→018］を用いて、外観を単一の構成に収斂させていく、新しいスタイルを示す作品が現れるようになった。ＯＭＡ［→106］のフランス国会図書館コンペ案（一九八九）、妹島和世の再春館製薬女子寮（一九九一）、ジャン・ヌーベルのカルティエ財団ビル（一九九四）など、抽象度の高いキュービックな形態を、ガラス［→011,050］などの均質化された材料で被覆［→020］する。

一九八〇年代に広く普及したポストモダニズム［→087］やディコンストラクティヴィズム［→089］は、複雑な形態操作のなかにさまざまな記号的［→082］な作用を織り込んでいこうとしたが、これらの作品は、かつて一九二〇～三〇年代初頭に定式化された近代建築を連想させる、要素還元主義的な性格を強く体現させていた。そして、「ネオ・モダニズム」とも呼ばれる新たな潮流が、九〇年代の建築デザインを彩っていった。

こうした動向のなかで、造形的な特徴として次第に顕著になっていったのが、形態上の差異ではなく、建物の外観に使用される材料にさまざまな表情が映し込まれて、素材がもつ物質性に建築表現が大きく依拠するようになった点である。なかでもヘルツォーク&ド・ムーロンは、建物の外装に従来とはまったく異なる方法で多様な材料を使用し、その手法を広く展開させた。リコラ・ヨーロッパ社製品・倉庫（一九九四）ではポリカーボネート板にシルクスクリーンで葉形の文様を印刷し、ドミナス・ワイナリー（一九九七）ではワイヤー製の籠状の層を外周にめぐらし、その中に石を詰め込むという造形を見せた。また、バーゼル駅信号所（一九九五）では、外部を覆う銅板にストライプ状の水平の切れ目を入れ、建物の重量感を消去させたかのような効果を出現させている。

こうした流れのなかで、ガラス［→101］もまた透明性という性質を超えて、さまざまなテクスチュアが付与される対象として、その造形的性格を大きく変質させていった。セラミック印刷や、フッ素などの溶液による溶解処理、金属製の粒を吹き込むなどの加工をほどこし、その物質感を強調する手法が試みられるようになった。これらの傾向は、内部空間の性質だけでなく、建物の表面とそのテクスチュアの知覚においても、さまざまな差異化が図られていったことを示している。建設材料をオブジェとして捉え、その物質性を主題化しているという点で、こうした試みを一九六〇年代にアメリカで興隆したミニマリズムの芸術に重ね合わせて説明する論評もみられる。単純化された形態とその表層のなかに、鑑賞者の知覚のあり方が問われていくという

フランス国立図書館コンペ応募案／OMA、1989[1)]

点で、両者には類縁性が見い出されるのである。

一方、内部空間の構成も、機能［→032］を従来とは異なるかたちで編成して、新しいアクティビティを創出しようとする試みがみられた。MVRDVは、ハノーファー国際博覧会オランダ館（二〇〇〇）で、立体化されたランドスケープ・アーキテクチュア［→095］とでもいうべき、四周に開放された空中庭園のイメージを実現させた。また、伊東豊雄のせんだいメディアテーク（二〇〇〇）では、フラットスラブをチューブ状の構造体が貫き、部屋としては区画化されない各層の空間的広がりのなかで、ライブラリー、ギャラリーなどの諸機能が家具やパーティションによって装置化されている。いずれも、開放的な空間構成［→048］のなかに、自然との饗応や新しいコミュニケーションのあり方を誘発する場をつくり出している。

また、こうした傾向の作品のなかに、一九二〇年代の近代建築との相同性を積極的に読み取ろうとする批評もみられる。ドイツの建築雑誌『ARCH＋』は「近代の近代」（一九九八年一〇月号）という特集を組み、コールハース、MVRDV、ピーター・ズントーなどを、ル・コルビュジエ［→038］、ルートヴィヒ・ミース・ファン・デル・ローエ［→041,048］、ルートヴィヒ・ヒルバースアイマーなどの建築家たちと並置してみせ、両者の連続性・継承性を示した。この特集に論考を寄せた社会学者ウルリッヒ・ベックは、「再帰的近代化」の概念のもとに、社会主義の崩壊などイデオロギー的な対立が消散した世界において、近代化が自己修正を図りながら、さらなる拡大、徹底化を押し進めるという事態を記した。

建築の分野でも、近代建築が標榜した、形態の革新を通して新しい世界を表出するというアヴァンギャルディズムの方法論は失効してすでに久しい。しかし、その克服が同時代的な課題として共有されていったとき、歴史的対象として相対化された近代建築の衣をあらためてまとうことで、その内在的可能性を増幅・変換させていくという逆説的な局面が訪れるようになったのである。（T）

バーゼル駅信号所／ヘルツォーク&ド・ムーロン、1995[2)]

せんだいメディアテーク／伊東豊雄、2000[3)]

■参考文献　伊東豊雄・山本理顕・青木淳・西沢立衛『新建築臨時増刊：建築20世紀－4人の建築家が問う1990年代』2001年11月、新建築社／Terence Riley ed., "Light Construction, Museum of Modern Art", Harry N. Abrams, 1995／SD編集部編『ガラス建築　Architecture in Glass』鹿島出版会、1999年

099

テーマパーク

Theme Park

二〇世紀末に出現した、「擬態」の記号空間

万国博覧会［→010］は、「近代」という時代を象徴するイベントとして、二〇世紀を通じて広く世界に普及していった。日本においても、一九七〇年に開催された大阪万博など、時代を画する大規模な博覧会が開催されている。最先端のテクノロジー［→029］の見本市としての意味合いだけでなく、さまざまなパヴィリオンやアトラクションなど、人々に新しい時代の息吹を感じさせ、未来への夢を喚起する装置として機能してきた。それは、つねに進歩を続ける近代社会の羅針盤としての役割を担っていた。

しかし、二〇世紀後半になり、消費社会の高度化とそれに伴う情報イメージの拡幅が、新しいタイプの「夢の装置」を出現させるようになった。ディズニーランドなどに代表される、「テーマパーク」といわれる施設である。日本で千葉県浦安に「東京ディズニーランド」が開園したのが一九八三年だった。その後、「サンリオピューロランド」（一九九〇）、「ハウステンボス」（一九九二）、「東武ワールドスクエア」（一九九三）などが次々と開設されていく。

これらは一様に、それぞれのテーマを直截に表現する、お城や西洋館などを模したパヴィリオン建築で構成されている。万国博覧会が来るべき未来の形象を描き出すという性格をもっていたのに対し、テーマパークは強い虚構性・物語性・無国籍性を前面に押し出すことによって、人々の記憶のなかにある、それぞれのテーマに基づくイメージを最大限に増幅させていった。来場者は、過剰なまでの記号的［→082］・図像的な造形に目をくらませ、非日常的な仮想空間［→103］を楽しむのである。

これらのテーマパークは、バブル経済などを背景に、新しいタイプの観光産業として姿を現した。万国博覧会とは異なり、パヴィリオンの設計に建築家がかかわることはあまりなかった。あくまでも商品経済における需要の開拓、商品に対する欲望の惹起が目的であり、それが直接、社会の文化的領域に対して発言していくことは少なかった。日常生活から隔絶した閉鎖性の強い空間に、キッチュ（まがいもの）［→052］で、イメージ消費的な記号空間をつくり上げるという手法に、そうした性格が現れている。

しかし、こうしたテーマパーク的な造形はやがて、その閉ざされた領域を抜け出して、次第に人々の生活空間のなかに浸透しはじめるようになった。東京の自由が丘にヴェネツィア風の街並みが出現したり、鳥取県の港町の通りを水木しげるの漫画『ゲゲゲの鬼太郎』のキャラクターが埋め尽くしていったりした。そればかりでなく、全国の交番や公衆トイレ、駅舎などが、こうした表層的なデザインで覆われて、都市風

景を変えていく現象が見られるようになった。本来、非日常的なものとして構築されたデザインの手法が、次第に日常的空間へ領域を拡大し、都市環境をかたちづくる要素として使用されていったのである。こうした新たな事態が、一九九〇年代の日本を特徴づけるようになった。

ロバート・ヴェンチューリ［→078］は著書『ラスベガス』のなかで、記号としての建築デザインの可能性を予見した。また一九八〇年代には、ラブホテルやパチンコ店のデザインなどが建築論、現代都市論として取り上げられ、建築デザインのポピュリズム的側面［→077］を分析する作業なども行われた。しかし、九〇年代のテーマパーク的な造形は、より広範な都市空間をターゲットとしており、また個々のデザインのメッセージ性があまりにも直截であるため、こうした文化的圏域での議論をたやすく乗り越えていってしまうところに特徴がある。

これは、デザイナーと受け手を結ぶ社会的・文化的回路が、テーマパークという新たな現象によって逆説的に切断されていく事態であるともいえる。個々の造形のある種の「親しみやすさ」が、その擬態ぶりゆえに、デザイン［→015,022,034,039］という行為を背景で支える、文化的コンテクストの介在する余地を奪い取っていく。ポストモダン［→087］時代に特有の快楽的気分を象徴的に形象化していくことで、街に溢れはじめた「テーマパーク」のデザインは、建築家らによる「表現」という行為さえも無意味化してしまうような、図像的強度を獲得するようになった。近代建築が前提としてきた、デザインという営みの社会的枠組みを無邪気に解体する、批判的な社会装置としての機能を、「テーマパーク」はもちはじめたのである。Ⓣ

東武ワールドスクエア／1993[1)]

SLのトイレ[3)]

水木しげるロード[2)]

河童の交番[4)]

■参考文献　中川理『偽装するニッポン―公共施設のディズニーランダゼイション』彰国社、1996年／桂英史『東京ディズニーランドの神話学』青弓社、1999年／磯崎新「テーマパーク」『10+1』No.2、NTT出版、1994年

100 ユニヴァーサルデザイン

Universal Design

日常の環境に隠れていた課題を問い直す視点と方法

「ユニヴァーサルデザイン」という考え方は、一九九〇年にアメリカのロナルド・メース（当時ノースキャロライナ州立大学教授）により提唱された。可能な限り最大限の人が、気持ちよく、当たり前に利用・活用できるような普遍的（ユニヴァーサル）な性格をもった製品や建築物、生活環境のデザインのあり方を説いたものである。

それ以前には、一九五〇年代後半、デンマークの役人ニールス・エリク・バンク＝ミケルセンが、障害者の権利を認め、彼らを取り巻く環境を変えることで、健常者と同様な生活を送れる「共生社会」をつくり上げていこうとする「ノーマライゼーション」という考え方を提案している。この考え方は、国際連合の障害者の権利宣言（一九七五）に影響を与え、さらに障害者の社会への完全参加と平等をテーマとした国際障害者年（一九八一）や、国連・障害者の一〇年（一九八三〜九二）へと引き継がれることで、世界的に受け入れられていった。また、この間にノーマライゼーションという考え方は、障害者のみならず、高齢者や子供など、社会生活上で不利を受けやすい人々全体を包括するものとして変化・進化していった。

そして一九九〇年には、アメリカで、障害者の人権と平等の機会を保障するためのエポック・メーキングとなる法律ＡＤＡ法（障害を持つアメリカ人法）が調印（一九九二年施行）されるなど、法制度も徐々に整備されていった。ＡＤＡ法は、障害者の利用しにくい施設を「差別的」と位置づけて、雇用の機会均等や、製品・サービスへのバリア（障壁）のない利用を保障するものだった。また、わが国でも、ノーマライゼーションを実現する福祉政策の一環として、一九九四年にハートビル法が、二〇〇〇年に交通バリアフリー法が施行された。この両法は、二〇〇六年にバリアフリー新法に統合された。

一方、ノーマライゼーションが普及していく過程で、障害者の社会参加を可能とする実際的な方法として、障害者や高齢者が無理なく活用できるデザインをめざす「バリアフリー（障害除去）デザイン」、障害者の特別なニーズを考慮しながら一般利用も可能なデザインをめざす「アダプティヴ（適合）デザイン」、若年層・中年層・高齢層と世代を超えて利用できるデザインをめざす「ライフスパン（生涯）デザイン」といった考え方が、提案されていった。

そしてユニヴァーサルデザインは、これらの提案を包括的に総合させたものとしてまとめられたのである。また、法律という制度的な仕組みの限界を超えて、共生社会の実現のために必要となるデザインの心構えを一般化させたのであった。それゆえ、ユニヴァーサルデザインという考え方には、すべての人が分け隔てなく参画できる社会の実現をめざして、子供から高齢者・障害者まで、年齢や性別、国籍や身体能力などの相違にかかわらず、誰もが使いやすいように、前もって製品や建築物、生活環境をデザインする、という姿勢が込められている。

そして、その具体的な指標として、メースは、①誰でも公平に利用可能であること、②利用するうえで柔軟性があること、③単純で直感的に利用可能であること、④必要な情報が即座に認知可能であること、⑤誤用に対して寛容であること、⑥身体的労力が少ないこと、⑦利用するために適切な寸法や空間が確保されていること、という「ユニヴァーサルデザインの七つの原則」を提示した。こうしてユニヴァーサルデザインは、健常者であれば当たり前とも思える、いわば普通の環境に隠れていた問題を問い直す視点と、それを解決するための指針を導いたのである。

ところでユニヴァーサルデザインは、バリアフリーデザインと混同されがちである。だがその最大の相違は、バリアフリーデザインが既存のバリアを除去すること、つまり、たとえば道路などの段差部分にスロープを付けるといった、事後的な対応を図るものであるのに対して、ユニヴァーサルデザインは、障害者や高齢者なども含めて使いやすいように事前に設計段階から配慮を行う点にある。そのため、現状での取り組みは、ユニヴァーサルデザインを理想としつつも、主にバリアフリーデザインの観点から、共生社会の実現にむけて整備が行われている段階にあるといえよう。そして、社会の高齢化が進行する現状や将来を見据えれば、既存環境での対応を図るバリアフリーデザインではなく、ユニヴァーサルデザインに対する積極的な姿勢が必要となるはずである。

だが一方で、ユニヴァーサルデザインが安直に金科玉条となるとすれば、たとえば地勢を崩して平坦に土地を造成すればよいなどの姿勢につながり、地域性や伝統、そして地球環境などを破壊する危険性もあることを見過ごしてはならない。そのバランスの取り方が現在、求められている。Ⓨ

触知案内板と床誘導用点字ブロックが設けられた国際障害者交流センター「ビッグ・アイ」のエントランス／田中直人＋日建設計、2001年[1)]

車いす使用者でも出入り可能な幅をもち、ゆっくりと回転する自動ドア[2)]

■参考文献　梶本久夫『ユニバーサルデザインの考え方』丸善、2002年／川内美彦『ユニバーサル・デザイン―バリアフリーへの問いかけ』学芸出版社、2001年／田中直人『五感を刺激する環境デザイン』彰国社、2002年／The Center for Universal designのホームページ：http://www.design.ncsu.edu/cud/

101

サッシレス

Sash-less

限りなく透明な皮膜表現を可能とした技術

ガラス面を支えるサッシはなくてよければないほうがよい、という気持ちはよくわかる。透明性や反射性という、ガラス素材［→011,050］の特徴を最大限に生かそうとすれば、サッシ（の枠）は目障りで、消してしまいたい存在といえよう。必然的に、「サッシレス」という発想が生まれる。

サッシレスの夢は、ガラススクリーン構法の歩みとともに実現されていった。とりわけ、大きなサッシレスのファサードを可能としたのが、ＳＳＧ構法（Structural Sealant Glazing System）、ＤＰＧ構法（Dot Point Glazing）などである。ポストモダン［→087］、ハイテック［→090］の建築とともに技術は進化していった。

ＳＳＧ構法は、一九七〇年代初頭にアメリカのＰＰＧ社が開発したガラス止め付け構法のひとつである。接着力に優れ、風荷重などを支持部材に伝える構造的なシリコンゴム系シーリング材、ストラクチュラルシールで、板ガラスを固定し、室内に設けた金属製の支持枠などに取り付ける構法である。大別して二辺支持（2サイド）、四辺支持（4サイド）があるが、二辺支持は板ガラスの上下または左右にサッシ枠が（帯状に）走る。四辺支持では、板ガラスの四辺すべてをストラクチュラルシールで支持部材に接着固定するので、外側には枠が出てこない。最初期の事例には、葉祥栄のソーラー＋エアサービス（一九七〇）、ＰＰＧ社施工のデトロイトのＳＨ＆Ｇ本社ビル（一九七一）がある。前者が二辺、後者が四辺支持である。

一九七〇年代の後半、ＳＳＧ構法に工場施工タイプが登場し、高い施工精度が確保できるようになり、十分な品質管理も可能となった。八〇年代に入ると、高層建築に採用される事例も出てくる。ついに超高層への採用が図られたのがヘルムート・ヤーンのイリノイ州センタービル（一九八五）［→091］である。渋谷の日本システムウエア本社ビル（田辺博司・レーモンド事務所、一九八五）、保存問題［→107］でもクローズアップされた日建設計の「日本火災海上横浜ビル」（一九八九）などが日本での先駆けである。

一方、ＤＰＧ構法は一九六〇年代初めにイギリスで開発された。ピルキントン社のパッチ・フィッティング構法、次いで七〇年代に考案されたプレナー構法である。前者は強化ガラスの四隅に丸孔を開け、アングル型金物でガラスを挟むようにボルトで固定する構法で、隣接する四枚のガラスは金物を介して一体化される。目地部でガラス面と直交するようにリブガラスが取り付けられ、交点には構造シールが打たれる。プレナー構法は、もともとスカッシュ競技のガラスウォール用に開発され、突出する金物やボルトがない。ガラス四隅の孔を特殊皿ボルトで固定するので、ボルトの頭はガラス面と面一となる。ノーマン・フォスターのウィリス・フェーバー&デュマス社（一九七五）、ルノー社配送センター（一九八三）が、ガラス面に貫通孔を開けるという画期的なＤＰＧ構法の歴史を開いた作品である。

ＤＰＧ構法のひとつの到達点とされるのが、パリのラ・ヴィレット公園内に建てられた科学産業博物館（一九八六）で採用された「ラ・ヴィレット構法」である。イオ・ミン・ペイがルーヴル美術館の逆ピラミッド（一九九三）で使用したものだ。

一九九〇年、開発元のオヴ・アルプとＲＦＲ社からこの技術は日本にも輸入された。構造家ピーター・ライスらの指導のもとに、地震や台風対策という改良を加え、これがテンショントラスなどを用いた「テンポイント構法」へと発展する。強化ガラス四隅の貫通皿孔にヒンジボルトを固定し、それをＨ型部品にとめ、さらに室内側のステンレスケーブルのテンショントラスに取り付けるというシステムである。ガラスどうしの突き付け目地にはシリコンが打設される。

こうした技術によって、サッシレスの夢が現実のものとなった。一九八〇年代から九〇年代にかけて、ポストモダン、そしてハイテックという風潮のなかで、とくにこうした技術が注目を集めたのは、建築家たちが透明性のみを希求していたからではない。むしろ表現の多様性を求めていたからである。高性能熱線反射ガラスなどの組み合わせで、色や反射など、バリエーションに富むフラットな外観の表現もまたサッシュレスが可能としたのである。

ポストモダン、ハイテックを乗り越えた一九九〇年代、およそ六〇年経って、限りなく透明に近い「ガラスのスカイスクレーパー」［→059,060］というルートヴィヒ・ミース・ファン・デル・ローエが思い描いたであろうイメージが再び求められるようになった。そしてそれが、完全なかたちで具現化された。ジャン・ヌーヴェルのカルティエ財団（一九九四）、ジャン＝マルク・イボとミルト・ヴィタールのリール美術館増改築（一九九七）などである。伊東豊雄の透明な皮膜、せんだいメディアテーク（二〇〇一）もこの流れの延長線上にある。 Ⓗ

■参考文献　「特集：SSGのディテール」『ディテール102』彰国社、1989年10月／「特集：ガラス・デザイン事典」『建築知識』1997年9月号、建築知識／「特集：GLASSガラスの可能性　透明素材の系譜と未来」『ＧＡ素材空間２』A.D.A.EDITA Tokyo、2001年

ウィリス・フェーバー＆デュマス社／N.フォスター、1975[1)]

リール美術館増改築／J.-M.イボ＋M.ヴィタール、1997[3)]

カルティエ財団／J.ヌーヴェル、1994[2)]

102

ユビキタス

Ubiquitous

「場所」の喪失と越境・融合される境界の行方

「ドッグイヤー」と称されてひた走るIT（情報技術）産業の凄まじい技術革新によって導かれた、インターネットへのブロードバンドや無線対応による接続環境の急速な普及や、コンピューターの性能向上などに後押しされて、このところ「ユビキタス」という考え方がもてはやされている。ユビキタスとは、もともとはラテン語で「どこにでも存在する」という意味をもつ言葉であるが、要するにIT革命の帰結として、地球的規模で張りめぐらされたネットワーク社会、いわば電脳社会の特徴と可能性を単刀直入に示す用語として、脚光を浴びている。

端的にいえば、無線LANや携帯電話を介して「いつでも・どこでも」、つまりユビキタスにコンピューティング（＝コンピューターの利用）とインターネットへの参加、いわば社会とのつながりが可能となる状況を示している。しかもいまやそれは、SF映画のワンシーンを飾るような夢物語や、単にモバイル・コンピューティングの拡大を目論むIT業界の販売戦略と揶揄するにとどまらず、痛烈なリアリティをもって姿を現しつつある。そして当然のこととして、このような様相は、意識するにせよしないにせよ、ライフスタイルの変化をも迫る。

食事の場の代替としてのレストランの利用、知識・情報獲得の場の拡張としての図書館の活用など、これまでは生活の一部を外化させることで、つまり物理的に場所を代える行為を通じて、生活の楽しみや味わい（＝拡大された生活）がもたらされてきたが、こうした構図が揺らぎはじめたのである。生活の一部がポータブル（持ち運び可能）なものへと変化するのに伴って、これまでは共有されることが前提とされてきた空間、つまりコモンたる場所が、パーソナルな場所（＝個の性格を帯びた空間）へと置き換えられはじめているのである。要するに、機能性（＝単一の使われ方）に依拠・分類されてきた場所という性格が失われる一方で、どのような場所においても多くのことをやってのけること（＝複数の使われ方）が可能となってきた。そして、個（＝パーソナルの空間）と公共（＝コモンの空間）とが直接的にリンクし、その境界が消滅しつつある。

こうした状況をもたらす先駆けとなったのは、一九七九年のポータブルオーディオ装置ウォークマンの発売であろう。固定された場所で鑑賞する、という音楽の楽しみ方を一変させ、どこでも好みの音楽を聴けるパーソナルな環境をもたらす道具が生まれたのであった。そして一九八七年にサービスが開始され、九四年の販売自由化以降、急速な普及を遂げた携帯電話が、環境のパーソナル化に拍車をかけた。自宅や勤務先といった特定の場所に固定されることなく、どこにいても社会とつながる手段が提供されたのである。いまや固定電話をもたず、携帯電話のみで生活する一人暮らしの若者も少なくない。そして締めくくりとなるのが、軽量かつ必要十分な性能をもつに至った現在のノートブック型コンピューターである。

　アナログ記録のカセットテープを用いて出発したポータブルオーディオ装置も、いまやデジタル記録のシリコンオーディオに取って代わられつつあるが、こうした状況に端的に現れているように、生活を取り巻くあらゆる情報環境が、デジタル記録、つまり0と1という二進数表記の羅列（ビット）によるデータに置き換えられつつあることが、ユビキタスを導く鍵となった。その結果、いまやノートブック型コンピューターを片手にすれば、小型の図書館並みの資料を持ち運ぶこともできるし、インターネットを通じてさらなる情報へとアクセスすることもできる。また、ホームページへと姿を変えて、自らの「拠点」を構築することも、ショッピングをし、ネットバンキングで支払いを済ませることも可能となった。多くの生活行為がインターネット上のヴァーチャルな社会、しかも地球規模で広がる世界、つまりサイバースペース［→**103**］で、実行可能となったわけである。

　多くの行為や事柄が、デジタル化されることにより、それまでは社会や空間のあり方を規定してきたジャンルという区分は消滅し、あまねく同一平面上のコンテンツとなって、相互的に越境・融合しはじめたのである。いまやオーディオ雑誌にコンピューターの広告が掲載され、カメラ雑誌でコンピューターやアプリケーションソフトの評価記事が記載され、コンピューター雑誌にカメラやオーディオ機器が紹介されている。言い換えれば、すべてのものが「デジタル」の名のもとに電脳化（＝ネットワーク化）されつつある。そして、それゆえ社会との関係（＝つながり）は、「いつでも・どこでも」成立することになった。さらに、こうした状況を受けて、たとえばマクドナルドは、手軽な外食の場としてのみならず、使われ方として事務所にも、図書館にも、百貨店にも変身しうる可能性も秘めることとなった。

　ところで、このような事態の進展にむけて、建築的・空間的には、どのような対応が可能となるのだろうか。機能と場所とが密実な相関をもてなくなった電脳社会では、少なくともビルディングタイプ別や用途地域別に分けて考えていく、これまでの考え方は、通用しなくなるだろう。その再編成がいま、求められている。Ⓨ

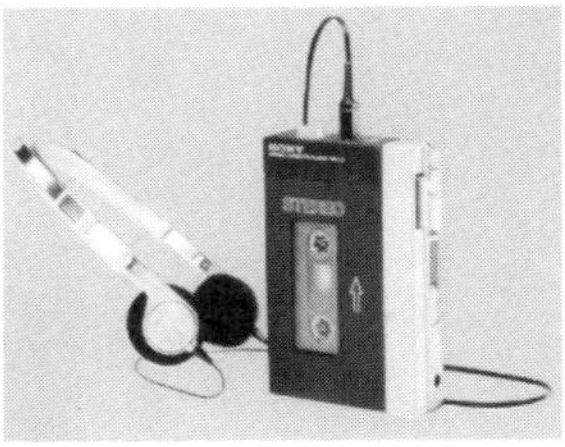

ウォークマン第1号[1)]

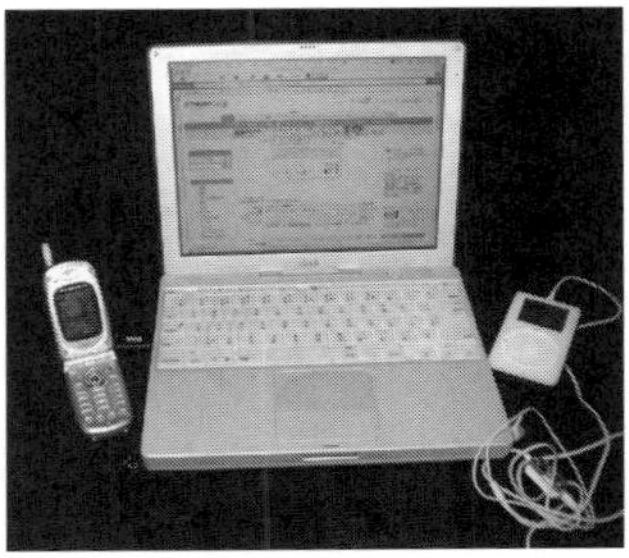

筆者Yのモバイル3点セット／iMac＆PHS＆iPod[2)]

■**参考文献**　ウィリアム・J.ミッチェル、掛井秀一ほか訳『シティ・オブ・ビット』彰国社、1996年／ウィリアム・J.ミッチェル、渡辺俊訳『e-トピア』丸善、2003年／松葉仁『ケータイのなかの欲望』（文春新書）文藝春秋、2002年

103 サイバースペース

Cyber Space

建築という形式の存立と、建築家の職能の意義を問う空間

電子情報社会を象徴する概念としての物質的な実体を超えた電脳空間、あるいは仮想現実空間、「サイバースペース」という言葉を広く知らしめ、またそのイメージを定着させたのは、カナダのSF作家ウィリアム・ギブソンの小説『クローム襲撃』（一九八二）、『ニューロマンサー』（一九八四）である。後者の舞台設定は二一世紀末だった。一九八〇年代におけるサイバースペースはまだ、空想科学（SF）小説などの舞台、つまり架空の世界での遠い未来のお話にすぎなかった。

しかし、一九九〇年代も中盤になると、サイバースペースは、恐ろしいまでのスピードで現実のものとなっていった。

コンピューターの性能向上や、全世界を網羅するコンピューター・ネットワークの成立とともに、時と場所を選ばずに多様な情報空間へのアクセスが可能となっていった。そして、のちにユビキタス［→102］と呼ばれることとなる考え方や現象に代表されるように、サイバースペースは、一方で、建築の機能や空間という概念を大きく揺るがし、情報の器としての建築のあり方とともに建築という形式性自体の存立さえもが問われるような事態を引き起こしはじめている。こうした事態に敏感に反応して、たとえば無限に広がる情報空間というサイバースペースのあり様に触発されつつ、「情報環境としての建築」の成立を志向する建築家たちが現れた。アシンプトートがその代表だろう。

アシンプトートは、現実空間にサイバースペース（=情報空間）を重ね合わせることで、かつてないデジタル環境の創造をめざしている。ニューヨーク証券取引所トレーディング・オペレーションズ・センター（一九九九）では、トレーディングフロアを3D（三次元）のCG（コンピューター・グラフィックス）として大きなモニターに映し出し、ユーザーに市場の活況と経過をわかりやすく視覚化して見せる、多次元リアルタイムのサイバースペースを出現させた。

他方で、コンピューターの高性能化は、建築の創作過程や表現の領域で、これまでにない進展をもたらしていった。いわばアナログ的思考からデジタル的思考への移行である。

その転換点を記した作品となったのが、チタニウムパネルが波打つ瞠目すべき造形となったフランク・オーエン・ゲーリーの手になるグッゲンハイム美術館ビルバオ（一九九一〜九七）である。ビルバオでは、スケッチや模型制作など、アナログ的なスタディから作業がはじめられたが、その後の作業ではコンピューターがデジタルツールとして有効に活用された。半アナログ、半デジタルの建築といえる。

そして、まもなくエスキース段階からサイバースペースの中で思考され、サイバースペース内で創造された仮想空間がそのまま現実空間となるデジタル建築が登場した。たとえば、非線形の構造体の解析、つまり構造計算のシステムが実用化された。またCGや3Dのモデリングシステムにより、手作業による模型や透視図では不可能であった、リアリティを伴ったディスプレー上でのシミュレーションを容易に繰り返すことが可能となった。

グッケンハイム美術館ビルバオ／F.O.ゲーリー、1991-97[1)]

横浜港大さん橋国際客船ターミナル／foa、1994-2002[2)]

その造形は「流体的建築」〔→023,026〕などと呼ばれるが、非常に複雑な曲面で形成された、凝固した液体、あるいは生き物のごときものが多い。一概にはいえない部分もあるが、CGアニメーションなどが、静止して眺める建築でなく、その周囲や、内部を動き回る視線を強く刺激する建築の造形を促すのだろう。

うねる地形を建築化させた、ランドスケープ的な建築作品となったアレハンドロ・ザエラ・ポロとファーシッド・ムサビのユニットfoaによる横浜港大さん橋国際客船ターミナル（一九九四〜二〇〇二）をはじめ、グレック・リンのH2ハウス（一九九六）、ノックスのフレッシュウォーター・パヴィリオン&ブロウアウト（一九九七）など、事例は増えつづけ、流体的建築の複雑に歪んだバロック的な表現は一種のブームを巻き起こした。

サイバースペースの、いわゆるデジタル建築は、たしかにアナログ時代とは比較にならぬほど多くのデータに基づいて、また膨大な量のシミュレーションを経てつくられる。それゆえ、複雑な動的造形の実現だけでなく、実際、新たな造形システムの模索など、さまざまな可能性をも秘めている。

しかし、多様なデータをいかに解釈し、またシミュレーションをどの時点で終了させて、最終的なかたちにまとめるかは、建築家の決断によっている。サイバースペースを、かつてない多様で複雑な形態を生むだけの「パンドラの匣」とするか否かもまた、建築家の決断にかかっている。建築家はその職能の行く末を問われている。Ⓗ

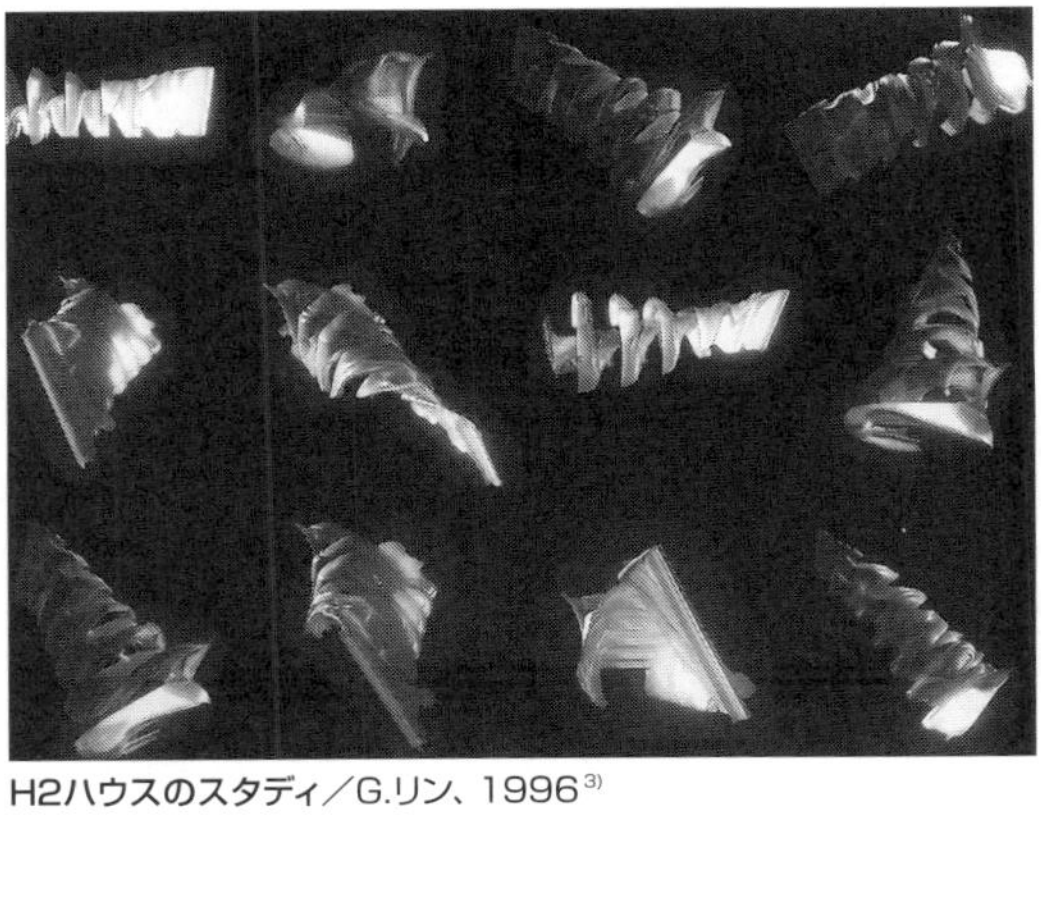

H2ハウスのスタディ／G.リン、1996[3)]

■参考文献　矢野直明『インターネット術語集』（岩波新書）岩波書店、2000年／「特集：建築とコンピュータ」『建築文化』2001年4月号、彰国社／M.ベネディクト編『サイバースペース』NTT出版、2000年／「特集：ヴァーチャル・アーキテクチャー」『Inter Communication No.24』NTT出版、1998年4月／西垣通+NTTデータシステム科学研究所編『情報都市論』NTT出版、2002年

104

エコロジー

Ecology

ヒト、環境に負担をかけないトータルな思考

一九九〇年代に入り、「地球にやさしい」というコマーシャルコピーが盛んにもてはやされるようになった。そしてまた「エコロジー」という言葉を頻繁に耳にするようになった。

エコロジーは「生態学」などと訳される。そもそも一九世紀後半に確立された学問である。ダーウィンによって、世界各地の異なる環境に多様な生物が存在し、それぞれが固有の生態を育んでいることが明らかとなった。拡張されていく空間と時間のなかで、ダーウィンの進化論的思考が広まった。そこで生物どうしの関係、また生物と環境の関係があらためて問われはじめ、生態学が生まれた。それから約一二〇年の時を経て、あらためてエコロジーへの意識が強まり、大きな流れを形成していったのである。

テクノロジー［→029］、あるいはエコノミーの二〇世紀は、地球にやさしくはなかった。実際、近代の限界が多領域で噴出した一九六〇年代後半から、環境に配慮しない人類の発展を見直そうとする考え方や発想、思想は散見された。しかし、それらは加速されたテクノロジーとエコノミーの論理を抑止できなかった。公害問題、オイルショックをやりすごし、酸性雨やオゾン層破壊、そして地球の温暖化現象、室内環境汚染など、さまざまな問題がいよいよ深刻化し、ベルリンの壁の崩壊に象徴されるポスト冷戦構造のなかで、国際的な議論の場でも地球環境問題のウエイトが増し、ついにそうした問題と正面から向き合わねばならない時期を迎えた。

建築界でも、たとえば機能主義［→032］など、近代という時代に支配的であった考え方を相対化し、無批判なその継承を是としない態度が表明されたのは一九六〇年代だった。バックミンスター・フラーの「宇宙船地球号」という発想、バーナード・ルドフスキーのヴァナキュラー［→076］、クリストファー・アレグザンダーのセミ・ラティス［→072］などである。七〇年代に入り、住民参加［→085］という考え方、またポストモダン［→087］へと時代が移行するなかで、批判的地域主義［→088］といった思考も生まれてくる。

そしてルシアン・クロールや、わが国でも吉阪隆正の流れをくむ象設計集団のように、普遍的なものから離脱し、地域性や土着性、風土や気候といった環境に配慮し、そこで生活する人々の暮らしに根ざした建築・環境のあり方を模索する建築思想もあった。だが、それらは悲しいかな、時代の大きな流れを形成するには至らなかった。

エコロジー先進国ドイツなどでは、一九七〇年代から環境重視の建築運動があった。冬が長く厳しい気候ゆえだろう。またゲーテアヌムの建築家で、医療・健康・環境問題などにも造詣が深かった思想家ルド

ルフ・シュタイナーの教えの影響や、いわゆるシュタイナー学校の出身者が多く社会で活躍する背景などもあって、エコロジカルな考え方が一般にも広く浸透しており、そうした発想をする人も少なくなかったともいう。そうしたなかで、「バウビオロギー（建築生物学）」「バウエコロジー（建築生態学）」の理念が育まれていった。

　バウビオロギーは、ヒトも生態系のなかの生物の一員にすぎず、環境と健康を生物学的な観点から見直し、建築・環境の再構築を図ろうとするものである。バウエコロジーはさらに包括的な概念である。健やかな環境づくりを前提に、建築の生産・消費・廃棄・再利用に至るまで、すべての建設関連行為のなかで、人間や地球環境に負荷をかけないことを旨とするトータルな思考といえよう。建築の施工者・使用者の身体への影響や負担を考慮し、また再利用をふまえて、自然素材や天然素材の選択、緑や土を積極的に計画に利用したり、自然通風などの工夫、また周辺環境とのデザイン的な調和など、まさにトータルな配慮での計画をめざす。

　こうしたドイツでの先進的な試みやその建築的事例は、すでに一九八〇年代半ばに日本に紹介され、地道にその普及活動を続けた建築家もいた。だが、ハイテック［→**090**］など、なおも技術指向の勢いはとどまらず、バブル期のスクラップ&ビルドという状況のなかであまりクローズアップされることはなかった。

「癒し」が時代のキーワードとなり、本来の自然の生態系を再生する「ビオトープ」も話題となり、ゴミ・産廃問題が騒がれた一九九〇年代後半から、バウビオロギー、バウエコロジーという言葉が次第に衆目を集めはじめた。健康に配慮した住まい・環境づくりが強く求められ、エコロジカルであることがまず、グローバルスタンダードの前提ともなる昨今、具体的な指針、方法論やその手法の確立にますます注目が集まっている。Ⓗ

アクロス福岡／日本設計＋竹中工務店、1995[2)]

世田谷区深沢環境共生住宅／世田谷区+市浦都市開発・岩村アトリエJV、1997[1)]

■参考文献　マンフレッド・シュパルディ「西ドイツの建築生物学運動」、『建築雑誌』1984年6月号、日本建築学会／岩村和夫『建築環境論』（SD選書）鹿島出版会、1990年／ホルガー・ケーニック、石川恒夫・高橋元訳『健康な住まいへの道－バウビオロギーとバウエコロジー』建築資料研究社、2000年／「特集：サステイナブル・デザイン」、『ディテール141』彰国社、1999年

105

SOHO

Small Office Home Office

距離の喪失に特徴づけられる、電脳社会のもたらした新たな「職住一致」のかたち

SOHOという住み方が、注目を集めている。「SOHO」とは、インターネットの普及などによる電脳社会の出現に代表される、IT（情報技術）の革新に支えられて初めて可能となった、これまでとは異なる、職住一致、つまり「職住一体」のライフスタイルといえよう。

もちろん、その背景には、家族構成や生活形態の変化、女性の社会進出や雇用形態の多様化など、社会全体の変動が横たわっている。そうした変動に対応するため、実際的な手段のひとつを提供したのが、いわゆるIT革命［→**102**］だった。そしていまやSOHOという形式は、黒沢隆のKAO：SOHO型個人用居住単位（一九九七）のように個別的な解決が図られるのみならず、伊藤博之のFH協和スクエア（二〇〇二）など、民間開発の集合住宅のセールスポイントにされたり、シティコート目黒（二〇〇二）に見られるように都市基盤整備公団の事業にも一部採用されている。

このSOHOという新たな選択肢は、単にトレンドと言って片づけられない性格を含んでいる。二〇世紀がつくり上げてきた全体としての生活のかたちに、反旗を翻す、あるいは見直しを迫る性格を秘めているのである。

二〇世紀の社会において、理想的なライフスタイルと考えられてきたのは、職住分離の生活、要するに空間的・機能的に、生産の場と消費の場とを分離させることであった。生産の場としての社会、消費の場としての家庭という構図が、はっきりとかたちづくられていた。言い換えれば、働く場所（＝社会生活の場）と、家族と憩う場所（＝私生活の場）とが、別のものとして扱われていたのである。その結果、専用住宅［→**014**］という住宅形式が一般化していくこととなり、その理想的な立地として「郊外」が創成され、また働くにふさわしい場所として「都心」が求められた。こうして昼と夜の二つに区分けされることになった生活の全体像は、通勤という行為を通じて満たされてきた。

一方、専用住居として練り上げられてきた住宅そのものにおいては、家族の共有の場となる居間が、最小の社交の場とも位置づけられることで、個室での各個人の私的な生活と、家族間や他人との関係、つまり社会とのかかわりの度合いをコントロールする働きを担わされてきた。社会生活とはもっとも距離をとるべきものとして、個人の私的な生活のあり方が、根本に据えられてきたといってもよい。言い換えれば、個室から離れれば離れるほど、社会との関係が色濃くなるよう考慮されてきた。そして、個の生活が守られることで個性が育まれ、そうすることで自ずから社会生活にも積極的に参加できる有為の人格が形成できると

KAO：SOHO型個人用居住単位／黒沢隆、1997[1]

KAO内のインテリア／オフィス兼用の居間となる1階と寝室となる2階を分離しつつ接続する仕掛けとしての吹き抜け[2]

信じられてきた。いわば「距離」というものが、生活の全体像をかたちづくるうえで、重要な役割を担ってきたのである。

　このような「あるべき生活」のイメージに楔を打ち、新たな生活のかたちの可能性を端的に示すものとしてクローズアップされたのが、ＳＯＨＯという選択肢だった。

　そして、その出現に際しては、ＩＴの発展によりもたらされた「距離」の喪失感こそが、最大の役割を果たすこととなった。つまり、インターネット（ネットワーク環境）の地球的規模での展開と、その接続環境のブロードバンド化が、再び職住一致の生活を現実のものとさせたのである。

　たとえば自宅にいても、ビジネスで必要な情報を手に入れたり、必要な相手とコミュニケーションをとることができるようになったため、通勤の必要性は薄れることとなったのである。要するに、社会との関係は自ら「出かける」ことで営まれるのではなく、オン・デマンドでおのずと向こうから「やってくる」ことになったのである。つまり、パーソナルコンピューターなど、ネットワークに接続できる環境と、それを使いこなす能力を手に入れれば、インターネットやイントラネットを通じて二四時間、社会（情報）につながることや、ビジネスを行うことが可能な状況がもたらされたのである。

　こうした現実は、たとえば週日午前九時から午後五時までの就業時間、勤務地への交通手段の問題からくる居住地の限定といった、時間や空間にかかわる制約を無効にする可能性を秘めている。つまり、都心に住もうが、郊外に住もうが、あるいは田舎暮らしを楽しもうが、個人の希望に応じて、お好みの生活を享受しうる新たなライフスタイルの地平と可能性が、ここに準備されているのである。Ⓨ

FH協和スクエア／伊藤博之、2002[3]

FH協和スクエア中庭部分／メゾネット住戸の採用により、中庭に面してオフィス空間を、その上下に生活空間を設定することで、公私の分離が図られている[4]

■参考文献　ウィリアム・J.ミッチェル、掛井秀一ほか訳『シティ・オブ・ビット』彰国社、1996年／ウィリアム・J.ミッチェル、渡辺俊訳『e-トピア』丸善、2003年

106

モア・イズ・モア

More is More

禁欲から欲望へと転換された空間の特性

近代社会の原動力となった資本主義の精神、言い換えればモダニズムを育んだ考え方の原点を、プロテスタント的な倫理観に基づく禁欲主義に見い出したのは、社会学者マクス・ヴェーバーだった。

このモダニズムの禁欲的な姿勢を代表するのが、ルートヴィヒ・ミース・ファン・デル・ローエの言葉として伝えられる「レス・イズ・モア（より少ないことは、より豊かなことである）」［→**041**］という認識である。それは不必要なものをすべて剥ぎ取った末に残るピュアなもの、つまり合理の結晶核に規範を求める、いわば「清貧の美学」を表していた。そしてその美意識は、ミースが確立し、世界中にその追随者をもたらした、ミニマルな造形言語の体系として具現化されていく。

そうした一方で、レス・イズ・モアに代表される禁欲主義的な価値観だけが、二〇世紀を開拓したのではないことを明らかにしたのは、ロバート・ヴェンチューリだった。近代建築の追求した清貧の美学とは無縁なかたちで、資本主義社会の原点ともなる商業主義的な発想からつくり出された広告の看板や市井の建築物に、ヴェンチューリは近代建築からは味わうことのできない独特の魅力を発見したのである。そして、その魅力の源泉を、歴史的に見て、近代建築のみが無駄なものとして忌み嫌い、排除してしまった装飾性や図像性にあることを突き止めた。そこで、レス・イズ・モアという言葉をもじり、「レス・イズ・ボア（より少ないことは、より退屈なことである）」［→**078**］と宣言した。

そしてさらに、レス・イズ・ボアという価値観を横目でにらみながら、あらためて近代社会のもうひとつの隠されていた姿、「欲望」という名のエッセンスを発見したのが、ＯＭＡを率いるレム・コールハースだった。それは、ニューヨークという現代社会の坩堝であり、資本主義の総本山となる大都市がかもし出す魅力を、その発展のプロセスを振り返って分析することから導かれた。そこには、禁欲主義の倫理観や合理性といった見方には収まらない、過剰なまでの欲望が渦巻いていたのである。

こうしてコールハースは、尽きることのない欲望を充足する環境をつくり上げることを求めながら、ひたすらニューヨークが発展してきたことを明らかにした。また、その姿を「錯乱のニューヨーク」と呼び、欲望があるがままに実現されていくダイナミックな現実を「マンハッタニズム」と呼んだ。そして、二〇世紀のリアリティをもたらした根源として、欲望を肯定し、「モア・イズ・モア（より多いことは、より豊かなことである）」と宣言した。

その一方で、禁欲を支持したレス・イズ・モアという価値観を否定し、近代建築を「ジャンクスペース」、つまり地球上のゴミと切り捨てた。そのうえで、欲望の集積として立ち現れる大都市の魅力を、「ショッピング」という言葉でくくり上げるに至った。さらには、欲望という系を組み込むことで、住宅、公共建築、都市といったかたちで分化されてきた諸領域を、つまり最小の建築空間から最大の都市空間までを、一括りに総体化・相対化できる新たな地平をも切り開いていったのである。

捕らわれの地球の都市／OMA、1972、街区ごとにあらゆる欲望が実現される場の集積として描き出されたニューヨーク[1]

こうした独自の思考が反映された、コールハースの作品には、それまでの二〇世紀建築にはない、思いもかけない空間的な質と造形的な魅力がつくり出されている。その空間的な特徴は、機能主義の考え方では「レッドカード」が出されるであろう、大胆なまでの機能性の高密化や並置化、そして諸機能をつなぐ裏方とされてきた、つなぎの空間となるサーキュレーションの部分を、欲望増幅装置ともいえる「流れ」のシステムとして顕在化させたことである。まさに「モア・イズ・モア」として、空間が表現されているのである。そして造形的には、ジャンクスペースと呼ばれる近代建築の開拓した造形言語が、積極的に取り込まれている。

しかしそれは、歴史を参照するポストモダンの方法を、近代建築の領域にまで拡張して援用したものではない。無垢のままの引用ではなく、欲望という観点からの再解釈がなされたうえで用いられている。そして、禁欲という観点からつくり出されたであろう造形言語の裏に潜んでいた、密かな欲望の在所が暴露されていく。ジャンクスペースもまた、実はユートピアの実現という、かつての欲望の夢の破片だからである。それゆえ、見なれたはずの造形語彙が、新鮮なものとして蘇生されるのである。音楽にたとえれば、ひとつの楽曲に異なるアレンジを施すことで、原曲には見られなかった別の魅力を引き立たせることになる「リミックス」に相当する方法が、用いられているといえよう。だが、こうして禁欲から欲望へと解釈格子が置き換えられたことにより、建築や都市は終わることのないゲームへと突入することともなった。Ⓨ

エデュカトリウム／OMA、1997[3]

クンストハル／OMA、1992[2]

■**参考文献** レム・コールハース、鈴木圭介訳『錯乱のニューヨーク』（ちくま学芸文庫）筑摩書房、1999年／「特集：レム・コールハース—変動する視座」、『建築文化』2003年4月号、彰国社／「OMA@work.a+u-レム・コールハース」、『a+u』2000年5月臨時増刊号、エー・アンド・ユー／Rem Koolhaas, "S,M,L,XL", PenguinUSA,1998

107

サスティナビリティ

Sustainability

世紀末にリアルな未来を開いた言葉

「サスティナブル」とは、「持続可能な」「使いつづけることのできる」という意味である。一九九二年の地球環境サミットでアメリカ合衆国のゴア副大統領（当時）が「サスティナブル・ディベロップメント（持続可能な発展）」という概念を提示した。これを機に、環境、経済、そして社会面を総合的に考慮した、よりよい生活を模索する気運が高まり、そのキーワードとして「サスティナビリティ」という言葉が広まった。そして、のちに多様な意味がこれに付加されていった。たとえば、健康な住環境の追求、環境負荷の低減をめざすトータルな地球環境保全といったエコロジー［→**104**］の考え方、資源利用の効率化とコストの低廉化という経済的視点、そして社会的・文化的価値の保全などの発想である。

これが、一九九〇年代の日本で、歴史的建造物、明治期以降の「歴史的な建造物」、つまり「近代化遺産」の保存問題に新展開を生むこととなる。

かつての保存に関する議論では、ある建造物を保存すべきか否か、その歴史的価値の有無がまず問われた。ついで具体的な保存の手法、つまり全体保存（旧状維持の復元）、部分保存（外壁や室内造作、ディテール）、イメージ保存のいずれを選択するかが大きな問題となった。増築や移築の問題も加わり、議論は複雑な様相を呈する場合もあり、何らかのかたちで建築が修復保存されても、そのオーセンティシティ（真実性）をめぐり、賛否両論さまざまな立場の意見が出され、議論は尽きなかった。

サスティナビリティという言葉の普及とともに、これに変化がおこる。建造物の解体は、文化の損失のみならず、そもそも地球環境に多大なる影響を及ぼす、との意識が芽ばえたのである。スクラップ&ビルド［→**093,094**］は建設廃棄物を増大させ、重大な環境問題につながるという意識が芽ばえはじめた。阪神・淡路大震災（一九九五）のショックもあったろう。

極力、建造物の解体を避け、耐震性などの安全性も確保しつつ、既存建物に適切に手を加えることで、それを長く使いつづけようとする考えが定着する。建物のリコンストラクション（再建）から空間のリユース（再利用）や、リサイクル（再活用）が次第に声高に叫ばれるようになっていった。折りしも近代化遺産や修景保存なども話題となっていた。大正・昭和の近代建築も老朽化が進み、解体や建て替えの危機に晒されている事例もあり、それらの保存問題が浮上してもいた。かつての重要文化財のように実際には使わず、修復後、大切に芸術品として保存し、観賞用とするのではない。用途を変えても、生きた空間として、実際に利用・活用していくこと、適宜メンテナンスをしながら、永続的な使用を視野

NEXT21／大阪ガスNEXT21建設委員会、1993[3)]

自由学園明日館／F.L.ライト+遠藤新、1921、改修2001[1)]

アートプラザ（旧・大分県立大分図書館）／磯崎新アトリエ+山本靖彦建築設計工房、1997[2)]

に入れた保存に知恵が絞られるようになっていったのである。

フランク・ロイド・ライトと遠藤新が設計した自由学園明日館（一九二一）は、一九九七年に重要文化財に指定されたが、改修後、教育・会館事業の複合施設に生まれ変わった。磯崎新の最初期の作品、大分県立大分図書館（一九六六）が、大分市に引き取られ、磯崎自らの手で改修設計されて、アートプラザ（一九九七）として再生されたニュースも記憶に新しい。いずれも一時は取り壊しの危機に晒されながら、用途を変えて、生きたかたちでの再利用が実現された好例である。

一方、一九九〇年代前半に、サスティナビリティという視点から、ＮＥＸＴ21（一九九三）のようなスケルトン・インフィル（以下、ＳＩ）の実験的集合住宅が再浮上した。現実に多様化する生活像、生活の経年変化に対応できる長寿命住居の構想として計画されたものである。

建築の構成要素をスケルトン（骨組み＝躯体や共用設備）とインフィル（内装や設備）に分ける発想は、一九七〇年代に住民参加［→085］という動きのなかで考案されたものだ。スケルトンは耐久性を、インフィルは住まい手の多様な要求や住まい方の変化に対応するフレキシビリティ（融通性）を担う。メンテナンスが容易で、建物の寿命も長く、地球にやさしいという意味で、リアルで発展的なシステムとして再び注目された。一〇〇年の長期耐久性をうたう都市基盤整備公団のＫＳＩ住宅（一九九七〜）など、ＳＩ集合住宅の実例も増え、今後、更なる展開が期待されている。

エコロジー、保存再生、さらに高耐久性都市型住居など、実際、サスティナビリティという言葉が開いた扉の先には解決を待つ問題も山積みだが、その背後にほのかな一条の光が射していることを願いたい。Ⓗ

日本火災海上横浜ビル（旧・川崎銀行横浜支店）／日建設計、改修1989[4)]

■参考文献　野城智也「連載：20世紀の終わりにサスティナビリティを考える」『新建築住宅特集』1999年1月号〜3月号、新建築社／「特集：サスティナブル・デザイン」『ディテール141』彰国社、1999年／「開発と保存のダイナミックス」『建築雑誌』1991年12月号、日本建築学会／磯崎新『建築が残った－近代建築の保存と転生』岩波書店、1998年／特集：田原幸夫『建築の保存デザイン－豊かに使い続けるための理念と実践』学芸出版社、2003年

108 家族の崩壊

Collapse of The Nuclear Family

血縁から結縁へと変わりつつある家族の姿

近代社会における家族の姿を考えるうえで、揺るぎない前提として捉えられてきた価値観、つまり守るべき規範が揺らいでいる。理想の姿とみなされてきた家族形態となる核家族がいま、崖っぷちに立たされている。普通で当たり前のものと思われてきた近代家族像が、世界同時進行するかたちで形骸化し、崩壊の道をたどっているのである。その様相が巻き起こす悲喜劇については、サム・メンデス監督の「アメリカン・ビューティー」（一九九九）やアーウィン・ウィンクラー監督の「海辺の家」（二〇〇二）、村上龍の『最後の家族』（二〇〇一、幻冬舎）や藤原智美の『家族を「する」家』（二〇〇〇、プレジデント社）など、映画や文学でもシリアスな主題として取り上げられている。

一方で、核家族という形態や価値観にとらわれることなく、自らの生き方に見合った家族形態を、積極的に選択する人々の数も増加している。結婚しても共働きを続け、自分たちの意思で子供をもたないディンクス、確信犯としてのシングルマザー（ファーザー）、結婚を選択しないカップル、同性愛のカップル、そして結婚を望まないシングルや、目的を共有する他人どうしの共同生活など、その姿はさまざまである。つまり実態として、血縁や戸籍の記載に縛られずに、むしろ結縁によって育まれる生き方と家族の姿が、次々と出現している。そしてこのような、いわば新しい家族の姿の一断面を描き出した、柴門ふみのコミックス『非婚家族』（二〇〇〇〜二〇〇二、小学館）なども登場している。また、家族形態や家族の姿が多様化した実情については、厚生省（当時）の『厚生白書』（平成八年版）でも、すでに追認されている。

ところで、核家族とは、愛情で結ばれて対等な関係を築く夫婦を最小単位として、その必然として産まれた子供を含めて、二世代で構成される血縁的な家族の姿である。わが国の場合は、第二次大戦後に、それ以前の家制度、つまり家父長制度に基づく直系家族制に代わるものとして、民主主義的なあるべき姿を具体化する形式として受け入れられてきた。その際に、とりわけ模範とされ、あこがれの的となったのは、「モダンリビング」〔→056〕という、物質的にも精神的にも豊かさを享受した戦後アメリカのライフスタイルと、そこで一家団欒を楽しむ核家族の姿だった。

このように豊かさの象徴でもあった核家族は、一九七〇年代中ごろまでは、規範となる家族の姿としての役割を果たしていた。それは当時流行した「家つき、カーつき、ばばあ抜き」という表現に、端的に示されていよう。だが、高度成長期を経て物質的な豊かさを手に入れたあと、つまりアメリカに追いついたあと、核家族の危機の

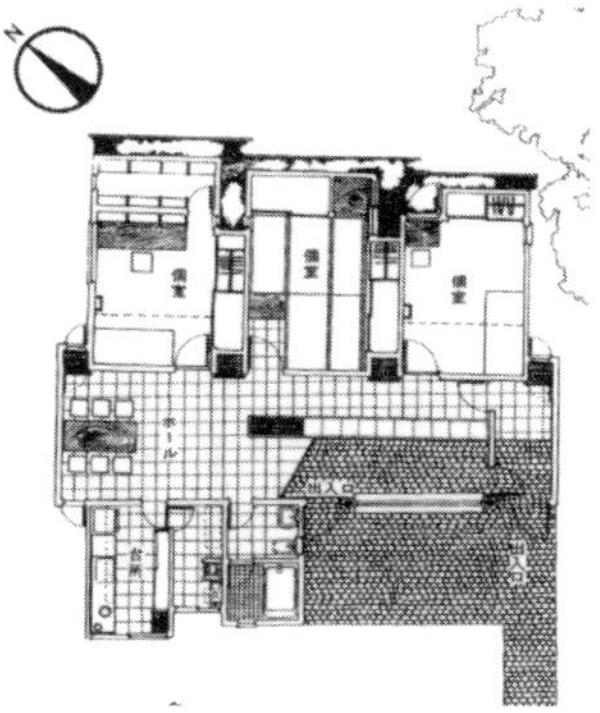

武田先生の個室群住居平面図／黒沢隆、1971[1)]

兆しは少しずつ芽ばえていった。その様子は、テレビドラマ「岸辺のアルバム」（一九七七）や「金曜日の妻たちへ」（一九八三）、あるいは森田芳光監督の映画「家族ゲーム」（一九八三）に、シニカルに描き出されている。そして現在の状況は、この延長線上に導かれている。

　このような背景のもとで、第二次大戦後のわが国の住宅の計画手法は、核家族の生活を容れる器に相応しいものとなるべく練り上げられていった。その回答となったのが「nBR+LDK（変数nは家族数－1）」という方程式だった。家族それぞれが自立した個人として、独立した寝室（BR：ただし夫婦は二人で一寝室）を確保しながら、生活の中心となる共同の場、リビング（L）やダイニングキッチン（DK）を設けることで、一家団欒を味わうことができる生活の構図を図式化したのである。こうした考え方の先駆けとなったのは、日本住宅公団の2DK［→**062**］という間取りだった。いわば国家公認の間取りの方法論でもあった。ゆえに、やがて平均的な出生率から、家族数四人に対応した3LDKが標準的な間取りの形式とされていく。

　しかし一九七〇年前後から、黒沢隆の「個室群住居論」［→**086**］や山本理顕［→**092**］の「閾《しきい》論」などにより、nBR+LDKという計画手法への疑問が唱えられはじめた。夫婦が別寝室で寝るなど、実際的には計画の意図とは異なるかたちの住まい方がなされていることから、導かれたものである。これらの批判の根底には、LDKに象徴される家族の「共同性」にではなく、家族それぞれの「個別性」に対する眼差しがあった。それゆえ、夫婦一体という考え方に基づく核家族の姿に潜む問題点を指摘するものでもあった。

　そして、たとえば黒沢は武田先生の個室群住居（一九七一）で、夫婦がそれぞれに個室をもつ一方で、リビングと呼ばれる部屋のない個室中心の住宅を、山本は岡山の家（一九九二）で、いわば玄関のないそれぞれの個室が個別に出入り口をもつ住宅を提案している。いずれも個室がいわば「家」化しているといえよう。

　だが、守るべき理想としての「核家族」という考え方が支配的であったこともあり、特殊解とみなされて、近年まではそれほど影響力をもつに至らなかった。しかし、現在の核家族が危機に直面する状況のなかで、再び脚光を浴びている。家族の絆が血縁から結縁へと変化しつつ、家族形態も多様化するなかで、nBR+LDKという方法論だけでは対応しきれない現実があるからである。Ⓨ

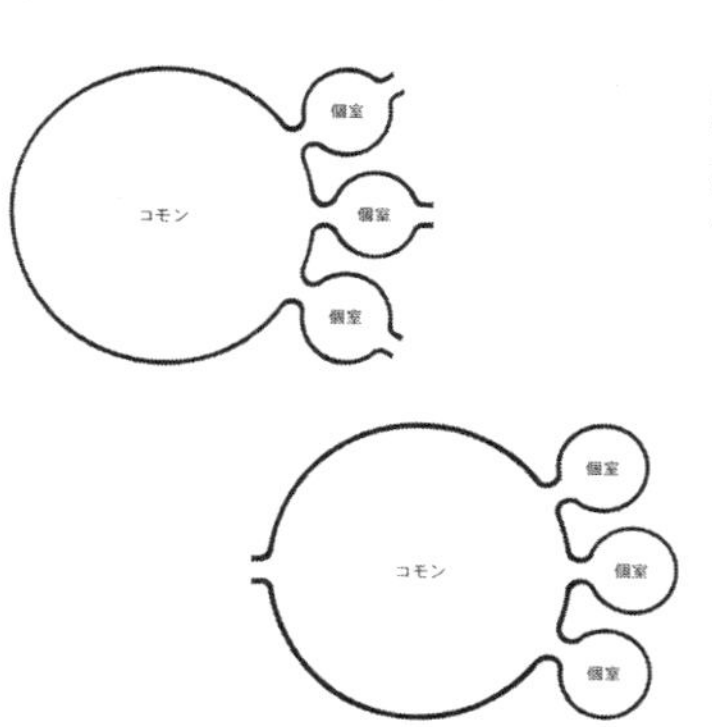

山本理顕が閾論に基づき提案した住宅と社会の関係を示す空間図式（左）／一般的なかたち（右）と比較して公私の関係が逆転している[2)]

■**参考文献**　篠原聡子・大橋寿美子・小泉雅生＋ライフスタイル研究会編『変わる家族と変わる住まい』彰国社、2002年／上野千鶴子『家族を入れるハコ 家族を超えるハコ』平凡社、2002年／袖井孝子『日本の住まい 変わる家族』ミネルヴァ書房、2002年／藤原智美『たたかうマイホーム』広済堂出版、2003年／山本理顕『住居論』住まいの図書館出版局、1993年／黒沢隆『個室群住居論』住まいの図書館出版局、1997年

■20世紀における空間デザインの取り組みについて包括的に記した主な参考文献［出版年順］

K.フランプトン、中村敏男訳『現代建築史』青土社、2003年
黒田智子編『作家たちのモダニズム』学芸出版社、2003年
竹原あき子・森山明子監修『カラー版　日本デザイン史』美術出版社、2003年
K.フランプトン、松畑強・山本想太郎訳『テクトニック・カルチャー－19-20世紀建築の構法の詩学』TOTO出版、2002年
M.タフーリ＋F.ダル・コ、片木篤訳『図説　世界建築史－近代建築（1）』本の友社、2002年
G.モニエ、森島勇訳『二十世紀の建築』（文庫クセジュ）白水社、2002年
海野弘『モダン・デザイン全史』美術出版社、2002年
柏木博『20世紀はどのようにデザインされたか』晶文社、2002年
大川三雄・田所辰之助・濱嵜良実・矢代眞己『建築モダニズム』エクスナレッジ、2001年
内田青蔵・大川三雄・藤谷陽悦『図説　近代日本住宅史—幕末から現代まで』鹿島出版会、2001年
桐敷真次郎『近代建築史—建築学の基礎』共立出版、2001年
越沢明『東京都市計画物語』（ちくま学芸文庫）筑摩書房、2001年
デザイン史フォーラム編『国際デザイン史－日本の意匠と東西交流』思文閣出版、2001年
瀬尾文彰『20世紀建築の空間』彰国社、2000年
松村秀一『「住宅」という考え方－20世紀的住宅の系譜』東京大学出版会、1999年
E.レルフ、高野岳彦・岩瀬寛之・神谷浩夫訳『都市景観の20世紀－モダンとポストモダンのトータルウォッチング』筑摩書房、1999年
鈴木博之『現代建築の見かた』王国社、1999年
K.フランプトン、香山壽夫監訳『モダン・アーキテクチュア（1：1851-1919近代建築の黎明、2：1920-1945近代建築の開花）』エーディーエー・エディタ・トーキョー、1998年、1999年
石田潤一郎・中川理編『近代建築史』昭和堂、1998年
展覧会カタログ『建築の20世紀－終わりから始まりへ』デルファイ研究所、1998年
大川三雄・川向正人・初田亨・吉田鋼市『図説　近代建築の系譜－日本と西欧の空間表現を読む』彰国社、1997年
モダニズム・ジャパン研究会編『再読　日本のモダンアーキテクチャー』彰国社、1997年
海野弘『現代デザイン－「デザイン」の世紀を読む』新曜社、1997年
阿部公正『カラー版　世界デザイン史』美術出版社、1995年
鈴木博之・山口廣『新建築学大系5　近代・現代建築史』彰国社、1993年
黒沢隆『近代　時代のなかの住居－近代建築をもたらした46 件の住宅』リクルート出版、1993年
藤森照信『日本の近代建築（上：幕末・明治編、下：大正・昭和編）』（岩波新書）岩波書店、1993年
P.スパーク、白石和也・飯岡正麻訳『近代デザイン史－二十世紀のデザインと文化』ダヴィッド社、1993年
柏木博『デザインの20世紀』日本放送出版協会、1992年
出原栄一『日本のデザイン運動－インダストリアルデザインの系譜（増補版）』ぺりかん社、1992年
『新建築臨時増刊：建築20世紀（1・2）』新建築社、1991年
W.J.R.カーティス、五島朋子・末広香織・沢村明訳『近代建築の系譜－1900年以後（上・下）』鹿島出版会、1990年
藤森照信『昭和住宅物語－初期モダニズムからポストモダンまで23の住まいと建築家』新建築社、1990年
鈴木博之『夢の住む家－20世紀をひらいた住宅』平凡社、1989年
石田頼房『日本近代都市計画の百年』自治体研究社、1987年
八束はじめ『近代建築のアポリア－転向建築論序説』パルコ出版、1986年
V.M.ラムプニャーニ、川向正人訳『現代建築の潮流』鹿島出版会、1985年
C.ノルベルグ＝シュルツ、加藤邦男訳『現代建築の根』エーディーエー・エディタ・トーキョー、1981年
稲垣栄三『日本の近代建築－その成立過程（上・下）』（SD選書）鹿島出版会、1979年
L.ヴェネヴォロ、武藤章訳『近代建築の歴史（上・下）』鹿島出版会、1978年
村松貞次郎・山口廣・山本学治編『近代建築史概説』彰国社、1978年
村松貞次郎『日本近代建築の歴史』（NHKブックス）日本放送出版協会、1977年
R.バンハム、石原達二・成増隆士訳『第一機械時代の理論とデザイン』鹿島出版会、1976年
N.ペブスナー、小野二郎訳『モダン・デザインの源泉』美術出版社、1976年
『新建築臨時増刊：日本近代建築史再考－虚構の崩壊』新建築社、1975年
V.スカーリー、長尾重武訳『近代建築』（SD選書）鹿島出版会、1972年
山本祐弘『インテリアと家具の歴史－近代編』相模書房、1972年
S.ギーディオン、太田實訳『空間・時間・建築（1・2）』丸善、1969年
J.M.リチャーズ、桐敷真次郎訳『近代建築とは何か』彰国社、1960年
N.ペブスナー、白石博三訳『モダン・デザインの展開－モリスからグロピウスまで』みすず書房、1957年
＊日本語で刊行された書物に限定した。

20世紀の諸相をめぐる年表

年号	思潮・構想	原型・手法	技術・構法	生活・美意識	社会情勢
1752		米：フランクリン、雷が電気であることを証明			
1753				英：世界初のミュージアム大英博物館開館、「美術の民主化」はじまる	
1760				英：「囲い込み」が盛んになる	
1762	仏：ルソー『社会契約論』				
1764		英：ハーグルーヴズ、ジェニー紡績機を発明／英：ワット、蒸気機関を実用化			産業革命のはじまり
1769		仏：キュニョー、蒸気車を開発			
1774	独：ゲーテ『若きウェルテルの悩み』				
1775				英：このころよりロンドンで水洗便所普及しはじめる	米：独立戦争勃発（～1783）
1776	英：アダム・スミス『諸国民の富』				アメリカ合衆国の独立宣言
1779			英：コールブルックデールに世界初の鉄橋「アイアン・ブリッジ」竣工		
1781	独：カント『純粋理性批判』				
1783		仏：モンゴルフィエ兄弟、熱気球の発明			パリ条約（イギリスがアメリカの独立を承認）
1789					フランス革命
1792					仏：第一次共和政
1796					ナポレオン戦争（～1815）
1799		純白金製メートル板状原器の作成			
1800		伊：ボルタ、バッテリーを発明			
1804		英：ウィンザー、初のガス灯特許を取得	英：トレビシック、蒸気機関車を発明	仏：アペール、食料の瓶詰め法を考案	仏：ナポレオン法典の公布
1806			米：フルトン、蒸気船を発明		

1807	独：ヘーゲル『精神現象学』				
1809		英：ディヴィー、アークランプを開発			
1810				英：デュランド、缶詰めによる食品保存法を考案	
1811				英：ラッダイト運動がおこる	
1814				英：ロンドンにガス灯設置	
1822		仏：シャンポリオンがヒエログリフを解読			ブラジル：独立宣言
1823					米：モンロー宣言
1824		英：アスプディン、ポルトランドセメントの特許を取得			
1825			英：ストックトンーダーリントン間に世界初の鉄道開通		日本で外国船打払令
1827				英：ウォーカー、マッチを発明	
1831	独：ゲーテ『ファウスト』	英：ファラデー、発電機を開発			
1833				英：工場法制定	
1837			米：モールス、電信機を発明		
1839			仏：ダゲール、銀板写真を発明		
1840		英：近代的郵便制度（全国均一料金、ポスト投函制度）の導入／英：ハーシェル、青焼きシステムを開発	汽船による大西洋定期航路の開始	欧州においてガス灯の普及（都市の大邸宅の室内に）	中：アヘン戦争（～1842）
1842		英：ベイン、ファクシミリの原理を考案			南京条約
1848	独：マルクスとエンゲルス『共産党宣言』	仏：モニエ、鉄筋コンクリートを開発			米：ゴールド＝ラッシュ
1851		米：シンガー、ミシンを開発			中：太平天国の乱（～1864）
1852	米：ストウ夫人『アンクル＝トムの小屋』	仏：ブシコー夫妻、パリに定価陳列販売のデパートを開店		米：ニューヨークで鉄道馬車開業	仏：第二帝政（ルイ＝ナポレオン）
1853		米：オーティス、エレベーターを開発		米：ジーンズの原型リーヴァイス501登場	クリミア戦争勃発（～1856）／日本へアメリカのペリーが来航

年号	思潮・構想	原型・手法	技術・構法	生活・美意識	社会情勢
1856		英：ベッセマー、鋼鉄の大量生産を可能とする転炉法を開発		英：クック「パック旅行」を開始	
1857					インド：セポイの反乱（～1859）
1859	英：ダーウィン『種の起源』				
1860		仏：ミショー、量産型自転車を発明		咸臨丸、アメリカに行く	
1861					米：南北戦争勃発（～1865）
1862	仏：ユーゴー『レ＝ミゼラブル』	米：ガットリング、マシンガンの特許を取得			
1863				英：ロンドンに地下鉄（ビショップスロード－ダーリントン間の約六km）登場	米：奴隷解放宣言
1864		国際赤十字社の創設			第一インターナショナル結成（～1876）／中：太平天国が崩壊／朝鮮：大院君が政権を掌握
1865		独：世界初の社会主義政党「ドイツ社会民主党」誕生		英：ロンドンで下水道の整備はじまる	
1866		スウェーデン：ノーベル、ダイナマイトを発明			普墺戦争
1867	独：マルクス『資本論第一巻』（～1895までに三巻）	米：ショールズ、実用的タイプライターを開発	大西洋横断電信線の敷設に成功		
1868		英：ロンドンの交差点に信号機の登場			明治維新
1869	露：トルストイ『戦争と平和』		スエズ運河開通／米：大陸横断鉄道開通	日本で電報開始（東京－横浜間）／洋式灯台できる	
1870		新メートル原器の採用	米：ライマン、缶切りを発明	人力車出現	普仏戦争勃発（～1871）／仏：第三共和制
1871				日本で郵便制度はじまる	パリ＝コミューン成立／ドイツ帝国成立
1872				横浜に初のガス灯／鉄道開通（新橋－横浜間）	

1873		英：クック『ヨーロッパ鉄道時刻表』を刊行		勧業博覧会のパヴィリオンとして日本での博物館がはじまる／米：サンフランシスコにケーブル式路面電車登場	独・墺・露：三帝同盟
1874				横浜の居留地にガス灯点火	万国郵便連合の成立
1875		メートル条約	仏：初のコンクリート橋の完成		
1876			米：ベル、電話機を発明		日鮮修好条規の締結（朝鮮の開国）
1877			米：エジソン、シリンダー式蓄音機を発明		
1878				国産電話第一号機	
1879			米：エジソン、実用的な白熱電球（炭素電球）を発明		
1881		独：シュミットら、PCB(ポリ塩化ビフェニール）を合成		独：ベルリンに世界初電気式路面電車登場	
1882		独：コッホ、結核菌を発見		銀座にアーク灯＝電気の光登場／米：ロックフェラー、スタンダード石油トラスト結成	
1883	独：ニーチェ『ツァラツストラはかく語りき』（～1891）				仏：南ベトナムを保護国化
1884		米：ウォーターマン、初の実用的万年筆を考案			
1885		独：ダイムラー、ガソリンエンジン付きオートバイを開発し特許取得	米：シカゴに初の鉄骨造の摩天楼、ホームインシュアランスビル登場	屋井先蔵、乾電池を発明	
1886		独：ヘルツ、電磁波を発見／独：ベンツ、ガソリンエンジンの自動車を開発		米：コカコーラの誕生	
1887			英：ストロージャー、自動電話交換機を発明／日本赤十字社設立／米：ベルリナー、円盤式蓄音機（グラモフォン）を発明	東京電灯株式会社（現・東京電力）、電灯用配電を開始	英：イギリス植民地会議の創設 ／フランス領インドシナ連邦の成立

年号	思潮・構想	原型・手法	技術・構法	生活・美意識	社会情勢
1888			米：イーストマン、ロール式フィルムを使ったコダックを発売		
1889			仏：エッフェル塔建設		第二インターナショナル結成／大日本帝国憲法の発布
1890		米：レノ、コニーアイランドにエスカレーターの前身を設置	浅草に凌雲閣（浅草十二階）完成、初のエレベーター設置／東京―横浜間で電話開通	警視庁、電柱広告を許可／上野と浅草にパノラマ館登場／世界初のメーデーが各国で行われる	
1893		独：ディーゼル、ディーゼルエンジンを発明	官鉄神戸工場で蒸気機関車を国産化		
1894					日清戦争の勃発（〜1895）
1895			伊：マルコーニ、無線電信機を発明	英：ナショナルトラスト法制定／京都に路面電車登場	
1896		仏：リュミエール兄弟、シネマトグラフを発明／ギリシア：アテネで第一回国際オリンピック大会			
1897		英：トムソン、電子を発見／独：ブラウン、ブラウン管を発明			
1898		仏：キュリー夫妻、ラジウムを発見		仏：パリに地下鉄開通	このころ、列強によるアフリカ分割の進展／中：義和団の乱（〜1901）
1899					南アフリカ戦争（ブーア戦争、〜1902）
1900	墺：フロイト『夢判断』	独：プランク、量子仮説を提唱／独：ツェッペリン伯、飛行船を開発／米：シーバーガー、実用的エスカレーターを開発	英：ブース、電気掃除機を開発	米：シンガーミシン、日本進出／上野・新橋停車場構内に公衆電話設置	
1901			伊：マルコーニ、大西洋横断無線通信の成功／米：キャリアー、空調機を開発	八幡製鉄第一高炉火入れ／独：シュタイフ、最初のテディ・ベアを発売	スウェーデン：第一回ノーベル賞／露：社会革命党結党
1902	露：クロポトキン『相互扶助論』／仏：映画「月世界旅行」（メリエス）	米：アーク、放電式水銀灯を発明	露：シベリア鉄道の全通		日英同盟

1903		米：ライト兄弟、動力飛行機の飛行に成功		米：フォード、自動車会社設立	
1904	岡倉天心「The Awakening of Japan」	英：フレミング、二極真空管を発明	英：ロンドンに初のバス登場	日本初の百貨店・三越呉服店開店／米：シアーズバロック社、カタログ発行一〇〇万部超える	日露戦争（～1905）
1905	独：ヴェーバー『プロテスタンティズムの論理と資本主義の精神』／独：アインシュタイン、特殊相対性理論を完成				露：血の日曜日事件
1906		米：ニューヨークでラジオの実験放送開始／米：ド・フォレスト、三極真空管を考案／仏：フリーズドライ法開発		日米間の直通電信開始／仏：第一回ル・マングランプリ開催	英：労働党結党
1907	仏：ベルグソン『創造的進化論』	米：ベークランド、ベークライトを発明／仏：リュミエール、天然色写真を考案	国産第一号ガソリン自動車タクリー号完成／仏：世界初アニメーション映画製作	横浜の絹工場に空調機採用	英仏露：三国協商
1908	独：ヴォリンガー『抽象と感情移入』	仏：ペラン、分子の実証／国際電流単位アンペア採択		米：T型フォードの量産開始／池田菊苗、「味の素」を合成	
1909	伊：マリネッティ「未来派宣言」		ガテマラでインスタントコーヒー量産開始／米：GE社、トースターを開発	独：飛行船便就航／ガス会社各地で開業／英：屋外電話ボックス設置／山手線営業開始／電灯がガス灯を上回り、ガスは灯用から熱用に／秦佐八郎、サルバルサン（梅毒特効薬）を発見	
1910	柳田国男『遠野物語』	露：ロージング、TVの送信実験／合金ニクロム発明、ニクロム線として多数の電化製品へと採用されていく	自動車の速度記録二〇〇キロを超える／国産飛行船・山田式一号が試験飛行／仏：ネオン照明開発／米：タングステン電球開発	仏：ロースト映画のトーキー化／仏：シャネル、ジャージーで女性服をデザイン	日韓併合／メキシコ：メキシコ革命
1911	米：テイラー「科学的管理法の原理」／西田幾多郎『善の研究』	英：ラザフォード、原子核を発見	国産飛行機・奈良原式二号が飛行に成功		中：辛亥革命／ノルウェー：アムンゼン南極点到達
1912		独：ウェーゲナー、大陸移動説を提唱		仏：パリに世界初のネオン広告登場	英：世界最大の客船タイタニック号沈没／第一次バルカン戦争／中：中華民国成立

年号	思潮・構想	原型・手法	技術・構法	生活・美意識	社会情勢
1913		デンマーク：ボーアによる原子模型／米：ドメア社、電気冷蔵庫を開発／米：ニューヨークの会議で初めて拡声装置（PAシステム）を使用	英：ステンレス鋼実用化／独：アンモニア合成の工業化に成功／独：ライカ社、カメラを開発	西尾正左衛門、亀の子たわしを発売	
1914			パナマ運河開通／日本製タイプライター・和文タイプ開発	日本橋三越にエスカレーター登場／米：電気式信号機設置	第一次大戦勃発（〜1918）
1916	吉野作造、民本主義提唱／スイス：ソシュール『一般言語学講義』、ユング『無意識の構造』／独：アインシュタイン『一般相対性理論』	英：陸軍、ソンム会戦で初めて戦車（MK-1）を戦闘に投入／米：初のバース・コントロール・センター開設		国産万年筆（パイロット）の登場／東芝が比較的廉価な電気扇風機を発売／米：テネシー州にスーパーマーケット開店	
1917			米：ヘリウムの大量生産成功	化粧品マニキュアの登場	ロシア革命
1918	独：シュペングラー『西洋の没落』／中：魯迅『狂人日記』			米：GE社、電気冷蔵庫量産開始／英・仏：航空郵便開始	米騒動／第一次大戦終結
1919	独：映画「カリガリ博士」（ヴィーネ）	独：暗号機エニグマ開発	米：ダイアル式電話導入		伊：ファシスト党結党／ヴェルサイユ平和条約調印／独：ヴァイマール憲法制定／中：孫文、国民党結党／コミンテルン（第三インターナショナル）の成立
1920		チェコ：チャペック、「ロボット」という用語を使用	米：モーガン、遺伝子が染色体上にあることを解明	米：ピッツバーグで世界初のラジオ（AM）放送開始	国際連盟発足／第一回国勢調査実施（人口七七〇〇万人）
1921		独：ベルリンで世界初の高速道路AVUS完成	リノリウム国産化／東京天文台開設	米：J&J社、粘着包帯バンドエイド発売	中：中国共産党結党／露：NEP（新経済政策）はじまる／米：禁酒法施行／ワシントン軍縮会議開催
1922	墺：ヴィトゲンシュタイン『論理哲学論考』／ポーランド：マリノフスキー『西大西洋の遠洋航海者』	墺：ソーシャルハウジング（カールマルクスホーフ）にコインランドリーの設置		海外航空路線（所沢—長春間）開業	露：ソ連の成立宣言／伊：ファシスト政権設立／オスマン帝国滅亡
1923		独：プラネタリウム初公開	独：飛行船ツェッペリン号、大西洋横断	アマチュア無線解禁	関東大震災／トルコ：共和国を宣言

1924	仏：ブルトン『シュールレアリスム宣言』		飛行機による世界一周の成功	メートル法実施	
1925	独：ヒトラー『わが闘争』／ソ連：映画「戦艦ポチョムキン」（エイゼンシュタイン）	英：ベアード、テレビの原理を考案	米：ファクシミリ送信実用化／八木秀次、八木アンテナを発明／米：電気蓄音機開発／山手線環状運転開始	JOAK（東京放送局）開局、ラジオ放送開始	普通選挙法・治安維持法成立
1926	蘭：ファン・デ・フェルデ『完全なる結婚』	米：初のロケット弾の発射実験		モボ・モガ登場／円本大人気	
1927	独：ハイデガー『存在と時間』		米：リンドバーグ、初の大西洋無着陸横断飛行に成功／高柳健次郎、テレビの送信実験に成功／米：カーラジオ発売	米：フランチャイズ制によるコンビニエンスストア誕生（サウスアイランド社＝現セブン・イレブン）／東京に地下鉄開通（上野－浅草間）	中：蒋介石、国民党政権を樹立
1928	仏：映画「アンダルシアの犬」（ダリ、ブニュエル）	英：フレミング、ペニシリンを発見	ファクシミリ送信、日本で実用化／独：飛行船ツェッペリン号、世界一周に成功	米：パンアメリカン航空創業／ちゃぶ台の普及	ソ連：第一次五カ年計画開始／張作霖爆殺事件／特別高等警察設置
1929			英：BBCテレビの実験放送開始／神田YMCAに日本初の循環濾過式温水室内プール登場／写真フィルムの国産化	東京－大阪－福岡間に定期旅客航空開始／初のターミナルデパート阪急百貨店（大阪）開店	世界大恐慌
1930	西：オルテガ『大衆の反逆』／九鬼周三『「いき」の構造』	米：ミッジェリー、フロンガスを開発。エアコンの冷媒に採用	特急燕、東京－神戸間運転開始	国産電気冷蔵庫発売（東芝SS-1200、七二〇円、一戸建て住宅の値段に相当）／国産電気洗濯機発売（東芝Solar、三七〇円）／上野駅に地下街／初の独身女子用アパート（同潤会大塚女子アパート）完成／英：テレビCM開始／米：スチュワーデス登場	
1931	墺：ゲーデル『自然数理の不完全性定理』	スイス：パウリ、ニュートリノ仮説を提唱			満洲事変／スペイン革命
1932		英：チャドウィック、中性子を発見	米：コダック、8ミリカメラ、同映写機発売／日本電工、アルミニウム生産に成功	女性のズロース着用普及	上海事変／5・15事件／白木屋百貨店火災

年号	思潮・構想	原型・手法	技術・構法	生活・美意識	社会情勢
1933			米：TVA（テネシー渓谷総合開発）計画開始／独：アウトバーン建設本格化		独：ナチス政権獲得、断種法制定／米：ニューディール政策／日・独：国際連盟脱退
1934	英：トインビー『歴史の研究』／米：マンフォード『技術と文明』			渋谷東横百貨店（現・東急百貨店）に初の名店街誕生	ソ連：国際連盟加入／中：紅軍が長征を開始（～1935）
1935	和辻哲郎『風土』	湯川秀樹、中間子理論を発表	米：GE社、蛍光灯開発／独：AEG社、テープレコーダーを開発／米：アームストロング、FM方式を公開実験		
1936	独：ベンヤミン『複製技術時代の芸術』／仏：ラカン『鏡像段階』／英：ケインズ『雇用、利子および貨幣の一般理論』／米：チャップリン映画「モダンタイムズ」			英：BBCテレビ放送開始	2・26事件／スペイン市民戦争はじまる
1937	ソ連：トロツキー『裏切られた革命』／中：毛沢東『矛盾論』『実践論』			国産カメラ（キャノン）登場	支那事変勃発／伊：国際連盟脱退／日独伊：三国防共協定締結／独：ヒンデンブルク号炎上
1938	蘭：ホイジンガ『ホモ・ルーデンス』	独：ハーンら、原子核分裂を発見	米：デュポン社、ナイロンを商品化	米：テレビ放送開始	国家総動員法施行／ミュンヘン会談／ナチスドイツ、オーストリア併合
1939	米：パノフスキー『イコノロジー研究』		米：シコルスキー、ヘリコプターの原型（VS-300）を開発／スイス：ミュラー、DDT（有機塩素系殺虫剤）を合成	米：ニューヨーク・グランドセントラル駅にコインロッカー設置／米：ナイロンストッキングの発売	第二次大戦勃発（～1945）
1940			独：ゴルトマルク、カラーテレビを開発／小西六、国産カラーフィルムを開発／勝鬨橋開通	物資統制、配給制の導入により自由流通停止／国民服の制定、女性のもんぺ着用の奨励	日独伊：三国同盟締結／大政翼賛会結成
1941	独：フロム『自由からの逃走』／今西錦司『生物の世界』で棲み分け理論を提唱	独：ハインケル社、初のジェット戦闘機の飛行に成功			
1942	亀井勝一郎、小林秀雄、三好達治ら座談会「近代の超克」		関門トンネル開通／米：世界初の原子力研究所開所		

1943	仏：サルトル『存在と無』		レーダーの実用化	米：ペニシリン量産開始	
1944	墺：ハイエク『隷属への道』	米：エイブリー、DNAが遺伝子本体であることを突き止める／独：軍事用ロケットV1、V2号の実用化			
1945	仏：メルロ＝ポンティ『知覚の現象学』	JIS規格スタート		米：ロサンジェルスで光化学スモッグを観測／日本で合成農薬の使用開始	広島・長崎に原爆投下／第二次大戦終結／国際連合発足
1946	丸山眞男「超国家主義の論理と心理」／米：ベネディクト『菊と刀』	米：ペンシルヴァニア大で弾道計算用にコンピューターENIAC開発	米：スペンサー、電子レンジを開発	仏：女性用水着にビキニ登場	米：ビキニ島核実験／フィリピン独立／インドシナ戦争／日本国憲法公布
1947	独：ホルクハイマー、アドルノ『啓蒙の弁証法』／大塚久雄『近代資本主義の系譜』	ISO制定／米：ベル研究所、トランジスタを発明	米：ベルX一号、超音速飛行の成功	米：テレビドラマ「レヴィットタウン」放映開始、モダンリビングのイメージを発信	東西冷戦のはじまり／米：マーシャル・プラン(欧州経済復興計画)発表
1948	米：小説家ウィナー「サイバネティクス」理論を提唱／ソ連：ガモフ、宇宙の起源に関して「ビッグバン」理論を提唱				ソ連：ベルリン封鎖／イスラエル共和国成立／建設省の発足／国連、世界人権宣言を採択／帝銀事件
1949	英：オーウェル『一九八四年』／仏：ボーボワール『第二の性』		英：ジェット旅客機の就航		中：中華人民共和国成立、国民政府は台湾移動／独：東西ドイツに分離／NATO(北大西洋条約機構)発足
1950		米：ダイナース社、クレジットカード発行／米：腎臓移植手術成功	愛知工業(現サンウェーブ日本)、ハンダ付けによるステンレス流し台発売	NHKテレビ試験放送開始／テープレコーダー（東京通信工業＝現ソニー、一六万円）販売開始／ビキニ、日本に上陸／米：スヌーピー登場	朝鮮戦争勃発（〜1953）／印：インド共和国成立
1951	独：アーレント『全体主義の起源』			米：カラーテレビ放送開始／民放ラジオ放送開始／LP・EPレコード発売	サンフランシスコ平和条約・日米安全保障条約締結
1952	手塚治虫「鉄腕アトム」	米：水爆開発	米：二〇世紀フォクス、初のシネマスコープ映画を製作	日本初のウインド型エアコン（日立製作所EW - 50、二四万円）販売開始	米：初の水爆実験

年号	思潮・構想	原型・手法	技術・構法	生活・美意識	社会情勢
1953	仏：バルト『零度のエクリチュール』／米：『プレイボーイ』誌創刊	プレートテクトニクス理論の発展／米：人工心肺を用いた心臓手術に成功	米：ワトソンら、DNAの二重螺旋構造を解明／米：IBM社、世界初の企業向けコンピューターIBM650シリーズ発売	家電元年といわれる。国産初白黒テレビ（早川電気工業＝現シャープ、一七万五〇〇〇円）、洗濯機（三洋電機、二万八五〇〇円）発売／スーパーマーケット一号店紀伊国屋、青山に開店／NHKテレビ本放送開始	英：エベレスト初登頂
1954	映画「ゴジラ」（本田猪四郎）／仏：レアージュ『O嬢の物語』		東京通信工業（現ソニー）、国産初の信頼性のあるトランジスタを開発／米：リージェンシー社、世界初のトランジスタを発売／サンウェーブ工業、薄板溶接によるステンレス流し台開発	民法テレビ放送開始／米：マクドナルド創業／ソ連：世界初の原子力発電所運転開始／米：エルビス・プレスリー登場／冷蔵庫、洗濯機、掃除機が三種の神器に	第五福竜丸被爆
1955	仏：レヴィ＝ストロース『悲しき熱帯』	米：ディズニーランド開業／ニュートリノ初観測	米：原子力潜水艦ノーチラス号試運転	東京通信工業（現ソニー）、国産初のトランジスタラジオ発売／東京芝浦電気（現・東芝）が自動式電気釜を発売／日本住宅公団発足、初のDK表示	自由民主党結党／ワルシャワ条約調印／第一回原子力平和利用会議、スイスで開催
1956		米：コンピュータープログラム言語FORTRAN完成	米：アンスペック社、ビデオテープレコーダーVTRを開発／岡崎文治、日本初の電子計算機FUJIC完成	四谷に分譲マンション登場／「もはや戦後ではない」（経済白書）／ステンレス流し台、公団住宅に採用	科学技術庁発足／日本、国連に加盟／ソ連：スターリン批判／ハンガリー：反ソ動乱／スエズ戦争
1957	仏：バタイユ『エロティシズム』／梅棹忠夫『文明の生態史観序説』／米：チョムスキー『文法の構造』	ソ連：世界初の人工衛星スプートニク一号打ち上げ	国産ロケット第一号カッパーC型打ち上げ／江崎玲於奈ら、エザキダイオードを発明／東海村に原子力発電所設立／南極昭和基地建設開始	NHKがFM放送開始	
1958	米：ガルブレイス『豊かな社会』	米：TI社、集積回路（IC）を開発／米：NASA発足	東京タワー完成	インスタントラーメン・チキンラーメン発売（日清食品）	EEC（欧州共同市場）発足／仏：第五共和制発足／イラク革命
1959		米：ビジネス用コンピューター言語COBOL登場	大和ハウス、プレファブ住宅ミゼットハウス発売	英：マリー・クゥアント、ミニスカート発表	キューバ革命、カストロ政権樹立

1960	米：ベル『イデオロギーの終焉』	英：ホバークラフト登場／米：ゼロックス、電子写真複写機を開発／米：実用的レーザー開発		カラーテレビ放送開始	安保闘争／ベトナム戦争勃発（～1975）／石油輸出国機構（OPEC）の発足／アフリカ諸国独立
1961	仏：フーコー『狂気の歴史』	英：ロンドンでアムネスティ・インターナショナル設立／ソ連：有人宇宙飛行成功		大衆車パブリカ発売（トヨタ自動車）	独：ベルリンの壁構築／水俣病の認定
1962	米：クーン『科学革命の構造』／米：カーソン『沈黙の春』で科学汚染物質を警告	米：通信衛星テルスター打ち上げ／米：有人宇宙飛行成功	米：GM社で工業用ロボットの登場／国産旅客機YS11初飛行／蘭：フィリップス社、カセットテープを開発	国産初の電子レンジ（早川電気工業＝現シャープ、五四万円）登場／首都高速道路（京橋―芝浦間）開通	キューバ危機
1963	米：フリーダン『新しい女性の創造』、ウーマンリブ運動のバイブルに	大阪駅前に初の歩道橋	日米テレビ宇宙中継・ケネディ大統領の暗殺を放送	英：ビートルズ旋風（～1970）／米：パンティストッキング発売	米：ケネディ大統領暗殺／アフリカ統一機構（OAU）の成立
1964		米：ゲルマン、クォーク（素粒子）の概念を提唱	米：IBM社、トランジスタ式コンピューター7090発売／日・米：太平洋横断海底ケーブル開通	東海道新幹線開通／初のトランジスタ式電卓（シャープCS-10A）発売（五三万五〇〇〇円）／新宿駅東口にコインロッカー設置	東京オリンピック
1965	米：ザディ「ファジィ」理論を提唱／米：ネーダー『どんな速度でも自動車は危険だ』、消費者運動の火付け役に	米：コンピューター言語BASIC開発	米：ヒューストンに屋根付き野球場（アストロドーム）竣工	蘭：フィリップス社、カセットテープ規格を無料公開	東京で初のスモッグ警報
1966	吉本隆明『共同幻想論』		米：ニューヨーク証券取引所、基本取引の自動化を完了／仏：世界初の潮力発電所完成	初のIC電卓（シャープCS-31A）発売（三五万円）	中：文化大革命（～1976）
1967	仏：デリダ『グラマトロジーについて』		米：TI社、ICを用いた小型電卓を開発	3C（カー、クーラー、カラーテレビ）が憧れの耐久消費財に	EC（欧州共同体）発足／中東六日間戦争／東南アジア諸国連合（ASEAN）の設立／三億円事件
1968	米：ブランド編『Whole Earth Catalogue』／米：映画「二〇〇一年宇宙の旅」（キューブリック）	米：大規模集積回路LSI開発／米：RCA社、液晶（LCD）を開発	初の超高層ビル（霞が関ビル）竣工／札幌医大で国内初の心臓移植手術／川崎重工、産業ロボット国産化	ポケットベルサービス開始／大塚食品、レトルト食品ボンカレー発売	チェコ：プラハの春／仏：五月革命

年号	思潮・構想	原型・手法	技術・構法	生活・美意識	社会情勢
1969	石牟礼道子『苦海浄土わが水俣病』／米：アリシア・ベイ・ローレル『地球の上に生きる』／米：映画「イージー・ライダー」（ホッパー）		米：アポロ一一号月面着陸／米：AT&Tベル研究所、UNIX開発／米：インターネットの起源となるAPRANET登場／初の原子力船むつ進水	米：ウッドストック・ロックフェスティバル開催／東名高速道路全線開通／プッシュホン方式電話サービス開始／東京駅に大地下街完成	東大紛争、安田講堂落城
1970	仏：ボードリヤール『消費社会の神話と構造』	米：IBM社、初のメモリー媒体となるフロッピーディスクを開発	世界初のLSI電卓（シャープQT-8D）発売（九万九八〇〇円）	大気汚染、水質汚染が社会問題化／ファミリーレストランすかいらーく一号店、国立に開店	大阪で万国博覧会／よど号ハイジャック事件／三島由紀夫割腹自殺／米・ソ連：戦略兵器削減交渉（SALT）を開始
1971	墺：イリイチ『脱学校の社会』／カナダ：多文化主義宣言	米：インテル、パソコンを現実のものとするマイクロプロセッサー技術を開発／仏：シネマコンプレックス登場／英：X線CTスキャンの実用化	米：国防総省GPS(全地球無線測位システム)計画を始動	日清食品、カップヌードル発売／銀座にマクドナルド一号店開店	ドルショック／環境庁発足／日・米沖縄返還協定調印
1972	仏：ドゥルーズ『アンチ・オイディプス』／田中角栄『日本列島改造論』／ローマクラブ『成長の限界』を発表／ユネスコ、世界遺産条約批准	米：バーグ、遺伝子組み換えに成功			浅間山荘事件／水俣病訴訟結審／日中国交回復
1973	ソ連：ソルジェニーツィン『収容所群島』／ブルガリア：クリステヴァ『詩的言語の革命』	米：小売業界がバーコード（統一商品コード）を採用		ライオン油脂、無リン洗剤発売／歩行者天国(上野－銀座間)はじまる／アース製薬、ゴキブリホイホイ発売	第一次オイルショック
1974	米：ウォーラーステイン『近代世界システム』	米：ローランドら、オゾン層破壊に関する初の報告書を提出／米：MITS社、世界初のパソコン・アルテア発売		江東区豊洲にセブンイレブン一号店開店	米：ウォーターゲート事件
1975	米：フリードマン『選択の自由』		米・ソ連：アポロ一八号とソユーズ一九号が地球軌道上でドッキング	米：マイクロソフト社創業／一〇〇円ライター発売／東京女子医大X線CTを導入	ベトナム戦争終結／第一回先進国首脳会議（サミット）開催
1976			米：バイキング一号、二号火星着陸	ヤマト運輸、クロネコ宅急便を開始	ロッキード事件

1977			コンコルドの定期就航（ニューヨーク―パリ、ロンドン）開始	一億総中流（経済白書）／P&G、紙おむつパンパース発売	
1978	米：サイード『オリエンタリズム』／米：映画「スターウォーズ」（ルーカス）	英：世界初の体外受精児（試験管ベビー）誕生		ロッテ電子工業、携帯用使い捨てカイロ「ホカロン」発売／業務用テレビゲーム「スペースインベーダー」（タイトー）登場	日中平和友好条約締結／米中国交正常化
1979	仏：リオタール『ポストモダンの条件』	米：パソコン通信コンピュサーブ誕生	NECパソコンPC-8001発売／東芝初の日本語ワープロJW-10発売（六三〇万円）／米：惑星探測衛星ボイジャー一号、木星観測に成功	ソニー、ポータブル音楽装置「ウォークマン（三万三〇〇〇円）」発売／東京都二三区内で自動車電話サービス開始（当初端末数一六〇〇台、84年に全国展開）	第二次オイルショック／ソ連：アフガン侵攻／米：スリーマイル島原発事故
1980	米：サロー『ゼロ・サム社会』		都市銀行六行キャッシュディスペンサーのオンライン提携開始	無印良品販売／世界保健機関（WHO）天然痘撲滅宣言／ルービックキューブ大流行	イラン―イラク戦争勃発（〜1988）／ポーランド：自主管理労組「連帯」結成
1981	伊：エーコ『薔薇の名前』／米：女優フォンダ『ジェーン・フォンダのワークアウトブック』、フィットネス＝健康ブームの火付け役に	スイス：イルメンザーら、ネズミのクローニングに成功	米：スペースシャトル・コロンビア号打ち上げ／ソニー、デジタルスチールカメラ第一号マビカ発売／米：マイクロソフト、IBM-PC用の基本ソフトMS‐DOSを開発	パイオニア、レーザーディスク発売	日米自動車貿易摩擦／米：核戦略強化
1982	米：映画「ブレードランナー」（スコット）／ポーランド：マンデルブロート『フラクタクル幾何学』	米：世界初のコンピューターグラフィックス映画「トロン」公開	オゾンホール観測	CDプレーヤー発売／カード式公衆電話登場／一〇〇万円を切る日本語ワープロ（富士通MY-オアシス、七五万円）発売／紙おむつ（ユニチャーム）ヒット／「コム・デ・ギャルソン」の黒服、一世を風靡	フォークランド戦争／イスラエル：レバノン侵攻／国際捕鯨委員会が捕鯨全面禁止を決定
1983	浅田彰『構造と力』	仏：パスツール研究所、エイズウィルスを発見		任天堂、ファミコン発売／日本初の体外受精児誕生／東京ディズニーランド開園	韓：大韓航空機爆破事件／米：グレナダ侵攻
1984	カナダ：ギブソン『ニューロマンサー』		日本でのインターネットの起源JUNETの開始／NHK衛星放送開始	米：アップルコンピュータ、GUI思想のパソコン（マッキントッシュ）発売	印：ガンジー暗殺／アフリカで飢餓拡大

年号	思潮・構想	原型・手法	技術・構法	生活・美意識	社会情勢
1985				電電改革三法成立、日本電信電話公社民営化・NTT発足／NTTショルダーホン、サービス開始／アスキー、パソコン通信事業アスキーネットを開始／フロンガス規制開始	つくば科学万博／厚生省、エイズ患者第一号認定
1986			東芝、ラップトップパソコンJ-3100発売	富士写真フィルム、写るんです（レンズ付きフィルム）発売／宅配ピザ（ドミノ・ピザ）恵比寿に一号店／男女雇用機会均等法施行	バブル経済はじまる／ソ連：チェルノブイリ原発事故／米：スペースシャトル・チャレンジャー号事故／ソ連：ペレストロイカ、グラスノスチの開始
1987				NTT携帯電話サービス開始（一号機の重さ七〇〇g）／電子出版物の増加／シャープ、ICカード式の電子手帳（PA-7000）発売／国鉄民営化	フロン規制のモントリオール議定書調印／米：ニューヨーク株式市場大暴落（ブラックマンデー）
1988	仏：シャモワゾー「クレオール礼賛」	ブラジル：サンパウロで世界初の生体肝移植		NTT、ISDN（ISNネット64）開始／青函トンネル開通	イラン－イラク戦争終結／リクルート事件
1989		米：NASA、惑星探査機ガリレオ発射		消費税導入／米販売自由化／任天堂、ゲームボーイ発売／衛星（BS）放送の本放送開始	中：天安門事件／独：ベルリンの壁崩壊／ソ連：アフガンより撤退／東西冷戦終結
1990		米：NASA、ハッブル宇宙望遠鏡の打ち上げ成功	松下電器産業、ファジー家電第一号（全自動洗濯機）発売	米：ワールド社、世界初のインターネット商用プロバイダーとして営業開始	バブル経済の崩壊／イラク：クエート侵攻／独：東西ドイツの統一／熱帯雨林消滅の加速化
1991		オープンリソース基本ソフト、LINUX登場／米：インターネットにWWWシステム導入／ソニー、ミニディスクシステムを開発			ソ連崩壊／湾岸戦争／バルト三国独立／ユーゴ市民戦争／南アフリカ：アパルトヘイト（人種隔離政策）廃止
1992	米：フクヤマ『歴史の終わり』		日本でWWW導入、パソコン通信とインターネットの相互接続開始	ポケベル、中高生に普及／日本医師会、尊厳死を容認	EC、EU（欧州同盟）発足を決定／ブラジル、リオ・デ・ジャネイロで地球サミット開催

1993	米：ゴア副大統領「情報スーパーハイウェイ構想」発表			海老名にシネコン(五以上の映写室をもつ)登場／東京都、半透明ゴミ袋使用導入	ラムサール条約(国際湿地)批准／パレスチナ暫定自治宣言調印
1994	米：フェルミ国立加速器研究所、トップクォークを確認		米：ネットスケープ社、ブラウザ（閲覧ソフト）開発、インターネットへのアクセスが身近に／高速増殖炉もんじゅ臨界に到達／英仏トンネル開通	ソニー、ゲーム機プレイステーション発売／携帯電話自由化	南ア共和国：マンデラ大統領就任
1995		純国産ロケット、H2の打ち上げ成功	米：マイクロソフト、GUI型基本ソフト・ウインドゥズ95開発	PHSサービス開始	阪神・淡路大震災／地下鉄サリン事件／高速増殖炉もんじゅ、ナトリウム漏れ事故発生／仏：核実験強行
1996	米：ハンチントン『文明の衝突』		マレーシア：世界最高となるペトロナスタワー完成(四五〇m)	CSデジタル放送開始／東京都、事業ゴミ有料化／病原性大腸菌O-157パニック起こる	
1997	加藤典洋『敗戦後論』		英：ロスリン研究所でクローン羊ドリー誕生（2003死亡）	トヨタ自動車、量産ハイブリッドカー・プリウス発売／地球温暖化問題、京都議定書の採択／容器包装リサイクル法施行／東京二三区で冷蔵庫フロン回収／たまごっち流行	神戸少年殺人事件／英：香港を中国へ返還／国連報告によればすでに二五〇万人がエイズで死亡
1998		大気中のニュートリノの質量観測	石川県畜産総合センターでクローン牛誕生		
1999		人間のDNAの全容解読ほぼ完了		ペット型ロボットAIBO（ソニー）登場	EU一一カ国、単一通貨ユーロ導入／コンピューター二〇〇〇年問題（Y2K）／東海村ウラン加工施設で臨界事故／NATO軍ユーゴスラビアを空爆
2000			米：ナノテクノロジー戦略を発表	独：地球環境への配慮から原子力発電所の全廃を決定	初の南北朝鮮首脳会談／地球温暖化の加速／仏：コンコルド墜落事故／露：原子力潜水艦沈没事故
2001					米：同時多発テロ

あとがき

雑談としてお話ししたことのあったこの本の原案となるイメージに対して、彰国社編集部の中神和彦さんから、まもなくの編集会議で話題にしたいので至急、詳細の検討を進めてくださいと、突然にeメールで仮のゴーサインをいただいたのは、昨年春のことであった。クリックひとつで直接的に関連事項を参照できるCD－ROMのようにデジタル的で、なおかつ、興味のおもむくままに飛ばし読みのできる、書物ならではのアナログ的なよさを残した本をつくってみたいと、私は一人で騒いでいたのだった。中神さんからの連絡を受けたとき、旅先のオランダで休暇を満喫していた私は、現地に持参していたパソコンでその知らせを読んで、にわかにバケーション気分もふっとび、夢中になって企画を煮詰めはじめたことを覚えている。

日常的にeメールはやりとりしているが、地球的規模に広がるIT時代の到来のメリットを、極私的な観点からまさに実感した瞬間でもあった。

当初にお約束した期限より半年遅れとなってしまったが、ようやくでき上がったのが、この本である。いわく言いがたい性格をもつ本となったかもしれない。まえがきでも述べたように「マトリクス」をなす枠組みを取り入れたことで、さまざまの読み方ができるように仕組んである。基本的な性格を捉えれば用語集ともいえるし、時系列的な読み方をするとすれば史書ともいえる。また、性格別の区分に従って読むとすれば、各論書ともいえよう。さらにリンクの仕掛けを考え合わせれば、概説書ともなろう。いったい書店では、どのような分類のもとで書架に並べられるのであろうか。楽しみなところでもある。

この本のように多くの項目の集成で成り立つという構成を考えたとき、それぞれの分野の専門家に執筆をお願いして、監修の役割に徹するという選択肢もあった。しかし、この本の土台となる「マトリクス」という構成を成らしめるためには、多くの場面でコンセンサスを得るためのやりとりが必要になると予想されたため、この選択肢はあきらめた。また一方で、時間的な制約もあって、独力で作業するには荷が重いとも思われた。そこで、学生時代からの畏友である田所辰之助さんと濱嵜良実さんに共同作業をもちかけたのである。こうしてチームでの作業がはじまったが、キーワードの選択、執筆担当の決定、草稿の読み合わせ、リンク付けと、あらゆる局面で、三人のコンセンサスを得るために、侃侃諤諤のやりとりがあった。編集担当の中神さんも、幾度かミーティングに参加してくださったが、おそらく辟易されたのではなかろうか。しかし、チームワークとしての一連の議論があったからこそ、よりよいものとしてかたちにできたと思う。ここに、イーブンパートナーとなる三人の合作として、完成したのである。

また、中神さんには、これをしたい、あれもしたいといった、われわれが次々と繰り出す注文事項にも、誠実かつ熱心に対応していただいた。それゆえ、この本ならではとなる性格が実現されているとすれば、それは中神さんとの合作でもある。

なお、一〇八項目の選択の妥当性については、異論もあるかもしれない。これからの空間デザインを考えるために、何らかのヒントを与えてくれる内容を含むものということが選択の基準であったが、選択された項目の内容も含めて、筆者たちの二〇世紀の空間デザインというテーマに対するメッセージだと受け止めていただければ幸いである。そして、私たちの設定した「マトリクス」の枠組みや構成を飛び越えて、明日（あした）の空間デザインのシナリオを推理し、再編成していただければ、万々歳である。

最後に、数ある書物のなかからこの本を選んでいただいた読者の方々に、御礼を申し上げます。

二〇〇三年九月

矢代眞己

1) 2) 5) R.Venturi, D.S.Brown, S.Izenour, "LEARNING FROM LASVEGAS : The Symbolism of Architectural Form", The MIT Press, 1977 (1972)
3) Alexander Tzonis, L. Lefaiver & R.Diamond, " ARCHITECTURE IN NORTH AMERICA SINCE 1960", Thames & Hudson, 1995
4) Rollin La France George Pohl

079 建築の解体

1) Superstudio
2) H. Hollein
3) 渡邉研司撮影
4) "Archigram", Centre Georges Pompidou, 1994
5) Eugene J. Johnson ed., "Charles Moore Buildings and Projects 1949-1986", Rizzoli, 1986

080 コンテクスチュアリズム

1) 八束はじめ編『建築の文脈　都市の文脈』彰国社、1979年
2) Colin Rowe, Fred Koetter, "Collage City", The MIT Press, 1978 (1976)
3) コーリン・ロウ、伊東豊雄・松永安光訳『マニエリスムと近代建築』彰国社、1981年

081 タイポロジー

1) Aldo Rossi Architect, Miian
2) Rob Krier, "Stadtraum in Theorie und Praxis",Kramer, 1975
3) Peter Arnell, Ted Bickford, " Aldo Rossi, Buildings and Projects", Rizzoli, 1985

082 記号論

1) 2) Peter Eisenman
3) Dick Frank

083 間

1) 2) Musee des arts decoratifs ed., "Ma : espace-temps du Japon", Musee des arts decoratifs, 1978
3) 畑拓撮影

084 スペースフレーム

1) Konrad Wachsmann, "Wendepunkt im Bauen", VEB Verlag der Kunst Dresden, 1989
2)『建築文化』1996年5月号
3) 彰国社写真部

085 住民参加

1) OBOM, TU Delft
2) 矢代眞己撮影
3) 川向正人撮影

086 ワンルーム

1)『建築文化』1959年1月号
2) 宮脇檀編著『日本の住宅設計』彰国社、1976年
3) 4) 村井修撮影
5) 田中宏明撮影
6) 黒沢隆『個室群住居：崩壊する近代家族と建築的課題』住まいの図書館出版局、1997年

087 ポストモダン

1) Charles Jencks, " What is Post-Modaernism?" Academy Editions/ST.Martin's Press, 1989 (1986)
2) Edited by Wheeler, Arnell and Bickford, " MICHAEL GRAVES BUILDINGS AND PROJECTS 1966-1981", Rizzoli, 1982
3) 濱嵜良実撮影
4) Richard Bryant

088 批判的地域主義

1) 3) 4) K.Frampton, " modern architecture a critical history",Thames and Hadson Ltd, London, 1985
2) R.Weston, "Alvar Aalto", PHAIDON, 1997

089 ディコンストラクティヴィズム

1) Aaon Betsky, " Violated Perfection:Architecture and the Fragmentation of the Modern", Rizzoli, 1990
2) Gunter Schneider, Nr.2003 Ju : disches Museum und Berlin-Museum, Liftbild, Skowronski&Koch Verlag

090 ハイテック

1) 濱嵜良実撮影
2) 3) 渡邉研司撮影

091 アメニティ

1) Steve Rosenthal
2) 濱嵜良実撮影
3) 片木篤撮影

092 ディスプログラミング

1) Bernard Tshumi, "LA CASA VIDE LA VILLETTE", Architectural Association Publishing, 1985
2) Pilippe Ruault
3) 4) Hans Werlemann

093 カオス

1) 大橋富夫撮影
2) 3) 濱嵜良実撮影

094 パンチングメタル

1) 3) 大橋富夫
2) 濱嵜良実撮影

095 ランドスケープ

1) James Rose, "Creative Gardens", Reinhold Publishing Corporation, 1958
2) Paul Ryan
3) 岩見厚撮影

096 都心居住

1) 2) カタログ『IBAベルリン国際建築展都市居住宣言』日本建築学会、1988年
3) Uwe Rau
4) 矢代眞己撮影

097 ゲニウス・ロキ

1) 2) 3) Christian Norberg-Schulz, "Genius Loci : Towards a Phenomenology of Architecture", Academy Edition, 1980

098 ネオ・モダニズム

1) Hans Werlemann
2) Gerhard Mack, " Herzog&de Meuron 1992-1996, Das Gesamtwerk Band 3", Birkhäuser, 2000
3) 岩見厚撮影

099 テーマパーク

1) 岩見厚撮影
2) 3) 4) 中川理『偽装するニッポン』彰国社、1996年

100 ユニヴァーサルデザイン

1) 藤塚光政撮影、協力=TOTO
2) 矢代眞己撮影

101 サッシレス

1) 渡邉研司撮影
2) "EL croquis 65/66 JEAN NOUVEL 1987-1994", EL CROQUIS, 1994
3) Georges Fessy

102 ユビキタス

1) 広告パンフレッド
2) 矢代眞己撮影

103 サイバースペース

1) Pilippe Ruault
2) "EL CROQUIS 76", EL CROQUIS, 1995
3) G. Lynn

104 エコロジー

1) 2) 彰国社写真部

105 SOHO

1) 矢代眞己撮影
2) 畑亮撮影
3) 4) 誠光写真企画撮影

106 モア・イズ・モア

1) Rem Koolhaas, "Delirious New York", Oxford University Press, 1978
2) 3) 矢代眞己撮影

107 サスティナビリティ

1) ～3) 彰国社写真部
4) 濱嵜良実撮影

108 家族の崩壊

1) 黒沢隆『個室群住居：崩壊する近代家族と建築的課題』住まいの図書館出版局、1997年
2)『建築文化』1992年6月号

050 ガラスプロダクツ
1) 2) M.Vellay,K.Frampton, " PIERRE CHAREAU" , Rizzoli, 1984
051 コレクティヴ
1) Heinz Hirdina ed., "Neues Bauen-Neues Gestalten", Elefanten Press, 1984
2) Auke van der Woud, "CIAM ; Volkshuisvesting Stedebouw", Delft Univ. Press, 1983
3) Werner Möller, "Mart Stam 1899-1986", Wasmuth, 1997
4) 5) Hèléne Damen et al. ed., "Lotte Stam-Beese", Uitgeverij de Hef, 1993
052 キッチュ
1) 伊澤岬撮影
2) 濱嵜良実撮影
3) kazumitsu Motohara
053 アテネ憲章
1) 2) Eric Mumford, "The CIAM Discourse on Urbanisum, 1928-1960", MIT Press, 2000
3) Martin Steinmann ed., " CIAM Dokumente 1928-39" , Birkhäuser, 1979
054 代用品
1)『工芸ニュース』Vol.10、No.5、1941年
2)『工芸ニュース』Vol.9、No.10、1940年
3) 宮脇檀編著『日本の住宅設計』彰国社、1976年
055 要塞建築
1) ～4) 矢代眞己撮影
056 カリフォルニア・スタイル
1) 川向正人撮影
2) ～4) Elizabeth A. T. Smith ed., "Blueprints for Modern Living : History and Legacy of the Case Study House", MIT Press, 1989
057 伝統論争
1) 2) 和木通撮影
3) 濱嵜良実撮影
058 モデュール
1) 2) Le Corbusier, " The Modulor" , Cambridge : Harverd University Press, 1954
3)『建築文化』2001年2月号
059 カーテンウォール
1) 2) 4) 5) Edited by F.Schulze, "Mies van der Rohe CRITICAL ESSAYS", MIT Press, 1989
3) Peter Gössel & Gabriele Leuthäuser, "Architecture in the twentieth century", Taschen, 1991
060 スカイスクレイパー
1) Peter Carter, "Mies van der Rohe at work", PHAIDON, 1999
2) 日本建築学会編『近代建築史図集　新訂版』彰国社、1976年
3) 菅沼聡也撮影
061 ニュータウン
1) Leonardo Benevolo, "History of Modern Architecture, 2 vols.", Cambridge : MIT Press, 1971
2) 住宅財団アスントサアティオ
3) Helene Damen et al. ed., "Lotte Stam-Beese", Uitgeverij de Hef, 1993
062 2DK
1)『国際建築』1954年１月号
2) 3) 都市基盤整備公団
4)『週刊文春』創刊号、1959年
063 チームX
1) Cees Nooteboom, "Unbuilt Netherlands", Rizzoli, 1985
2) アリソン・スミッソン編、寺田秀夫訳『チーム10の思想』彰国社、1970年
3) Wim J. van Heuvel, "Structuralism in Dutch Architecture", Uitgeverij 010, 1992
064 ニュー・ブルータリズム
1) 2) Reyner Banham, "The new brutalism:ethic or aesthetic?", Reinhold, 1966
3) 田所辰之助撮影
4) Peter Gössel, Gabriele Leuthäuser, " Architektur des 20. Jahrhunderts", Taschen, 1990
5) 川向正人撮影
065 構造主義
1) 2) Wim J. van Heuvel, "Structuralism in Dutch Architecture", Uitgeverij 010, 1992
3) 矢代眞己撮影
066 メタボリズム
1) 2)『建築文化』2000年8月号
3) 田所辰之助撮影
067 ニューヨーク・ファイヴ
1) R.Meier
2) P. Eisenman
3) Edited by Wheeler, Arnell and Bickford, " MICHAEL GRAVES BUILDINGS AND PROJECTS 1966-1981", Rizzoli, 1982
4) J. Hejduk
5) Edited by P.Arnell &T.Bickford, "Charles Gwathmey and Robert Siegel Building and Projects 1964-1984", Harper & Row, 1984
068 ルーム
1) Alexander Tyng, "Beginnings : Louis I. Kahan's Philosophy of Architecture", A Wiley-Interscience Publication, 1984
2) 3) 原口秀昭『ルイス・カーンの空間構成』彰国社、1998年
069 パサージュ
1) Nikolaus Pevsner, "A History of Building Types", Bollingen Series 35, Princeton Univ. Press, 1997 (1976)
2) Kevin Lynch, "The image of the city", MIT Press, 1960
3) 畑拓撮影
070 オープンスペース
1) 和木通撮影
2)『PROCESS Architecture』No.112、1993年
3) 彰国社写真部
071 メガストラクチュア
1) Academy Group,et al., "A Guide to Archigram 1961-74", Academy Editions, 1994
2) 彰国社写真部
072 セミ・ラティス
1) 2) ヴィジュアル版建築入門編集委員会『ヴィジュアル建築入門10　建築と都市』彰国社、2003年
3) 都市史図集編集委員会『都市史図集』彰国社、1999年
4)『建築文化』2000年8月号
5) C.Alexander
6) 濱嵜良実撮影
073 アルミニウム
1) 日本建築学会編『近代建築史図集　新訂版』彰国社、1976年
2) 彰国社写真部
3) 畑拓撮影
074 構造表現主義
1) David P. Billington, "Robert Maillart and the Art of Reinforced Concrete", MIT Press, 1989
2) Jan Gympel, "Geschiedenis van de architectuur", Könemann, 1996
3) V.M.Lampugnani ed., "Encyclopedia of 20th-Century Architecture", Thames and Hudson, 1986
4) 和木通撮影
075 人工環境
1) B.Buckminster Fuller & Robert Marks, "THE DYMAXION WORLD OF BUCKMINSTER FULLER", Anchor Books, 1973
2) Martin Pawley, "BUCKMINSTER FULLER", Trefoil Publications, London, 1990
3) Reyner Banham, Francois Dallegret, " The Environment Bubble", Art in America, No. 53, April 1965
076 ヴァナキュラー
1) ～ 4) Bernard Rudofsky, " Architecture without Architects", Doubleday & Company, inc., 1964
077 ポップ
1) J. Davison, L. Davison, "To A House A Home", Random House, 1994
2) 3) Morly Baer
078 レス・イズ・ボア

2) Sprengel Museum, Hannover
025 デ・ステイル
1) 3) Mildred Friedman ed., “De Stijl:1917-1931 Visions of Utopia”, Walker Art Center, 1986
2) 矢代眞己撮影
026 有機的建築
1) P.B.Jones, “Hugo Haring”, Menges, 1999
2) S.Kremer, “ HUGO HÄRING (1882-1958) -Wohnungsbaü-Theorie und Praxis”, KARL KRAMER VERLAG, 1985
3) P.B.Jones, “Hans Scharoun”, PHAIDON, 1997
027 ナショナル・ロマンティシズム
1) ～4) 矢代真己撮影
028 鉄筋コンクリート
1) Kenneth Frampton, “Modern Architecture, A Critical History”, Thames and Hudson, 1985
2) “Rassegna”, No.28, 1987
3) Reyner Banham, “Age of The Masters, A Personal View of Modern Architecture”, Architectural Press, 1975
4) Stanislaus von Moos et al. ed., “Parijs 1900-1930 : Een Architecturrgids”, Delft University Press, 1984
029 機械(テクノロジー)の美学
1) Tony Garnier, “Une Citè Industrielle, Ètude pour la Construction des Villes”, Philippe Sers Èditeur, 1988
2) Hartmut Probst, Christian Schädlich, “ Walter Gropius, Band 3: Ausgewählte Schriften”, Ernst&Sohn, 1988
3) Deutscher Werkbund ed., “Der Verkehr, Jahrbuch des Deutschen Werkbndes 1914”, Eugen Diedrichs, 1914
030 ソーシャルハウジング
1) 2) 矢代眞己撮影
3) Maristeella Casciato et al. ed., “Architektuur en volkshuisveting”, Socialistiese uitgeverij, 1980
4)『PROCESS Architecture』No.112、1992年
031 居間中心型
1)『住宅』大正6年3月号
2)『平和記念東京博覧会出品文化村住宅設計図説』大正11年
3) 畑拓撮影
032 機能主義
1) Peter Gössel, Gäbriele Leuthäuser, “Architektur des 20. Jahrhunderts”, Taschen, 1990
2) Martin Kieren, Hannes Meyer, “Dokumente zur Frühzeit, Architektur und Gestaltungsversuche 1919-1927”, Arthur Niggli, 1990
3) Le Corbusier, “The Radiant City”, The Orion Press, 1964 (1933)
033 構成主義
1) David Elliott, “New Worlds: Russian Art and Society 1900-1937”, Rizzoli, 1986
2) A. ガン『構成主義』の表紙
3) Anatole Kopp, “Constructivist Architecture in the USS-R”, Academy Editions, 1985
034 バウハウス
1) 田所辰之助撮影
035 バウエン
1) Philip Johnson, “Mies van der Rohe”, MoMA, 1978
2) “Rassegna”, No.47, 1991
3) Margarita Tupitsyn, “El Lissitzky Beyond the Abstract Cabinet : Photography, Design, Collaboration”, Yale University Press, 1999
4) Martin Kieren, “Hannes Meyer”, Verlag Arthur Niggli, 1990
5) “ABC : Beitrage zum Bauen”, Serie 2, No.1, 1926
036 アール・デコ
1) “Art et Decoration” juin, 1925
2) Peter Gössel & Gabriele Leuthäuser, “Architecture in the twentieth century”, Taschen, 1991
3) William H. Jordy, “American Buildings and their Architects, vol.5”, Oxford University Press, 1986
037 平行配置
1) “Rassegna”, No.47, 1991
2) 3) Exhibition Catalogue, “Ernst May und Das Neue Frankfurt 1925-1930”, Ernst & Sohn, 1986
4) Auke van der Woud, “CIAM ; Volkshuisvesting Stedebouw”, Delft Univ. Press, 1983
5) “Das Neue Frabkfurt”, No.7, 1930
038 近代建築の5原則
1) 5) Le Corbusier & P. Jeanneret, “Oeuvre Complete 1910-1929”, Les Editions d'Architecture, 1964
2) 6) 矢代眞己撮影
3) 4) 濱嵜良実撮影
039 キャンティレヴァー
1) Mildred Friedman ed., “De Stijl:1917-1931 Visions of Utopia”, Walker Art Center, 1986
2) 4) Werner Möller, Otakar Macel, “Ein Stuhl macht Geschichte”, Prestel, 1992
3) 5) “Rassegna”, No.47, 1991
040 トロッケンバウ
1) Deutscher Werkbund ed., “Bau und Wohnung”, Karl Krämer, 1992 (1927)
2) 濱嵜良実撮影
3)『国際建築』第12巻第8号、国際建築協会、1936年
041 レス・イズ・モア
1) Marion von Hofacker ed., “G. Material zur elementaren Gestaltung - Herausgeber: Hans Richter”, Der Kern, 1986
2) 田所辰之助撮影
042 看板建築
1)『江戸東京たてもの園解説本』東京都歴史文化財団、2003年
2) 増田彰久撮影
3)『建築写真類聚』
043 フランクフルト・キッチン
1) ～3) Peter Noever ed., “Die Frankfurter Küche von Margarete Schütte-Lihotzky”, Ernst&Sohn, o.d.
4) Leonardo Benevolo, “History of Modern Architecture 2 vols.”, MIT Press, 1971
044 アメリカニズム
1) “Rassegna”, No.38, 1989
2) Erich Mendelsohn, “Erich Mendelsohn's “Amerika” 82 photographs”, Dover Books, 1993
3) Jean-Louis Cohen, “Scenes of the World to Come : European Architecture and the American Challenge 1893-1960”, Flammarion, 1995
045 最小限住宅
1) 矢代眞己撮影
2)『建築文化』2001年12月号
3) Martin Steinmann ed., “CIAM Dokumente 1928-39”, Birkhäuser, 1979
4) Eric Mumford, “The CIAM Discourse on Urbanisum, 1928-1960”, MIT Press, 2000
046 CIAM
1) Alison Smithoned., “Team 10 meetings”, Rizzoli, 1991
2) Martin Steinmann ed. “CIAM Dokumente 1928-39”, Birkhäuser, 1979
3) Eric Mumford, “The CIAM Discourse on Urbanisum, 1928-1960”, MIT Press, 2000
4) CIAM, “Existenzminimum”, Julius Hoffmann, 1933
047 ファシズム
1) 2) Albert Speer, “Architektur, Arbeiten 1933-1942”, Ullstein, Propyläen, 1995 (1978)
3) Winfried Nerdingered., “Bauen im Nationalsozialismus”, Architekturmuseum der Techinischen Universität München, 1993
4)『建築文化』1995年9月号
048 ユニヴァーサルスペース
1) 3) Terence Riley, Barry Bergdoll, “Mies in Berlin”, MoMA, Harry N. Abrams, 2001
2) 田所辰之助撮影
049 インターナショナル・スタイル
1) 2) Hitchcock/Johnson, “Der Internationale Stil 1932”, F. Vieweg & Sohn, 1985
3) Edited by F.Schulze, “Mies van der Rohe CRITICAL ESSAYS”, MIT Press, 1989

【図版出典】

001 合理主義
1) Marc-Antoine Laugier, "Essai sur l'architecture", nouvelle édition, Paris, 1755
2) J.N.L.Durand, "Précis des Lecons d'Architecture Donnés à l'École Royale Polytechnique", Paris, 1802-05
3) Peter Gössel, Gabriele Leuthäuser, "Architektur des 20. Jahrhunderts", Taschen, 1990

002 アール・ヌーヴォー
1) Franco Borsi & Paolo Portoghesi, "Victor Horta", Rizzoli, 1991
2) 3) 矢代眞己撮影
3) Jackie Cooper ed., "Mackintosh Architecture", Academy Editions, 1984
4) "Het Stocklethuis Professor Josef Hoffmann", Plazier Brussels, 1988

003 ゼツェッション
1) ～4) 濱嵜良実撮影

004 コロニアル・スタイル
1) Steven Hall, "Pamphlet architecture ", No.9, 1982
2) Claude Mignot, "Architecture of the 19th Century", Evergreen, 1983
3) 日本建築学会編『近代建築史図集　新訂版』彰国社、1976年
4) "THE FAR EAST"
5) 河東義之撮影

005 歴史主義
1) Jan Gympel, "Geschiedenis van de architectuur", Könemann, 1996
2) 3) Claude Mignot, "Architecture of the 19th Century", Evergreen, 1983

006 モニュメンタリティ
1) Hella Reelfs und Rolf Bothe ed., "Friedrich Gilly 1772-1800 und die Privatgesellschaft junger Architekten", Willmuth Arenhövel, 1984
2) 田所辰之助撮影
3) 鈴木博之・山口廣『新建築学体系5　近代・現代建築史』彰国社、1993年

007 シカゴ派
1) Leonardo Benevolo, "History of Modern Architecture", 2 vols. Cambridge : MIT Press, 1971
2) Siegfried Giedion, "Space, Time and Archiecture", Harvard University Press, 1967
3) Henry-Russell Hitchcock, " Architecture nineteenth and twentieth centuries", Penguin Books, Harmondswroth, 1953
4) Jan Gympel, "Geschiedenis van de architectuur", Könemann, 1996
5) Claude Mignot, "Architecture of the 19th Century", Evergreen, 1983

008 擬洋風
1) "THA FAR EAST"
2) 濱嵜良実撮影
3) 日本建築学会編『近代建築史図集　新訂版』彰国社、1976年

009 バルーンフレーム
1) Edited by J.Zukowsky, "Chicago Architecture 1872-1922", Prestel-Verlag, Munich, 1987
2) S.Gideon, "Space, Time and Architecture", Harvard University Press, 1971 (Third Printing)
3) Edited by B.B.Pfeiffer & G.Nordland, " FRANK LLOYD WRIGHT IN THE REALM OF IDEAS", Southern Illinois University press, 1988
4) 河東義之撮影

010 鉄骨造
1) John Mckean, "Crystal Palace, Joseph Paxton and Charles Fox", Phaidon, 1994
2) Peter Gössel, Gabriele Leuthäuser, "Architektur des 20. Jahrhunderts", Taschen, 1990
3) 田所辰之助撮影

011 ガラス
1) 2) W.Nerdinger, "WALTER GROPIUS", Bauhaus Archiv, Mann Verlag, 1985
3) K.Frampton, "modern architecture a critical history",Thames and Hadson, 1985

012 ボザール
1) 三宅理一・古林繁・大津頼雄撮影
2) Arthur Drexler ed., " The architecture of the École des Beaux-arts", Secker & Warburg, London, 1977

013 社会主義ユートピア
1) 2) Franziska Bollerey, " Architekturkonzeptionen der utopischen Sozialisten", Ernst & Sohn, 1991
3) Leonardo Benevolo, "Storia della citta Editori" Laterza, 1975

014 専用住宅
1) 3) Claude Mignot, " Architecture of the 19th Century", Evergreen, 1983
2)『都市住宅』1985年10月号
4) Mark Girouard, "The Victorian Country House", Yale University Press, 1979

015 アーツ・アンド・クラフツ運動
1) 3) Lan Bradley, "William Moris and his world", Thames and Hudson, 1978
2) Sigrid Hinz, " Innenraum und Mobel", Florian Noetzel, 1989

016 田園都市
1) Christoph Mohr et al., " Funktionalitat und Moderne", Edition Fricke im Rudolf Müller, 1984
2) 3) 渡邉研司撮影
4) 鈴木弘二撮影
5) 矢代眞己撮影

017 未来派
1) Vittorio Magnago Lampugnani, "Antonio Sant Élis, Gezeichnete Architektur, Prestel", 1992 (1991)
2) The Modern Museum of Art, New York
3) 4) Caroline Tisdall & Angele Bozzolla, " Futurism", Thames and Hudson, 1977

018 幾何学
1) Owen Jones, "The Grammar of Ornament", 1856 ; rpt. New York : Portland House, 1987
2) C.van de Ven, "SPACE in architecture", Van Gorcum Assen, 1980
3) M.Bock, "ANFANG EEINER NEUEN ARCHITEKTUR", STAATSUITGEVERIJ, 'S-GRAVENHAGE, 1983
4) G.Moeller, "Peter Behrens in Düsseldorf", VCH, 1991

019 ラウムプラン
1) 濱嵜良実撮影
2) ～4) Pilippe Ruault

020 被覆
1) Gottfried Semper, "Der Stil in dem technischen und tektonischen Kunsten, oder praktissch Aestetik", Bd.1,2, Kunst und Wissenschaft, F. Bruckmann, 1860-63
2) 3) 田所辰之助撮影

021 標準化
1) Tilmann Buddensieg, " Henning Rogge, Industriekultur, Peter Behrens und die AEG 1907-1914", Gebr. Mann, 1979
2) Justus Buekschmitt, "Ernst May", Alexander Koch, 1963

022 ドイツ工作連盟
1) Frederic J. Schwartz, "The Werkbund, Design Theory & Mass Culture before the First World War", Yale Univ. Press, 1996
2) Karin Wilhelm, "Walter Gropius, Industriearchitekt", Vieweg, 1983
3) Deutscher Werkbund ed., " Deutsche Form im Kriegsjahr, die Ausstellung Köln 1914", F. Bruckmann, 1915

023 表現主義
1) 2) P.B.Jones, "Hugo Haring", Menges, 1999
3) B.Zevi, "Erich Mendelsohn", Rizzoli, 1985
4) R.Dohl, "FINSTERLIN", HATJE, 1988

024 ダダイズム
1) カタログ『ダダと構成主義展』西武美術館、1988年

三宅一生(1938-) 174
宮脇愛子(1929-2014) 174
ム
ムーア,チャールズ Moore, Charles (1925-93) 93, 113, 143, 145, 162, 165, 166, 182
ムッソリーニ,ベニート Mussolini, Benito(1883-1945) 103
ムテジウス,ヘルマン Muthesius, Hermann(1861-1927) 52, 76, 90
武藤清(1903-89) 129
村上龍(1952-) 224
ムラトーリ,サヴェリオ Muratori, Saverio(1910-73) 170
村野藤吾(1891-1984) 69, 109, 155
村山知義(1901-77) 57, 93
メ
メース,ロナルド Mace, Ronald (1941-98) 208
メーリニコフ,コンスタンティン Melnikov, Konstantin(1890-1974) 74
メンデス,サム Mendes, Sam(1965-) 224
メンデルゾーン,エーリッヒ Mendelsohn, Erich(1887-1953) 55, 66, 68, 96, 106
モ
モーザー,コロマン Moser, Koloman(1868-1918) 14
本野精吾(1882-1944) 106
モニエ,ジョゼフ Monier, Joseph (1823-1906) 64
モホイ=ナジ,ラースロー Moholy-Nagy, Laszlo(1895-1946) 77
モリス・マーシャル・フォークナー商会 Morris, Marshal, Faulkner & Co. (1861年設立。1875年にモリス商会 Morris & Co.に改組) 36, 39
モリス,ウィリアム Morris, William (1834-96) 36, 38, 76, 130
モリス,ロバート Morris, Robert (1931-) 199
森田芳光(1950-2011) 225
モンドリアン,ピート Mondria(a)n, Piet(er Cornelis)(1872-1944) 58
ヤ
ヤーン,ヘルムート Jahn, Helmut (1940-) 191, 210
山口文象(1902-78) 75
山越邦彦(1900-80) 58, 75, 79
ヤマサキ,ミノル Yamasaki, Minoru (1912-86) 129
山下寿郎(1888-1983) 129, 155
山田守(1894-1966) 55, 83, 101, 107
山本靖彦(1937-) 223
山本理顕(1945-) 161, 193, 225
山脇巌(1898-1987) 69, 77
山脇道子(1910-2000) 77
ヤンコ,マルセル Janco, Marcel(1895-1984) 56
ユ
U研究室 161
ヨ
葉祥栄(1940-) 210
吉阪隆正(1917-80) 101, 147, 161, 216
吉田鐵郎(1894-1956) 109, 123
吉武泰水(1916-2003) 133
ラ
ライス,ピーター Rice, Peter(1935-92) 157, 211
ライト兄弟 176
ライト,ウィルバー Wright, Wilbur (1867-1912)
ライト,オーヴィル Wright, Orville (1871-1948)
ライト,フランク・ロイド Wright, Frank Lloyd(1867-1959) 27, 31, 47, 61, 87, 106, 108, 120, 223
ライヒリン,ブルーノ Reichlin, Bruno (1941-) 171
ラスキン,ジョン Ruskin, John(1819-1900) 38
ラッチェンス,エドウィン Lutyens, Sir Edwin(1869-1944) 37
ラブルースト,アンリ Labrouste, Henri(1801-75) 30, 32
ラ・リッチ,ウィリアム La Riche, William 142
ラントマン,ルートヴィヒ Landmann, Ludwig(1868-1945) 82
リ
リートフェルト,ヘリット・トーマス Rietveld, Gerrit Thomas(1888-1964) 59, 86
リーマーシュミット,リヒャルト Riemerschmid, Richard(1868-1957) 41, 52
リーマン,ベルンハルト Riemann, Bernhard(1826-66) 158
リオタール,ジャン=フランソワ Lyotard, Jean-Francois(1924-98) 182, 194
リシツキー,エル Lissitzky, El(1890-1941) 75, 76, 79, 90, 97
リチャーズ,ジェームズ・マウデ Richards, James Maude(1907-92) 67
リチャードソン,ヘンリー・ホブソン Richardson, Henry Hobson(1838-86) 16
リヒター,ハンス Richter, Hans(1888-1976) 57, 90
リベスキンド,ダニエル Libeskind, Daniel(1946-) 186
リベラ,アダルベルト Libera, Adalberto(1903-63) 103
リョンロット,エリアス Lönnrot, Elias (1802-84) 62
リン,グレッグ Lynn, Greg(1964-) 215
リンチ,ケヴィン Lynch, Kevin(1918-84) 147, 148
ル
ルートヴィヒI世 Ludwig I(1786-1868) 20
ルート,ジョン・ウェルボーン Root, John Wellborn(1850-91) 23
ルードン,ジョン・クラウディウス Loudon, John Claudius(1783-1843) 28
ル・コルビュジエ Le Corbusier(1887-1965) 31, 34, 49, 55, 65, 66, 72, 80, 84, 86, 97, 100, 107, 108, 115, 116, 123, 124, 126, 136, 142, 164, 168, 205
ルッソロ,ルイジ Russolo, Luigi(1885-1947) 42
ルドゥー,クロード=ニコラ Ledoux, Claude-Nicolas(1736-1806) 11
ルドフスキー,バーナード Rudfsky, Bernard(1905-88) 160, 216
ルバ,ルイ=イッポリート Lebas, Louis-Hippolyte(1782-1867) 33
ル・バロン・ジェンニー,ウィリアム Le Baron Jenney, William(1832-1907) 23
ルフェーヴル,リアヌ Lefaivre, Liane 184
ル・ロワ,J. D. Le Roy, J.D.(1724-1803) 21
レ
レーヴァー,ウィリアム Lever, William (1851-1925) 35
レヴェット,ニコラス Revett, Nicholas (1720-1804) 21
ロ
ロウ,コーリン Rowe, Colin(1920-99) 142, 163, 168
労働者都市協会 Societe des Cites Ouvrieres(1853年設立) 35
ローウィ,レーモンド Loewy, Raymond(1893-1986) 81
ロース,アドルフ Loos, Adolf(1870-1933) 15, 46, 49
ローズ,ジェームズ Rose, James (1910-91) 198
ローチ,ケヴィン Roche, Kevin(1922-) 191
ロジエ,マルク・アントワーヌ Laugier, Marc Antoine(1713-69) 10
ロジャース,エルネスト Rogers, Ernesto(1900-69) 148, 171
ロジャース,リチャード Rogers, Richard (1933-) 188
ロセッティ,ダンテ・ゲイブリエル Rosettei, Dante Gabriel(1828-82) 39
ロッシ,アルド Rossi, Aldo(1931-97) 170, 201
ワ
ワックスマン,コンラッド Wachsmann, Konrad(1901-80) 176
英数
ANCSA Associazione Nazionale per i Centri Storici Artistici:歴史・文化的都市保存会議(1960-) 169
Foa Foreign Office Architects 1992年設立 215
ムサビ,ファーシッド Moussavi, Farshid(1965-) 215
ポロ,アレハンドロ・ザエラ Polo, Alejandro Zaera(1963-) 215
GEAM Groupe d'Etude d'Architecture Mobile:可動建築研究グループ(1958年設立) 141, 151
フリードマン,ヨナ Friedman, Yona (1923-) 141, 151
IAUS The Institute for Architecture and Urban Studies:建築都市研究所(1967年設立、1984年解散) 169
MVRDV(1991年設立) 205
マース,ヴィニー Maas, Winy(1959-)
ファン・レイズ,ヤーコブ Van Rijs, Jacob(1964-)
デ・フリース,ナタリー De Vries, Nathalie(1965-)
OMA Office for Metropolitan Architecture(1975年設立) 204, 220
SAR Stichting Architekten Research:建築研究財団(1964年設立) 178
SOM Skidmore, Owings and Merril (1936年設立) 127, 129
スキッドモア,ルイス Skidmore, Louis (1897-1962)
オーイング,ナサニエル Owings, Nathaniel(1903-84)
メリル,ジョン Merrill, John(1896-1975)

(1922-88) 136, 159, 182, 188
ヒ
ピアノ, レンゾ Piano, Renzo(1937-) 188
ピエティラ, レイマ Pietila, Reima (1923-93) 63
ピカソ, パブロ Picasso, Pablo(1881-1973) 56
ヒッチコック,ヘンリー＝ラッセル Hitchcock, Henry-Russel(1903-87) 86, 106
ピッヒラー, ヴァルター Pichler, Walter(1936-2012) 159
ヒトラー, アドルフ Hitler, Adolf (1889-1945) 102
ヒルバースアイマー, ルートヴィヒ Hilberseimer, Ludwig(1885-1967) 77, 205
ピュージン, アウグスタス・ウェルビー・ノースモア Pugin, Augustus Welby Northmore(1812-52) 19
ビング, サミュエル Bing, Samuel(1838-1905) 12
フ
ファイニンガー, リオネル Feininger, Lyonel(1871-1956) 76
ファン・エイク, アルド van Eyck, Aldo(1912-99) 101, 134, 138
ファン・デル・ヴェルフ, フランス van der Werf, Frans(1937-) 179
ファン・デン・ブルゥク, ヨハネス・ヘンドリク van den Broek, Johannes Hendrik(1898-1978) 149
ファン・マルケン, ヤーコブ・コルネリス van Marken, Jacob Cornelis(1845-1906) 35
フィッシャー, テオドール Fischer, Theodor(1862-1938) 52
フィヒテ, ヨハン・ゴットリーブ Fichte, Johann Gottlieb(1762-1814) 20
フィンステルリン, ヘルマン Finsterlin, Hermann(1887-1973) 55
フーコー, レオン Foucault Léon (1819-68) 10
プーラールト, ヨゼフ Poelaert, Joseph (1817-79) 19
フーリエ, シャルル Fourier, Charles (1772-1837) 34
フェノロサ, アーネスト・フランシスコ Fenollosa, Ernest Francisco(1853-1908) 112
フォークト, アドルフ・マックス Vogt, Adolf Max(1920-2013) 171
フォックス, チャールズ Fox, Charles (1810-81) 28
フォード, ヘンリー Ford, Henry (1863-1947) 51
フォスター, ノーマン Foster, Norman (1935-) 188, 191, 211
藤井厚二(1888-1938) 25
藤原智美(1955-) 224
二川幸夫(1932-2013) 174
フッド, レーモンド Hood, Raymond (1881-1934) 81
フラー, リチャード・バックミンスター Fuller, Richard Backminster(1895-1983) 124, 145, 154, 158, 188, 216
プライス, セドリック Price, Cedric (1934-2003) 150, 166
ブラウン, デニス・スコット Brown, Denise Scott(1931-) 164
プラトン Platon(427B.C.-347B.C.) 44
フランクリン, ベンジャミン Franklin, Benjamin(1706-90) 26
フランプトン, ケネス Frampton, Kenneth(1930-) 142, 182, 184
ブリッジェンス, R.P. Bridgens, R.P. (1819-91) 17, 24
プルーヴェ, ジャン Prouvé, Jean (1901-84) 154, 188
プルマン, ジョージ Pullman, George (1831-97) 35
フレイザー, ダグラス Fraser, Douglas 160
ブレー, エティエンヌ＝ルイ Boullée, Étienne-Louis (1728-99) 11, 145
フレシネ, ユジェーヌ Freyssinet, Eugène(1879-1962) 156
フレデリック, クリスティーン Frederick, Christine(1883-1970) 95
フロイト, ジークムント Freud, Sigmund(1856-1939) 194
ブロイヤー, マルセル Breuer, Marcel (1902-81) 87
ブロム, ピート Blom, Piet(1934-99) 138
分離派建築会(1920年設立) 14, 55, 93
ヘ
ペイ, イオ・ミン Pei, Ieoh Ming(1917-) 211
ヘイダック, ジョン Hejduk, John (1929-2000) 142
ベイリー, チャールズ Barry, Sir. Charles(1795-1860) 19
ヘーガー, フリッツ Höger, Frtiz (1877-1949) 55
ヘーゲル, ゲオルク Hegel,Georg(1770-1831) 96
ヘースラー, オットー Haesler, Otto (1880-1962) 98
ベーネ, アドルフ Behne, Adolf(1885-1948) 54
ヘーリンク, フーゴー Häring, Hugo (1882-1958) 54, 61, 73
ベーレンス, ペーター Behrens, Peter (1868-1940) 13, 29, 45, 50, 52, 55, 90
ベック, ウルリッヒ Beck, Ulrich (1944-) 205
ペリアン, シャルロット Perriand, Charlotte(1903-99) 116
ペリー, クラレンス・アーサー Perry, Clarence Arthur(1872-1944) 130
ベル, アレクサンダー・グラハム Bell, Alexander Graham(1847-1922) 176
ベルグソン, アンリ Bergson, Henri (1859-1941) 42
ペルツィッヒ, ハンス Poelzig, Hans (1869-1936) 55, 177
ヘルツォーク＆ド・ムーロン Herzog & de Meuron(1978年設立) 204
ヘルツォーク, ジャック Herzog, Jacques(1950-) 204
ド・ムーロン, ピエール de Meuron, Pierre(1950-) 204
ヘルツベルハー, ヘルマン Herzberger, Herman(1932-) 138
ベルラーヘ, ヘンドリク・ペートルス Berlage, Hendrik Petrus(1856-1934) 29, 41, 45, 69, 108
ペレ, オーギュスト Perret, August (1874-1954) 64, 108
ベンヤミン, ヴァルター Benjamin, Walter(1892-1940) 146
ホ
ボアロー, ルイ・イッポリート Boileau, Louis-Hippolyte(1878-1948) 81
ホイーラー, ウィリアム Wheeler, William (1851-1933) 17, 27
ボエイインハ, ベレント・トビア Boeyinga, Berend Tobia(1886-1969) 41
ホール, エドワード Hall, Edward Twitchell(1914-2009) 147
細川護熙(1938-) 201
ボッタ, マリオ Botta, Mario(1943-) 185
ボッチョーニ, ウンベルト Boccioni, Umberto(1882-1916) 43
ホフマン, ヨーゼフ Hoffmann, Josef (1870-1956) 13, 14, 45, 46
ホライン, ハンス Hollein, Hans(1934-2014) 166
堀口捨己(1895-1984) 55, 69, 107, 109
ポルシェ, フェルディナント Porsche, Ferdinand(1875-1951) 102
マ
マイ, エルンスト May, Ernst(1886-1970) 51,74,82, 95, 97, 98, 110
マイヤー, アドルフ Meyer, Adolf (1881-1929) 31, 126
マイヤー, ハンネス Meyer, Hannes (1889-1954) 73, 75, 77, 79, 97, 100
マイヤー, リチャード Meier, Richard (1934-) 142, 163
マイヤール, ロベール Maillart, Robert (1872-1921) 156
マヴォ(1923年結成) 57
前川國男(1905-86) 101, 117, 122, 137, 155
槇文彦(1928-) 140, 175
増沢洵(1925-90) 99
松岡正剛(1944-) 174
マッキム・ミード・アンド・ホワイト Mackim, Mead and White 16, 33
マッキム, チャールズ Mackim, Charles Follen(1847-1909)
ミード, ウィリアム Mead, William Rutherford(1846-1928)
ホワイト, スタンフォード White, Stanford(1853-1906)
マッキントッシュ, チャールズ・レイニー Mackintosh, Charles Rennie(1868-1928) 13, 63
マリネッティ, フィリッポ・トマーゾ Marinetti, Filippo Tomaso(1878-1944) 42
マルキ, ヴィルジリオ Marchi, Virgilio (1895-1960) 43
マルクス, カール Marx, Karl(1818-83) 96
マレ＝ステヴァン, ロベール Mallet-Stevens, Robert(1886-1945) 80, 108
マンフォード, ルイス Mumford, Lewis (1895-1990) 40
ミ
ミース・ファン・デル・ローエ, ルートヴィヒ Mies van der Rohe, Ludwig(1886-1969) 31, 77, 79, 87, 90, 97, 100, 104, 106, 126, 128, 136, 145, 149, 164, 177, 188, 205, 211, 220
水谷武彦(1898-1969) 77, 87
三角錫子(1872-1921) 70, 95
三菱地所設計(1937年三菱地所として設立。2001年分社化により分離) 201

スチュアート, ジェームズ　Stuart, James (1713-88)　21
スティール, フレッチャー　Steele, Fletcher (1885-1971)　198
ストウファッチャー, バーバラ　Stauffacher, Barbara (1928-　)　162
スノウ, ジョージ・ワシントン　Snow, George Washington (1797-1870)　26
スフロ, ジャック　Soufflot, Jacques Germain (1713-80)　10
スミッソン夫妻　134
スミッソン, ピーター　Smithson, Peter (1928-2003)　101, 136, 188
スミッソン, アリソン　Smithson, Alison (1928-93)　136, 188
ズントー, ピーター　Zumthor, Peter (1943-　)　205
セ
生活改善同盟(1920年設立)　70
清家清(1918-2005)　99
妹島和世(1956-　)　193, 197, 204
セルト, ホセ・ルイ　Sert, Josep Lluis (1902-83)　115, 148
ゼンパー, ゴットフリート　Semper, Gottfried (1803-79)　48, 72
ソ
創宇社建築会(1923年設立)　75
造家学会(現・日本建築学会)(1886年設立)　24
象設計集団(1971年設立)　161, 216
ソシュール, フェルディナン・ド　Saussure, Ferdinand de (1857-1913)　172
曾根中條建築事務所　93
ソレル, ジョルジュ　Sorel, Georges (1847-1922)　42
ソンク, ラーシュ　Sonck, Lars (1870-1956)　62
タ
ダーウィン, チャールズ　Darwin, Chares Robert (1809-82)　216
タートリン, ウラジミール　Tatlin, Vladimir (1885-1953)　74
ターナー, リチャード　Turner, Richard (ca.1798-1881)　28
タイゲ, カレル　Teige, Karel (1900-51)　75, 100
タウト, ブルーノ　Taut, Bruno (1880-1938)　31, 53, 54, 66, 98, 108, 112, 116
高松次郎(1936-98)　174
高宮眞介(1941-　)　191
多木浩二(1928-2011)　146
竹中工務店(1938年設立)　217
武満徹(1930-96)　174
立石清重(1829-94)　24
タナード, クリストファー　Tunnard, Christopher (1910-79)　198
田中泯(1945-　)　174
田辺淳吉(1879-1926)　70
田辺博司(1929-92)　210
谷口吉生(1937-　)　191
谷崎潤一郎(1886-1965)　174
タフーリ, マンフレッド　Tafuri, Manfredo (1935-94)　171
ダレ, リヒャルト・ヴァルター　Darre, Richard Walther (1895-1953)　102
丹下健三(1913-2005)　101, 117, 122, 135, 140, 148, 150, 152, 157, 177
チ
チーム4　Team4　188
チャーチ, トーマス　Church, Thomas (1902-78)　198
チャールズ皇太子　Charles Phillip (1948-　)　189
チュミ, ベルナール　Tschumi, Bernard (1944-　)　186, 192
チョムスキー, ノーム　Chomsky, Noam (1928-　)　172
ツ
ツァラ, トリスタン　Tzara, Tristan (1896-1963)　47, 56
ツォニス, アレキサンダー　Tzonis, Alexander (1937-　)　184
栢植芳男(1902-2001)　71, 99, 101
土浦亀城(1897-1996)　47, 87, 89, 109
坪井善勝(1907-90)　157
テ
テイラー, フレデリック・ウィンズロウ　Taylor, Frederick Winslow (1856-1915)　51, 95
ディンケルー, ジョン　Dinkeloo, John (1918-81)　191
デ・クレルク, ミシェル　de Klerk, Michel (1884-1923)　55, 68, 98
テッセノウ, ハインリッヒ　Tessenow, Heinrich (1876-1950)　177
デュラン, ジャン=ニコラ=ルイ　Durand, Jean-Nicolas-Louis (1760-1834)　11
テラーニ, ジュゼッペ　Terragni, Giuseppe (1904-43)　103, 109
デリダ, ジャック　Derrida, Jacques (1930-2004)　173, 186
ト
土居義岳(1956-　)　174
同潤会(1924年設立)　71
ドゥースブルフ, テオ・ファン　Doesburg, Theo van (1883-1931)　57, 58, 75, 77, 90
都市基盤整備公団(1999年設立)　132, 218, 223
都市研究会(1917年結成)　92
都市再生機構(2004年設立)　51, 132
ド・マン, ポール　De Man, Paul (1919-83)　186
トム, ルネ　Thom, Rene (1923-2002)　194
豊口克平(1905-90)　117
ドレクスラー, アーサー　Drechsler, Arthur (1925-1987)　142
トロハ, エデュアルド　Torroja y Miret, Eduardo (1899-1961)　156
ナ
ナウマン, フリードリッヒ　Naumann, Friedrich (1860-1919)　53
ナポレオン　Napoléon Bonaparte (1769-1821)　20
ニ
ニーマイヤー, オスカー　Niemeyer, Oscar (1907-2012)　152
ニーロップ, マルティン　Nyrop, Martin (1849-1921)　62
西山夘三(1911-94)　99, 132
日建設計(1950年設立)　191, 209, 210, 223
ニッパーダイ, ハンス・カール　Nipperdey, Hans Carl (1895-1968)　20
日本工作文化連盟(1936年設立)　53
日本設計(1967年設立)　207, 215
日本住宅公団(1955年設立)　51, 71, 99, 131, 132, 179, 225
ヌ
ヌーヴェル, ジャン　Nouvel, Jean (1945-　)　188, 204, 211
ヌノ, ポル=アンリ　Nenot, Paul-Henri (1850-1937)　33
ネ
ネルヴィ, ピエル・ルイジ　Nervi, Pier Luigi (1891-1979)　156
ノ
ノックス　NOX　215
スプエイブルゥク, ラールス　Spuybroek, Lars (1959-　)
ノイトラ, リヒャルト　Neutra, Richard (1892-1970)　27, 47, 96, 121
ノルベルグ=シュルツ, クリスチャン　Norberg-Schulz, Christian (1926-2000)　202
ハ
バーク, エドムント　Burke, Edmund (1729-97)　21
パーカー, ベイリー　Parker, Richard Barry (1867-1947)　40
バーナム, ダニエル　Burnham, Daniel (1846-1912)　23
ハート, スティーヴン　Hurtt, Steven (1941-　)　168
バートン, デシミス　Burton, Decimus (1800-81)　28
バール, ヘルマン　Bahr, Hermann (1863-1934)　14
ハーン, ラフカディオ　Hearn, Lafcadio (1851-1904)　112
バーン=ジョーンズ, エドワード　Burne-Jones, Edward (1833-98)　39
ハイザー, マイケル　Heizer, Michael (1944-　)　199
ハイン, トーマス　Heine, Thomas (1947-　)　162
パウル, ブルーノ　Paul, Bruno (1874-1968)　52
パクストン, ジョセフ　Paxton, Joseph (1801-65)　28, 30, 176
バケマ, ヤーコプ・ベレント　Bakema, Jacob Berend (1914-81)　134, 149
橋口信助(1870-1928)　70
バシュラール, ガストン　Bachelard, Gaston (1884-1962)　146
長谷川逸子(1941-　)　197
ハディド, ザハ　Hadid, Zaha (1950-　)　186
羽仁五郎(1901-83)　148
ハブラーケン, ニコラース・ジョン　Habraken, Nicolaas John (1928-　)　178
浜口ミホ(1915-88)　132
パラーディオ, アンドレア　Palladio, Andrea (1508-80)　168
バラック装飾社(1923年結成)　57, 93
原広司(1936-　)　161, 193
バリオヌエヴォ, アントニオ　Barrionuevo, Antonio　185
バル, フーゴー　Ball, Hugo (1886-1927)　56
ハルプリン, ローレンス　Halprin, Lawrence (1916-2009)　198
ハワード, エベニーザー　Howard, Ebenezar (1850-1928)　40, 130
バンク=ミケルセン, ニールス・エリク　Bank-Mikkelsen, Niels Eric (1919-91)　208
ハンセル, アレグザンダー・ネルソン　Hansell, Alexander Nelson (1857-1940)　17
バンハム, レイナー　Banham, Reyner

1940) 74
環境構造センター(1967年設立) 152
カンディンスキー, ヴァシリー Kandinsky, Wassily(1866-1944) 77, 87

キ

ギーディオン, ジークフリート Giedion, Sigfried(1888-1968) 97, 103, 148, 182
菊竹清訓(1928-2011) 135,137,140,180
ギバード, フレデリック Gibberd, Sir Frederick(1908-84) 131
ギブソン, ウィリアム Gibson, William (1948-) 214
ギマール, エクトール Guimard, Héctor (1867-1942) 13, 108
キャンディリス, ジョルジュ Candilis, Georges(1913-95) 134
ギリー, フリードリッヒ Gilly, Friedrich(1772-1800) 20
ギンスブルク, モイセイ Ginzburg, Moisei(1892-1946) 74, 110

ク

クラーマー, ピーター・ローデヴェイク Kramer, Pieter Lodewijk (1881-1961) 69
クライス, ヴィルヘルム Kreis, Wilhelm(1873-1955) 102
クライフス, ヨーゼフ・パウル Kleihues, Josef Paul(1933-2004) 171, 200
クライン, アレクサンダー Klein, Alexander(1879-1961) 95
クラウス, カール Kraus, Karl(1874-1936) 46
蔵田周忠(1895-1966) 83, 89
グラバー, トーマス・ブレイク Graver, Thomas Brake(1838-1911) 17
倉俣史朗 (1934-91) 174
クリエ, ロブ Krier, Rob(1938-) 171
クリスト, ヤヴァシェフ Christo, Javacheff(1935-2009) 199
クリムト, グスタフ Klimt, Gustav (1862-1918) 14
グリーン兄弟 121
グリーン,チャールズ・サマー Greene, Charles Summer(1868-1957)
グリーン, ヘンリー・マザー Greene, Henry Mather(1870-1954)
クルカ, ハインリッヒ Kulka, Heinrich (1900-71) 46
クルップ, アルフレット Krupp, Alfred (1812-87) 35
グレイ, アイリーン Gray, Eileen(1878-1976) 80
グレイヴス, マイケル Graves, Michael (1934-) 142, 183
クレイン, ウォルター Crane, Walter (1825-1915) 44
グレゴッティ, ヴィットリオ Gregotti, Vittorio(1927-) 171,201
クレ, ポール・フィリップ Cret, Paul Philippe(1876-1945) 145
クレンツェ, レオ・フォン Klenze, Leo von(1784-1864) 20
クロール,ルシアン Kroll,Lucien(1927-) 179, 216
黒川紀章(1934-2007) 135,140,175
黒沢隆 (1941-2014) 180, 218, 225
黒澤貞次郎 (1875-1953) 35
グロピウス, ヴァルター Gropius, Walter(1883-1969) 31, 51, 53, 54, 66, 73, 76, 88, 97, 100, 106, 124, 126, 177
グワスミイ, チャールズ Gwathmey, Charles(1938-2009) 142

ケ

ゲーリー, フランク・オーエン Gehry, Frank Owen(1929-) 186, 214
ケプラー, ヨハネス Kepler,Johannes (1571-1630) 45
ケンブリッジ・セヴン Cambridge Seven(1962年設立) 191
剣持勇(1912-71) 117
剣持初次郎 71

コ

ゴア副大統領 Gore,Albert(1948-) 222
工芸指導所(1928年設立) 116
コーエン, スチュアート Cohen, Stuart (1942-) 168
コーニッグ, ピエール Koenig, Pierre (1925-2004) 120
コープ・ヒンメルブラウ Coop Himmelblau(1968年設立) 186
ゴールドフィンガー, M. Goldfinger, Myron(1933-) 161
コールハース, レム Koolhaas, Rem (1944-) 171, 186, 192, 205, 220
コスタ, ルチオ Costa, Lúcio(1902-98) 152
ゴダン, ジャン・バプティスト・アンドレ Godin, Jean Baptiste Andre(1817-89) 34
ゴッホ, フィンセント・ファン Gogh, Vincent van (1853-90) 56
後藤新平(1857-1929) 92
コパー, ウェイン Copper, W. W. 169
ゴンザレス=コルドン, アントニオ Gonzales-Cordon, Antonio(1950-) 185
コンドル, ジョサイア Conder, Josiah (1852-1920) 25
今和次郎(1888-1973) 57, 70, 93

サ

サーリネン, エーロ Saarinen, Eero (1910-61) 123, 154, 156
サーリネン, エリエル Saarinen, Eliel (1873-1950) 62
ザイオン, ロバート Zion, Robert (1921-2000) 198
柴門ふみ(1957-) 224
坂倉準三(1901-69) 101, 149
佐野利器 (1880-1956) 65, 70, 92
サリヴァン, ルイス・ヘンリー Sullivan, Louis Henry(1856-1924) 23, 33, 61, 72, 144
サンテリア, アントニオ Sant'Elia, Antonio(1888-1916) 43

シ

シーゲル, ロバート Siegel, Robert (1939-) 142
ジーメンス兄弟 30
ジーメンス, ヴィルヘルム・フォン Siemens, Wilhelm von(1823-83)
ジーメンス, フリードリッヒ Siemens, Friedrich(1826-1904)
ジェナッツィ, カミーユ Jenatzy, Camille(1868-1913) 42
ジェファーソン, トーマス Jefferson, Thomas(1743-1826) 33
ジェンクス, チャールズ Jencks, Charles (1939-) 182, 189
シクロフスキー, ヴィクトル Shklovskii, Viktor(1893-1984) 185
シザ, アルヴァロ Siza, Alvaro(1933-) 185
ジッテ, カミロ Sitte, Camillo(1843-1903) 171
シトロエン, パウル Citröen, Paul(1896-1983) 97
篠原一男(1925-2006) 195
篠山紀信(1940-) 174
渋沢栄一(1840-1931) 41
清水喜助(1815-81) 24
清水徹(1931-) 175
シャロウン, ハンス Scharoun, Hans (1893-1972) 54, 61
シャロー, ピエール Chareau, Pierre (1883-1950) 108, 188
11月グループ Der Novembergruppe (1918年設立) 54
住宅営団(1941年設立) 71, 99
シュヴィッタース, クルト Schwitters, Kurt(1887-1948) 57
住宅改良会(1916年設立) 70
シューテ=リホツキー, マルガレーテ Schutte-Lihotzky, Margarete(1897-2000) 94
シューマッハー, トム Schumacher, Tom(1941-2009) 169
シュタイナー, ルドルフ Steiner, Rudolf (1861-1925) 55, 217
シュペアー, アルベルト Speer, Albert (1905-81) 102
シュミット, カール Schmidt, Karl (1873-1948) 52
シュミット, ハンス Schmidt, Hans (1893-1972) 79, 97
シュルツェ=ナウムブルク, パウル Schultze-Naumburg, Paul(1869-1949) 102
ショウ, リチャード・ノーマン Shaw, Richard Norman(1831-1912) 37
ジョーンズ, オーエン Jones, Owen (1809-74) 44
ジョンソン, フィリップ Johnson, Philip (1906-2005) 106, 126, 183
ショワジー, オーギュスト Choisy, Auguste(1841-1904) 10
白石加代子(1941-) 174
白井晟一(1905-83) 122
シンケル, カール・フリードリッヒ Schinkel, Karl Friedrich(1781-1841) 20
新興建築家連盟(1930年設立) 75
シンドラー, ルドルフ Schindler, Rudolph(1887-1953) 47, 121
陣内秀信(1947-) 170, 175

ス

スイス工作連盟(1913年設立) 53
スーパースタジオ Superstudio(1966年結成) 166
ナタリーニ, アドルフォ Natalini, Adolfo(1941-)
スカーリー, ヴィンセント Scully, Vincent(1920-) 16, 162, 164
杉浦康平(1932-) 174
鈴木成文(1927-2010) 197
スターリング, ジェームズ Staring, James(1926-92) 67, 137, 183
スターン, ロバート Stern, Robert (1939-) 143
スタム, マルト Stam, Mart(1899-1986) 75, 79, 83, 87, 97, 100, 106
スタム=ベーゼ, ロッテ Stam-Beese, Lotte(1903-88) 131

【INDEX】［人名・組織・事務所ほか］
※キーワードで取り上げた項目は除く。

ア
アアルト，アルヴァ　Aalto，Alvar（1898-1976）　61, 63, 185
アーキグラム　Archigram（1961年結成）　141, 144, 150, 166
ウェブ，マイケル　Webb, Michael（1937-　）　159
クック，ピーター　Cook, Peter（1936-　）　141, 150
クロンプトン，デニス　Crompton, Dennis（1935-　）　150
ヘロン，ロン　Her（r）on, Ron（1930-94）　141, 150, 167
アーツ・アンド・クラフツ展示協会　Arts and Crafts Exhibition Society（1888年設立）　38
アイゼンマン，ピーター　Eisenman, Peter（1932-　）　142, 169, 172, 186
アイモニーノ，カルロ　Aymonino, Carlo（1926-2010）　171
アインシュタイン，アルベルト　Einstein, Albert（1879-1955）　158, 177
アウト，ヤーコブス・ヨハネス・ピーター　Oud, Jacobs Johannes Pieter（1890-1963）　68, 87, 98
浅田孝（1921-90）　140
芦原義信（1918-2003）　149
アシンプトート　Asymptote　214
ラシッド，ハニ　Rashid, Hani（1958-　）
クチュール，リズ・アンヌ　Couture, Lise Anne（1959-　）
アスプルンド，エリック・グンナール　Asplund,Erik Gunnar（1885-1940）　63, 136
アスプルンド，ハンス　Asplund, Hans（1921-94）　136
東孝光（1933-　）　180
アスント・サアティオ　Asunto saatio（1951年設立）　131
アドラー，ダンクマー　Adler, Dankmar（1844-1900）　23
アトリエ5　Atelier 5（1955年設立）　137
あめりか屋（1909年創業）　70
アルガン，ジュリオ・カルロ　Argan, Giulio Carlo（1909-92）　170
アルプ，オヴ　Arp, Ove Nyquist（1895-1988）　157, 189, 211
アルプ，ハンス・ジャン　Arp, Hans Jean（1887-1966）　56
アレグザンダー，クリストファー　Alexander,Christopher（1936-　）　152, 166, 216
アンウィン，レイモンド　Unwin, Sir Raymond（1863-1940）　40
アンダーソン，ボイド　Anderson, Boyd（1912-95）　157
安藤忠雄（1941-　）　185
アンヌビク，フランソワ　Hennebique, Francois（1842-1921）　64
イ
イームズ夫妻　120
イームズ，チャールズ　Eames, Charles（1907-78）　154, 188
イームズ，レイ　Eames, Ray（1912-88）　188
池田宏（1881-1939）　71
池辺陽（1920-79）　99, 125, 132
石原憲治（1895-1984）　75
石本喜久治（1894-1963）　101, 106
磯崎新（1931-　）　149, 167, 174, 183, 199, 201, 223
市浦健（1904-81）　89, 132
イッテン，ヨハネス　Itten, Johannes（1888-1967）　76
伊藤ていじ（1922-2010）　148
伊東忠太（1867-1954）　63
伊東豊雄（1941-　）　194, 196, 205, 211
伊藤博之（1970-　）　218
井上友一（1871-1919）　41
イボ，ジャン＝マルク　Ibos, Jean-Marc（1957-　）　211
今井兼次（1895-1987）　69
岩村アトリエ　217
インターナショナル建築会（1927年設立）　106, 112
インフク　Inkhuk：芸術文化研究所（1920年設置）　74
ウ
ヴァーグナー，オットー　Wagner, Otto（1841-1918）　14, 45, 46, 48, 72, 108
ヴァーグナー，マルティン　Wagner, Martin（1885-1957）　98
ヴァルトマン、ベルンハルト　Waldmann, Bernhard　103
ヴァン・アレン，ウィリアム　Van Alen, William（1883-1954）　81
ヴァン・ド・ヴェルド，アンリ　Van de Velde, Henry（1863-1957）　53
ヴィオレ＝ル＝デュク，ユジェーヌ＝エマニュエル　Viollet-le-Duc, Eugène-Emmanuel（1814-79）　10, 29, 32
ヴィタール，ミルト　Vitart, Myrto（1945-　）　211
ヴィトルヴィウス　Vitruvius Pollio, Marcus（ca. 80/70B. C. ～25B. C.）　124
ヴィニョン，ピエール・アレクサンドル　Vignon, Pierre Alexandre（1763-1828）　30
ウィンクラー，アーウィン　Winkler, Irwin（1931-　）　224
ヴィンケルマン，ヨハン　Winkelmann, Johann（1717-68）　21
ヴェイデフェルト，ヘンドリクス・テオドルス　Wijdeveld, Hendricus Theodorus（1885-1987）　55
ヴェーバー，マクス　Weber, Max（1864-1920）　220
ヴェスニン3兄弟　106
ヴェスニン，レオニード　Vesnin, Leonid（1880-1937）
ヴェスニン，ヴィクトル　Vesnin, Victor（1882-1950）
ヴェスニン，アレクサンドル　Vesnin, Alexander（1882-1959）
上野伊三郎（1892-1972）　106
ウエッブ，フィリップ　Webb, Philip（1831-1915）　36, 39
ヴェレス，アントニオ　Velez, Antonio　185
ヴェンチューリ，ロバート　Venturi, Robert（1925-　）　113, 142, 145, 162, 164, 166, 168, 182, 207, 220
ヴォー，カルヴァー　Vaux, Calvert（1824-95）　198
ウォーカー，ピーター　Walker, Peter（1932-　）　199
ヴォルテール　Voltaire, Francois Marie Arouet（1694-1778）　56
内田祥三（1885-1972）　71, 92
ウツソン，ヨーン　Utzon, Jϕrn（1918-2008）　123, 157, 185
ヴフテマス　Vkhutemas：国立高等芸術技術工房（1920年開設）　74
ウンガース，オズヴァルト・マティウス　Ungers, Oswald Mathius（1926-2007）　171
エ
エイゼンシュタイン，セルゲイ・ミハイロヴィッチ　Eizenshtein, Sergei Mikhailovich（1898-1948）　186
エーステレン，コルネリス・ファン　Eesteren, Cornelis van（1897-1988）　59, 98
エーン，カール　Ehn, Karl（1884-1957）　98
エクボ，ガレット　Eckbo, Garrett（1910-2000）　198
エコール・ポリテクニク　École Polytechnique（1794年開校）　11, 32
エストベリ，ラグナール　Östberg, Ragnar（1866-1945）　62
エッフェル，グスタフ・アレキサンダー　Eiffel, Gustave Alexandre（1832-1923）　28
エデン，レヒネル　Odön, Lechner（1845-1914）　63
エルウッド，クレイグ　Ellwood, Craig（1922-92）　120
エンテンザ，ジョン　Entenza, John（1905-84）　120
遠藤新（1889-1951）　223
オ
オーエン，ロバート　Owen, Robert（1771-1858）　34
オーストリア工作連盟（1913年設立）　53
大高正人（1923-2010）　135, 140
岡田新一（1928-2014）　201
岡田孝男（1898-1992）　95
岡本太郎（1911-1996）　122
小澤慎太郎　71
オットー，フライ　Otto, Frei（1925-　）　176
オニス，フェデリコ・ド　Onis, Federico de（1885-1966）　182
オルタ，ヴィクトール　Horta, Victor（1861-1947）　12
オルブリッヒ，ヨーゼフ・マリア　Olbrich, Joseph Maria（1867-1908）　14, 46
オルムステッド，フレデリック・ロウ　Olmsted, Frederik Law（1822-1903）　198
カ
カーン，ルイス・イザドア　Kahn, Louis Isadore（1901-74）　137, 143, 144, 162
ガウディ，アントニオ　Gaudi y, Antonio（1852-1926）　63
カサリエゴ，ペドロ　Casariego, Pedro（1927-2002）　185
ガルニエ，シャルル　Garnier, Charles（1825-1928）　19
ガルニエ，トニー　Garnier, Tony（1869-1948）　66, 114
カレン，ゴードン　Cullen, Gordon（1914-94）　148
川喜多煉七郎（1902-75）　69, 89
川添登（1926-　）　122, 140, 175
川本良一（1890-1977）　71
ガン，アレクセイ　Gan, Aleksej（1893-

矢代眞己［やしろ・まさき］
1961年東京都生まれ。1985年日本大学理工学部建築学科卒業、87年同大学大学院理工学研究科博士前期課程修了。1987〜89年デルフト工科大学建築学部研究員（オランダ政府給費留学生）、96年日本大学大学院理工学研究科博士後期課程修了。2002年BiOS設立。現在、日本大学教授。博士（工学）、一級建築士。
著書に『カリスマ建築家偉人伝　20世紀を動かした12人』（彰国社、2007年）、『建築モダニズム　近代生活の夢とかたち』（共著、エクスナレッジ、2001年）、『オランダの集合住宅』（共編著、プロセス・アーキテクチュア、1993年）、『ガウディのフニクラ』（共著、INAX出版、1996年）、『オランダの都市と集住　多様性の中の統一 1900－1940』（訳書、住まいの図書館出版局、1990年）、『【新装版】世界の建築・街並みガイド 4　ドイツ／スイス／オランダ／ベルギー』（共著、エクスナレッジ、2012年）など。
［20世紀について思うこと］
「煩悩も蠢いているが、畏怖の念にも駆られる、破壊と慈悲の交錯する混沌とした存在――その光と闇をしっかりと見極めることこそが、これからの見取り図を描く出発点となろう」

田所辰之助［たどころ・しんのすけ］
1962年東京都生まれ。1986年日本大学理工学部建築学科卒業、88年同大学大学院理工学研究科博士前期課程修了。1988〜89年ダニエル・リベスキンド主宰アーキテクチュア・インタームンディウムに参画、94年日本大学大学院理工学研究科博士後期課程単位取得退学。専門はドイツ近代建築史・建築論。
現在、日本大学教授。博士（工学）、一級建築士。
著書に『生活最小限の住宅』（解題、柏書房、2013年）、『近代工芸運動とデザイン史』（共著、思文閣出版、2008年）、『材料・生産の近代』（共著、東京大学出版会、2005年）、『作家たちのモダニズム』（共著、学芸出版社、2003年）、『クッションから都市計画まで　ヘルマン・ムテジウスとドイツ工作連盟：ドイツ近代デザインの諸相』（共著、京都国立近代美術館、2002年）、『建築家・吉田鉄郎の「日本の住宅」』（共訳書、鹿島出版会、2002年）など。
［20世紀について思うこと］
「20世紀を通じてわれわれを拘束してきた「空間」という思考のフレーム、その超克をどのようなかたちで果たしていくのかが、今問われているのかもしれません」

濱嵜良実［はまざき・よしみ］
1964年東京都生まれ。1990年日本大学理工学部建築学科卒業、92年同大学大学院理工学研究科博士前期課程修了、96年同大学院理工学研究科博士後期課程修了。
現在、株式会社　浜﨑工務店代表取締役 兼 浜﨑工務店一級建築士事務所所長。
日本大学非常勤講師。博士（工学）、一級建築士。
著書に『建築モダニズム　近代生活の夢とかたち』（共著、エクスナレッジ、2001年）、『【新装版】世界の建築・街並みガイド4　ドイツ／スイス／オランダ／ベルギー』（共著、エクスナレッジ、2012年）。
［20世紀について思うこと］
「時に力を抜くこと、あまり頭でっかちにならず、人間であるという運命に逆らわずに生きること、そして考えること。なかなか難しいことかもしれないが、近代という時代からそんなことを学んだ気がします」

マトリクスで読む　**20世紀の空間デザイン**
2003年11月10日　第1版　発　行
2020年8月10日　第1版　第10刷

著作権者との協定により検印省略

著　者　矢代眞己・田所辰之助・濱嵜良実
発行者　下　出　雅　徳
発行所　株式会社　彰　国　社
162-0067　東京都新宿区富久町8-21
電　話　03-3359-3231（大代表）
振替口座　00160-2-173401

自然科学書協会会員
工学書協会会員

Printed in Japan

製版・印刷：壮光舎印刷　製本：中尾製本

ISBN 4-395-00539-X　C 3052　https://www.shokokusha.co.jp